高等院校"十三五"财经会计类规划教材

税务会计

主　编◎王　琦
副主编◎许艳芳　汪　洁
　　　　程　鑫　耿刘利

北京师范大学出版集团
BEIJING NORMAL UNIVERSITY PUBLISHING GROUP
安徽大学出版社

图书在版编目(CIP)数据

税务会计/王琦主编. —合肥:安徽大学出版社,2017.9
ISBN 978-7-5664-1488-5

Ⅰ.①税… Ⅱ.①王… Ⅲ.①税务会计 Ⅳ.①F810.42

中国版本图书馆 CIP 数据核字(2017)第 223816 号

税 务 会 计
Shuiwu Kuaiji

王 琦 主编

出版发行:	北京师范大学出版集团	
	安 徽 大 学 出 版 社	
	(安徽省合肥市肥西路 3 号邮编 230039)	
	www.bnupg.com.cn	
	www.ahupress.com.cn	
印　　刷:	合肥添彩包装有限公司	
经　　销:	全国新华书店	
开　　本:	184mm×260mm	
印　　张:	24.75	
字　　数:	601 千字	
版　　次:	2017 年 9 月第 1 版	
印　　次:	2017 年 9 月第 1 次印刷	
定　　价:	56.00 元	
ISBN	978-7-5664-1488-5	

策划编辑:邱 昱 姚 宁 方 青	装帧设计:李伯骥
责任编辑:方 青　王瑞珺	美术编辑:李 军
责任印制:陈 如	

版权所有　侵权必究

反盗版、侵权举报电话:0551—65106311
外埠邮购电话:0551—65107716
本书如有印装质量问题,请与印制管理部联系调换。
印制管理部电话:0551—65106311

前 言

本书旨在培养综合办税能力。所谓综合办税能力就是，确定某项经济业务是否交税、由谁交税、交什么税，交多少税和怎样交税，计税过程中和税款缴纳后如何进行会计核算，怎样在合法的条件下少交税或晚交税。税务会计的工作内容就是在计税过程中和税款缴纳后进行会计核算，税务筹划的目的就是在合法的条件下少交税或晚交税，这两项工作任务的完成必须建立在精通税法的基础上。

在编写过程中我们将企业涉税业务所需的相关知识紧密地结合在一起，努力为读者奉上一本具有实际应用价值的教材。

本书按"营改增"及其他最新的税制改革精神编写，体现了税制改革的最新成果。为适应全面增值税时代的业务要求，展现最新税务会计和税务筹划的内容。

书中有大量案例及典型例题，学生不再困扰于枯燥的法条、苍白的说教。学生通过对案例的学习加深对税收法规和会计核算方法的理解和掌握，形成实际工作的能力。

编者充分考虑了学生未来发展的需要，编写内容紧扣会计专业技术资格、注册会计师和税务师考试大纲对于税法和会计知识的要求，将有助于学生通过上述资格考试。

本书为安徽省教学质量工程重点教研项目"项目化教学法在应用型本科院校教学中的应用研究——以财务管理专业为例（项目编号2014jyxm366）"研究成果。

由于编写时间仓促，编者水平有限，加之税收与会计知识更新速度较快，虽竭尽全力，书中难免疏漏、不妥之处，敬请广大读者批评指正，以不断完善。

编 者
2017年8月

教学建议

教学目的

本课程旨在培养学生的综合办税能力，通过学习掌握与之相关的税法、会计和税务筹划的知识和技能，并加以整合。

教学安排建议

综合办税能力是高等院校会计学、财务管理和审计学等财经类专业的一门核心能力，对学生专业能力体系的形成起到重要的支撑作用。学习税收知识也有利于工商管理、市场营销和国际贸易等经管类专业学生专业知识和能力的扩展。对于课程的开设和本书的使用，编者提出如下建议，仅供参考。

对于不单独开设"税法"和"税务会计与税收筹划"课程的学校来说，"税务会计与税务筹划"课程的课时适宜在54至72课时，这样能使学生有充分的时间，系统地掌握税收的法律规定、税收的会计处理和税收的筹划技巧等，让学生学起来比较系统，获得较好的效果。

如果先行开设了"税法"课程，"税务会计与税务筹划"的内容以36至54课时为宜，教材中税收的基本知识和各税种的法律规定部分不必再次全部讲解，只需讲授重点或难点的法律规定，其余部分引导学生适当复习即可。要将各税种的会计处理和税务筹划作为课程的重点。

目录

001 ▷ 第一章 税务会计与税务筹划基础

- 003 ▶ 第一节 税收基础知识
- 011 ▶ 第二节 税收征收管理程序及要求
- 015 ▶ 第三节 税款征收
- 026 ▶ 第四节 税收法律责任
- 031 ▶ 第五节 税务会计和税务筹划概述

042 ▷ 第二章 增值税会计核算与筹划

- 045 ▶ 第一节 增值税基本原理
- 047 ▶ 第二节 纳税义务人
- 049 ▶ 第三节 征税范围和税率
- 057 ▶ 第四节 应纳税额的计算
- 069 ▶ 第五节 出口货物退（免）税
- 072 ▶ 第六节 增值税税收优惠
- 082 ▶ 第七节 纳税申报与缴纳
- 084 ▶ 第八节 增值税专用发票的使用及管理
- 088 ▶ 第九节 增值税的会计核算
- 105 ▶ 第十节 增值税税务筹划

119 第三章
消费税会计核算与筹划

- 122 第一节 消费税基本原理
- 123 第二节 纳税义务人与征税范围
- 124 第三节 税目和税率
- 130 第四节 计税依据
- 132 第五节 应纳税额的计算
- 142 第六节 出口应税消费品退（免）税
- 144 第七节 申报与缴纳
- 146 第八节 消费税会计核算
- 158 第九节 消费税税务筹划

166 第四章
城市维护建设税与教育费附加会计核算

174 第五章
关税会计核算与筹划

- 176 第一节 关税概述
- 178 第二节 纳税义务人和征税对象
- 178 第三节 税率的适用
- 180 第四节 关税完税价格
- 186 第五节 应纳税额的计算
- 189 第六节 原产地规定
- 191 第七节 关税减免
- 194 第八节 关税的申报与缴纳
- 195 第九节 关税的会计核算和税务筹划

201 第六章 自然资源税会计核算与筹划

- 203 第一节 资源税法律制度与会计核算
- 213 第二节 土地增值税法律制度、会计核算与税务筹划
- 226 第三节 城镇土地使用税法律制度与会计核算
- 231 第四节 耕地占用税法律制度与会计核算

239 第七章 财产、行为税会计核算与筹划

- 241 第一节 房产税法律制度、会计核算与税务筹划
- 248 第二节 车船税法律制度与会计核算
- 252 第三节 印花税法律制度与会计核算
- 261 第四节 契税法律制度与会计核算
- 266 第五节 车辆购置税法律制度与会计核算

281 第八章 企业所得税会计核算与筹划

- 283 第一节 企业所得税概述
- 284 第二节 纳税义务人与征税对象
- 286 第三节 企业所得税税率
- 288 第四节 应纳税所得额的计算
- 306 第五节 资产的税务处理
- 310 第六节 应纳税额的计算
- 317 第七节 税收优惠
- 323 第八节 特别纳税调整

- 325 第九节 征收管理
- 327 第十节 企业所得税的会计核算
- 335 第十一节 企业所得税税务筹划

348 第九章 个人所得税会计核算与筹划

- 351 第一节 个人所得税概述
- 352 第二节 纳税义务人
- 355 第三节 税目、税率和计税依据
- 359 第四节 应纳税额的计算
- 376 第五节 税收优惠与境外所得的税额扣除
- 379 第六节 申报和缴纳
- 381 第七节 个人所得税的会计核算和税务筹划

388 参考文献

第一章

税务会计与税务筹划基础

本章知识结构

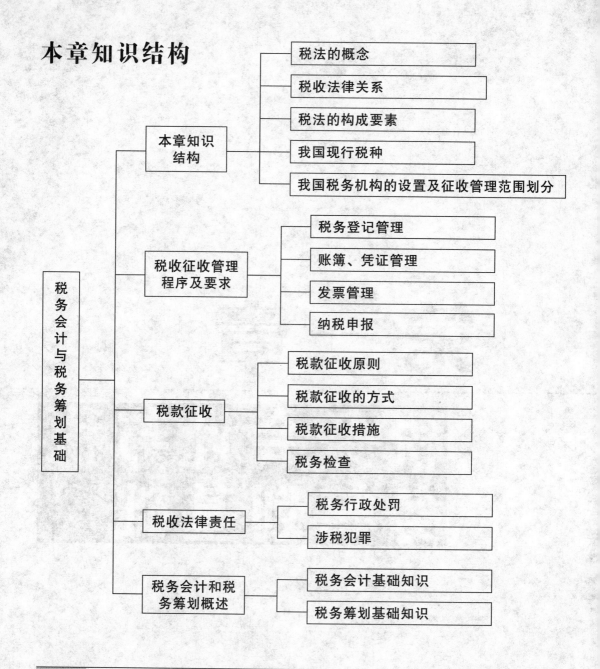

学习目标

1. 了解税收的概念及特点和税务登记制度。
2. 掌握税收的分类、税法的构成要素。
3. 掌握我国税收管理体制、发票管理制度和纳税申报制度。
4. 掌握税款征收的原则、方式及措施。
5. 理解税收法律责任。
6. 理解税务会计与税务筹划的概念。

第一章 税务会计与税务筹划基础

案例导入

李某的个体餐馆于2016年6月开业，因一直未进行纳税申报，故县国税局几次通知其申报，但李某拒不申报。2016年10月14日，县地税局稽查核定该餐馆欠缴税款8万元，于2016年10月17日作出补交税款和加收滞纳金，并处以罚款12万元的决定，并送达税务行政处罚决定书。

问题： 县国税局的处罚是否正确？说明理由。

解析： 县国税局的处罚正确。纳税人不进行纳税申报，不缴或者少缴应纳税款的，由税务机关追缴其不缴或者少缴的税款、滞纳金，并处不缴或者少缴的税款50%以上5倍以下的罚款。所以，本例中县国税局的处罚是正确的。

第一节 税收基础知识

一、税法的概念

（一）税收的概念

要理解税法的概念，首先应明确什么是税收。税收是政府为了满足公共需要，凭借政治权力，强制、无偿地取得财政收入的一种形式；从本质上看，税收是国家与纳税人之间形成的以国家为主体的社会剩余产品分配关系——这种分配关系，通过法的形式实现。税收具有强制性、无偿性和固定性的特征，这三个特征是一个完整的统一体，它们相辅相成、缺一不可。其中，无偿性是核心，强制性是保障，固定性是对强制性和无偿性的一种规范和约束。

【例题1-1·单选题】以下关于对税收概念的相关理解不正确的是（ ）。

A.税收是目前我国政府取得财政收入的最主要工具
B.税收取之于民、用之于民，对具体纳税人具有返还性
C.国家征税是为了满足社会公共需要
D.税收"三性"是区别税与非税的外在尺度和标志

【答案】B

【解析】社会主义税收"取之于民，用之于民"是针对人民群众整体利益而言的，具有整体返还性，但针对具体纳税人而言没有直接返还性，是无偿的。

（二）税法的概念

税法是国家制定的用以调整国家与纳税人之间在征纳税方面的权利及义务关系的法律规范的总称。它是国家及纳税人依法征税、依法纳税的行为准则，其目的是保障国家利益和纳税人的合法权益，维护正常的税收秩序，保证国家的财政收入。

制定税法的国家机关是国家最高权力机关，在我国即是全国人民代表大会及其常务委员会；地方立法机关往往拥有一定的税收立法权；获得授权的行政机关也是制定税法的主体的构成者。税法的调整对象是国家与纳税人之间在征纳税方面的权利及义务关系，也可理解为税收分配中形成的权利义务关系。

税法有广义和狭义之分，广义的税法包括各级有权机关制定的税收法律、法规、规章，是由税收实体法、税收程序法、税收争诉法等构成的法律体系。狭义的税法仅指国家最高权力机关正式立法的税收法律。

【例题1-2·单选题】税法是指有权的国家机关制定的有关调整税收分配过程中形成的权利义务关系的法律规范总和。从狭义税法角度看，有权的国家机关是指（　　）。

A.全国人民代表大会及其常务委员会　　B.国务院
C.财政部　　　　　　　　　　　　　　D.国家税务总局

【答案】A

二、税收法律关系

（一）税收法律关系的概念与特点

税收法律关系是税法所确认和调整的、国家与纳税人之间在征纳税方面的权利及义务关系。税收法律关系是法律关系的一种具体形式，它具有如下特征。

1.主体的一方只能是国家

构成税收法律关系主体的一方可以是任何负有纳税义务的法人和自然人，但是另一方只能是国家。固定有一方主体为国家，成为税收法律关系的特点之一。

2.体现国家单方面的意志

税收法律关系只体现国家单方面的意志，不体现纳税人一方主体的意志。税收法律关系的成立、变更、消灭不以主体双方意思表示一致为要件。

3.权利义务关系具有不对等性

纳税人和国家法律地位是平等的，但在权利义务方面具有不对等性。

4.具有财产所有权或支配权单向转移的性质

税收法律关系中的财产转移，具有无偿、单向、连续等特点，只要纳税人不中断税法规定应纳税的行为，税法不发生变更，税收法律关系就将一直延续下去。

【例题1-3·多选题】税收法律关系的特点有（　　）。

A.体现国家单方面的意志　　　　　　　　B.权利义务关系具有不对等性
C.主体的一方可以是纳税人，另一方只能是公益部门
D.具有财产所有权或支配权单向转移的性质
E.纳税人享有的权利多于纳税人应尽的义务

【答案】ABD

（二）税收法律关系的构成

税收法律关系与其他法律关系一样，也是由主体、客体和内容三个要素构成。这三个要素之间互相联系，形成统一的整体。

1.税收法律关系主体

税收法律关系主体是指税收法律关系中享有权利和承担义务的当事人，即税收法律关系的参加者。税收法律关系主体分为征税主体和纳税主体两种形式。

（1）征税主体。征税主体是指税收法律关系中享有征税权利的一方当事人，即税务行政执法机关。其包括各级税务机关（国税机关、地税机关）、海关等。

（2）纳税主体。纳税主体即税收法律关系中负有纳税义务的一方当事人。其包括法人、自然人和其他组织。对这种权利主体的确定，我国采取属地兼属人原则，即在华的外国企业、组织、外籍人、无国籍人等，凡在中国境内有所得来源的，都是我国税收法律关系的纳税主体。

2.税收法律关系客体

税收法律关系的客体是指税收法律关系主体双方的权利和义务所共同指向、影响和作用的客观对象。税收法律关系客体与征税对象较为接近，二者在许多情况下是重叠的，有时又有所不同。税收法律关系的客体属于法学范畴，侧重于其所连接的征税主体和纳税主体之间的权利与义务关系，不注重具体的形态与数量关系；而征税对象属于经济学范畴，侧重于表现国家与纳税人之间物质利益转移的形式、数量关系及范围，较为具体。例如，流转税的法律关系客体是纳税人生产经营的商品和应税劳务，而征税对象是商品或应税劳务的流转额；财产税的法律关系的客体是纳税人所有的某些财产，征税对象是这些财产的价值额。

【例题1-4•多选题】下列各项中，可以成为税收法律关系主体的有（　　）。
A.税务部门　　　　　　　　B.在我国境内有所得的外国企业
C.海关部门　　　　　　　　D.在我国境内有所得的外籍个人
【答案】ABCD

3.税收法律关系内容

税收法律关系的内容是指税收法律关系主体所享受的权利和应承担的义务，这是税收法律关系中最实质的内容，也是税法的灵魂。

（1）征税主体的权利与义务。根据我国税法规定，税务机关享有依法行政和征收国家税款的权力。其主要有税收法律、行政法规的建议权，税收规章的制定权，税收管理权，税款征收权等。税款征收权具体包括依法计征权、核定税款权、税收保全权、强制执行权和追征税款权。

税务机关的义务包括如下内容：依法办理税务登记、开具完税凭证的义务；保密的义务；宣传税法、无偿提供纳税咨询的义务；提供高质量纳税服务的义务；依法进行回避的义务；出示税务检查证的义务；受理行政复议的义务等。

（2）纳税主体的权利与义务。纳税主体的权利包括知情权，保密权，陈述权与申辩权，控告检举权，延期申报请求权，延期纳税请求权，减税、免税、出口退税请求权，多缴税款申请退还权，取得凭证权，税务人员未出示税务检查证和税务通知书时拒绝检查权，个人及所扶养家属维持生活必需的住房和物品不被扣押的权利，委托税务代理权,申请行政复议和提起行政诉讼权等。

纳税主体的义务包括按期办理税务登记的义务,依法设置账簿、正确使用凭证的义务,按期办理纳税申报的义务,按期缴纳税款的义务,滞纳税款须缴纳滞纳金的义务,接受税务检查的义务,向税务机关报告的义务,离境前结清税款的义务,申请行政复议前缴纳税款、滞纳金或提供纳税担保的义务等。

【例题1-5·多选题】下列各项中,属于纳税主体权利的有(　　)。
A.请求延期纳税　　　　　　　B.按期办理纳税申报
C.委托税务代理　　　　　　　D.申请行政复议前缴纳税款、滞纳金
【答案】AC
【解析】本题考查纳税主体的权利与义务。A、C选项属于纳税主体的权利,B、D选项属于纳税主体的义务。

三、税法的构成要素

要素,指构成事物的必要因素,这里所说的税法要素是指税收实体法要素。税收实体法主要由以下基本要素构成。

● (一) 总则

总则主要包括立法依据、立法目的、适用原则等。

● (二) 纳税义务人

纳税义务人又称"纳税主体",是税法规定的直接负有纳税义务的单位和个人。这一规定解决的是对谁征税的问题。纳税人有两种基本形式:自然人和法人。自然人可划分为居民纳税人和非居民纳税人,个体经营者和其他个人等;法人可划分为居民、企业和非居民企业,还可按企业的不同所有制性质来进行分类等。

与纳税义务人相关的其他概念如下。

(1) 负税人:实际负担税款的单位和个人。

现实中,纳税人与负税人有时一致,有时不一致。纳税人与负税人不一致的主要原因是价格与价值背离,引起税负转移或转嫁。

根据纳税人与负税人是否一致,可将税收划分为直接税和间接税两类。直接税的纳税人与负税人一致,如个人所得税、车辆购置税。间接税的纳税人与负税人不一致,即税负可以转嫁,如增值税、消费税。

(2) 代扣代缴义务人:有义务从持有的纳税人收入中扣除其应纳税款并代为缴纳的企业、单位或个人。

(3) 代收代缴义务人:有义务借助与纳税人的经济交往而向纳税人收取应纳税款并代为缴纳的单位。

(4) 代征代缴义务人:因税法规定,受税务机关委托而代征税款的单位和个人。

(5) 纳税单位:申报缴纳税款的单位,是纳税人的有效集合。

● (三) 征税对象

征税对象又叫课税对象、征税客体,指税法规定对什么征税,是征纳税双方权利

义务共同指向的客体或标的物,是区分不同税种的重要标志,我国现行税收法律、法规都有自己特定的征税对象。例如,企业所得税的征税对象是企业的应税所得额,增值税的征税对象是商品或应税劳务在生产和流通过程中的增值额。

与课税对象相关的一个重要概念是计税依据,计税依据又称税基,是指税法中规定的据以计算各种应征税款的依据或标准。课税对象是指征税的目的物,计税依据则是在目的物已经确定的前提下,对目的物据以计算税款的依据或标准;课税对象是从质的方面对征税所做的规定,而计税依据则是从量的方面对征税所作的规定,是课税对象量的表现。

计税依据和课税对象有时是一致的,有时是不一致的。见表1-1。

表1-1 税收种类与课税对象说明简表

税种举例	课税对象	计税依据	计税依据和课税对象的关系
所得税	所得额	所得额	一致
车船税	车辆、船舶	车船吨位(辆、整备质量、净吨位等)	不一致

● **(四)税目**

税目是课税对象的具体化,反映具体的征税范围,代表征税的广度。不同税目往往对应着不同税率和不同的征免税规定。如消费税规定了烟、酒等15个税目。

● **(五)税率**

税率指对征税对象的征收比例或征收额度。税率是计算税额的尺度,代表课税的深度,关系着国家的收入多少和纳税人的负担程度,因而它是税收政策的中心环节。

税率的基本形式包括:比例税率、累进税率和定额税率。

我国现行税率有:比例税率、超额累进税率、超率累进税率和定额税率。

1.比例税率

比例税率是指同一征税对象或同一税目,不论数额大小只规定一个税率,都按同一比例征税。税额与课税对象成正比例关系。该税率在我国具体应用税种为增值税、城市维护建设税、企业所得税等。

2.累进税率

累进税率是指同一课税对象,随着数量的增大,征收比例也随之增高的税率。累进税率表现为将课税对象按数额大小划分等级,不同等级规定不同税率。累进税率可分为全额累进税率和超额累进税率两种形式。

(1)全额累进税率。全额累进税率有两个特点:一是对具体纳税人来说,在应纳税所得额确定之后,相当于按照比例税率征税,计算方法比较简单;二是税收负担不合理,特别是在各级征税对象数额分界处可能发生税额增加超过征税对象数额增加的不合理现象。该税率我国目前没有采用。

(2)超额累进税率。超额累进税率分别以课税对象数额超过前级的部分为基础计算应纳税的累进税率。超额累进税率有三个特点:一是计算方法比较复杂,征税对象数量越大,包括等级越多,计算步骤也越多;二是累进幅度比较缓和,税收负担较为合理;三是边际税率和平均税率不一致,税收负担的透明度较差。我国个人所得税中的工资薪金和个体工商户、承包项目所得计税采用该税率。

【例题1-6·计算题】假定下面这个累进税率表是全额累进税率表：

级数	课税对象级距	税率
1	500元以下（含）	5%
2	500～2000元（含）	10%
3	2000～5000元（含）	15%

假定甲、乙、丙三人的征税对象数额状况分别为甲500元、乙501元、丙3000元，则按照全额累进税率计算税额的方法计算税额如下：

甲应纳税额 = 500 × 5% = 25（元）

乙应纳税额 = 501 × 10% = 50.1（元）

丙应纳税额 = 3000 × 15% = 450（元）

我们可以发现，乙比甲征税对象数额增加1元，税额却增加50.1 − 25 = 25.1元，税负变化极不合理。假定上述例题中的全额累进税率表是超额累进税率表，甲、乙、丙三人收入不变，则按照超额累进税率计算税额的方法计算税额如下：

甲应纳税额 = 500 × 5% = 25（元）

乙应纳税额 = 500 × 5% + 1 × 10% = 25.1（元）

丙应纳税额 = 500 × 5% +（2000 − 500）× 10% +（3000 − 2000）× 15% = 325（元）

（3）超率累进税率。超率累进税率以课税对象数额的相对率为累进依据，按超累方式计算应纳税额的税率，该税率在我国适用于土地增值税。

3. 定额税率

定额税率又称固定税额，是根据课税对象的一定计量单位（如数量、重量、面积、容积等），直接规定固定的征税数额。目前我国使用定额税率的税种包括资源税、城镇土地使用税、耕地占用税、车船税、消费税中部分应税消费品、印花税中的部分项目。定额税率的基本特点是，税率与课税对象的价值量脱离了联系，不受课税对象价值量变化的影响。

（六）纳税环节

纳税环节是指税法规定的课税对象从生产到消费的流转过程中应当缴纳税款的环节。按照纳税环节的多少，可将税收征收制度分为一次课征制和多次课征制两种形式。

（七）纳税期限

纳税期限是纳税人向国家缴纳税款的法定期限。纳税期限长短的决定因素在于税种的性质、应纳税额的大小、交通条件。纳税期限有三种形式：

（1）按期纳税，如一般情况下的消费税、增值税；

（2）按次纳税，如耕地占用税、偶然所得的个人所得税；

（3）按年计征，分期预缴，如企业所得税。

（八）纳税地点

纳税地点指纳税人（包括代征、代扣、代缴义务人）的具体纳税地点。如增值税在纳税人机构所在地纳税，转让不动产的营业税在不动产所在地纳税。

（九）减免税

减免税是国家对某些纳税人和征税对象给予鼓励和照顾的一种特殊规定。减税是对应征税款减少征收一部分，免税是对按规定应征收的税款全部免除。

1.税基式减免

税基式减免是指直接通过缩小计税依据的方式实现的减税、免税。其包括起征点、免征额、项目扣除和跨期结转等。

起征点也称征税起点，是指对征税对象开始征税的数额界限。征税对象的数额没有达到规定起征点的不征税；达到或超过起征点的，就其全部数额征税。如财政部和国家税务总局联合颁发的《关于暂免征收部分小微企业增值税和营业税的通知》（财税【2013】52号）中规定：自2013年8月1日起，对增值税小规模纳税人中月销售额不超过20000元的企业或非企业性单位，暂免征收增值税；文件中的月销售额或月营业额20000元即可理解为起征点。2014年9月25日，财政部和国家税务总局联合颁发《关于进一步支持小微企业增值税和营业税政策的通知》（财税〔2014〕71号）文件中又规定：自2014年10月1日起至2015年12月31日，对月销售额20000元（含本数，下同）至30000元的增值税小规模纳税人，免征增值税；该优惠政策将延续至2017年12月31日。将增值税的起征点进一步提高至30000元。

免征额是指对征税对象总额中免予征税的数额。如"个人所得税"中工资薪金所得的个人所得税的费用扣除标准为3500元，即具有免征额的性质。

【例题1-7·计算题】假定甲纳税人收入1000元；乙纳税人收入2000元；丙纳税人收入3000元，假定税率统一为10%，在实行2000元起征点和2000元免征额两类情况下，其税额计算如下（单位：元）：

纳税人	收入	实行2000元起征点		实行2000元免征额	
		计税依据	税额	计税依据	税额
甲	1000	0	0	0	0
乙	2000	2000	200	0	0
丙	3000	3000	300	1000	100

2.税率式减免

税率式减免是指通过直接降低税率的方式实现的减税、免税。其包括低税率、零税率等。

3.税额式减免

税额式减免是指通过直接减少应纳税额的方式实现的减税、免税。其包括全部免征、减半征收、核定减免率等。

（十）罚则

罚则指对违反税法的行为而采取的处罚措施。

（十一）附则

附则主要包括两项内容：一是规定此项税法的解释权，二是规定税法的生效时间。

四、我国现行税种

我国税制是以间接税和直接税为双主体的税制结构，根据国家税务总局的税收收入统计资料，近几年，我国间接税（增值税、消费税）占全部税收收入的比例为50%左右，直接税（企业所得税、个人所得税）占全部税收收入的比例为25%左右，其他辅助税虽然数量较多，但所占税收收入比重不大。我国现行税收法律体系是经过1994年工商税制改革逐渐完善而形成的。2016年5月1日全国实行"营改增"后，我国税收种类具体如下：

(1) 流转税类：增值税、消费税、关税；
(2) 附加税类：城市维护建设税、教育费附加；
(3) 自然资源税类：资源税、土地增值税、城镇土地使用税、耕地占用税、烟叶税；
(4) 财产税类：房产税、车船税；
(5) 行为税类：印花税、契税、车辆购置税；
(6) 所得税类：企业所得税、个人所得税。

五、我国税务机构的设置及征收管理范围划分

（一）我国税务机构的设置

现行税务机构设置是中央政府设立国家税务总局（正部级），省及省以下税务机构分为国家税务局和地方税务局两个系统。我国税务机构的设置具体情况见表1-2。

表1-2 我国税务机构设置一览表

税务机构	省级	省以下级
国家税务局	国家税务总局垂直领导	上级税务局垂直领导
地方税务局	地方政府和国家税务总局双重领导，以地方政府领导为主	上级税务局和同级政府双重领导，以上级税务局垂直领导为主

（二）我国税务机构征收管理范围划分

(1) 国家税务局系统负责征收和管理的项目。增值税，消费税，车辆购置税，各银行总行、各保险总公司集中缴纳的企业所得税、城市维护建设税，中央企业缴纳的企业所得税，中央与地方所属企业、事业单位组成的联营企业、股份制企业缴纳的企业所得税，地方银行、非银行金融企业缴纳的企业所得税，海洋石油企业缴纳的企业所得税、资源税，证券交易税（开征之前为对证券交易征收的印花税），中央税的滞纳金、补税、罚款。

(2) 地方税务局系统负责征收和管理的项目。地方国有企业、集体企业、私营企业缴纳的企业所得税，个人所得税，资源税，城镇土地使用税，耕地占用税，土地增值税，房产税，车船税，印花税，契税，城市维护建设税（不包括上述由国家税务局系统负责征收管理的部分），地方税的滞纳金、补税、罚款。

根据国税【2002】8号通知规定，自2002年1月1日起，在各级工商行政管理部门设立登记的企业，其企业所得税由国家税务局负责征收管理。自2009年1月1日起，新增企业所得税纳税人中，应缴纳增值税的企业，其企业所得税由国税局管理；应缴纳营业税的企业，其企业所得税由地税局管理。以2008年为基年，2008年年底之前国税局、地税局各自管理的企业所得税纳税人不作调整。

(3) 海关负责征收关税、进口环节的增值税和消费税。进口商品在海关报关进

口环节要缴纳关税和增值税;如果是卷烟、白酒等消费税应税消费品,还要缴纳消费税;个别出口商品也要缴纳关税。这些税收都由海关负责征收。

表1-3 我国税收征收范围的划分

国税征收	地税征收	海关征收
增值税、消费税(进口环节的由海关代征)、车辆购置税	2016年5月1日全面推开"营改增"后,二手房交易环节的增值税	关税、代征进口环节消费税、增值税
铁道部门、各银行总行、保险总公司集中缴纳的城市维护建设税和教育费附加	城市维护建设税、教育费附加(不包括由国税局系统征收管理的部分)	
海洋石油企业资源税	资源税(不包括由国税局系统征收管理的部分)	
股票交易征收的印花税	印花税(不包括由国税局系统征收管理的部分)	
	个人所得税、土地增值税、车船税、房产税、城镇土地使用税、耕地占用税、契税、烟叶税	

【例题1-8·单选题】下列税种中由地税局系统征收管理的是( )。
A.个体户的增值税　　　　　　B.卷烟生产企业的消费税
C.中央企业的房产税　　　　　D.进口商品的关税
【答案】C
【解析】选项A、D归国税局系统征收管理,选项B由海关征收管理。

第二节 税收征收管理程序及要求

一、税务登记管理

(一)税务登记的概念

税务登记是税务机关对纳税人的生产、经营活动进行登记并据此对纳税人实施税务管理的一种法定制度。它是整个税收征收管理的首要环节。税务登记包括设立税务登记(也叫开业税务登记)、变更税务登记和注销税务登记三种类型。

(二)设立税务登记

1.企业设立的工商登记和税务登记概述

2015年6月23日,国务院办公厅下发《关于加快推进"三证合一"登记制度改革的意见》,"三证合一"登记制度是指将企业设立登记时依次申请、分别由工商行政管理部门核发工商营业执照、质量技术监督部门核发组织机构代码证、税务部门核发税务登记证,改为一次申请、由工商行政管理部门核发一个营业执照的登记制度。

2015年8月,工商总局贯彻落实《国务院办公厅关于加快推进"三证合一"登记制度改革的意见》的通知。自2015年10月1日起营业执照、组织机构代码证和税务登记证三证合一。2015年年底之前,全国全面推行"一照一码"登记模式。现在纳税人在开办企业时,办理了工商登记,领取了营业执照,就等于办理了税务登记证,不必再另外办理税务登记证了。

但"三证合一"并非意味着取消设立税务登记,设立税务登记的法律地位仍然存在,只是政府简政放权将此环节改为由工商行政管理部门一窗受理,核发一个加载法人和其他组织统一社会信用代码营业执照,这个营业执照同时具备原来三种证件的法律地位和作用。

纳税人应在领取营业执照之日起15日内将其财务、会计制度或财务、会计处理办法报送主管税务机关备案,在开立存款账户之日起15日内,向主管税务机关报告全部账号,新设立的纳税人在发生如下事项时,应该向主管税务机关办理首次纳税申报:①首次取得应税收入时;②首次向国税局申领发票时;③首次向国税局申请代开发票时。

纳税人进行首次纳税申报后,应当按照法律法规规定,连续按期、不间断地进行纳税申报。纳税人需要网上申报的,应到主管税务机关开通"网上(电子)办税服务厅"网报功能。

2.企业设立时工商登记和税务登记的内容

(1) 单位名称、法定代表人或业主姓名;
(2) 住所、经营地点;
(3) 登记注册类型及所属主管单位;
(4) 核算方式;
(5) 行业、经营范围、经营方式;
(6) 注册资金(资本)、投资总额、开户银行及账号;
(7) 经营期限、从业人数、营业执照号码;
(8) 财务负责人、办税人员;
(9) 其他有关事项。

企业在外地的分支机构或者从事生产、经营的场所,还应当登记总机构的名称、地址、法人代表、主要业务范围、财务负责人。

二、账簿、凭证管理

(一)关于对账簿、凭证设置的管理

从事生产、经营的纳税人应当自领取营业执照或者发生纳税义务之日起15日内设置账簿。

扣缴义务人应当自税收法律、行政法规规定的扣缴义务发生之日起10日内,按照所代扣、代收的税种,分别设置代扣代缴、代收代缴税款账簿。

生产、经营规模小又确无建账能力的纳税人,可以聘请经批准从事会计代理记账业务的专业机构或者经税务机关认可的财会人员代为建账和办理账务;聘请上述机构或者人员有实际困难的,经县以上税务机关批准,可以按照税务机关的规定,建立收支凭证粘贴簿、进货销货登记簿或者使用税控装置。

(二)财务会计制度的备案管理

根据《税收征管法》的有关规定,凡从事生产、经营的纳税人必须将所采用的财务、会计制度和具体的财务、会计处理办法,按税务机关的规定,自领取营业执照之日起15日内,及时报送主管税务机关备案。

(三)关于账簿、凭证的保管

账簿、记账凭证、报表、完税凭证、发票、出口凭证以及其他有关涉税资料的保管期限,除另有规定者外,应当保存10年。

三、发票管理

发票是单位和个人在购销商品、提供或者接受服务以及从事其他经营活动中,开具、取得的凭证。它是财务收支的法定证明,是会计核算的原始凭证,是税务检查的重要依据。税务机关是发票的主管机关,负责发票的印制、领购、开具、取得、保管、缴销的管理和监督。

(一)发票印刷管理

增值税专用发票由国务院税务主管部门指定的企业印制;其他发票,按照国务院税务主管部门的规定,分别由省、自治区、直辖市国家税务局指定企业印制。

(二)发票领购管理

(1)依法办理税务登记的单位和个人,在领取营业执照后可以申请领购发票,属于法定发票领购对象;

(2)依法不需要办理税务登记的单位,发生临时经营业务需要使用发票的,可以凭单位介绍信和其他有效证件,到税务机关代开发票;

(3)临时到本省以外从事生产经营的单位和个人,凭所在地税务机关开具的《外出经营活动税收管理证明》,在办理纳税担保的前提下,可向经营地税务机关申请领购经营地的发票。

对于跨省、市、自治区从事临时经营活动的单位和个人申请领购发票,税务机关应要求提供保证人,或者缴纳不超过1万元的保证金,并限期缴销发票。

(三)发票的开具要求

1.发票开具使用的要求

(1)任何填开发票的单位和个人必须在发生经营业务并确认营业收入时,才能开具发票,未发生经营业务一律不得开具发票。一般情况下由收款方向付款方开具,下列特殊情况下,由付款方向收款方开具发票:①收购单位收购货物或者农副产品付款时,应当向收款人开具发票;②扣缴义务人支付个人款项时,应当向收款人开具发票。

(2)不得转借、转让或者代开发票;

(3)未经税务机关批准,不得拆本使用发票;

(4)不得自行扩大专用发票的使用范围,如将增值税专用发票用于非增值税一般纳税人。

2.发票开具时限的要求（按照纳税义务发生时间开具）

（1）采用预收货款、托收承付、委托银行收款结算方式的，为货物发出的当天；

（2）采用交款发货结算方式的，为收到货款的当天；

（3）采用赊销、分期付款结算方式的，为合同约定的收款日期的当天；

（4）将货物交给他人代销，为收到受托人送交的代销清单的当天。

3.发票开具地点的要求

（1）发票限于领购单位和个人在本省（直辖市、自治区）范围内开具；

（2）任何单位和个人未经批准，不得跨规定使用区域携带、邮寄或者运输发票，更不能携带、邮寄或者运输发票出入国境。

4.电子计算机开具发票的要求

使用电子计算机开具发票，须经主管税务机关批准，并使用税务机关统一监制的机外发票，开具后的存根联应当按照顺序号装订成册。

四、纳税申报

纳税申报，是指纳税人按照税法规定的期限和内容，向税务机关提交有关纳税事项书面报告的法律行为，是纳税人履行纳税义务、界定纳税人法律责任的主要依据，是税务机关税收管理信息的主要来源和税务管理的重要制度。

（一）纳税申报的对象

纳税申报的对象为纳税人和扣缴义务人。纳税人在纳税期内没有应纳税款应当按照规定办理纳税申报。纳税人享受减税、免税待遇的，在减税、免税期间应当按照规定办理纳税申报。

（二）纳税申报的内容

纳税申报的内容，主要体现在各税种的纳税申报表和代扣代缴、代收代缴税款报告表中，有的内容还体现在随纳税申报表附报的财务报表和有关纳税资料中。纳税申报的内容包括：税种、税目，应纳税项目或者应代扣代缴、代收代缴税款项目，计税依据，扣除项目及标准，适用税率或者单位税额，应退税项目及税额、应减免税项目及税额，应纳税额或者应代扣代缴、代收代缴税额，税款所属期限、延期缴纳税款、欠税、滞纳金等。

（三）纳税申报期限

纳税人和扣缴义务人都应当按照法定的期限办理纳税申报。纳税申报期限有两种：一是法律、行政法规明确规定的；二是税务机关按照法律行政法规的原则规定，结合纳税人生产经营的实际情况及其应缴纳的税种等相关问题予以确定的。两种申报期限具有同等的法律效力。

（四）纳税申报的要求

纳税人办理纳税申报时，应当如实填写纳税申报表，并根据不同的情况相应报送下列相关证件、资料：

(1) 财务会计报表及其说明材料；
(2) 与纳税有关的合同、协议书及凭证；
(3) 税控装置的电子报税资料；
(4) 外出经营活动税收管理证明和异地完税凭证；
(5) 境内或者境外公证机构出具的有关证明文件；
(6) 税务机关规定应当报送的其他有关证件、资料；
(7) 扣缴义务人办理代扣代缴、代收代缴税款报告时，应当如实填写代扣代缴、代收代缴税款报告表，并报送代扣代缴、代收代缴税款的合法凭证，以及税务机关规定的其他有关证件、资料。

● （五）纳税申报的方式

纳税申报的方式有直接申报、邮寄申报、数据电文申报等。实行定期定额缴纳税款的纳税人，可以采取简易申报、简并征期等纳税申报方式。

● （六）延期申报管理

纳税人、扣缴义务人按照规定的期限办理纳税申报或者报送代扣代缴、代收代缴税款报告表确有困难，经县以上税务机关批准，可以延期申报。纳税人和扣缴义务人应当在规定的期限内向税务机关提出书面延期申请，经税务机关核准，在核准的期限内办理延期申报。

纳税人、扣缴义务人因不可抗力，不能按期办理纳税申报或者报送代扣代缴、代收代缴税款报告表的，可以延期办理。但是，应当在不可抗力情形消除后立即向税务机关报告。税务机关应当查明事实，予以核准。

第三节 税款征收

一、税款征收原则

税款征收的原则如下：
(1) 税务机关是征税的唯一行政主体。
(2) 税务机关只能依照法律、行政法规的规定征收税款。
(3) 税务机关不得违反法律、行政法规的规定开征、停征、多征、少征、提前征收或者延缓征收税款。
(4) 税务机关征收税款必须遵守法定权限和法定程序。
(5) 税务机关征收税款或扣押、查封商品、货物或其他财产时，必须向纳税人开具完税凭证或开付扣押、查封的收据或清单。
(6) 税款、滞纳金、罚款统一由税务机关上缴国库。
(7) 税款优先。税款优先原则具体有三个方面的体现。
①税收优先于无担保债权。

②纳税人发生欠税在前的，税收优先于抵押权、质权和留置权的执行；纳税人欠缴的税款发生在纳税人以其财产设定抵押、质押或者纳税人的财产被留置之前的，税收应当先于抵押权、质权、留置权执行。

③税收优先于罚款、没收非法所得。纳税人欠缴税款，同时又被行政机关决定处以罚款、没收违法所得，税收优先于罚款、没收违法所得。

【例题1-9·案例分析】

案例一：A公司欠税（税务局）500万元，欠B银行借款500万元，A公司目前可供执行的财产只有一处房产（未向银行提供担保），市场价价值800万元。这时，房产拍卖的800万元，税务机关优先受偿500万元，其余300万元由B银行受偿。

案例二：A公司2013年以价值800万元的厂房做抵押向B银行借款500万元（提供担保），2014年欠税500万元，无法支付银行欠款及国家税款。这种情况下，银行优先受偿500万元，税务机关只能收回300万元税款，即税务机关不能优先于有担保的债权。

案例三：A公司2013年末已经欠税500万元，2014年初以价值800万元的厂房做抵押向B银行借款500万元，2014年末企业经营不善，无法偿还所欠银行借款。这种情况下，由于厂房抵押时已欠税在先，厂房拍卖价款800万元，由于欠税发生在抵押、质押之前，因此税务机关应优先受偿500万元，银行只能收回300万元。

【提示】纳税人有欠税情形而以其财产设定抵押、质押的，应当向抵押权人、质权人说明其欠税情况。抵押权人、质权人可以要求税务机关提供相关的欠税情况。

【例题1-10·判断题】纳税人欠缴的税款发生在纳税人以其财产设定抵押之后的，税收应当优先于抵押权执行。（　　）

【答案】错误

【例题1-11·多选题】下列项目中，可以实行税款优先原则的有（　　）。

A.对于法律上有规定的无担保债权，税收优先于该无担保债权

B.当纳税人发生的欠税在前时，税收优先于抵押权

C.纳税人欠税，同时被税务机关决定处以罚款时，税收优先于罚款

D.纳税人欠税，同时被工商局处以罚款时，税款优先于罚款

【答案】BCD

【解析】本题考查税款优先原则。A选项中，税收优先于无担保债权，但并不是说优先于所有的无担保债权，对于法律另有规定的无担保债权，不能行使税收优先权。

二、税款征收的方式

（1）查账征收。查账征收适合于经营规模较大，财务会计制度健全，能够如实核算和提供生产经营情况，正确计算应纳税款的纳税人。

（2）查定征收。查定征收适用于生产经营规模较小、产品零星、税源分散、会计账册不健全的小型厂矿和作坊。

（3）查验征收。查验征收适用于纳税人财务制度不健全，生产经营不固定，零星分散、流动性大的税源。

（4）定期定额征收。定期定额征收适用于经主管税务机关认定批准的生产、经营规模小，达不到设置账簿标准，难以查账征收，不能准确计算计税依据的个体工商

户，包括个人独资企业

【例题1-12·单选题】以下税款征收方式适用于财会制度健全的纳税人的是（ ）。
A.查账征收 B.查定征收
C.查验征收 D.定期定额征收
【答案】A

三、税款征收措施

（一）代扣代缴、代收代缴税款

扣缴义务人依法履行代扣、代收税款义务时，纳税人不得拒绝。纳税人拒绝的，扣缴义务人应当在一日之内报告主管税务机关处理。不及时向主管税务机关报告的，扣缴义务人应承担应扣未扣、应收未收税款的责任。

税务机关按照规定付给扣缴义务人代扣、代收税款手续费。代扣、代收税款手续费只能由县（市）以上税务机关统一办理退库手续，不得在征收税款过程中坐支。

（二）延期缴纳税款

纳税人因有特殊困难，不能按期缴纳税款的，经省、自治区、直辖市国家税务局、地方税务局批准，可以延期缴纳税款，但最长期限不得超过3个月。

特殊困难的主要内容：一是因不可抗力；二是当期货币资金在扣除应付职工工资、社会保险费后，不足以缴纳税款的。

延期缴纳税款的原则如下：
（1）纳税人须提出书面申请；
（2）税款的延期缴纳必须经省、自治区、直辖市国家税务局、地方税务局批准，方能有效；
（3）延期期限最长不得超过3个月，同一笔税款不得滚动审批。
（4）批准延期内免予加收滞纳金。

（三）税收滞纳金

纳税人未按照规定期限缴纳税款的，扣缴义务人未按照规定期限解缴税款的，税务机关除责令其限期缴纳外，从滞纳税款之日起，按日加收滞纳税款万分之五的滞纳金。

加收滞纳金的起止时间为法律、行政法规规定或者税务机关依照法律、行政法规的规定确定的税款缴纳期限届满次日起至纳税人、扣缴义务人实际缴纳或者解缴税款之日止。

【例题1-13·单选题】甲公司2016年8月应纳增值税税款300000元，该单位会计由于去外地开会，9月23日才将8月税款缴纳。根据税收征收管理法律制度的规定，税务机关依法加收的滞纳金为（ ）元。
A.450 B.1050 C.1200 D.301200
【答案】C

【解析】本题考核查纳金的计算。税收滞纳天数为9月16日至9月23日，共8日，滞纳金＝300000×0.5‰×8＝1200（元）。

（四）减免税收

减免税具体规定必须在税收实体法中体现，各方面都不可擅自减免税；纳税人要求减免税应提出书面申请并报送相应资料；减免税要经审批；减免期内也要进行纳税申报；纳税人享受减免税的条件发生变化时及时向税务机关报告；减免期满次日起恢复征税。

纳税人可以向主管税务机关申请减免税，也可以直接向有权审批的税务机关申请减免税。由纳税人所在地主管税务机关受理、应当由上级税务机关审批的减免税申请，主管税务机关应当自受理申请之日起10个工作日内直接上报有权审批的上级税务机关。

【例题1-14·判断题】纳税人申请减免税应向主管税务机关提出书面申请，并按照规定附送有关资料，由主管税务机关上报有权审批的税务机关审批，而不得直接向有权审批的税务机关提出申请。（　　）

【答案】错误

（五）税额核定和税收调整

1.税额核定制度错误

纳税人有下列情形之一的，税务机关有权核定其应纳税额：

（1）依照法律、行政法规的规定可以不设置账簿的；

（2）依照法律、行政法规的规定应当设置但未设置账簿的；

（3）擅自销毁账簿或者拒不提供纳税资料的；

（4）虽设置账簿，但账目混乱或成本资料、收入凭证、费用凭证残缺不全，难以查账的；

（5）发生纳税义务，未按照规定的期限办理纳税申报，经税务机关责令限期申报，逾期仍不申报的；

（6）纳税人申报的计税依据明显偏低，又无正当理由的。

【例题1-15·单选题】某酒店2015年11月取得餐饮收入5万元，客房出租收入10万元，该酒店未在规定期限内进行纳税申报，税务机关责令其限期申报，逾期仍未申报。根据税收征收管理法律制度的规定，税务机关有权对该酒店采取的税款征收措施是（　　）。

A.采取税收保全措施　　　　　　　B.责令提供纳税担保

C.税务人员到酒店直接征收税款　　D.核定其应纳税额

【答案】D

【例题1-16·多选题】根据《税收征管法》的规定，下列情形中，税务机关有权核定纳税人应纳税额的有（　　）。

A.有偷税、骗税前科的　　　　　　B.拒不提供纳税资料的

C.按规定应设置账簿而未设置的

D.虽设置账簿，但账目混乱，难以查账的

【答案】BCD

2.税收调整制度

纳税人有关联交易扭曲价格（含货物、劳务、财产等等方面）的，税务机关可以

按照下列方法调整计税收入额或者所得额：
(1) 按照独立企业之间进行的相同或者类似业务活动的价格；
(2) 按照再销售给无关联关系的第三者的价格所应取得的收入和利润水平；
(3) 按照成本加合理的费用和利润；
(4) 按照其他合理的方法。

3.税收调整期限

纳税人与其关联企业未按照独立企业之间的业务往来支付价款、费用的，税务机关自该业务往来发生的纳税年度起3年内进行调整；有特殊情况的，可以自该业务往来发生的纳税年度起10年内进行调整。

所称关联企业，是指有下列关系之一的公司、企业和其他经济组织：
(1) 在资金、经营、购销等方面，存在直接或者间接的拥有或者控制关系；
(2) 直接或者间接地同为第三者所拥有或者控制；
(3) 在利益上具有相关联的其他关系。

（六）未办理税务登记和临时从事生产、经营的纳税人的税款征收

对未按照规定办理税务登记的从事生产、经营的纳税人，包括到外县（市）从事生产、经营而未向营业地税务机关报验登记的纳税人以及临时从事经营的纳税人，由税务机关核定其应纳税额，责令缴纳；不缴纳的，税务机关可以扣押其价值相当于应纳税款的商品、货物。扣押后缴纳应纳税款的，税务机关必须立即解除扣押，并归还所扣押的商品、货物；扣押后仍不缴纳应纳税款的，经县以上税务局（分局）局长批准，依法拍卖或者变卖所扣押的商品、货物，以拍卖或者变卖所得抵缴税款。

（七）责令提供纳税担保

1.提供纳税担保的情形

(1) 当税务机关有依据认为从事生产经营的纳税人有逃避纳税义务行为时，在规定的纳税期限之前，责令其限期缴纳应纳税款；在限期内发现纳税人有明显的转移、隐匿其应纳税的商品、货物以及其他财产或者应纳税收入迹象的，可以责令纳税人提供纳税担保。

(2) 欠缴税款、滞纳金的纳税人或者其法定代表人需要出境的，可以责令纳税人提供纳税担保。

(3) 纳税人同税务机关在纳税上发生争议而未缴清税款，需要申请行政复议的，纳税人应提供纳税担保。

(4) 税收法律、行政法规规定可以提供纳税担保的其他情形。

2.纳税担保的范围

纳税担保的具体方式纳税担保的范围包括税款、滞纳金和实现税款、滞纳金的费用。纳税保证人纳税担保的具体方式包括纳税保证、纳税抵押、纳税质押。

(1) 纳税保证。

纳税保证人包括在中国境内具有纳税担保能力的自然人、法人或者其他经济组织；不包括国家机关，学校、幼儿园、医院等事业单位、社会团体。企业法人的职能部门不得为纳税保征人。企业法人的分支机构有法人书面授权的，可以在授权范围内提供纳税担保。

其他不得做纳税保证人的情形：①有逃税、抗税、骗税、逃避追缴欠税行为被税务机关、司法机关追究过法律责任未满2年的；②因有税收违法行为正在被税务机关立案处理或涉嫌刑事犯罪被司法机关立案侦查的；③纳税信誉等级被评为C级以下的；④在主管税务机关所在地的市（地、州）没有住所的自然人或税务登记不在本市（地、州）的企业；⑤无民事行为能力或限制民事行为能力的自然人；⑥与纳税人存在担保关联关系的；⑦有欠税行为的。

【例题1-17·多选题】下列各选项中，可以成为纳税保证人的有（　　）。
A.国家机关　　　　　　　　B.公司工会组织
C.企业法人的分支机构（有法人书面授权）
D.有担保能力的自然人
【答案】CD

纳税保证期间为纳税人应缴纳税款期限届满之日起60日内，即税务机关自纳税人应缴纳税款的期限届满之日起60日内有权要求纳税保证人承担保证责任，缴纳税款、滞纳金。纳税保证期间内税务机关未通知纳税保证人缴纳税款及滞纳金以承担保证责任的，纳税保证人免除担保责任。

履行保证责任的期限为15日，即纳税保证人应当自收到税务机关的纳税通知书之日起15日内履行保证责任，缴纳税款及滞纳金。纳税保证人未按照规定的履行保证责任的期限缴纳税款及滞纳金的，由税务机关发出责令限期缴纳通知书，责令纳税保证人在限期15日内缴纳；逾期仍未缴纳的，经县以上税务局（分局）局长批准，对纳税保证人采取强制执行措施。

【例题1-18·案例分析】甲公司是纳税人，乙公司是甲公司的纳税保证人，税务机关规定，甲公司要在6月30日前纳税20万元。如果甲公司没有交税的，税务机关找保证人乙公司提供担保，保证期间是60天，从6月30日到8月28日，如果超过60天税务机关才找保证人的，保证人不承担保证责任。假设乙公司于7月10日收到通知，乙公司应当在收到通知书之日起15日内（7月24日之前）履行保证责任，缴纳税款及滞纳金，在限期内乙公司没有履行保证责任。8月1日税务机关发出责令限期缴纳通知书，责令乙公司在限期15日内（8月15日前）缴纳税款，责令保证期限为15天。如果截至8月15日仍未缴纳税款，税务机关有权对乙公司采取强制执行措施。

（2）纳税抵押。

纳税抵押，是指纳税人或纳税担保人不转移对所抵押财产的占有，将该财产作为税款及滞纳金的担保。

下列财产可以抵押：①抵押人所有的房屋和其他地上定着物；②抵押人所有的机器、交通运输工具和其他财产；③抵押人依法有权处分的国有的房屋和其他地上定着物；④抵押人依法有权处分的国有的机器、交通运输工具和其他财产；⑤经设立的市、自治州以上税务机关确认的其他可以抵押的合法财产。

下列财产不得抵押：①土地所有权；②耕地、宅基地、自留地、自留山等所有的土地使用权，但法律规定可抵押的除外；③学校、幼儿园、医院等以公益为目的的事业单位、社会团体、民办非企业单位的教育设施、医疗卫生设施和其他社会公益设施；④所有权、使用权不明或者有争议的财产；⑤依法被查封、扣押、监管的财产；⑥依法定程序确认为违法、违章的建筑物；⑦法律、行政法规规定禁止流通的财产或者不可转让的财产；⑧经设立的市、自治州以上税务机关确认的其他不予抵押的财产。

【例题1-19·多选题】根据税收征收管理法律制度的规定，下列财产中，不可以作为纳税抵押的有（　　）。

A.土地所有权　　　　　　　　B.抵押人有争议的财产
C.抵押人有处分权的房屋以及土地使用权
D.抵押人所有的已经定论的违章建筑物

【答案】ABD

(3) 纳税质押。

纳税质押是指经税务机关同意，纳税人或纳税担保人将其动产或权利凭证移交税务机关占有，将该动产或权利凭证作为税款及滞纳金的担保。纳税人逾期未缴清税款及滞纳金的，税务机关有权依法处置该动产或权利凭证以抵缴税款及滞纳金。

纳税质押分为动产质押和权利质押两种类型。

● **(八) 税收保全**

税务机关责令具有税法规定情形的纳税人提供纳税担保而纳税人拒绝提供纳税担保或无力提供纳税担保，经县以上税务局（分局）局长批准，税务机关可采取税收保全措施。

(1) 实施税收保全措施的前提。

税收保全措施必须是在规定的纳税期之前和责令限期缴纳应纳税款的期限内实施。

(2) 税收保全措施的两种主要形式。

①书面通知纳税人开户银行或其他金融机构冻结纳税人相当于应纳税款的存款。

②扣押、查封纳税人的价值相当于应纳税款的商品、货物或其他财产（含房地产、现金、有价证券等）。

(3) 税收保全措施的适用范围。税收保全措施只适用于从事生产、经营的纳税人，不包括非从事生产、经营的纳税人，也不包括扣缴义务人和纳税担保人。

(4) 个人及其所扶养家属维持生活必需的住房和用品，不在税收保全措施的范围之内。生活必需的住房和用品不包括机动车辆、金银饰品、古玩字画、豪华住宅或者一处以外的住房。税务机关对单价5000元以下的其他生活用品，不采取税收保全措施和强制执行措施。

(5) 税收保全措施的金额限定。

①冻结纳税人的存款不是全部存款，只相当于纳税人应纳税款的数额。

②扣押查封商品、货物或者其他财产的价值，还应当包括滞纳金和扣押、查封、保管、拍卖、变卖的费用。

(6) 税收保全措施的终止。

实施税收保全措施后，纳税人在规定期限内完税的，税务机关就会终止税收保全措施，且不会采取税收强制执行措施。由于税收保全措施与税收强制执行措施的执行对象范围并不相同，对扣缴义务人、纳税担保人，不经税收保全措施就可实施税收强制执行措施，所以税收保全措施与税收强制执行措施之间没有必然衔接关系。

● **(九) 税收强制执行**

税收强制执行措施是指当事人不履行法律、行政法规规定的义务，有关国家机关采用法定的强制手段，强迫当事人履行义务的行为。

根据《税收征管法》的规定，从事生产、经营的纳税人、扣缴义务人未按照规定的期限缴纳或者解缴税款，纳税担保人未按照规定的期限缴纳所担保的税款，由税务机关责令限期缴纳，逾期仍未缴纳的，经县以上税务局（分局）局长批准，税务机关可以采取强制执行措施。

1.税收强制执行措施的适用范围

税收强制执行措施不仅适用于从事生产经营的纳税人，而且适用于扣缴义务人和纳税担保人。

2.税收强制执行措施的两种主要形式

（1）书面通知其开户银行或其他金融机构从其存款中扣缴税款；

（2）扣押、查封、拍卖其价值相当于应纳税款商品、货物或其他财产，以拍卖所得抵缴税款。

税务机关采取税收强制执行措施时，必须坚持告诫在先的原则，即纳税人、扣缴义务人、纳税担保人未按照规定的期限缴纳或者解缴税款的，应当先行告诫，责令其限期缴纳。逾期仍未缴纳的，税务机关可以采取税收强制执行措施。

采取税收强制执行措施时，对纳税人、扣缴义务人、纳税担保人未缴纳的滞纳金必须同时强制执行。对纳税人已缴纳税款，但拒不缴纳滞纳金的，税务机关可以单独对纳税人应缴未缴的滞纳金采取强制执行措施。

继续使用被查封的财产不会减少其价值的，税务机关可以允许被执行人继续使用；因被执行人保管或者使用的过错造成的损失，由被执行人承担。

拍卖或者变卖所得抵缴税款、滞纳金、罚款以及扣押、查封、保管、拍卖、变卖等费用后，剩余部分应当在3日内退还被执行人。

【例题1-20·单选题】下列各项中，不符合《税收征收管理法》有关规定的是（   ）。

A.采取税收保全措施时，冻结的存款以纳税人应纳税款的数额为限

B.采取税收强制执行措施时，被执行人未缴纳的滞纳金必须同时强制执行

C.税收强制执行措施的适用范围不仅限于从事生产经营的纳税人，也包括扣缴义务人

D.税收保全措施的适用范围包括从事生产经营的纳税人和扣缴义务人

【答案】D

【例题1-21·多选题】根据税收征收管理法律制度的规定，下列各项中，属于税务机关采取税收强制执行措施的有（   ）。

A.书面通知纳税人开户银行暂停支付纳税人存款

B.书面通知纳税人开户银行从其存款中扣缴税款

C.拍卖所扣押的纳税人价值相当于应纳税款的财产，以拍卖所得抵缴税款

D.扣押纳税人价值相当于应纳税款的财产

【答案】BC

【解析】选项A、D属于税收保全措施。注意税收保全措施与税收强制执行措施的区别。

【例题1—22•单选题】根据《税收征收管理法》的规定,下列各项中,属于税收保全措施的是( )。

A.暂扣纳税人营业执照

B.书面通知纳税人开户银行从其存款中扣缴税款

C.依法拍卖纳税人价值相当于应纳税款的货物,以拍卖所得抵缴税款

D.书面通知纳税人开户银行冻结纳税人的金额相当于应纳税款的存款

【答案】D

(十)阻止出境

欠缴税的纳税人或者其法定代表人在出境前未按规定结清应纳税款、滞纳金或者提供纳税担保的,税务机关可以通知出境管理机关阻止其出境。

【例题1—23•判断题】某球员转会到国外一家俱乐部,在出境时,税务机关以其尚未结清应纳税款,又未提供担保为由,通知海关阻止其出境,税务机关的做法是正确的。( )

【答案】正确

(十一)税收代位权与撤销权

代位权:欠缴税款的纳税人怠于行使其到期债权,对国家税收造成损害的,税务机关可以依照《合同法》的规定行使代位权。

撤销权:欠缴税款的纳税人因放弃到期债权,或者无偿转让财产,或者以明显不合理的低价转让财产而受让人知道该情形,对国家税收造成损害的,税务机关可以依照《合同法》的规定行使撤销权。

【例题1—24•案例分析题】甲企业欠缴税款20万元,税务机关在多次催缴无效的情况下,对该企业账簿资料进行了检查,发现该企业账户上确实无钱可付,但甲企业放弃了乙企业应付的一笔刚刚到期的20万元货款。经了解,乙企业完全有偿债能力。分析税务机关可以采取何种措施追缴甲企业欠缴的税款,以维护国家税收权益。

【解析】根据相关法律规定,税务机关可以行使撤销权,请求法院撤销甲企业放弃债权的行为。

本案例中,如果乙企业欠付的货款早已到期,而甲企业从未向乙企业追讨过欠款,税务机关可以向法院提出请求,以税务机关的名义代替甲企业行使该债权,向乙企业追要这笔货款(代位权)。

税务机关行使代位权、撤销权的,不免除欠缴税款的纳税人尚未履行的纳税义务和应承担的法律责任。

【例题1—25•判断题】对欠缴税款且怠于行使到期债权的纳税人,税务机关依法行使代位权后,可以免除欠缴税款的纳税人尚未履行的纳税义务和应承担的法律责任。( )

【答案】错误

(十二)税款的追缴与退还

(1)因纳税人自身责任或税务机关责任造成纳税人多缴税款,税务机关发现后应当立即退还,纳税人自结算缴纳税款之日起3年内发现的,可以向税务机关要求退还多缴的税款并加算银行同期存款利息,税务机关及时查实后应当立即退还。

(2) 因税务机关责任造成纳税人少缴税款，税务机关在3年内可要求纳税人、扣缴义务人补缴税款，但是不得加收滞纳金。

(3) 纳税人、扣缴义务人计算失误造成纳税人少缴税款，税务机关在3年内可以追征税款、滞纳金；有特殊情况的追征期可以延长到5年。

(4) 纳税人逃避缴纳税款、逃避缴纳欠税、骗取出口退税或抗税的，税务机关可以无限期追征其未缴或者少缴的税款、滞纳金或者所骗取的税款。

【例题1-26·判断题】纳税人多缴税款自结算缴纳税款之日起5年内发现的，可以向税务机关要求退还多缴的税款并加算银行同期贷款利息。（　　）

【答案】错误

【解析】本题考查税款的补征与追征。纳税人多缴税款自结算缴纳税款之日起3年内发现的，可以向税务机关要求退还多缴的税款并加算银行同期存款利息。

【例题1-27·案例分析题】某公司于2016年7月在清查账簿时发现，2014年6月该公司多缴了5000元税款。于是该公司向税务局请求退还多缴的税款并加算相应的利息。税务局经过核对后，证实该公司多缴税款属实；同时发现，该公司于2014年9月有一笔税款计算错误，少缴2100元税款。分析税务局应怎么处理这些问题。

【解析】税务局应退还该公司多缴的税款5000元，并加算银行同期活期存款利息；同时追缴该公司所欠税款2100元并征收滞纳金。用应退税款和利息抵扣欠缴税款和滞纳金后有余额的，退还纳税人。

● (十三) 纳税人涉税事项的公告与报告

(1) 欠缴税款数额较大（5万元以上）的纳税人在处分其不动产或者大额资产之前，应当向税务机关报告。

(2) 纳税人有合并、分立情形的，应当向税务机关报告，并依法缴清税款。纳税人合并时未缴清税款的，应当由合并后的纳税人继续履行未履行的纳税义务；纳税人分立时未缴清税款的，分立后的纳税人对未履行的纳税义务应当承担连带责任。

【例题1-28·判断题】纳税人分立时未缴清税款的，分立后的纳税人对未履行的纳税义务应当承担连带责任。（　　）

【答案】正确

(3) 发包人或者出租人应当自发包或者出租之日起30日内将承包人或者承租人的有关情况向主管税务机关报告，发包人或者出租人不报告的，发包人或者出租人与承包人或者承租人承担纳税连带责任。

【例题1-29·案例分析题】甲公司有乙、丙两家分公司。为改善经营管理，甲公司将乙公司资产租赁给A经营，约定由甲公司负责乙公司税款的缴纳；将丙公司发包给B经营，约定由B负责丙公司的税款缴纳。甲公司未将上述情况向税务机关报告。由于A、B都未完成合同约定的经营目标，故先后与甲公司解除了合同。后税务机关找到甲公司要求甲公司缴纳乙、丙两公司在A、B分别租赁、承包经营期间欠缴的税款。分析乙、丙两公司欠缴的税款应由谁缴纳？

【解析】A、B租赁、承包期间的税款缴纳应按合同约定，分别由甲公司和B缴纳。但由于甲公司未将B承包的有关情况向税务机关报告，因此甲公司对B应缴纳的税款承担纳税连带责任，即在B未缴纳税款的情况下，甲有义务向税务机关缴纳B欠缴的税款。

四、税务检查

税务检查是税务机关依照税收法律、行政法规的规定，对纳税人、扣缴义务人履行纳税义务或者扣缴义务及其他有关税务事项进行审查、核实、监督活动的总称。

（1）税务检查方法。

①查账：检查纳税人的账簿、记账凭证、报表和有关资料，检查扣缴义务人代扣代缴税款账簿、记账凭证和有关资料。

特殊的账簿检查方式，调账检查：因检查需要时，经县以上税务局（分局）局长批准，可以将纳税人、扣缴义务人以前会计年度的账簿、记账凭证、报表和其他有关资料调回税务机关检查，但是税务机关必须向纳税人、扣缴义务人开付清单，并在3个月内完整退还；有特殊情况的，经设区的市、自治州以上税务局局长批准，税务机关可以将纳税人、扣缴义务人当年的账簿、记账凭证、报表和其他有关资料调回检查，但是税务机关必须在30日内退还。

②场地检查：到纳税人的生产、经营场所和货物存放地检查纳税人应纳税的商品、货物和其他财产，检查扣缴义务人与代扣代缴、代收代缴税款有关的经营情况，但不能检查其生活场所。

③责成提供资料：责成纳税人和扣缴义务人提供与纳税或代扣代缴、代收代缴税款有关的文件、证明材料或资料。

④询问：询问纳税人和扣缴义务人与纳税或代扣代缴、代收代缴税款有关的问题和情况。

⑤在交通要道和邮政企业的查证：到车站、码头、机场、邮政企业及其分支机构检查纳税人托运、邮寄应纳税商品、货物或者其他财产的有关单据、凭证和有关资料。

⑥查核存款账户：经县以上税务局（分局）局长批准，凭全国统一格式的检查存款账户许可证明，查核从事生产、经营的纳税人、扣缴义务人在银行或者其他金融机构的存款账户；税务机关在调查税收违法案件时，经设区的市、自治州以上税务局（分局）局长批准，可以查询案件涉案人员的储蓄存款。

（2）税务机关依法进行税务检查时，有权向有关单位和个人调查纳税人、扣缴义务人和其他当事人与纳税或者代扣代缴、代收代缴税款有关的情况，有关单位和个人有义务向税务机关如实提供有关资料及证明材料。

（3）税务机关对从事生产、经营的纳税人以前纳税期的纳税情况依法进行税务检查时，发现纳税人有逃避纳税义务行为，并有明显的转移、隐匿其应纳税的商品、货物以及其他财产或者应纳税的收入的迹象的，可以按照《税收征收管理法》规定的批准权限采取税收保全措施或者强制执行措施。税务机关采取税收保全措施的期限一般不得超过6个月；重大案件需要延长的，应当报国家税务总局批准。

（4）税务机关调查税务违法案件时，对与案件有关的情况和资料，可以记录、录音、录像、照相和复制。

（5）税务机关派出的人员进行税务检查时，应当出示税务检查证和税务检查通知书，并有责任为被检查人保守秘密；未出示税务检查证和税务检查通知书的，被检查人有权拒绝检查。

【例题1-30·多选题】税务检查权是税务机关在检查活动中依法享有的权利,《税收征收管理法》规定税务机关有权(   )。

A.检查纳税人的账簿、记账凭证、报表和有关资料

B.责成纳税人提供与纳税有关的文件、证明材料和有关资料

C.到纳税人的生产、经营场所和货物存放地检查纳税人应纳税的商品、货物或者其他财产

D.对纳税人的住宅及其他生活场所进行检查

【答案】ABC

第四节 税收法律责任

一、税务行政处罚

(一)概念

税务行政处罚是指公民、法人或者其他组织有违反税收征收管理秩序的违法行为,尚未构成犯罪,依法应当承担行政责任的,由税务机关给予的行政处罚。

税务行政处罚是行政处罚的重要组成部分,它包括以下几方面内容。

(1)当事人行为违反了税收法律规范的规定,侵犯的客体是税收征收管理秩序,应当承担税务行政责任。

(2)从当事人主观方面讲,并不区分当事人是否具有主观故意或者过失,只要有税务违法行为存在,并且有法可依,当事人就要承担行政责任,依法给予税务行政处罚。

(3)尚未构成犯罪,依法应当给予行政处罚的行为。这里要区分两种情况:一是要区分税收违法与税收犯罪的界限,二是要区分税收违法行为是不是轻微。

(4)给予税务行政处罚的主体是税务机关。

(二)处罚主体和处罚种类

税务行政处罚的实施主体是县以上的税务机关。各级税务机关的内设机构、派出机构不具处罚主体资格,不能以自己的名义实施税务行政处罚。税务所可以实施罚款在2000元以下的税务行政处罚。这是征管法的特别授权。税务行政处罚遵循行为发生地原则,由当事人税收违法行为发生地的县(市、旗)以上税务机关。

现行执行的税务行政处罚种类主要有以下三种:

(1)罚款;

(2)没收财物和违法所得;

(3)停止出口退税权。

罚款是最为常见的税务行政处罚措施,税务机关对当事人作出罚款行政处罚决定的,当事人应当在收到行政处罚决定书之日起15日内缴纳罚款,到期不缴纳的,税务机关可以对当事人每日按罚款数额的3%加处罚款。

【例题1-31·单选题】某国有企业因有违反《税收征收管理法》的行为,被税务机关处以8000元的罚款。假定该企业收到税务行政处罚决定书的时间为2016年3月1日,则该企业4月5日缴纳罚款时的总金额为(   )。

A.8000元　　　　　B.9200元　　　　　C.13040元　　　　　D.16640元

【答案】C

【解析】总金额=8000×[(36-15)×3%+1]=13040(元)。

(三)对纳税人的罚款处罚

(1)根据《税收征收管理法》第六十条规定,纳税人有下列行为之一的,由税务机关责令限期改正,可以处以2000元以下的罚款;情节严重的,处以2000元以上10000元以下的罚款。

①未按照规定的期限申报办理税务登记、变更或者注销税务登记的。

②未按照规定设置、保管账簿或者保管记账凭证和有关资料的。

③未按照规定将财务、会计制度或者财务、会计处理办法和计算机软件报送税务机关备查的。

④未按照规定将其全部银行账号向税务机关报告的。

⑤未按照规定安装、使用税控装置,或者损毁或擅自改动税控装置的。

⑥未按照规定办理税务登记证件验证或者换证手续的。

(2)对不办理税务登记且逾期不改的纳税人,由工商行政管理机关吊销其营业执照。

(3)违章使用税务登记证的,处2000元以上10000元以下的罚款;情节严重的,处以10000元以上50000元以下的罚款。

(4)纳税人伪造、变造、隐匿、擅自销毁账簿、记账凭证,或者在账簿上多列支出或者不列、少列收入,或者经税务机关通知申报而拒不申报,或者进行虚假的纳税申报,不缴或者少缴应纳税款的,由税务机关追缴其不缴或者少缴的税款、滞纳金,并处不缴或者少缴的税款50%以上5倍以下的罚款;构成犯罪的,依法追究刑事责任。

(5)纳税人不进行纳税申报,不缴或者少缴应纳税款的,由税务机关追缴其不缴或者少缴的税款、滞纳金,并处不缴或者少缴的税款50%以上5倍以下的罚款。

(6)纳税人欠缴应纳税款,采取转移或者隐匿财产的手段,妨碍税务机关追缴欠缴的税款的,由税务机关追缴欠缴的税款、滞纳金,并处欠缴税款50%以上5倍以下的罚款;构成犯罪的,依法追究刑事责任。

(7)纳税人以假报出口或者其他欺骗手段,骗取国家出口退税款的,由税务机关追缴其骗取的退税款,并处骗取税款1倍以上5倍以下的罚款;构成犯罪的,依法追究刑事责任。

对骗取国家出口退税款的,税务机关可以在规定期间内停止为纳税人办理出口退税。

(8)纳税人以暴力、威胁方法拒不缴纳税款的,除由税务机关追缴其拒缴的税款、滞纳金外,依法追究刑事责任。情节轻微,未构成犯罪的,由税务机关追缴其拒缴的税款、滞纳金,并处拒缴税款1倍以上5倍以下的罚款。

(9)纳税人在规定期限内不缴或者少缴应纳或者应解缴的税款,税务机关责令限期缴纳,逾期仍未缴纳的,税务机关除采取强制执行措施追缴其不缴或者少缴的税款外,可以处不缴或者少缴的税款50%以上5倍以下的罚款。

(10)纳税人逃避、拒绝或者以其他方式阻挠税务机关检查的,由税务机关责令改正,可以处1万元以下的罚款;情节严重的,处1万元以上5万元以下的罚款。

(11) 纳税人非法印制发票的,由税务机关销毁非法印制的发票,没收其违法所得和作案工具,并处1万元以上5万元以下的罚款;构成犯罪的,依法追究刑事责任。

(四) 对扣缴义务人的罚款处罚

(1) 扣缴义务人未按照规定设置、保管代扣代缴、代收代缴税款账簿或者保管代扣代缴、代收代缴税款记账凭证及有关资料的,由税务机关责令其限期改正,可以处以2000元以下的罚款;情节严重的,处以2000元以上5000元以下的罚款。

(2) 扣缴义务人未按照规定的期限向税务机关报送代扣代缴、代收代缴税款报告表的,由税务机关责令其限期改正,可以处以2000元以下的罚款;情节严重的,处以2000元以上10000元以下的罚款。

(3) 扣缴义务人应扣未扣、应收不收税款的,由税务机关向纳税人追缴税款,对扣缴义务人处应扣未扣、应收未收税款50%以上3倍以下的罚款。

(4) 扣缴义务人采取伪造、变造、隐匿、擅自销毁账簿、记账凭证,不缴或者少缴已扣、已收税款的,税务机关将追缴其不缴或少缴的税款、滞纳金,并处不缴或少缴税款50%以上5倍以下的罚款。

扣缴义务人采取前款所列手段,不缴或者少缴已扣、已收税款,数额占应纳税额的10%以上并且数额在10000元以上的,也依《刑法》追究刑事责任。

二、涉税犯罪

(一) 逃税罪

逃税罪是指纳税人采取欺骗、隐瞒手段进行虚假纳税申报或者不申报,逃避缴纳税款数额较大的行为;扣缴义务人采取欺骗、隐瞒手段,不缴或者少缴已扣、已收税款数额较大的行为。

纳税人采取欺骗、隐瞒手段进行虚假纳税申报或者不申报,逃避缴纳税款数额较大并且占应纳税额10%以上的,处3年以下有期徒刑或者拘役,并处罚金;数额巨大并且占应纳税额30%以上的,处3年以上7年以下有期徒刑,并处罚金。扣缴义务人采取欺骗、隐瞒的手段,不缴或者少缴已扣、已收税款,按前述标准处罚。

逃避缴纳税款数额在5万元以上并且占各税种应纳税总额10%以上,经税务机关依法下达追缴通知后,补缴应纳税款、缴纳滞纳金、已受行政处罚的,不予追究刑事责任。但是,5年内因逃避缴纳税款受过刑事处罚或者被税务机关给予两次以上行政处罚的除外。纳税人在公安机关立案后再补缴应纳税款、缴纳滞纳金或者接受行政处罚的,不影响刑事责任的追究。

【例题1-32·多选题】根据《刑法》的规定,依逃税罪追究刑事责任须具备法定情形,这些情形有(   )。

A.纳税人采取假报出口手段,骗取国家出口退税款,数额较大的

B.纳税人采取欺骗、隐瞒手段不进行纳税申报,逃避缴纳税款数额较大并且占应纳税额10%以上的

C.扣缴义务人采取欺骗、隐瞒手段进行虚假纳税申报,不缴或者少缴已扣、已收税

款，数额5万元以上的

　　D.纳税人采取欺骗、隐瞒手段不进行纳税申报，逃避缴纳税款数额较大，经税务机关依法下达追缴通知后，补缴应纳税款，缴纳滞纳金，并已受行政处罚的

　　E.纳税人采取欺骗手段进行虚假纳税申报，逃避缴纳税款数额较大并且占应纳税额5%以上的

【答案】BC

【解析】①选项A，构成骗取出口退税罪；②选项D、E，纳税人采取欺骗、隐瞒手段进行虚假纳税申报或者不申报，逃避缴纳税款，数额在5万元以上并且占各税种应纳税总额10%以上，经税务机关依法下达追缴通知后，不补缴应纳税款、不缴纳滞纳金或者不接受行政处罚的，应予立案追诉。

● （二）抗税罪

　　抗税罪，是指负有纳税义务或者代扣代缴、代收代缴义务的个人或者企业事业单位的直接责任人员，故意违反税收法规，以暴力、威胁方法拒不缴纳税款的行为。本罪只能由自然人实施，单位不能成为本罪的主体。本罪的主体只能是纳税人或扣缴义务人。

　　纳税人、扣缴义务人以暴力、威胁方法拒不缴纳税款的行为，除由税务机关追缴其拒缴的税款、滞纳金外，依法追究刑事责任。对于抗税罪的处罚，根据情节轻重，《刑法》第202条规定了两档处罚。

　　（1）对情节轻的，处3年以下有期徒刑或者拘役，并处拒缴税款1倍以上5倍以下的罚金。

　　（2）有下列严重情节的，聚众抗税的首要分子，抗税数额在10万元以上的，多次抗税的，故意伤害致人轻伤的，具有其他严重情节的，处3年以上7年以下有期徒刑，并处拒缴税款1倍以上5倍以下罚金。

　　实施抗税行为致人重伤、死亡，构成故意伤害罪、故意杀人罪的，依照《刑法》相关规定定罪处罚。

　　情节轻微，未构成犯罪的，由税务机关追缴其拒缴的税款、滞纳金，并处拒缴税款1倍以上5倍以下的罚款。

● （三）逃避追缴欠税罪

　　逃避追缴欠税罪是指纳税人故意违反税收法规，欠缴应纳税款，并采取转移或者隐匿财产的手段，致使税务机关无法追缴欠缴的税款，数额较大的行为。

　　本罪主体是欠缴应纳税款的纳税人，扣缴义务人不构成本罪主体。本罪的起诉标准是在欠缴应纳税款的情况下，纳税人采取转移或者隐匿财产的手段，致使税务机关无法追缴欠缴的税款，数额在1万元以上，这里的"1万元以上"是指无法追缴的欠缴税款数额，而非转移或隐匿的财产数额、纳税人欠缴的税款数额。构成本罪纳税人主观方面必须有逃避缴税应纳税款的故意，如果因财力不足无力缴纳、因对纳税期限认识不清等过失导致欠缴税款的不构成本罪。

　　逃避追缴欠税罪的刑罚标准如下：

　　（1）纳税人妨碍追缴税款在1万元以上10万元以下，处3年以下有期徒刑或者拘役，并处或者单处欠缴税款1倍以上5倍以下罚金；

（2）纳税人妨碍追缴税款在10万元以上，处3年以上10年以下有期徒刑，并处欠缴税款数额1倍以上5倍以下罚金。

（3）单位犯本罪，对单位处罚金，并对直接负责的主管人员和其他直接责任人按前述两个标准定罪处罚。

（四）骗税罪

骗税罪是指以假报出口或者其他欺骗手段，骗取国家出口退税款，数额较大的行为。本罪的客观方面表现为利用国家出口退税制度，以虚报出口或者其他欺骗手段，骗取国家出口退税款，数额在5万元以上的。

虚报出口的表现：①伪造或者签订虚假的买卖合同；②以伪造、变造或者其他欺骗手段取得出口货物报关单、出口收汇核销单、出口货物专用缴款书等有关出口退税单据、凭证；③虚开、伪造、非法购买增值税专用发票或者其他可以用于出口退税的发票；④其他虚构已税货物出口事实的行为。

其他欺骗手段：①骗取出口货物退税资格；②将未纳税或者免税货物作为已税货物出口；③虽有货物出口，但虚构该货物的品名、数量、单价等要素，骗取未实际纳税部分出口退税款；④以其他手段骗取国家出口退税款。

纳税人缴纳税款后，以假报出口或者其他欺骗手段，骗取所缴税款的，按"逃税罪"处罚；骗取税款超过所缴纳的税款部分，对超过的部分以"骗取出口退税罪"论处。

骗取国家出口退税款，数额较大的，处5年以下有期徒刑或者拘役，并处骗取税款1倍以上5倍以下罚金；数额巨大或者有其他严重情节的，处5年以上10年以下有期徒刑，并处骗取税款1倍以上5倍以下罚金；数额特别巨大或者有其他特别严重情节的，处10年以上有期徒刑或者无期徒刑，并处骗取税款1倍以上5倍以下罚金或者没收财产。

骗取国家出口退税款5万元以上的，为"数额较大"；骗取国家出口退税款50万元以上的，为"数额巨大"；骗取国家出口退税款250万元以上的，为"数额特别巨大"。

具有下列情形之一的，属于《刑法》第二百零四条规定的"其他严重情节"：①造成国家税款损失30万元以上并且在第一审判决宣告前无法追回的；②因骗取国家出口退税行为受过行政处罚，两年内又骗取国家出口退税款数额在30万元以上的。

具有下列情形之一的，属于《刑法》规定的"其他特别严重情节"：①造成国家税款损失150万元以上并且在第一审判决宣告前无法追回的；②因骗取国家出口退税行为受过行政处罚，两年内又骗取国家出口退税款数额在150万元以上的；③情节特别严重的其他情形。

【例题1-33·单选题】某外贸公司采取隐匿财产的手段，使税务机关无法追缴该公司所欠缴的税款20万元。根据《刑法》的规定，该公司的行为构成的罪名是（　　）。

A.偷税罪　　　　　　　　B.骗取出口退税罪
C.抗税罪　　　　　　　　D.逃避追缴欠税罪

【答案】D

【例题1-34·多选题】根据刑事法律制度的规定，下列关于骗取出口退税罪的说法中，正确的有（　　）。

A.只要采取虚报出口等欺骗手段实施了骗取国家出口退税款的行为，就构成骗取出口退税罪

B.行为人骗取国家出口退税款达到5万元以上,才能构成骗取出口退税罪

C.造成国家税款损失150万元以上,且在第一审判决宣告前无法追回的,属于骗取出口退税罪量刑规定中的"其他特别严重情节"

D.纳税人缴纳税款后采取虚报出口等欺骗方法骗取所缴税款的,按骗取出口退税罪处罚

【答案】BC

第五节 税务会计和税务筹划概述

一、税务会计基础知识

(一)税务会计的产生

在税务会计的产生和发展过程中,现代所得税法的产生和不断完善对其影响最大,因为企业所得税涉及企业的经营、投资和筹资各环节,涉及收入、收益、成本、费用等会计核算的全过程。另外,科学、先进的增值税法的产生和不断完善,也对税务会计的发展起了重要促进作用,因为它对企业会计提出了更高要求,迫使企业在会计凭证、会计账簿设置和记载上分别反映收入的形成和物化劳动的转移价值中所包含的已纳税金,从而正确核算其增值额,正确计算企业应纳增值税额。为了适应纳税人的需要,或者说纳税人为了适应纳税的需要,税务会计有必要从财务会计中独立出来,以充分发挥现代会计的多重功能。现在,国内外越来越多的人认为,税务会计、财务会计、成本与管理会计共同构成了会计学科的三大分支。

(二)税务会计的概念

税务会计是适应纳税人经营管理的需要,从财务会计、管理会计中分离出来,并将会计的基本理论、基本方法同纳税活动相结合而形成的一门边缘学科,是融税收、法律和会计核算为一体的会计分支。税务会计是以税收法律法规为依据,以货币为主要计量单位,运用会计学的理论及其专门方法,核算和监督纳税人的纳税事务,参与纳税人的预测、决策,实现既依法纳税,又合理减轻税负的一个会计学分支。

(三)税务会计的特点

税务会计具有法律性、专业性、融合性和筹划性的特点。

(1)法律性。法律性是税务会计区别于其他专业会计的主要标志。纳税主体不论采用何种记账基础进行核算,都必须遵循税收法规。因此,遵守税收法律法规,依法及时足额纳税,保证国家的财政收入,是税务会计的一个目标。税法同其他法律一样,具有严肃性,如果纳税人不遵守税法,就会受到处罚,情节严重者将承担刑事责任。

(2)专业性。税务会计运用会计特有的专门方法,仅对与纳税有关的经济业务进

行核算和监督，包括计算税款、填制纳税申报表、办理纳税手续、记录税款缴纳及退补税款情况、编制纳税报表等，这些都需要税务会计从业者有会计专业知识和税收专业知识，因此，它的专业性很强。

（3）融合性。税务会计是融税收法规和会计制度于一体的特种专业会计，税务会计在依照税法核算的同时，还必须结合各种专业会计的特点进行会计核算。税务会计研究的对象是税务管理活动中的会计问题，同时又是会计核算中的税务问题，从这个意义上讲，税务会计是研究税务与会计交叉问题的一个边缘性应用性会计分支。

（4）筹划性。税务会计在进行纳税实务处理时，要时刻注重税务筹划。税务筹划是在社会主义市场经济条件下，经营行为自主化、利益格局独立化的必然产物。在合法的条件下减轻税负、提高盈利水平是企业追求的目标，通过税务会计的筹划，可以正确、合理地处理涉税事项，从而实现企业财务目标。

●（四）税务会计的目标、基本前提和原则

（1）税务会计的目标。税务会计的目标是向税务会计信息使用者提供关于纳税人税款形成、计算、申报、缴纳等税务活动方面的会计信息，以利于信息使用者进行决策。税务会计信息使用者主要有各级税务机关和企业的利益相关者。各级税务机关可以凭借税务会计提供的信息进行税款征收、检查和监督。企业的利益相关者包括经营者、投资人、债权人等，他们可以凭借税务会计提供的信息了解纳税人纳税义务履行情况和纳税人的税收负担，并为其进行税务筹划、进行经营决策和投资决策提供依据。

（2）税务会计的基本前提。纳税人错综复杂的税务业务使会计实务存在种种不确定因素，要进行正确的判断和估计，必须首先明确税务会计的基本前提，由于税务会计以财务会计为基础，因此，财务会计中的基本前提有些也适用于税务会计，如会计分期、货币计量等，但因税务会计的法律性等特点，税务会计的基本前提也有其特殊性。

①纳税主体。纳税主体就是税法规定的直接负有纳税义务的单位和个人。正确界定纳税主体，就是要求每个纳税主体应与其他纳税主体分开，保持单独的会计记录并报告其经营状况。

②持续经营。持续经营的前提意味着该企业个体将继续存在足够长的时间以实现其现在的承诺。预期所得税在将来被继续课征是所得税款递延及暂时性差异能够存在，并且使用纳税影响会计法进行所得税跨期摊配的理由所在。

③货币时间价值。货币在其运行过程中具有增值能力，同样一笔资金，在不同的时间具有不同的价值。随着时间的推移，投入周转使用资金的价值将会发生增值，这种增值的能力或数额就是货币的时间价值。这一基本前提已成为税收立法和税收征管的基点，因此各税种都明确规定纳税义务发生时间的确认原则、纳税期限、交付期等。正因为如此，递延确认收入或加速确认费用可以产生巨大的资金优势。在税务筹划实践中，人们逐步认识到最少纳税和最迟纳税的重要性。与此同时，政府及财税部门也深感货币时间价值原则的重要性，并在立法工作中开始注重这些问题。

④纳税年度。纳税年度是指纳税人按照税法规定应向国家缴纳各种税款的起止时间。我国税法规定，应纳税年度自公历1月1日起至12月31日止。但如果纳税人在一个纳税年度的中间开业，或者由于改组、合并、破产、关闭等原因，使该纳税年度的实际经营期不足12个月的，应当以其实际经营期限为一个纳税年度。纳税人清算时，应

当以清算期间作为一个纳税年度。纳税年度不等于纳税期限,如增值税、消费税的纳税期限一般是一个月,而所得税强调的是年度应税收益,实行按月或按季预交,年度汇算清缴。

(3) 税务会计的原则。由于税务会计与财务会计密切相关,因此,《企业会计准则》中规定的原则基本上也适用于税务会计。但又因税务会计与税法的特定联系,税法中的实际支付能力原则和公平税负原则等,会非常明显地影响税务会计。结合财务会计原则与税收原则和税务会计本身的特点,税务会计有以下几项原则。

①权责发生制与收付实现制结合的原则。税务会计的权责发生制具有以下特点,第一,必须考虑支付能力原则,使得纳税人在最有能力支付时支付税款。第二,确定性的需要。税务会计须使收入和费用的实际实现具有确定性。第三,保护政府财政税收收入。例如,在流转税相关法规中,都将"取得索取销售款的凭据的当天"作为纳税义务发生的时间,但在确定转让不动产的增值税纳税义务时间时规定:纳税人转让土地使用权或者销售不动产,采用预收款方式的,其纳税义务发生时间为收到预收款的当天,尽管纳税人收取的预收款在会计上要记为"预收账款"。

税务会计采用收付实现制时,确定计税收入或计税成本并不一定采用现金形式,而只要能以现金计价即可,如纳税人在以物易物的方式进行非货币性交易时,收到对方一项实物资产,便应按该实物资产的公允价值来确认和计量换出资产所实现的收入。另外,财务会计采用谨慎性原则列入的某些估计、预计费用,在税务会计中是不能够被接受的,因为税务会计强调"该经济行为已经发生"的限制条件,从而起到保护政府税收收入的作用。

综上所述,税务会计在以权责发生制为基础的同时,适度引用收付实现制,以达到保证国家财政收入的目的。

②配比原则。税务会计在总体上遵循纳税人取得的收入与其相关的成本、费用和损失配比的原则,尤其是应用于所得税会计,在确定企业所得税税前扣除项目和金额时,应遵循配比原则,即纳税人发生的费用应当在其应配比的当期申报扣除,纳税人某一纳税年度应申报的可扣除费用,不得提前或滞后申报扣除。税务会计运用配比原则的特点体现在以下几方面。

第一,税务会计坚持应纳税所得额是纳税人的应税收入与这些收入所实际发生的成本、费用相抵减后的结果,因而,存货跌价准备等非实际发生的费用不允许税前扣除,需做相应的纳税调整。

税务会计中的配比原则还要遵循"纳税人可扣除的费用从性质和根源上必须与取得应税收入相关"的原则。首先,区别不同项目的税收待遇并进行分项或分类配比;其次,将赞助支出、担保支出等视为与应税收入不相关,因而,不得在所得税税前扣除。

第二,税务会计由于适度地采用了收付实现制,不完全是以会计上的收入与成本费用进行比较计算,因而应纳税所得额往往不等于会计利润。

第三,在纳税处理上,纳税人不得因会计政策变更而调整以前年度的应纳税所得额和应纳税额,也不得因此调整以前年度尚未弥补的亏损。

二、税务筹划基础知识

（一）税务筹划的定义和目标

（1）税务筹划的定义。税务筹划是指纳税人在不违反税法及其他相关法律、法规的前提下，对企业经营活动、投资活动、筹资活动及兼并、重组等事项做出筹划和安排，以实现税负最小或纳税最晚的一系列策略和行为。

（2）税务筹划的目标。税务筹划的基本目标是，减轻税收负担，争取税后利润最大化。税务筹划目标的外在表现是纳税最少，纳税最晚。为实现税务筹划的基本目标，可以将税务筹划的目标细化，具体如下。

①适当履行纳税义务。这一基本目标旨在规避纳税风险，规避任何法定纳税义务之外纳税成本的发生，即依法纳税，实现涉税零风险。因税制具有复杂性且随着经济状况的变化而不断调整，纳税人必须与时俱进，及时、正确地掌握现行税法并进行相应的筹划，才能恰当履行纳税义务。

②税收负担最小化。税收负担最小化是税务筹划的最高目标。税负的轻重，不是指纳税人纳税数额的多少，而是指其税收负担率。而实现税负最小、利润最大，需要纳税人事先对企业的涉税事项进行总体运筹和安排。实现税负最小化目标更多是从经济观点而非税收角度来谋划和安排，税务筹划的焦点是现金流量，资源的充分利用、收益、纳税人所得的最大化。

（二）以科学的观点看待税务筹划

税务筹划是现代企业理财活动的重要内容，但不是经过税务筹划所有的税收都可以少缴，在实际工作中，一定要以科学的观点看待税务筹划。

税务筹划应在相关税收法令、法规与其他学科的衔接中寻求答案，而更深的筹划含义在税收之外。纳税人要精通税收的法律法规，把握国家税收制度改革最新的动向，以及国内、国外最新的经济变化。

在市场经济环境下，财富的大部分是由合同构成的，而合同又是税务机关确认企业应税行为的主要依据之一，即一项经济业务是否应缴税，以及按照什么标准缴税，主要看企业所签订的经济合同是否符合税法的要求，并不是看企业的会计核算或者实际操作是如何进行的。

例如，在采购环节，购货合同的通用条款通常是买方支付全款后卖方即开具发票。而实际上，因资金紧张等原因，购货后，买方并不能马上支付全款，从而造成支付部分款项后不能及时取得用于抵扣税款的专用发票，不能及时抵扣部分税款。出于税务筹划的考虑，应在签订采购合同时，将"支付全款后即开具发票"改为"按实际支付款开具相应金额的发票"，这样，买方能及时取得进项税款。

（三）税务筹划的实施

税务筹划是纳税人对其资产、收益的正当维护，属于纳税人应享有的经济权利。税务筹划又是纳税人对社会赋予其权利的具体运用，属于纳税人应享有的社会权利。但税务筹划作为纳税人的权利是有特定界限的，超越界限就不再是企业的权利，而是违背企业的义务，就不再是合法的行为，而是违法的行为。当税法中存在的缺陷被纠正或不明确的地方被明确后，筹划权利就转变成纳税义务；当税法中的某项条款重新解释并明确适用范围后，原有的权利就很可能转变成义务；当税法中的某特定内容被取消后，筹划条件消失，税务筹划权利就转变成纳税义务；实施税务筹划而对他人正常权利构成侵害时，税务筹划权利就要受到约束。企业的税务筹划权利的行使是以不伤害、不妨碍他人的权利为前提的。

在企业依法享有税务筹划权利的过程中，税务筹划的主观动机若要得到实现，还必须具备某些客观条件。企业的经济活动复杂多变，纳税人的经营方式多种多样，国家为了足额征税，就要制定能够应付复杂经济活动的税收制度，这就要求税收制度具有一定的弹性，而恰恰是税收制度的这种弹性给纳税人的税务筹划提供了可能性。如税收优惠政策的存在，使同种税在实际执行中有差异，造成了非完全统一的税收法制，这就为税务筹划提供了客观条件；同时，税收法律制度存在自身难以克服的缺陷或不合理性，如税法、条例、制度不配套，政策模糊、笼统、内容不完整等，这些都成了纳税人进行税务筹划的有利条件。各国税收管辖权的差异、各国税制的差异、避免国际双重征税方法的不同等，给跨国税务筹划提供了可能。

除以上内容外，税务筹划的实施还要求纳税人熟知税法和相关法律，要求纳税人具有税务筹划意识，要求纳税人具有相当的规模，在此基础上，实施税务筹划才能发挥其应有的作用。

●（四）节税、避税和税负转嫁

广义的税务筹划包括节税、避税和税负转嫁三种类型，但这三者之间有一定的区别。

1.节税

节税是在税法规定的范围内，当存在多种税收政策、计税方法可供选择时，纳税人以税负最低为目的，对企业经营、投资、筹资等经济活动进行的涉税选择行为。

节税具有合法性、符合政府政策导向、普遍性和多样性的特点。

节税的形式有以下几种：一是利用税收照顾性政策、鼓励性政策进行节税，这是最基本的节税形式；二是在现行税法规定的范围内，选择不同的会计政策、会计方法以求节税；三是在现行税法规定的范围内，在企业组建、经营、投资与筹资过程中进行旨在节税的选择。

2.避税

避税是纳税人在熟知相关税境的税收法规的基础上，在不直接触犯税法的前提下，利用税法等相关法律的疏漏、模糊之处，通过对经营活动、筹资活动、投资活动等涉税事务进行精心安排，实现规避或减轻税负的行为。

避税是纳税人应享有的权利，即纳税人有权依据"法无禁止即自由"的规定进行选择和决策。避税按涉及的税境分为国内避税和国际避税两种形式。国内避税是纳税人利用国内税法所提供的条件、存在的可能进行的避税。国际避税指跨国纳税人利用国与国之间的税制差异以及各国涉外税收法规和国际税法中的漏洞，在跨越国境的经济活动中，通过种种合法手段，规避或减少有关国家纳税义务的行为。

节税与避税均属于税务筹划范围，两者联系密切，但在理论上还是有区别的。在执行税收法规制度方面，避税不违反税法或不直接触犯税法，节税符合税收法规的要求；在政府的政策导向方面，节税完全符合政府的政策导向，国家不但允许，而且鼓励；避税是纳税人在遵守"法无禁止即自由"的原则下寻求利益，当然不符合政府的政策导向。

逃税是指纳税人采取伪造、变造、隐匿，擅自销毁账簿、记账凭证，在账簿上多列支出或者不列、少列收入，或者进行虚假纳税申报的手段，不缴或者少缴应纳税款的行为。

避税与逃税的区别如下：①逃税指纳税人在纳税义务已经发生的情况下通过种种手段不缴纳税款；避税是指纳税人规避或减少纳税义务。②逃税直接违反税法规定，是一种非法行为，避税是钻税法空子，并不直接违反税法规定，形式上是一种合法行为。③逃税不仅违反税法规定，而且要借助犯罪手段，如做假账、伪造凭证，逃税行为应受到法律制裁；避税是一种合法行为，并不构成犯罪，不应受到法律的制裁。

3. 税负转嫁

税负转嫁是纳税人通过价格的调整与变动，将应纳税款转嫁给他人负担的过程。税负转嫁只适用于流转税，即只适用于纳税人与负税人分离的税种。税负转嫁能否如愿，关键看其价格定得是否适当，但价格的高低归根结底是看其产品在市场上的竞争能力和供求弹性。与其他税务筹划方式相比，税负转嫁具有以下特点：一般不存在法律上的问题，不承担法律责任；方法单一，主要通过价格的调整实现；直接受商品、劳务供求弹性的影响。

税负转嫁与避税的区别如下。

（1）适用范围不同。税负转嫁的适用范围较窄，受制于商品、劳务的价格与供求弹性，避税则不受这些限制。

（2）适用前提不同。税负转嫁的适用前提是价格自由浮动，避税则不受此限制。

（3）税负转嫁可能会与企业财务目标相悖。当企业为转移税负而提高商品、劳务供应价格时，同时可能使其市场占有率下降，利润减少，避税筹划一般不会出现这样的情况。

●（五）税务筹划的基本方法

税务筹划的方法有很多，这里主要介绍恰当选择税务筹划的切入点与充分利用税收优惠政策两项内容。

1. 恰当选择税务筹划的切入点

（1）选择税务筹划空间大的税种为切入点。税务筹划可以针对一切税种，但在实际操作中，要选择对决策有重大影响的税种作为税务筹划的重点；选择税负弹性大的税种作为税务筹划的重点，税负弹性越大，税务筹划的潜力就越大。

（2）以税收优惠政策为切入点。国家为了实现税收调节功能，在税种设计时，都设有税收优惠条款，企业如能充分利用税收优惠条款，就可享受节税效益。选择税收优惠政策作为税务筹划突破口时，应注意两个问题：一是纳税人不得曲解税收优惠条款，不得滥用税收优惠政策，以欺骗手段骗取税收优惠；二是纳税人应充分了解税收优惠条款，并按规定程序进行申请，避免因申请程序不当而失去应有的权益。

（3）以纳税人构成为切入点。企业进行税务筹划之前，首先要考虑能否避开成为某税种纳税人，从而从根本上解决或减轻税收负担问题。增值税小规模纳税人的总体税负比增值税一般纳税人的总体税负轻。但这些不是绝对的，在实践中，要全面综合考虑，进行利弊分析。

（4）以不同的财务管理过程为切入点。企业的财务管理包括筹资管理、投资管理、资金运营管理和收益分配管理，每个管理过程中都可进行税务筹划。

在筹资管理阶段，负债的利息作为税前扣除项目，享有所得税利益，而股息支付只能在企业税后利润中分配，因而债务资本筹资就有节税优势。通过融资租赁可以迅速获得所需资产保存企业的举债能力，而且支付的租金利息也可以按规定在所得税前扣除，减少了计税基数。更重要的是租入固定资产可以计提折旧，进一步减少了企业的计税基数，因此，融资租赁的税收抵免作用极其显著。

在投资管理阶段，选择投资方式时要考虑不同投资方式产生的实际效益的区别；选择投资项目时，国家鼓励的投资项目和国家限制的投资项目，两者之间在税收支出上有很大的差异；在企业组织形式的选择上，分公司与子公司、个体工商户和私营企业，采用不同组织形式的税负是不同的。

在经营管理阶段，不同的固定资产折旧方法影响各期的利润及应纳税所得额；不同的存货计价方法影响企业的所得税税负；对一般纳税人对其进行税务筹划来说，其采购对象是否是一般纳税人有很大的影响。

2.充分利用税收优惠政策

税收优惠是国家税制的一个组成部分，是政府为了达到一定的政治、社会和经济目的，而对纳税人实行的税收鼓励。税收优惠主要有以下几种形式：免税、减税、税率差异、税收扣除、税收抵免、优惠退税和亏损抵补。

免税是指国家出于照顾或奖励的目的，对特定的地区、行业、企业、项目或情况（特定的纳税人或纳税人的特定应税项目，或由于纳税人的特殊情况）所给予纳税人完全免征税收的情况。充分利用免税获得税收收益的关键在于，尽量争取更多的免税待遇，尽量使免税期最长化。

减税是国家出于照顾或奖励的目的，对特定的行业、企业、项目或情况给予纳税人减征部分税收。减税可以是国家对特定纳税人的税收照顾措施，也可能是国家出于政策需要对特定纳税人的税收奖励措施。充分利用减税优惠获得税收利益的关键在于，尽量争取减税待遇并使减税最大化，尽量使减税期最长化。

税率差异是指对性质相同或相似的税种实施不同的税率。税率差异是普遍存在的客观情况。一国境内的税率差异往往旨在鼓励某种经济、某类型企业、某类行业的存在和发展，它体现国家的税收鼓励政策。如2008年1月1日开始实施的企业所得税法，基本税率为25%，但高新技术企业适用15%的税率，小企业适用20%的税率。充分利用税率差异来获得税收利益的关键在于尽量寻求税率最低化，尽量寻求税率差异的稳定性和长期性。

税收扣除指从计税金额中减去一部分，再计算出应税金额。税收扣除与适用于特定范围的免税、减税不同，税收扣除普遍适用于所有纳税人。利用税收扣除来获得税收利益最大化的关键在于，争取扣除项目最多化，争取扣除金额最大化；争取扣除最早化。

税收抵免是指从应纳税额中扣除税收抵免额。世界上很多国家都实行投资抵免所得税政策。利用税收抵免来获得税收利益最大化的关键在于，争取抵免项目最多化，争取抵免金额最大化。

优惠退税是指政府将纳税人已经缴纳或实际承担的税款退还给规定的受益人。优惠退税一般适用于对产品课税和对所得课税。在对外贸易中，出口退税是奖励出口的一种措施。世界各国奖励出口的退税措施大致有两种：一是退还进口税，即用进口原料或半成品加工制成成品出口时，退还已纳的进口税；二是退还已纳的国内销售税、消费税和增值税等，即在商品出口时退还国内已纳税款，让其以不含税价格进入国际市场，从而增强其竞争力。利用退税获得税收利益最大化的关键在于，争取退税项目最多化，争取退税额最大化。

亏损抵补是指当年经营亏损在次年或其他年度经营盈利中抵补，以减少以后年度的应纳税款。这种税收优惠形式对扶持新办企业的发展具有一定的作用，对具有风险的投资激励效果明显，对盈余无常的企业尤其具有均衡税负的积极作用。为了鼓励投资者进行长期风险投资，各国税法大多规定，允许投资者将年度亏损结转，即以与一定年度的盈余互抵后的差额计征所得税。

利用税收优惠政策进行税务筹划时需要注意以下两个方面：

一是注重对税收优惠政策的综合衡量。政府提供的税收优惠是多方面的，纳税人不能仅重视一个税种，因为有时一种税少缴了，另一种税就要多缴。纳税人要着眼于整体税负的轻重，从各种税收优惠方案中选出最优的方案。

二是注重投资风险对资本收益的影响。国家实施税收优惠政策是通过给纳税人提供一定税收利益而实现的，但不等于纳税人可以自然地得到资本回收实惠，许多税收优惠是与纳税人的投资风险并存的。资本效益如果得不到不落实，再好的优惠政策也不能转化为实际收益。

练 习 题

一、单项选择题

1. 从形式特征来看，税收具有强制性、无偿性和固定性的特点，是（　　）核心。
   A. 强制性　　　　B. 无偿性　　　　C. 固定性　　　　D. 以上都不是

2. 税法有广义和狭义之分，从狭义上讲，税法指的是（　　）。
   A. 经过国家最高权力机关正式立法的税收法律
   B. 国务院制定的税收法规
   C. 省级人民代表大会制定的地方性税收法规
   D. 由有关政府部门及地方政府制定的税收规章

3. 下列职权中，不属于税务机关职权的是（　　）。
   A. 税收检查权　　　　　　　　　　B. 税收行政立法权
   C. 税款征收权　　　　　　　　　　D. 税收法律立法权

4. 下列权利中，不属于纳税人权利范围的是（　　）。
   A. 税收检查权　　　　　　　　B. 申请延期缴纳税款权
   C. 申请退还多缴税款权　　　　D. 索取有关税收凭证的权利

5. "三证合一"登记制度是指将企业登记时依次申请，分别由工商行政管理部门核发工商营业执照、质量技术监督部门核发组织机构代码证、税务部门核发税务登记证，改为一次申请、由（　　）的登记制度。
   A. 工商行政管理部门核发一个营业执照
   B. 质量技术监督部门核发一个组织机构代码证
   C. 税务部门核发一个税务登记证
   D. 人民银行核发一个开户许可证

6. 下列税种中由地税局系统征收管理的是（　　）。
   A. 进口环节的增值税　　　　　B. 卷烟厂的消费税
   C. 中央企业的房产税　　　　　D. 私营企业的增值税

7. 下列情形中，由付款方向收款方开具发票的是（　　）。
   A. 商场向消费者个人零售商品时
   B. 批发市场向商贩批发商品时
   C. 转让专利技术的某科研所向受让方收取款项时
   D. 某纺织厂向农民收购其种植的棉花时

8. 有义务借助与纳税人的经济交往而向纳税人收取应纳税款并代为缴纳的单位指的是（　　）。
   A. 负税人　　　　　　　　　　B. 代扣代缴义务人
   C. 代收代缴义务人　　　　　　D. 代征代缴义务人

9. 下列关于课税对象和计税依据关系的叙述中，不正确的是（　　）。
   A. 所得税的课税对象和计税依据是一致的
   B. 计税依据是课税对象量的表现
   C. 计税依据是从质的方面对课税作出的规定，课税对象是从量的方面对课税作出的规定
   D. 我国车船税的课税对象和计税依据是不一致的

10. 对小型个体工商户采取定期确定营业额、利润额并据以核定应纳税额的税款征收方式是（　　）。
    A. 查定征收　　　　　　　　　B. 查验征收
    C. 定期定额征收　　　　　　　D. 由主管税务机关调整应纳税额

11. 某公司采取隐匿财产的手段，使税务机关无法追缴该公司所欠缴的税款50万元。根据《刑法》的规定，该公司的行为构成的罪名是（　　）。
    A. 逃税罪　　　　　　　　　　B. 骗取出口退税罪
    C. 抗税罪　　　　　　　　　　D. 逃避追缴欠税款罪

12. 下列税种中属于流转税的是（　　）。
   A. 契税　　　　B. 个人所得税　　　C. 房产税　　　D. 增值税

二、多项选择题

1. 下列各项中，属于减免税基本形式中的税基式减免的有（　　）。
   A. 起征点　　　B. 零税率　　　　　C. 项目扣除　　　D. 跨期结转

2. 我国现行税收制度中，没有采用的税率形式有（　　）。
   A. 超率累进税率　　　　　　　B. 定额税率
   C. 负税率　　　　　　　　　　D. 超倍累进税率
   E. 超额累进税率

3. 下列各项中，属于税收法律的有（　　）。
   A.《中华人民共和国企业所得税法》
   B.《中华人民共和国税收征收管理法》
   C.《中华人民共和国增值税暂行条例》
   D.《税务部门规章制定实施办法》

4. 下列各项中，属于纳税主体权利的有（　　）。
   A. 请求延期纳税　　　　　　　B. 按期办理纳税申报
   C. 委托税务代理　　　　　　　D. 申请行政复议前缴纳税款、滞纳金

5. 下列关于税务机关权利的表述，正确的有（　　）。
   A. 因税务机关的责任，致使纳税人、扣缴义务人未缴或者少缴税款的，税务机关可以在3年内要求纳税人、扣缴义务人补缴税款，并加收滞纳金
   B. 为了照顾纳税人的某些特殊困难，经省、自治区、直辖市国家税务局、地方税务局批准，纳税人可以延期缴纳税款，但是最长不得超过6个月
   C. 因纳税人、扣缴义务人计算错误等失误，未缴或者少缴税款的，税务机关在3年内可以追征税款、滞纳金；有特殊情况的，追征期可以延长到5年
   D. 对逃税、抗税、骗税的，税务机关可以无限期追征其未缴或者少缴的税款、滞纳金或者所骗取的税款
   E. 税务检查权包括查账权、场地检查权、询问权、责成提供资料权、存款账户核查权

6. 根据《税收征收管理法》规定，下列各项中，属于偷税行为的有（　　）。
   A. 隐匿账簿、凭证、少缴应纳税款的
   B. 进行虚假纳税申报，少缴应纳税款的
   C. 隐匿财产，妨碍税务机关追缴欠缴税款的
   D. 在账簿上多列支出，少缴应纳税款的

7. 恰当选择税务筹划的切入点的方式有（　　）。
   A. 选择税务筹划空间大的税种为切入点
   B. 以税收优惠政策为切入点
   C. 以纳税人构成为切入点
   D. 以不同的财务管理过程为切入点
8. 节税的形式有（　　）。
   A. 利用税收照顾性政策、鼓励性政策进行节税
   B. 在现行税法规定的范围内，选择不同的会计政策、会计方法以求节税
   C. 现行税法规定的范围内，在企业组建、经营、投资与筹资过程中进行旨在节税的选择
   D. 在会计处理上多列支出、少计收入，以达到少缴应纳税款的目的

三、实训项目

纳税人某机械销售有限公司拖欠税款200000元，滞纳金10000元，当地国税分局责令其限期缴纳，但该公司预期仍未缴纳。经县国税局局长批准，当地国税分局开具扣押清单，扣押该公司价值约250000元的一台设备。

随后，当地国税分局将扣押的设备委托当地拍卖公司拍卖。一周后，扣押的设备售出，因市场价格变动，共得货款245000元。当地国税分局当即将210000元的货款用于抵偿该公司应纳税款和滞纳金，并代扣拍卖手续费2450元，将剩余的32550元退还给该公司。

该机械销售有限公司认为，当地国税分局违反了《税收征收管理法》的规定，超价值扣押并变卖商品，遂申请税务行政复议。

请分析当地国税分局的做法是否合理。

第二章

增值税会计核算与筹划

本章知识结构

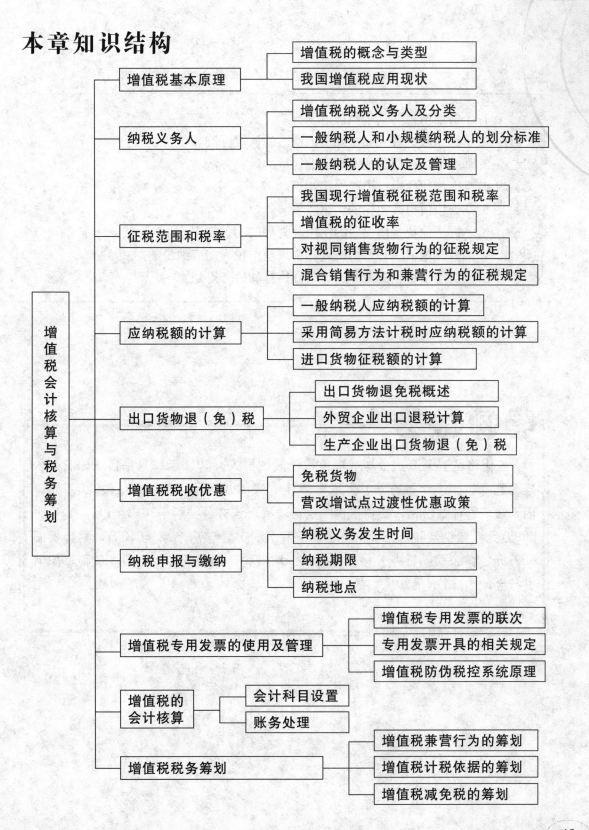

学习目标	1. 了解增值税的基本原理。 2. 掌握一般纳税人和小规模纳税人的认定标准。 3. 掌握增值税征税范围和应纳税额的计算方法。 4. 掌握增值税出口退税法律知识。 5. 掌握增值税减免税的优惠政策。 6. 掌握增值税专用发票的使用及管理的相关知识。 7. 能计算增值税一般纳税人和小规模纳税人的应纳税额。 8. 能对增值税相关业务进行会计核算和税务筹划。

位于市区的某商贸公司（增值税一般纳税人）2016年12月销售一栋旧办公楼（选择按简易计税方法），取得转让价款1000万元，缴纳印花税0.5万元，因无法取得评估价格，公司提供了购房发票，该办公楼购于2013年1月，购价为600万元，缴纳契税18万元（能提供完税凭证）。该房产原值618万，累计折旧60万元。该公司销售办公楼应缴纳多少增值税，应缴纳多少土地增值税，如何进行会计核算？

第一节 增值税基本原理

一、增值税的概念

增值税是以商品和劳务为课税对象,以增值额为计税依据,运用税款抵扣的原则,多阶段征收的一种商品劳务税,它属于流转税的范畴。理解增值税的关键在于正确理解增值税的计税依据——增值额。

对于"增值额",可以从以下三个方面理解,一是从理论上分析,从马克思劳动价值理论看,增值额就是劳动者在生产过程中新创造的那一部分价值额。它相当于从社会产品总值 $C+V+M$ 中,扣除生产过程中消耗掉的那一部分生产资料 C 的价值后的余额,即 $V+M$ 部分。其中,V 是劳动者必要劳动为自己所创造的价值,M 是劳动者剩余劳动为社会所创造的剩余价值。劳动者在生产过程中新创造的价值 $V+M$,在增值税中称为增值额。二是从一个生产经营单位分析,增值额是指生产经营单位的商品销售收入额或经营收入额扣除成本费用后的余额。三是从商品经营全过程分析,增值额是指一个商品最终销售价格扣除购买价格以后的余额,这个余额相当于该商品从生产到流通各个环节的增值额之和。

二、增值税的类型

从税收征收管理实际分析,增值额表现为税法规定的增值额,即商品销售收入额或经营收入额减去税法规定的扣除项目金额之后的余额,这一差额可能与理论上的增值额不一致。因扣除额的税法界定不同形成了增值税的不同类型,即生产型增值税、收入型增值税、消费型增值税。三种增值税类型的区分标志在于扣除项目中对外购固定资产的处理方式不同,具体内容见表2-1:

表2-1 增值税类型一览表

类型	特点	适用范围
消费型增值税	(1)当期购入固定资产价款一次全部扣除 (2)彻底消除重复征税,利于技术进步	国外普遍采用,我国自2009年1月1日起采用
收入型增值税	对外购固定资产只允许扣除当期折旧部分	现实中很少采用
生产型增值税	(1)不允许扣除任何外购固定资产价款 (2)存在重复征税,抑制固定资产投资	我国自1994—2008年采用

三、我国增值税应用现状

增值税制在我国的推行始于1979年,在借鉴国外经验的同时结合我国实际情况,先后经历了试点、试行和颁布条例逐步推广、生产型向消费型转型四个阶段。现行的增值税制主要特点如下。

(一) 实行价外税

现行增值税实行价外税,即税金不包括在销售价格之内,而是在销售价格之外。这便于企业进行成本核算,为简化计税提供方便。我国增值税按不含销项税额、应纳税额的销售额计税的办法。

(二) 划分两种纳税人

现行增值税法将其纳税人划分为两种,即一般纳税人和小规模纳税人。其划分的标准有两个,一是销售额的规模,二是财会制度是否健全。两种纳税人的计税方法亦不相同。

(三) 实行简化了的四档税率和征收率

现行增值税税率对一般纳税人实行四档税率,即一档基本税率为17%,二档低税率为13%;三档新纳入营改增范围的交通运输业、邮政业、电信业的基础电信服务、建筑业和房地产业税率为11%,四档研发和技术服务等其他的现代服务业税率为6%,另有零税率适用于出口商品。3%的征收率则适用于小规模纳税人,不动产转让适用于简易方法计税征收率为5%。

(四) 实行消费型增值税,以发票注明税款进行抵扣

我国现行增值税对一般纳税人实行按发票注明税款进行抵扣的办法,我国现行增值税法的基本规范,是1993年12月13日国务院颁布的《中华人民共和国增值税暂行条例》。我国增值税法规定:增值税是对在我国境内销售货物,提供加工、修理修配劳务,运输服务及研发和技术服务等现代服务,以及进口货物的单位和个人;就其取得的货物或应税劳务的销售额,以及进口货物的金额计算税款,并实行税款抵扣制的一种流转税。从计税原理而言,增值税是对商品及劳务生产和流通中各环节的新增价值或商品附加值征税,这是与国际通行做法相一致的。在增值税的实际操作上采用的是间接计算办法,即从事货物销售以及提供应税劳务的纳税人,要根据货物或应税劳务销售额,按照规定的税率计算税款,然后从中扣除上一道环节已纳增值税款,其余额即为纳税人应缴纳的增值税税款。一般纳税人将当期购入商品和应税劳务所支付的增值税款在增值税专用发票中列明,作为进项税与销售商品及应税劳务时发生的增值税款即销项税相抵扣。这种计算办法同样体现了对新增价值征税的原则。

我国当前采用消费型增值税。在计算增值额时,允许企业将外购固定资产支付的价款一次性扣除;对一般纳税人而言,企业在计算应交增值税时,允许其将外购的固定资产所含的增值税款作为当期进项税额从销项税额中予以扣除。

2008年11月5日,国务院总理温家宝主持召开国务院常务会议,研究部署进一步扩大内需促进经济平稳较快增长的措施时要求在全国所有地区、所有行业全面实施增值税转型改革。随后国务院公布了修订后的《增值税暂行条例》,新条例于2009年1月1日起实施,其中删除了不得扣除固定资产进项税的规定,允许纳税人抵扣购进固定资产的进项税额,实现了增值税由生产型向消费型转换。

(五) 正在推行"营改增"税制改革

营业税改增值税税制改革简称"营改增",即对服务业过去征收营业税改为征收

增值税。"营改增"从制度上解决了营业税"道道征收,全额征收"的重复征收问题,实现了增值税税制下的"道道征税、道道抵扣",优化了税制结构,从而为经济发展特别是服务业发展创造了更好的税制环境,对减轻纳税人负担,促进三次产业分工、融合与发展等都发挥了积极效应。

从2012年1月1日起,我国在上海市的交通运输业和部分现代服务业实施营业税改征增值税试点,并渐次扩大到北京、江苏、安徽、福建、广东、天津、湖北、浙江9个省(直辖市)。从2013年8月1日起我国在其余22个省(自治区、直辖市)全面推行"营改增"试点。从2014年1月1日起又将铁路运输业和快递业纳入试点范围,6月1日起将电信业纳入试点范围。2016年3月,第十二届全国人民代表大会第四次会议开幕,李克强总理在作政府工作报告时明确指出2016年全面实行营改增。从5月1日起,国家将营改增试点范围扩大到建筑业、房地产业、金融业、生活服务业,并将所有企业新增不动产所含增值税纳入抵扣范围。

第二节 纳税义务人

一、增值税纳税义务人

凡在中华人民共和国境内销售货物或者提供加工、修理修配劳务、销售服务、无形资产或者不动产,以及进口货物的单位和个人,为增值税的纳税人。

(1)单位:包括企业、行政单位、事业单位、军事单位、社会团体及其他单位。

(2)个人:包括个体经营者和其他个人。

(3)承租人和承包人:把企业租赁或者承包给其他单位或者个人经营的,以承租人或者承包人为纳税人。

(4)进口货物的收货人或办理报关手续的单位和个人:对报关进口货物,凡是海关的完税凭证开具给委托方的,对代理方都不征增值税;凡是海关的完税凭证开具给代理方的,对代理方都应按规定征税。

(5)扣缴义务人:境外的单位或者个人在境内提供应税劳务而在境内未设有经营机构的,以其境内代理人为扣缴义务人;境外的单位或者个人在境内没有代理人的,以购买方为扣缴义务人。

二、增值税纳税人的分类

增值税纳税人划分为一般纳税人和小规模纳税人两类。这两类纳税人在税款计算方法、适用税率以及管理办法上都有所不同。我国对一般纳税人实行凭发票扣税的计税方法,对小规模纳税人实行简易的计税方法和征收管理办法。

(1)划分依据。增值税纳税人划分的基本依据是纳税人的会计核算是否健全,是否能够提供准确的税务资料以及企业规模的大小。

（2）划分目的。为保证对专用发票的正确使用和安全管理，有必要对增值税纳税人进行分类。

（3）划分标准。划分标准有两个：一是纳税人年销售规模，二是纳税人会计核算水平。一般纳税人和小规模纳税人的划分标准见表2-2。

表2-2 一般纳税人和小规模纳税人划分标准

纳税人身份	基本标准	特殊规定
小规模纳税人	（1）从事货物生产或者提供应税劳务为主的纳税人，年应征增值税销售额（以下简称应税销售额）在50万元（含）以下的； （2）以货物批发或者零售为主的纳税人，年应税销售额在80万元（含）以下的； （3）从事交通运输业、建筑业、金融业、邮政业、电信业、现代服务业、生活服务业和不动产转让等营改增行业和行为的纳税人，年应税销售额在500万元（含）以下的	（1）年应税销售额超过小规模纳税人标准的个体经营者以外的个人按小规模纳税人纳税； （2）非企业性单位、不经常发生增值税应税行为的企业按小规模纳税人纳税； （3）"营改增"试点行业中，可选择按小规模纳税人纳税的非企业性单位，必须有不经常发生应税行为的前提条件
一般纳税人	1.年销售额 （1）从事货物生产或者提供应税劳务为主的纳税人，年应征增值税销售额（以下简称应税销售额）超过50万元的； （2）以货物批发或者零售为主的纳税人，年应税销售额超过80万元的； （3）从事交通运输业、建筑业、金融业、邮政业、电信业、现代服务业、生活服务业和不动产转让等营改增行业和行为的纳税人，年应税销售额超过500万元的。 2．会计核算健全 能够按照国家统一的会计制度规定设置账簿，根据合法、有效凭证核算，能够提供准确税务资料	（1）从2002年1月1日起，对从事成品油销售的加油站，不论其年应税销售额是否超过规定标准，一律按增值税一般纳税人征税； （2）增值税纳税人一经认定为一般纳税人后，不得转为小规模纳税人

注：上述年应税销售额，包括纳税申报销售额、稽查查补销售额、纳税评估调整销售额、税务机关代开发票销售额和免税销售额。

三、一般纳税人资格登记的基本规则

一般纳税人资格认定权限，在县级（市、区）国家税务局或者同级别的税务分局，增值税纳税人年应税销售额超过规定的小规模纳税人标准的，除另有规定外，应当向主管税务机关申请一般纳税人资格登记。年应税销售额未超过规定的小规模纳税人标准以及新开业的纳税人，可以向主管税务机关申请一般纳税人资格登记。一般纳税人总分支机构不在同一县（市）的，应分别向其机构所在地主管税务机关申请办理一般纳税人认定手续。

增值税纳税人年应税销售额超过规定标准的，除符合有关规定选择按小规模纳税人纳税的外，在申报期结束后20个工作日内按照规定向主管税务机关办理一般纳税人登记手续；未在规定时限办理的，主管税务机关在规定期限结束后10个工作日内制作"税务事项通知书"，告知纳税人在10个工作日内向主管税务机关办理登记手续。

主管税务机关可在一定期限内对下列一般纳税人实行纳税辅导期管理：①按规定

新登记为一般纳税人的小型商贸批发企业辅导期管理期限为3个月；②国家税务总局规定的其他一般纳税人辅导期管理期限为6个月。

【例题2-1•多选题】关于增值税一般纳税人资格登记的说法，正确的有（　　）。
A.新开业的纳税人，可以向主管税务机关申请一般纳税人资格登记
B.不经常发生应税行为的非企业性单位可以选择按小规模纳税人缴纳增值税
C.新登记为一般纳税人的小型商贸批发企业实行纳税辅导期管理，辅导期限为6个月
D.个体工商户以外的其他个人，不予办理一般纳税人资格登记
E.年应税销售额未达到一般纳税人标准的企业不得向主管税务机关申请一般纳税人资格登记
【答案】ABD

第三节 征税范围和税率

一、我国现行增值税征税范围和税率

（一）销售货物

这里所说的货物是指除土地、房屋和其他建筑物等一切不动产之外的有形动产，包括电力、热力和气体在内。

（二）提供加工、修理修配劳务

加工，是指受托加工货物，即委托方提供原料及主要材料，受托方按照委托方的要求，制造货物并收取加工费的业务。修理修配，是指受托对损伤和丧失功能的货物进行修复，使其恢复原状和功能的业务。货物销售和提供加工、修理修配劳务税率见表2-3。

表2-3　货物销售和加工加工、修理修配劳务税率表

税率	具体规定
基本税率17%	（1）纳税人销售或者进口货物，除使用低税率和零税率的外，税率为17%； （2）纳税人提供加工、修理修配劳务（以下称应税劳务），税率为17%
低税率11%	（1）农产品，是指种植业、养殖业、林业、牧业、水产业生产的各种植物、动物的初级产品； （2）食用植物油、自来水、暖气、冷气、热水、煤气、石油液化气、天然气、沼气、居民用煤炭制品、图书、报纸、杂志、化肥、农药、农机、农膜； （3）饲料； （4）音像制品； （5）电子出版物； （6）国务院规定的其他货物：①食用盐；②二甲醚
零税率	纳税人出口货物，税率为零；但是，国务院另有规定的除外

(三) 销售服务

1. 交通运输业适用11%的税率

（1）陆路运输服务。陆路运输服务是指通过陆路（地上或者地下）运送货物或者旅客的运输业务活动，陆路运输包括铁路运输、公路运输、缆车运输、索道运输及其他陆路运输。出租车公司向使用本公司自有出租车的出租车司机收取的管理费用，按陆路运输服务征收增值税。

（2）水路运输服务。水路运输服务是指通过江、河、湖、川等天然、人工水道或者海洋航道运送货物或者旅客的运输业务活动。远洋运输的程租、期租业务，属于水路运输服务。

期租业务，是指远洋运输企业将配备有操作人员的船舶承租给他人使用一定期限，承租期内听候承租方调遣，不论是否经营，均按天向承租方收取租赁费，发生的固定费用（如人员工资、维修费用等）均由船东负担的业务。

程租业务，是指远洋运输企业为租船人完成某一特定航次的运输任务并收取租赁费的业务。

（3）航空运输服务。航空运输服务是指通过空中航线运送货物或者旅客的运输业务活动。航空运输的湿租业务，属于航空运输服务。

湿租业务，是指航空运输企业将配置有机组工作人员的飞机承租给他人使用一定期限，承租期内听候承租方的调遣，不论是否经营，均按一定标准向承租方收取租赁费，发生的固定费用（如人员工资、维修费用等）均由承租方负担的业务。

（4）管道运输服务。管道运输服务是指通过管道设施输送气体、液体、固体物质的运输业务活动。

2. 邮政业适用11%的税率

邮政业是指中国邮政集团公司及其所属邮政企业提供的服务，包括邮政普遍服务、邮政特殊服务和其他邮政服务。邮政普遍服务，是指函件、包裹等邮件寄递，以及邮票发行、报刊发行和邮政汇兑等业务活动；邮政特殊服务，是指义务兵平常信函、机要通信、盲人读物和革命烈士遗物的寄递等业务活动；其他邮政服务，是指邮册等邮品销售、邮政代理等业务活动。

快递服务，就其交通运输部分适用11%税率，就其收派服务适用6%税率。

3. 电信业

基础电信服务适用税率为11%。基础电信服务，是指利用固网、移动网、卫星、互联网，提供语音通话服务的业务活动，以及出租或者出售带宽、波长等网络元素的业务活动。

增值电信服务适用税率为6%。增值电信服务，是指利用固网、移动网、卫星、互联网、有线电视网络，提供短信和彩信服务、电子数据和信息的传输及应用服务、互联网接入服务等业务活动。卫星电视信号落地转接服务，按照增值电信服务计算缴纳增值税。

4. 建筑服务适用11%的税率

建筑服务是指各类建筑物、构筑物及其附属设施的建造、修缮、装饰，线路、管道、设备、设施等的安装以及其他工程作业的业务活动。其包括工程服务、安装服务、修缮服务、装饰服务和其他建筑服务。

5. 金融服务适用6%的税率

金融服务是指经营金融保险的业务活动。包括贷款服务、直接收费金融服务、保险服务和金融商品转让。以货币资金投资收取的固定利润或者保底利润，按照贷款服务缴纳增值税。存款利息、被保险人获得的保险赔付，不征收增值税。

6. 现代服务

现代服务是指围绕制造业、文化产业、现代物流产业等提供技术性、知识性服务的业务活动。其包括研发和技术服务、信息技术服务、文化创意服务、物流辅助服务、租赁服务、鉴证咨询服务、广播影视服务、商务辅助服务和其他现代服务。

（1）研发和技术服务适用6%的税率。

研发和技术服务包括研发服务、技术转让服务、技术咨询服务、合同能源管理服务、工程勘察勘探服务等。其中技术转让服务，是指转让专利或者非专利技术的所有权或者使用权的业务活动。

（2）信息技术服务适用6%的税率。

信息技术服务是指利用计算机、通信网络等技术对信息进行生产、收集、处理、加工、存储、运输、检索和利用，并提供信息服务的业务活动。包括软件服务、电路设计及测试服务、信息系统服务、业务流程管理服务和信息系统增值服务。

（3）文化创意服务适用6%的税率。

文化创意服务包括设计服务、商标和著作权转让服务、知识产权服务、广告服务和会议展览服务。商标和著作权转让服务，是指转让商标、商誉和著作权的业务活动。专利、商标、著作权、软件、集成电路布图设计的代理、登记、鉴定、评估、认证、咨询、检索服务属于文化创意服务中的知识产权服务，广告服务包括广告代理和广告的发布、播映、宣传、展示。

（4）物流辅助服务适用6%的税率。

物流辅助服务包括航空服务、港口码头服务、货运客运场站服务、打捞救助服务、仓储服务、装卸搬运服务和收派服务。港口设施经营人收取的港口设施保安费按照"港口码头服务"征收增值税。收派服务只包括运送到同城集散中心的业务活动。

（5）租赁服务适用17%和11%的税率。

有形动产租赁服务适用17%的税率。其包括有形动产融资租赁和经营性租赁。远洋运输的光租业务、航空运输的干租业务，属于有形动产经营性租赁服务。

干租业务，是指航空运输企业将飞机在约定的时间内出租给他人使用，不配置机组人员，不承担运输过程中发生的各种费用，只收取固定租赁费的业务。

光租业务，是指远洋运输企业将船舶在约定的时间内出租给他人使用，不配备操作人员，不承担运输过程中发生的各种费用，只收取固定租赁费的业务。

不动产租赁服务适用11%的税率。不动产租赁服务包括融资租赁服务和经营性租赁服务两种形式。将建筑物、构筑物等不动产的广告位出租给其他单位或者个人用于发布广告，按照经营租赁服务缴纳增值税。车辆停放服务、道路通行服务（包括过路费、过桥费、过闸费等）等按照不动产经营租赁服务缴纳增值税。

（6）鉴证咨询服务适用6%的税率。

鉴证咨询服务包括认证服务、鉴证服务和咨询服务。鉴证服务，包括会计鉴证、税务鉴证、法律鉴证、工程造价鉴证、资产评估、环境评估、房地产土地评估、建筑图纸审核、医疗事故鉴定等。咨询服务，是指提供和策划财务、税收、法律、内部管理、业务运作和流程管理等信息或者建议的业务活动。代理记账按照"咨询服务"征收增值税。

（7）广播影视服务适用6%的税率。

广播影视服务包括广播影视节目（作品）的制作服务、发行服务和播映（含放映）服务。

（8）商务辅助服务适用6%的税率。

商务辅助服务包括企业管理服务、经纪代理服务、人力资源服务、安全保护服务。其中经纪代理服务是指各类经纪、中介、代理服务。包括金融代理、知识产权代理、法律代理、货运代理、报关代理、房地产中介、职业中介、婚姻中介、代理记账、拍卖等。

7. 生活服务适用6%的税率

生活服务是指为满足城乡居民日常生活需求提供的各类服务活动。其包括文化体育服务、教育医疗服务、旅游娱乐服务、餐饮住宿服务、居民日常服务和其他生活服务。

● （四）销售无形资产

销售无形资产是指转让无形资产所有权或者使用权的业务活动。无形资产，是指不具实物形态，但能带来经济利益的资产，包括技术、商标、著作权、商誉、自然资源使用权和其他权益性无形资产。其他权益性无形资产，包括基础设施资产经营权、公共事业特许权、配额、经营权（包括特许经营权、连锁经营权、其他经营权）、经销权、分销权、代理权、会员权、席位权、网络游戏虚拟道具、域名、名称权、肖像权、冠名权、转会费等。

转让土地使用权适用11%的税率，销售除土地使用权外的无形资产适用6%的税率。

● （五）销售不动产

销售不动产是指转让不动产所有权的业务活动。不动产，是指不能移动或者移动后会引起性质、形状改变的财产，包括建筑物、构筑物等。转让建筑物有限产权或者永久使用权的，转让在建的建筑物或者构筑物所有权的，以及在转让建筑物或者构筑物时一并转让其所占土地的使用权的，按照销售不动产缴纳增值税。

销售不动产适用11%的税率。

● （六）进口货物

进口货物是指申报进入我国海关境内的货物。进口货物在报关进口环节要缴纳关税和增值税，如属于消费税应税消费品，还要再缴纳消费税。进口货物，除使用低税率和零税率的外，税率为17%。

● （七）适用零税率的商品和服务

（1）除国务院另有规定的除外，纳税人出口货物，税率为零；

（2）国际运输服务（含航天运输服务、取得经营许可的港澳台运输服务）；

（3）向境外单位提供的研发服务和设计服务（不包括对境内不动产提供的设计服务）；

（4）提供程租、期租、湿租服务，程租、期租、湿租的运输工具用于国际运输服务和港澳台运输服务，出租方可申请零税率；

（5）向境外单位提供的广播影视节目（作品）的制作和发行服务、技术转让服务、软件服务、电路设计及测试服务、信息系统服务、业务流程管理服务，以及合同标的物在境外的合同能源管理服务适用增值税零税率；

（6）向境外单位提供的离岸服务外包业务。

【例题2-2·多选题】以下项目中，适用增值税零税率的有（　　）。

A.境内单位向境外单位提供的设计服务
B.航天运输服务
C.境内单位向国内海关特殊监管区域内的单位提供的研发服务
D.境内单位向境外单位提供的离岸服务外包业务

【答案】ABD

二、增值税的征收率

增值税的正常计算需要使用税率，但是采用简易计算方法计税时需要使用征收率。小规模纳税人计算增值税适用征收率，增值税一般纳税人在某些特殊情况下也会适用征收率。我国现行增值税的征收率有3%、3%减按2%、5%三种情况。其中法定征收率是3%，部分特殊业务适用3%减按2%征收，不动产转让和不动产租赁简易计税适用征收率5%。

（一）小规模纳税人

（1）小规模纳税人销售商品和服务，应按3%的征收率征收增值税。

销售额 = 含税销售额 / (1 + 3%)

应纳税额 = 销售额 × 3%

（2）小规模纳税人销售自己使用过的作为固定资产管理核算的机器设备等有形动产和旧货，适用3%的征收率并减按2%征收。

销售额 = 含税销售额 / (1 + 3%)

应纳税额 = 销售额 × 2%

所称旧货，是指进入二次流通的具有部分使用价值的货物（含旧汽车、旧摩托车和旧游艇），但不包括自己使用过的物品。

（二）一般纳税人

（1）一般纳税人销售自己使用过的不得抵扣且未抵扣进项税额的固定资产或旧货，适用3%的征收率并减按2%征收。

销售额 = 含税销售额 / (1 + 3%)

应纳税额 = 销售额 × 2%

（2）一般纳税人销售货物属于下列情形之一的，按简易办法依照3%征收率计算缴纳增值税：

①寄售商店代销寄售物品（包括居民个人寄售的物品在内）；
②典当业销售死当物品；

③经国务院或国务院授权机关批准的免税商店零售的免税品。

销售额 = 含税销售额 / (1 + 3%)

应纳税额 = 销售额 × 3%

（3）一般纳税人销售自产的下列货物，可选择按照简易办法依照3%征收率计算缴纳增值税：

①县级及县级以下小型水力发电单位生产的电力。小型水力发电单位，是指各类投资主体建设的装机容量为5万千瓦以下（含5万千瓦）的小型水力发电单位。

②建筑用和生产建筑材料所用的砂、土、石料。

③以自己采掘的砂、土、石料或其他矿物连续生产的砖、瓦、石灰（不含黏土实心砖、瓦）。

④用微生物、微生物代谢产物、动物毒素、人或动物的血液或组织制成的生物制品。

⑤自来水。

⑥商品混凝土（仅限于以水泥为原料生产的水泥混凝土）。

● **（三）营改增后的特殊规定**

1.一般纳税人提供建筑服务，特殊情况下可选择简易计税方法计税，适用3%的税率

（1）一般纳税人以清包工方式提供的建筑服务，可以选择适用简易计税方法计税。

以清包工方式提供建筑服务，是指施工方不采购建筑工程所需的材料或只采购辅助材料，并收取人工费、管理费或者其他费用的建筑服务。

（2）一般纳税人为甲供工程提供的建筑服务，可以选择适用简易计税方法计税。

甲供工程，是指全部或部分设备、材料、动力由工程发包方自行采购的建筑工程。

（3）一般纳税人为建筑工程老项目提供的建筑服务，可以选择适用简易计税方法计税。

2.销售不动产

不动产销售总体上可分为销售自建不动产和销售非自建不动产两类，纳税人包括一般纳税人、小规模纳税人和个人。一般纳税人转让2016年4月30日前自建的或取得的不动产，可选择按简易方法计税，具体计税方法见表2-4。

表2-4 不动产转让业务增值税计税情况一览表

类别	纳税人	不动产取得时间	计税方式
销售自建不动产	一般纳税人	2016年4月30日前自建	可以选择适用简易计税方法计税，以取得的全部价款和价外费用为销售额，按照5%的征收率计算应纳税额
			选择适用一般计税方法计税的，以取得的全部价款和价外费用为销售额（扣除受让土地时向政府部门支付的土地价款）计算应纳税额，适用税率为11%
		2016年5月1日后自建	适用一般计税方法计税的，以取得的全部价款和价外费用为销售额（扣除受让土地时向政府部门支付的土地价款）计算应纳税额，适用税率为11%
	小规模纳税人	无限制	适用简易计税方法计税，以取得的全部价款和价外费用为销售额，按照5%的征收率计算应纳税额

续表

销售非自建不动产	一般纳税人	2016年4月30日前取得	可以选择适用简易计税方法计税，以取得的全部价款和价外费用扣除不动产购置原价或者取得不动产时的作价后的余额为销售额，按照5%的征收率计算应纳税额
			选择适用一般计税方法计税的，以取得的全部价款和价外费用为销售额计算应纳税额，适用税率为11%
		2016年5月1日后取得	适用一般计税方法，以取得的全部价款和价外费用为销售额计算应纳税额，适用税率为11%
	小规模纳税人和个人	无限制	应以取得的全部价款和价外费用减去该项不动产购置原价或者取得不动产时的作价后的余额为销售额，按照5%的征收率计算应纳税额。（注：本项不含个人转让住房）
	个人转让住房	无限制	个人转让购买不足2年的住房适用简易计税方法计税，以取得的全部价款和价外费用为销售额，按照5%的征收率计算应纳税额。个人转让购买2年以上位于北上广深以外地区的住房免税；位于北上广深地区的非普通住房以取得的全部价款和价外费用减去该项不动产购置原价或者取得不动产时的作价后的余额为销售额，按照5%的征收率计算应纳税额

3.出租不动产

（1）一般纳税人出租其2016年4月30日前取得的不动产，可以选择适用简易计税方法，按照5%的征收率计算应纳税额。

（2）公路经营企业中的一般纳税人收取2016年4月30日前开工的高速公路的车辆通行费，可以选择适用简易计税方法，减按3%的征收率计算应纳税额。

（3）小规模纳税人出租其取得的不动产（不含个人出租住房），应按照5%的征收率计算应纳税额。

（4）其他个人出租其取得的不动产（不含住房），应按照5%的征收率计算应纳税额。

（5）个人出租住房，应按照5%的征收率减按1.5%计算应纳税额。

三、对视同销售货物行为的征税规定

下列视同销售的行为应征收增值税：
(1) 将货物交付其他单位或者个人代销。
(2) 销售代销货物。
(3) 设有两个以上机构并实行统一核算的纳税人，将货物从一个机构移送其他机构用于销售，但相关机构设在同一县（市）的除外。
(4) 将自产、委托加工的货物用于集体福利或者个人消费。
(5) 将自产、委托加工或者购进的货物作为投资，提供给其他单位或者个体工商户。
(6) 将自产、委托加工或者购进的货物分配给股东或者投资者。
(7) 将自产、委托加工或者购进的货物无偿赠送其他单位或者个人。
(8) "营改增"试点规定的视同销售服务、无形资产或者不动产：
①单位或者个体工商户向其他单位或者个人无偿提供服务，但用于公益事业或者以社会公众为对象的除外；
②单位或者个体工商户向其他单位或者个人无偿转让无形资产或者不动产，但用于公益事业或者以社会公众为对象的除外；

③财政部和国家税务总局规定的其他情形。

为了更好地理解视同销售业务，我们可以归纳此类业务的三个特征：

第一，所有权发生了变化或应税服务已实施并被接受。

第二，所有权没有发生变化，但是将自产或委托加工的货物，从生产领域转移到增值税范围以外或者转移到消费领域。

第三，所有权或许没有变化，但是基于堵塞管理漏洞的需要，而视同销售计征增值税。

【例题2-3·多选题】根据"营改增"的有关规定，下列属于视同提供应税服务的有（　　）。

A.向客户无偿提供信息咨询服务　　　　B.向关联单位无偿提供交通运输服务
C.销售货物同时无偿提供运输服务　　　D.为客户无偿提供广告设计服务

【答案】ABCD

【例题2-4·多选题】下列各项中，应缴纳增值税的有（　　）。

A.将自产的货物用于投资　　　　　　　B.将自产的货物分配给股东
C.将自产的货物用于集体福利　　　　　D.将自建的厂房对外捐赠

【答案】ABCD

四、混合销售行为和兼营行为的征税规定

混合销售行为和兼营行为计税情况对比表见2-5。

表2-5　混合销售行为和兼营行为计税情况对比表

经营行为	分类和特点	税务处理原则
兼营	纳税人销售货物、加工修理修配劳务、服务、无形资产或者不动产适用不同税率或者征收率	要划清收入，按各收入对应的税率或征收率计算纳税。对划分不清的，一律从高从重计税
	纳税人兼营免税、减税项目	应当分别核算免税、减税项目的销售额；未分别核算销售额的，不得免税、减税
混合销售	概念：一项销售行为既涉及货物又涉及服务。 特点：销售货物与提供服务之间存在因果关系和内在联系	按企业主营项目的性质划分适用的项目来缴纳增值税。 一般情况下，以销售货物为主的企业的混合销售按照销售货物缴纳增值税，以销售服务为主的企业的混合销售按照销售服务缴纳增值税

【例题2-5·多选题】混合销售行为的基本特征有（　　）。

A.既涉及货物销售又涉及服务销售　　　B.发生在同一项销售行为中
C.从一个购买方取得货款　　　　　　　D.从不同购买方收取货款

【答案】ABC

【例题2-6·计算分析题】某设备制造有限公司为增值税一般纳税人，2016年8月该公司与某市发电厂签订一份合同，合同中约定：销售发电设备，并负责设计服务。设备不含税价款9000万元，设计服务不含税价款1500万元。

【答案及解析】该笔业务是一项销售行为引发的，销售货物与设计服务密不可分，都是针对发电厂。所以，该销售行为是混合销售行为。该公司是从以事生产、批发、零售

为主的纳税人,所以发生的混合销售行为应当按照销售货物(税率为17%)缴纳增值税。

增值税销项税额=(9000+1500)×17%=1785(万元)

第四节 应纳税额的计算

一、一般纳税人应纳税额的计算

应纳税额=当期销项税额-当期进项税额

(一)销项税额的计算

销项税额是纳税人销售货物或提供应税劳务,按照销售额或应税劳务收入和规定的税率计算并向购买方收取的增值税额为销项税额。销项税额的具体计算公式如下:

销项税额=销售额×税率

或销项税额=组成计税价格×税率

增值税是价外税,即增值税款不包含在商品价格(销售额)之中,而在商品价格(销售额)之外。对于消费税、资源税和土地增值税等税种而言,税金是商品价格的组成部分,属于价内税。

1. 一般销售方式下的销售额

销售额包括向购买方收取的全部价款和价外费用,不包括向购买方收取的销项税额。

所谓价外费用,包括价外向购买方收取的手续费、补贴、基金、集资费、返还利润、奖励费、违约金、滞纳金、延期付款利息、赔偿金、代收款项、代垫款项、包装费、包装物租金、储备费、优质费、运输装卸费以及其他各种性质的价外收费。但下列项目不包括在价外费用之内。

(1)受托加工应征消费税的消费品所代收代缴的消费税。

(2)同时符合两个条件的代垫运输费用:①承运部门的运输费用发票开具给购买方的;②纳税人将该项发票转交给购买方的。

(3)同时符合三个条件代为收取的政府性基金或者行政事业性收费:①由国务院或者财政部批准设立的政府性基金,由国务院或者省级人民政府及其财政、价格主管部门批准设立的行政事业性收费;②收取时开具省级以上财政部门印制的财政票据;③所收款项全额上缴财政部门。

(4)销售货物的同时代办保险等而向购买方收取的保险费,以及向购买方收取的代购买方缴纳的车辆购置税、车辆牌照费。

增值税的销售额不包括收取的增值税销项税额,因为增值税是价外税,增值税税金不是销售额的组成部分,如果纳税人取得的是价税合计金额,还需换算成不含增值税的销售额。不含增值税销售额的具体公式为:

销售额=含增值税销售额÷(1+税率)

价外费用和逾期包装物押金一般均为含税收入,需要换算成不含增值税的销售额。另外，商业企业零售价和普通发票上注明的销售额也属于含税销售额，应将其换算成不含增值税的销售额。

【例题2-7·单选题】 某单位向某汽车制造厂（增值税一般纳税人）订购轿车1辆，支付货款（含税）共计294200元，另付改装费15800元。该汽车制造厂的增值税销项税额的销售额是（　　）。

A.264957.27元　　　B.310000元　　　C.250800元　　　D.280800元

【答案】A

【解析】本题考查计算增值税销项税额的销售额的确定。价外费用视为含税收入，需要换算为不含税收入。因此，销售额 =（294200 + 15800）÷（1 + 17%）= 264957.27（元）

2.特殊销售方式下的销售额

（1）采取折扣方式销售。

①折扣销售（商业折扣）销售额和折扣额在同一张发票上分别注明的，可按折扣后的余额计算销项税额。

②纳税人向购买方开具专用发票后，由于累计购买到一定量或市场价格下降等原因，销货方给予购货方的价格优惠或补偿等折扣、折让行为可按规定开具红字增值税专用发票。

③销售折扣（现金折扣）折扣额不得从销售额中减除。

④折扣销售仅限于货物价格的折扣，若将货物用于实物折扣，则该实物货款应按照赠送他人而视同销售计算缴纳增值税。

（2）采取以旧换新方式销售。

①一般按新货同期销售价格确定销售额，不得减除旧货收购价格。

【例题2-8·计算题】 某商城以旧换新销售12台彩电，新彩电每台零售价3510元，旧彩电每台作价100元，每台彩电收取差价2900元，求该项业务的增值税的销项税额。

3510 × 12 ÷（1 + 17%）× 17% = 6120（元）。

②金银首饰以旧换新按销售方实际收到的不含增值税的全部价款征税。

【例题2-9·计算题】 某首饰商场为增值税一般纳税人，2016年9月发生以下业务：

采取"以旧换新"方式向消费者销售金项链2000条，新项链每条零售价2500元，旧项链每条作价2200元，每条项链取得差价款300元，求该项业务的增值税的销项税额。

【答案】增值税的销项税 = 2000 × 300 ÷（1 + 17%）× 17% = 87179.49（元）。

（3）采取还本销售方式销售。

销售额就是货物的销售价格，不能扣除还本支出。

（4）采取以物易物方式销售。

①双方以各自发出货物核算销售额并计算销项税额。

②双方是否能抵扣进项税还要看能否取得对方专用发票、是否是换入不能抵扣进项税的货物等因素。

（5）包装物押金是否计入销售额。

①一年以内且未过企业规定期限，单独核算者，不做销售处理；

②一年以内但过企业规定期限，单独核算者，做销售处理；

③一年以上，一般做销售处理（特殊放宽期限的要经税务机关批准）；

④酒类包装物押金,收到就做销售处理(黄酒、啤酒除外)。

【例题2-10·判断题】对销售白酒收取的包装物押金,无论是否返还以及会计上如何核算,均应并入当期销售额计征增值税。( )

【答案】正确

【例题2-11·单选题】某黄酒厂销售黄酒的不含税销售额为100万元,发出货物包装物押金为3.51万元,定期90天收回,则该黄酒厂当期增值税销项税额是( )。

A.17万元　　　B.17.85万元　　　C.117.99万元　　　D.18万元

【答案】A

【解析】100×17%=17(万元)。

【例题2-12·单选题】某生产果酒企业为增值税一般纳税人,月销售收入为140.4万元(含税),当期发出包装物收取押金为4.68万元,当期逾期未归还包装物押金为2.34万元。该企业本期应申报的销项税额为( )。

A.20.4万元　　　B.20.74万元　　　C.21.08万元　　　D.20.7978万元

【答案】C

【解析】(140.4+4.68)÷(1+17%)×17%=21.08(万元)。

(6)销售自己使用过的属于固定资产的有形动产(如机器设备)税务处理。销售自己使用过的此类固定资产,应区分不同情形征收增值税:

①销售自己使用过的2009年1月1日以后购进或者自制的固定资产,按照适用税率征收增值税;

②2008年12月31日以前未纳入扩大增值税抵扣范围试点的纳税人,销售自己使用过的2008年12月31日以前购进或者自制的固定资产,按3%征收率减按2%征收增值税。

应纳税额=销售额÷(1+3%)×2%

无法确定销售额的,以固定资产净值为销售额。

【例题2-13·计算题】某公司(2008年年底之前非增值税转型试点范围内企业)销售自己2008年1月购入并作为固定资产使用的设备,原购买发票注明价款120000元,增值税20400元。2016年4月出售开具普通发票,票面额51500元,求该企业转让设备行为应纳税。

【答案】51500÷(1+3%)×2%=1000(元)。

【例题2-14·计算题】某公司2015年4月销售自己2014年1月购入并作为固定资产使用的设备,原购买发票注明价款110000元,增值税18700元,出售开具普通发票,票面额118800元,求该企业转让设备行为应纳税。

【答案】118800÷(1+17%)×17%=17261.54(元)。

(7)营改增后不动产转让的增值税销项税额计税。

营改增一般纳税人销售2016年5月1日后自建的不动产项目,适用一般计税方法计税;以取得的全部价款和价外费用扣除受让土地时向政府部门支付的土地价款为销售额计算销项税额,适用税率为11%。

【例题2-15·计算题】某市新城房地产开发公司为增值税一般纳税人,2017年12月对外转让于2016年6月开发的B写字楼,取得转让收入含税价30000万元,已知该公司为取得土地使用权向政府支付的地价款为6000万元;房地产开发成本支出总额8000万元,其中可确认增值税进项税额660万元;房地产开发费用支出总额为1400万元,其中可确认增值税进项税额80万元。求该公司销售B写字楼增值税销项税额和转让收入。

【答案】销项税额 =（30000 − 6000）/（1 + 11%）× 11% = 2378.38（万元）
　　　　转让收入 = 30000 − 2378.38 = 27621.62（万元）

营改增后一般纳税人销售2016年5月1日后取得的不动产适用一般计税方法，以取得的全部价款和价外费用为销售额计算销项税额，适用税率为11%。

【例题2 − 16•计算题】某机械有限公司（增值税一般纳税人）2020年12月转让一栋厂房，取得销售额2220万元。该厂房于2017年12月购置，当时取得增值税专用发票，价款1600万元，增值税款176万元；缴纳契税48万元（能提供完税凭证）。该厂房预计使用年限20年，采用直线法计提折旧，公司转让该房产时未取得评估价格。求该公司销售厂房增值税销项税额和转让收入。

【答案】销项税额：2220/（1 + 11%）× 11% = 220（万元）
　　　　转让收入：2220 − 220 = 2000（万元）

（8）纳税人提供旅游服务，可以选择以取得的全部价款和价外费用，扣除向旅游服务购买方收取并支付给其他单位或者个人的住宿费、餐饮费、交通费、签证费、门票费和支付给其他接团旅游企业的旅游费用后的余额为销售额。

选择上述办法计算销售额的试点纳税人，向旅游服务购买方收取并支付的上述费用，不得开具增值税专用发票，可以开具普通发票。

3.视同销售行为的销售额

纳税人销售价格明显偏低并无正当理由或者有视同销售货物行为而无销售额者，在计算时，视同销售行为的销售额要按照如下规定的顺序来确定，不能随意跨越顺序。

（1）按纳税人最近时期同类货物的平均销售价格确定；
（2）按其他纳税人最近时期同类货物的平均销售价格确定；
（3）按组成计税价格确定：

组价公式一：组成计税价格 = 成本 ×（1 + 成本利润率）

公式中的成本是指：销售自产货物的为实际生产成本和销售外购货物的为实际采购成本。用这个公式组价的货物不涉及消费税。成本利润率使用国家税务总局规定的成本利润率确定。

组价公式二：组成计税价格 = 成本 ×（1 + 成本利润率）+ 消费税
　　　　或组成计税价格 = 成本 ×（1 + 成本利润率）/（1 − 消费税率）

属于应征消费税的货物，其组成计税价格中应加计消费税额，这里的消费税额包括从价计算、从量计算、复合计算的全部消费税额。公式中的成本利润率要按照国家税务总局规定的成本利润率确定。

（二）增值税的进项税额

纳税人购进货物或者接受应税劳务所支付或者负担的增值税额为进项税额。

应纳税额 = 当期销项税额 − 当期进项税额

1.可以从销项税额中抵扣的进项税额

（1）凭票抵扣税：一般情况下，购进方的进项税由销售方的销项税对应构成。故进项税额在正常情况下是在增值税专用发票及海关进口增值税专用缴款书上注明的增值税款。

（2）计算抵扣税：特殊情况下，没有取得专用发票、完税凭证，自行计算进项税的情况：纳税人购进农产品,取得一般纳税人开具的增值税专用发票或海关进口增值税专用缴款书的,以增值税专用发票或海关进口增值税专用缴款书上注明的增值税额为进项税额；从按照简易计税方法依照3%征收率计算缴纳增值税的小规模纳税人取得增值税专用发票的,以增值税专用发票上注明的金额和11%的扣除率计算进项税额；取得（开具）农产品销售发票或收购发票的,以农产品销售发票或收购发票上注明的农产品买价和11%的扣除率计算进项税额。

【例题2－17·计算题】某企业收购一批免税农产品用于生产,在税务机关批准使用的专用收购凭证上注明价款100000元,其可计算抵扣多少增值税进项税？记账采购成本是多少？

【答案】可计算抵扣100000×11%＝11000（元）；

记账采购成本为100000－11000＝89000（元）。

【解析】免税农产品指那些由农业生产者销售的自产农业产品,这里所说的免税是指在农业生产者销售自产农业产品的时候,农业生产者免缴增值税。在这种情况下,收购者不可能取得销售方的增值税专用发票。收购者按规定计算抵扣进项税时,按税务机关批准使用的专用收购凭证上注明的价款的11%计算抵扣进项税。

农产品中收购烟叶的进项税抵扣公式比较特殊,烟叶收购单位收购烟叶时按照国家有关规定以现金形式直接补贴烟农的生产投入补贴（以下简称"价外补贴"）,属于农产品买价,为"价款"的一部分。烟叶收购单位应将价外补贴与烟叶收购价格在同一张农产品收购发票或者销售发票上分别注明,否则,价外补贴不得计算增值税进项税额进行抵扣。所以

烟叶收购金额＝烟叶收购价款×（1＋10%）

烟叶税应纳税额＝烟叶收购金额×税率（20%）

准予抵扣进项税＝（烟叶收购金额＋烟叶税应纳税额）×扣除率（11%）

将上述公式合并：准予抵扣进项税＝烟叶收购价款×（1＋10%）×（1＋20%）×11%＝烟叶收购价款×17.16%

【例题2－18·单选题】某卷烟厂2016年6月收购烟叶生产卷烟,收购凭证上注明价款50万元,该卷烟厂6月份收购烟叶可抵扣的进项税额为（　　）。

　A.6.5万元　　　　B.7.15万元　　　　C.8.58万元　　　　D.8.86万元

【答案】C

【解析】烟叶收购金额＝50×（1＋10%）＝55（万元）；烟叶税应纳税额＝55×20%＝11（万元）；准予抵扣进项税＝（55＋11）×11%＝7.26（万元）。

【归纳】如果该纳税人按照规定标准支付了价外补贴和烟叶税,则烟叶收购成本＝实际收购价款＋实际价外补贴＋实际烟叶税－计算出的进项税

2.不动产进项税额的抵扣

（1）适用一般计税方法的试点纳税人,2016年5月1日后取得并在会计制度上按固定资产核算的不动产或者2016年5月1日后取得的不动产在建工程,其进项税额应自取得之日起分2年从销项税额中抵扣,第一年抵扣比例为60%,第二年抵扣比例为40%。

取得不动产,包括以直接购买、接受捐赠、接受投资入股、自建以及抵债等各种形式取得不动产,不包括房地产开发企业自行开发的房地产项目。

（2）融资租入的不动产以及在施工现场修建的临时建筑物、构筑物,其进项税额

不适用上述分2年抵扣的规定。

【例题2-19·计算分析题】2017年6月5日，某增值税一般纳税人购进办公大楼一座，该大楼用于公司办公，计入固定资产并于次月开始计提折旧。6月20日，该纳税人取得该大楼的增值税专用发票并认证相符，专用发票注明的增值税税额为1100万元。该项不动产采购业务进项税额如何抵扣？

【解析】根据相关规定，1100万元进项税额中的60%即660万元将在本期（2017年6月）抵扣，剩余的40%即44万元于取得扣税凭证的当月起第13个月（2018年6月）抵扣。

（3）纳税人于2016年5月1日后购进货物和设计服务、建筑服务，用于新建不动产，或者用于改建、扩建、修缮、装饰不动产并增加不动产原值超过50%的，其进项税额依照有关规定分2年从销项税额中抵扣。

不动产原值，是指取得不动产时的购置原价或作价。

上述分2年从销项税额中抵扣的购进货物，是指构成不动产实体的材料和设备，包括建筑装饰材料和给排水、采暖、卫生、通风、照明、通信、煤气、消防、中央空调、电梯、电气、智能化楼宇设备及配套设施。

（4）购进时已全额抵扣进项税额的货物和服务，转用于不动产在建工程的，其已抵扣进项税额的40%部分，应于转用的当期从进项税额中扣减，计入待抵扣进项税额，并于转用的当月起第13个月从销项税额中抵扣。

3.不得作为进项税额从销项税额中抵扣的情况

不得作为进项税额从销项税额中抵扣的情况是指取得专用发票、完税凭证，但不得作为进项税抵扣的事项。

（1）纳税人购进货物或应税劳务，取得的增值税扣税凭证不符合法律、行政法规或国务院税务主管部门有关规定的，其进项税额不得从销项税额中抵扣。

（2）有下列情形之一者，按照销售额依据增值税税率计算应纳税额，不得抵扣进项税额，也不得使用增值税专用发票：

①一般纳税人会计核算不健全，或者不能够提供准确税务资料的；

②除另有规定外，纳税人销售额超过小规模纳税人标准，未申请办理增值税一般纳税人认定手续的。

【例题2-20·单选题】某家用电器修理公司会计核算健全，2015年营业额120万元，但一直未向主管税务机关申请增值税一般纳税人认定。2016年5月，该厂提供修理劳务并收取修理费价税合计23.4万元；购进的料件、电力等均取得增值税专用发票，对应的增值税税款合计2万元。该修理厂本月应缴纳增值税（　　）万元。

A.0.68　　　　B.1.32　　　　C.1.40　　　　D.3.40

【答案】D

【解析】该修理厂本月应缴纳增值税 = 23.4 ÷ （1+17%） × 17% = 3.40（万元）。

（3）用于简易计税方法计税项目、免征增值税项目、集体福利或者个人消费（包括纳税人的交际应酬消费）的购进货物、加工修理修配劳务、服务、无形资产和不动产。其中涉及的固定资产、无形资产、不动产，仅指专用于上述项目的固定资产、无形资产（不包括其他权益性无形资产）、不动产。

【例题2-21·多选题】下列行为中,涉及的进项税额不得从销项税额中抵扣的有( )。
A.将外购的面粉用于企业职工食堂
B.将外购的豆油作为福利物资发给职工
C.将外购的货物无偿赠送给外单位
D.将外购的货物作为实物投资
E.外购的本企业管理部门自用的小轿车
【答案】AB

【例题2-22·计算题】某家电生产企业某月业务如下(所含该抵税的凭证均经过认证):
①购入一批原材料用于生产,价款300000元,增值税51000元;
②外购一批原材料用于某免税产品生产,价款10000元,增值税1700元;
③外购一批涂料用于粉刷办公楼(该办公楼原始价值1000万元),价款50000元,增值税8500元;
④外购一批食品用于交际应酬,价款3000元,增值税510元;
⑤外购一批办公用品用于管理部门使用,价款5000元,增值税850元。
求该企业当月可抵扣的增值税进项税额。
【答案】51000+8500+850=60350(元)

(4)非正常损失的购进货物及相关的应税劳务;
所称非正常损失,是指因管理不善造成被盗、丢失、霉烂变质的损失。

【例题2-23·计算题】某食品厂数月前外购一批原料因保管不善毁损,账面成本10000元,求应作进项税转出。
【答案】$10000 \times 17\% = 1700$(元)

(5)非正常损失的在产品、产成品所耗用的购进货物或者应税劳务。

【例题2-24·计算题】某服装厂的一批产成品服装因保管不善毁损,账面成本20000元,其生产成本中消耗外购原材料部分占60%,求应作进项税转出。
【答案】$20000 \times 60\% \times 17\% = 2040$(元)

(6)非正常损失的不动产、不动产在建工程,以及该不动产、不动产在建工程所耗用的购进货物、设计服务和建筑服务。
纳税人新建、改建、扩建、修缮、装饰不动产,均属于不动产在建工程。
(7)购进的旅客运输服务、贷款服务、餐饮服务、居民日常服务和娱乐服务。
(8)一般纳税人兼营免税项目而无法划分不得抵扣的进项税额的,按下列公式计算不得抵扣的进项税额:
不得抵扣的进项税额=当月无法划分的全部进项税额×当月免税项目销售额÷当月全部销售额、营业额合计

【例题2-25·计算题】某厂外购一批材料用于应税货物的生产,取得增值税发票,价款10000元,增值税1700元;外购一批材料用于应税和免税货物的生产,价款20000元,增值税3400元,当月应税货物销售额50000元,免税货物销售额70000元,求当月不可抵扣的进项税额。
【答案】$3400 \times 70000 \div (50000+70000) = 1983.33$(元)。

【解析】计算不得抵扣进项税时,仅对不能准确划分的进项税进行分摊计算。

另外,纳税人购进货物或应税劳务,取得的增值税扣税凭证不符合法律、行政法规或国务院税务主管部门有关规定的,其进项税额不得从销项税额中抵扣。为便于大家理解,表2-5对视同销售和进项税额不予抵扣项目进行了区分:

表2-5 视同销售和进项税额不予抵扣对比表

货物来源	货物去向	
	职工福利、个人消费、非应税项目（企业内部）	投资、分红、赠送（企业外部）
购入	进项税额不予抵扣（不计进项）	视同销售计销项（可抵进项）
购入	视同销售计销项（可抵进项）	视同销售计销项（可抵进项）

4. 不得抵扣增值税的进项税的两类处理

第一类,购入时不予抵扣,直接计入购货的成本。

【例题2-26·计算题】某企业购入一批副食品用于职工食堂,增值税发票注明价款50000元,增值税8500元,则该企业不得抵扣增值税进项税。该批货物采购成本为58500元。

第二类,已抵扣后改变用途、发生损失、出口不得免抵退税额,做进项税转出处理。

【例题2-27·计算题】某企业将数月前外购的一批生产用材料因管理不善毁损,用于职工福利,账面成本10000元,求需要做进项税转出。

【答案】$10000 \times 17\% = 1700$元。

（三）增值税一般纳税人应纳税额的计算

应纳税额 = 当期销项税额 - 当期进项税额

1. 关于"当期"的概念

关于当期销项税的"当期",按照增值税纳税义务发生时间的规定执行。关于当期进项税额的"当期"是重要的时间概念,有必备的条件。我国现行增值税可以当期抵扣的进项税主要实施购进扣税法,即要求在规定时限内对取得的进项税额发票进行认证,不论该发票上所列的货物是否投入生产或销售,经过认证的发票税额可以进行进项税额的抵扣（规定不得抵扣进项税的情形除外）。其具体认证时间规定如下。

（1）增值税一般纳税人取得的增值税专用发票应在开具之日起180日内到税务机关办理认证,并在认证通过的次月申报期内,向主管税务机关申报抵扣进项税额。

【例题2-28·分析题】某企业采购货物,取得增值税专用发票,开具时间为4月20日,则应在10月16日之前去税务机关认证,认证当月抵扣。假定该企业5月20日认证,则在5月抵扣。

（2）自2013年7月1日起,增值税一般纳税人进口货物取得的属于增值税扣税范围的海关缴款书,采用"先比对后抵扣"管理办法。增值税一般纳税人应在开具之日起180日内向主管税务机关报送"海关完税凭证抵扣清单"的（电子数据）申请稽核比对。

2. 几个特殊计算规则

（1）扣减当期销项税额的规定。

一般纳税人因销货退回和折让而退还给购买方的增值税额,应从发生销货退回或折让当期的销项税额中扣减。

（2）扣减当期进项税额的规定。

①一般纳税人因进货退回和折让而从销货方收回的增值税额,应从发生进货退回或折让当期的进项税额中扣减。如不按规定扣减,造成进项税额虚增,不纳或少纳增值税的,属于逃税行为,按逃税予以处罚。

②对商业企业向供货方收取的与商品销售量、销售额挂钩(如以一定比例、金额、数量计算)的各种返还收入,均应按平销返利行为的有关规定冲减当期增值税进项税额。

(3)进项税额不足抵扣的税务处理。

若纳税人当期销项税额不足与当期进项税额相抵扣,未抵扣完的当期进项税额形成期末留抵税额,可与下期销项税额相抵扣。

【例题2-29·计算题】彩华日化有限公司为增值税一般纳税人,2016年1月,该公司发生以下经济业务。

(1)外购原材料一批,从供货方取得的增值税专用发票上注明的材料价款200万元,增值税税额为34万元,款已付。另支付运费一笔,运输单位已开具增值税专用发票上注明运费10万元,增值税1.1万元。

(2)外购机器设备一套,从供货方取得的增值税专用发票上注明设备价款20万元,增值税额为3.4万元,款已付。

(3)销售化妆品一批,取得产品销售收入2457万元(含增值税),款已收,向购货方收取手续费11.7万元(含增值税)。

其他相关资料:该公司月初未抵扣完的增值税进项税额为6.3万元;增值税税率为17%。

要求:(1)计算该公司1月份的增值税销项税额;

(2)计算该公司1月份可抵扣的进项税额;

(3)计算该公司1月份应纳增值税税额。

【答案】

(1)1月份增值税销项税额=(2457+11.7)÷(1+17%)×17%=358.7(万元);

(2)1月份可以抵扣的进项税额=34+1.1+3.4=38.5(万元);

(3)1月份应纳增值税税额=358.7-38.5-6.3=313.9(万元)。

【例题2-30·计算题】某商业企业是增值税一般纳税人,2017年4月初留抵税额2000元,4月发生下列业务:

(1)购入商品一批,取得认证税控发票,价款10000元,税款1700元;

(2)3个月前从农民手中收购的一批粮食毁损,账面成本5220元;

(3)从农民手中收购大豆1000斤,使用税务机关规定的收购凭证上注明收购款1500元;

(4)从小规模纳税人处购买商品一批,取得税务机关代开的发票,价款30000元,税款900元,款已付,货物未入库,发票已认证;

(5)购买建材一批用于修缮仓库(该仓库原始价值500万元),价款30000元,税款5100元;

(6)零售日用商品,取得含税收入200000元;

(7)将4个月前购入的一批布料通过民政机关捐赠受灾地区,账面成本25000元,同类不含税销售价格40000元。

(8)外购电脑20台,取得增值税发票,每台不含税单价6000元,购入后5台办公使用，5台捐赠希望小学，另10台全部零售，零售价每台8000元。

假定相关可抵扣进项税的发票均经过认证，要求计算：

(1) 当期全部可从销项税中抵扣的增值税进项税合计数；

(2) 当期增值税销项税；

(3) 当期应纳增值税。

【答案】

(1) 当期购进商品进项税额 = 1700 + 1500 × 13% + 900 + 5100 + 6000 × 20 × 17% = 28295（元），

粮食毁损进项税转出 = 5220 ÷ （1 - 13%） × 13% = 780（元），

当期可抵扣的进项税 = 28295 - 780 = 27515（元）；

(2) 当期销项税额 = ［200000 + 8000 × （10 + 5）］ ÷ （1 + 17%） + 40000］ × 17% = 53295.73（元）；

(3) 当期应纳税额 = 53295.73 - 27515 - 2000（上期留抵） = 23780.73（元）。

2017年7月1日前一般纳税人外公司农产品增值税进位税额计算扣除比率是13%。

二、采用简易方法计税时应纳税额的计算

（一）小规模纳税人计税

小规模纳税人销售货物或者应税劳务，实行按照销售额和征收率计算应纳税额的简易办法，并不得抵扣进项税额。应纳税额计算公式：应纳税额 = 销售额 × 征收率

销售额 = 含增值税销售额 ÷ （1 + 征收率）

由于小规模纳税人自身不能开具增值税专用发票，对外报价为价税合计金额，故价税分离的计算成为小规模纳税人计算税额的必经步骤。

小规模纳税人销售商品和劳务适用征收率为3%。销售自己使用过的属于固定资产的设备，减按2%征收率征收增值税。销售自己使用过的不动产，应以取得的全部价款和价外费用减去该项不动产购置原价或者取得不动产时的作价后的余额为销售额，按照5%的征收率计算应纳税额。小规模纳税人出租不动产应按照5%的征收率计算应纳税额。

【例题2-31·单选题】某生产企业属增值税小规模纳税人，2017年6月对部分资产盘点后进行处理：销售边角余料，由税务机关代开增值税专用发票，取得含税收入82400元；销售使用过的小货车1辆，取得含税收入72100元（原值为140000元）。该企业上述业务应缴纳增值税（　　）。

A.2400元　　　B.3773.08元　　　C.3800元　　　D.4500元

【答案】C

【解析】82400/（1 + 3%）× 3% + 72100 ÷ （1 + 3%）× 2% = 2400 + 1400 = 3800（元）。

小规模纳税人销售商品和劳务适用征收率为3%。销售自己使用过的属于固定资产的设备，减按2%征收率征收增值税。

【例题2-32·单选题】某食品加工企业为小规模纳税人，适用增值税征收率为3%。2014年2月份取得销售收入32960元；直接从农户购入农产品价值6400元，支付运输费600元，当月支付人员工资6460元，该企业当月应缴纳的增值税税额为（　　）元。

A.450　　　　B.597.6　　　　C.870　　　　D.960

【答案】D

【解析】题中的销售收入是含税的,所以增值税 = 32960 ÷ (1 + 3%) × 3% = 960 (元);小规模纳税人不得抵扣进项税,所以该企业应缴纳的增值税税额是960元。

(二) 一般纳税人简易方法计税

关于一般纳税人简易方法计税的规定在上文中已作详细表述,如一般纳税人提供建筑服务,特殊情况下可选择简易计税方法计税,适用税率3%;一般纳税人销售2016年4月30日前自建的不动产可以选择适用简易计税方法计税,以取得的全部价款和价外费用为销售额,按照5%的征收率计算应纳税额;一般纳税人销售2016年4月30日前取得的不动产,可以选择适用简易计税方法计税,以取得的全部价款和价外费用扣除不动产购置原价或者取得不动产时的作价后的余额为销售额,按照5%的征收率计算应纳税额等。

【例题2-33·计算分析题】某市某商贸有限公司(增值税一般纳税人)2017年2月销售一栋旧办公楼(选择按简易计税方法),取得销售额1200万元,公司提供了购房发票,未取得评估价格,该办公楼购于2013年1月,当时购买价700万元,缴纳契税21万元(能提供完税凭证)。该房产账面原始价值721万元,累计折旧80万元。求该公司应交增值税和销售收入。

【答案】应交增值税:(1200 - 700) ÷ (1 + 5%) × 5% = 23.81 (万元)

销售收入 = 1200 - 23.81 = 1176.19 (万元)

(三) 其他简易方法计税事项

个人转让购买不足2年的住房适用简易计税方法计税,以取得的全部价款和价外费用为销售额,按照5%的征收率计算应纳税额。个人转让购买2年以上位于北上广深以外地区的住房免税;位于北上广深地区的非普通住房以取得的全部价款和价外费用减去该项不动产购置原价或者取得不动产时的作价后的余额为销售额,按照5%的征收率计算应纳税额。

个人出租其取得的不动产(不含住房),应按照5%的征收率计算应纳税额。个人出租住房,应按照5%的征收率减按1.5%计算应纳税额。

【例题2-34·计算分析题】王某于2017年1月份将自己拥有一处住房出租用于他人居住,租期1年,每月租金3000元;将自己拥有一处门市房出租给某公司,租期1年,每月租金8000元;王某1月份上述房租收入应纳多少增值税?

【答案】出租住房应纳增值税:3000 ÷ (1 + 5%) × 1.5% = 42.86 (元)

8月租金应纳税:8000 ÷ (1 + 5%) × 5% = 380.95 (元)

三、进口货物征税

(一) 进口货物的征税范围

凡是增值税征税范围内的进口货物,不分产地,不分用途,不分是否付款,除特殊规定外,都需要缴纳增值税。

关于增值税征收范围内的进口货物的特殊规定如下。

(1) 科研单位、教学单位直接进口的用于教学、科研的仪器设备,进口时免税。

（2）通过"来料加工、进料加工"贸易方式进口国外的原材料、零部件等在国内加工复出口的，对进口的料、件按规定给予免税或减税，但这些进口免税或减税的料、件若不能加工复出口，而是销往国内的，就要予以补税。

来料加工与进料加工业务有不同点：来料加工的原材料进入我国不需要付钱，销往境外时只收加工费；销往进口国；采用免税不退税政策；海关关注数量即可。进料加工的原材料进入我国需要付钱，销往境外时收取整笔货款；不一定销往进口国；采用免税并退税政策；海关关注货物的价值。

（二）进口货物的纳税人

进口货物的纳税人是进口货物的收货人或办理报关手续的单位和个人。

对于企事业单位和个人委托代理进口应征增值税的货物，鉴于代理进口货物的海关完税凭证，有的开具给委托方，有的开具给受托方的特殊性，对代理进口货物以海关开具的完税凭证上的纳税人为增值税纳税人。在实际工作中一般由进口代理者代缴进口环节增值税。纳税后，由进口代理者将已纳税款和进口货物价款费用等与委托方结算，由进口委托者承担已纳税款。

（三）进口货物适用税率

进口货物增值税税率与增值税一般纳税人在国内销售同类货物的税率相同。

（四）进口货物应纳税额的计算

进口货物计税一律使用组成计税价格计算应纳增值税，组成计税价格计算公式中包含关税完税价格、关税税额、消费税税额。货物进口环节海关代征的增值税，会构成一般纳税人货物销售环节的进项税。

进口货物应纳税额的计算公式：应纳税额 = 组成计税价格 × 税率

组成计税价格 = 关税完税价格 + 关税 + 消费税

或组成计税价格 = （关税完税价格 + 关税）/（1 - 消费税率）

【例题2-35·单选题】 某企业为增值税小规模纳税人，2017年2月从国外进口小轿车一辆，关税完税价格85500元人民币，假定关税率20%，消费税率5%，其进口环节应纳增值税为（　　）元。

A.3078　　　　B.3240　　　　C.17442　　　　D.18360

【答案】 D

【解析】 对于小规模纳税人，进口计税时也使用税率计税，不使用征收率。故其进口环节应纳增值税为85500×（1+20%）/（1-5%）×17% = 18360（元）

【例题2-36·计算题】 某有进出口经营权的图书销售企业为增值税一般纳税人，2017年10月进口图书一批，关税完税价格500000元，关税额10000元，进口后入库时该批图书的20%因人为失误毁损，当月该企业销售图书不含税收入1000000元。

进口环节海关代征增值税多少元？当月该企业应向税务机关缴纳增值税多少元？

【答案及解析】 进口环节海关代征增值税 =（500000+10000）×11% = 56100（元）

企业可抵扣进项税 = 56100×80% = 44880（元）

企业应向税务机关缴纳的增值税 = 1000000×11% - 44880 = 110000 - 44880 = 65120（元）

第五节 出口货物退（免）税

一、出口货物退免税概述

出口货物退（免）税是指在国际贸易业务中，对报关出口的货物退还在国内各生产环节和流转环节按税法规定已缴纳的增值税和消费税，或免征应缴纳的增值税和消费税。

（一）我国现行出口货物退（免）税的基本要素

我国现行出口货物退（免）税的基本要素见表2-6。

表2-6 我国现行出口货物退（免）税的基本要素列表

基本要素	具体规定
出口退（免）税的货物范围	出口货物退（免）税的税种仅限于增值税和消费税
享受退（免）税的货物的条件	一般应具备四个条件： 一是必须是属于增值税、消费税征税范围的货物； 二是必须是报关离境的货物； 三是必须是在财务上作销售处理的货物； 四是必须是出口收汇并已核销的货物
出口货物的退税率	增值税出口货物退税使用退税率来计算，出口货物增值税退税率是出口货物的实际退税额与退税计税依据的比例。
出口货物退（免）税的计税依据	出口货物退（免）税的计税依据是指具体计算应退（免）税款的依据和标准。目前对外贸企业出口货物计算办理退税，以出口数量和货物购进金额作为计税依据；对生产企业出口货物计算办理退（免）税，以出口货物离岸价格作为计税依据
出口货物退（免）税的期限	企业应在货物报关出口之日（以出口货物报关单〈出口退税专用〉上的出口日期为准）次月起至次年4月30日前的各增值税纳税申报期内收齐有关凭证，向主管税务机关申报办理出口货物增值税免抵退税或免退税及消费税退税。逾期的，企业不得申报免抵退税或免退税
出口货物退（免）税的地点	出口货物退（免）税的地点是出口企业按规定申报出口退（免）税的所在地

（二）出口货物退（免）税的方式

出口企业经营特点、性质不同，出口退税的计算方法就会有差异。按照现行规定，出口货物退（免）税的方式主要有免、退税，免、抵、退税，免税三种具体内容见表2-7。

表2-7 我国现行出口货物退（免）税的方式及适用情况

退（免）税的方式	适用情况
免税	从农业生产者处直接购进的免税农产品出口；增值税小规模纳税人出口自产货物；来料加工复出口货物；出口卷烟等
免、退税	适用于外贸出口企业
免、抵、退税	适用于自营和委托出口自产货物的生产企业

【例题2-37·单选题】按照现行增值税规定,生产企业委托外贸企业代理出口货物,其增值税的退(免)税环节和方法是(   )。

A.对生产企业实行退税,采取"先征后退"方法
B.对外贸企业实行退税,采取"先征后退"方法
C.对生产企业实行退税,采取"免、抵、退"方法
D.对生产企业和外贸企业分别实行退税,采取"先征后退"方法

【答案】C
【解析】"免、抵、退"税办法主要适用于自营和委托出口自产货物的生产企业。

(三)生产企业办理免、抵、退税的业务流程

(1)有权有资格:①向商务主管部门取得进出口经营权;②取得一般纳税人资格。
(2)报关做申报:①报关出口;②进行纳税(预免抵)申报;③取得出口货物报关单(出口退税专用)。
(3)收汇加核销:①收汇核销;②取得出口收汇核销单(出口退税专用);③单证齐全申报免、抵、退税。
(4)申请退税:①开具收入退还书、免抵税款调库通知书;②取得退税款。

(四)外贸企业办理出口退税业务流程

(1)有权有资格:①向商务主管部门取得进出口经营权;②取得一般纳税人资格。
(2)进货拿发票:①购进货物;②取得增值税专用发票。
(3)报关收汇加核销:①报关出口;②取得出口货物报关单(出口退税专用);③收汇核销;④取得出口收汇核销单(出口退税专用)。
(4)申请退税:①凭有关单证申报退税;②开具收入退还书;③取得退税款。

二、外贸企业出口退税计算

外贸企业出口货物退还增值税应依据购进货物的增值税专用发票所注明的进项金额和出口货物对应的退税率计算。

$$应退税额 = 外贸收购金额(不含增值税) \times 退税率$$

【例题2-38·计算分析题】某进出口公司于2016年6月购进牛仔布委托加工成服装出口,取得增值税专用发票一张,注明的不含增值税价款500000元;取得服装加工费计税金额200000元。已知牛仔布退税率为13%;服装加工退税率为17%。计算该公司6月份的应退税额。

【答案】该公司6月份的应退税额 = 500000×13% + 200000×17% = 99000(元)

【解析】根据税法规定,外贸企业委托生产企业加工收回后报关出口的货物,按购进国内原材料的增值税专用发票上注明的进项税额,依原辅材料的退税率计算原辅材料应退税额。支付的加工费,凭受托方开具的货物适用的退税率,计算加工费的应退税额。

三、生产企业出口货物退（免）税

生产企业自营或委托外贸企业代理出口的自产货物，除另有规定者外，增值税一律实行免、抵、退税管理办法。"免"税，是指对生产企业出口自产货物，免征本企业生产销售环节的增值税；"抵"税，是指生产企业出口自产货物所耗用的原材料、零部件、燃料、动力等所含应予退还的进项税额，抵顶内销货物的应纳税额；"退"税，是指生产企业出口的自产货物在当月内应抵顶的进项税额大于应纳税额时，对未抵顶完的部分予以退税。各项税额具体计算方式如下：

（1）不得免征和抵扣税额（可理解为因出口而不予抵扣的进项税额，做进项税额转出）＝出口商品离岸价×（征税率－退税率）－当期不得免征和抵扣税额抵减额

当期不得免征和抵扣税额抵减额＝免税购进原材料价格×（出口货物适用税率－出口货物退税率）

（2）应纳税额＝内销商品销项税额－（当期进项税额－不得免征和抵扣税额）－上期留抵税额

若计算结果大于零，交税；

若计算结果小于零，该计算结果为当期期末留抵税额，应退税，应退税额暂定为期末留抵税额。

（3）免抵退税额（可理解为最高退税额即退税限额）＝出口商品离岸价×退税率

（4）应退税额＝当期期末留抵税额（第2步计算结果）与第3步计算结果中的较小者。

（5）当期免抵税额＝当期免抵退税额－当期应退税额

免抵税额是城建税和教育费附加的计税依据，第四章会介绍。

【例题2－39·计算题】 某自营出口的生产企业为增值税一般纳税人，2017年3月的有关经营业务如下：

（1）购进原材料一批，取得的增值税专用发票注明的价款200万元，外购货物准予抵扣的进项税额34万元通过认证；

（2）内销货物不含税销售额100万元，收款117万元存入银行；

（3）出口货物的销售额折合人民币200万元。

已知2月末留抵税款3万元；出口货物的征税率为17%，退税率为13%。计算该企业3月份应"免、抵、退"税额。

【答案及解析】

（1）3月份不得免征和抵扣税额＝200×（17%－13%）＝8（万元）

（2）3月份应纳税额＝100×17%－（34－8）－3＝17－26－3＝－12（万元）

（3）出口货物免抵退税额（最高退税额即退税限额）＝200×13%＝26（万元）

（4）按规定，如当期期末留抵税额≤当期免抵退税额时，

当期应退税额＝当期期末留抵税额

即该企业3月份应退税额＝12（万元）

（5）当期免抵税额＝当期免抵退税额－当期应退税额

3月份免抵税额＝26－12＝14（万元）

【例题2－40·计算题】 上例中若该企业3月购进原材料一批，取得的增值税专用发票注明的价款400万元，外购货物准予抵扣进项税款68万元，其他条件不变。则

(1) 3月份不得免征和抵扣税额 = 200 × (17% − 13%) = 8 (万元)
(2) 3月份应纳税额 = 100 × 17% − (68 − 8) − 3 = −46 (万元)
(3) 出口货物免抵退税额（最高退税额即退税限额）= 200 × 13% = 26 (万元)
(4) 按规定，如当期期末留抵税额大于当期退税限额时，
当期应退税额 = 免抵退税额即退税限额
即该企业3月份应退税额 = 26 (万元)
(5) 当期留抵税额 = 46 − 26 = 20 (万元)

第六节 增值税税收优惠

一、免税货物

（一）农业生产者销售的自产农产品

农业，是指种植业、养殖业、林业、牧业、水产业。农产品，是指农业初级产品。农业和农产品的具体范围由财政部、国家税务总局确定。自2013年4月1日起，纳税人采取"公司＋农户"经营模式从事畜禽饲养，纳税人回收再销售畜禽，属于农业生产者销售自产农产品，免征增值税。

农民个人按照竹器企业提供样品规格，自产或购买竹、芒、藤、木条等，再通过手工简单编制成竹制或竹芒藤柳混合坯具的，属于自产农业初级产品，免征销售环节增值税。

自2010年12月1日起，制种企业在下列生产经营模式下生产销售种子，按照自产农业产品，免征增值税：

（1）制种企业利用自有土地或承租土地，雇用农户或雇工进行种子繁育，再经烘干、脱粒、风筛等深加工后销售种子；

（2）制种企业提供亲本种子委托农户繁育并从农户手中收回，再经烘干、脱粒、风筛等深加工后销售种子。

（二）承担粮食收储任务的国有粮食购销企业销售的粮食免征增值税

国家对承担粮食收储任务的国有粮食购销企业销售的粮食免征增值税。享受免税优惠的国有粮食购销企业可继续使用增值税专用发票。属于一般纳税人的生产、经营单位从国有粮食购销企业购进的免税粮食，可依照国有粮食购销企业开具的增值税专用发票注明的税额抵扣进项税额。凡享受免征增值税的国有粮食购销企业，均按增值税一般纳税人认定，并进行纳税申报、日常检查及有关增值税专用发票的各项管理。

（三）销售农业生产资料免税项目

饲料（不含宠物饲料）、农膜、滴灌带和滴灌管产品和有机肥（含有机肥料、有机—无机复混肥料、生物有机肥）等国家规定的农业生产资料免税。

(四)从事蔬菜批发、零售的纳税人销售的蔬菜免征增值税

(1)享受免征增值税的对象是从事蔬菜批发、零售的纳税人。

(2)蔬菜是指可作副食的草本、木本植物,包括各种蔬菜、菌类植物和少数可作副食的木本植物。经挑选、清洗、切分、晾晒、包装、脱水、冷藏、冷冻等工序加工的蔬菜也属于享受免征增值税税收优惠的范围。

(3)蔬菜经处理、装罐、密封、杀菌或无菌包装而制成的各种蔬菜罐头不享受免征增值税税收优惠。

(五)避孕药品和用具

(六)古旧图书

古旧图书是指向社会收购的古书和旧书。

(七)直接用于科学研究、科学试验和教学的进口仪器、设备

(八)外国政府、国际组织无偿援助的进口物资和设备

(九)由残疾人的组织直接进口供残疾人专用的物品

(十)个人销售自己使用过的物品

增值税的减免由国务院规定,任何地区、部门均不得规定免税、减税项目。

【例题2-41·单选题】依据增值税的有关规定,下列销售行为免征增值税的是( )。

A.农业生产者销售外购的农业产品
B.国有粮食购销企业销售的食用植物油
C.农贸市场批发和零售的农膜
D.商场销售的水产品罐头

【答案】C

二、营改增试点过渡性优惠政策

(一)托儿所、幼儿园提供的保育和教育服务

托儿所、幼儿园,是指经县级以上教育部门审批成立、取得办园许可证的实施0~6岁学前教育的机构,包括公办和民办的托儿所、幼儿园、学前班、幼儿班、保育院、幼儿院。

公办托儿所、幼儿园免征增值税的收入是指,在省级财政部门和价格主管部门审核报省级人民政府批准的收费标准以内收取的教育费、保育费。

民办托儿所、幼儿园免征增值税的收入是指,在报经当地有关部门备案并公示的收费标准范围内收取的教育费、保育费。

超过规定收费标准的收费,以开办实验班、特色班和兴趣班等为由另外收取的费用以及与幼儿入园挂钩的赞助费、支教费等超过规定范围的收入,不属于免征增值税

的收入。

(二) 养老机构提供的养老服务

养老机构，是指依照民政部《养老机构设立许可办法》（民政部令第48号）设立并依法办理登记的为老年人提供集中居住和照料服务的各类养老机构；养老服务，是指上述养老机构按照民政部《养老机构管理办法》（民政部令第49号）的规定，为收住的老年人提供的生活照料、康复护理、精神慰藉、文化娱乐等服务。

(三) 残疾人福利机构提供的育养服务

(四) 婚姻介绍服务

(五) 殡葬服务

殡葬服务是指收费标准由各地价格主管部门会同有关部门核定，或者实行政府指导价管理的遗体接运（含抬尸、消毒）、遗体整容、遗体防腐、存放（含冷藏）、火化、骨灰寄存、吊唁设施设备租赁、墓穴租赁及管理等服务。

(六) 残疾人员本人为社会提供的服务

(七) 医疗机构提供的医疗服务

医疗机构，是指依据国务院《医疗机构管理条例》（国务院令第149号）及卫生部《医疗机构管理条例实施细则》（卫生部令第35号）的规定，经登记取得"医疗机构执业许可证"的机构，以及军队、武警部队各级各类医疗机构。医疗机构具体包括各级各类医院、门诊部（所）、社区卫生服务中心（站）、急救中心（站）、城乡卫生院、护理院（所）、疗养院、临床检验中心，各级政府及有关部门举办的卫生防疫站（疾病控制中心）、各种专科疾病防治站（所），各级政府举办的妇幼保健所（站）、母婴保健机构、儿童保健机构，各级政府举办的血站（血液中心）等。

本项所称的医疗服务，是指医疗机构按照不高于地（市）级以上价格主管部门会同同级卫生主管部门及其他相关部门制定的医疗服务指导价格（包括政府指导价和按照规定由供需双方协商确定的价格等）为就医者提供《全国医疗服务价格项目规范》所列的各项服务，以及医疗机构向社会提供卫生防疫、卫生检疫的服务。

(八) 从事学历教育的学校提供的教育服务

（1）学历教育，是指受教育者通过国家教育考试或者国家规定的其他入学方式，进入国家有关部门批准的学校或者其他教育机构学习，获得国家承认的学历证书的教育形式。学历教育具体内容如下。

①初等教育：普通小学、成人小学。

②初级中等教育：普通初中、职业初中、成人初中。

③高级中等教育：普通高中、成人高中和中等职业学校（包括普通中专、成人中专、职业高中、技工学校）。

④高等教育：普通本专科、成人本专科、网络本专科、研究生（博士、硕士）、高等教育自学考试、高等教育学历文凭考试。

(2) 从事学历教育的学校。

①普通学校。

②经地（市）级以上人民政府或者同级政府的教育行政部门批准成立、国家承认其学员学历的各类学校。

③经省级及以上人力资源和社会保障行政部门批准成立的技工学校、高级技工学校。

④经省级人民政府批准成立的技师学院。

上述学校均包括符合规定的从事学历教育的民办学校，但不包括职业培训机构等国家不承认学历的教育机构。

(3) 提供教育服务免征增值税的收入，是指对列入规定招生计划的在籍学生提供学历教育服务取得的收入，具体包括经有关部门审核批准并按规定标准收取的学费、住宿费、课本费、作业本费、考试报名费收入，以及学校食堂提供餐饮服务取得的伙食费收入。除此之外的收入，包括学校以各种名义收取的赞助费、择校费等，不属于免征增值税的范围。

学校食堂是指依照《学校食堂与学生集体用餐卫生管理规定》（教育部令第14号）管理的学校食堂。

● **（九）学生勤工俭学提供的服务**

● **（十）农业机耕、排灌、病虫害防治、植物保护、农牧保险以及相关技术培训业务，家禽、牲畜、水生动物的配种和疾病防治**

农业机耕，是指在农业、林业、牧业中使用农业机械进行耕作（包括耕耘、种植、收割、脱粒、植物保护等）的业务；排灌，是指对农田进行灌溉或者排涝的业务；病虫害防治，是指从事农业、林业、牧业、渔业的病虫害测报和防治的业务；农牧保险，是指为种植业、养殖业、牧业种植和饲养的动植物提供保险的业务；相关技术培训，是指与农业机耕、排灌、病虫害防治、植物保护业务相关以及为使农民获得农牧保险知识的技术培训业务；家禽、牲畜、水生动物的配种和疾病防治业务的免税范围，包括与该项服务有关的提供药品和医疗用具的业务。

● **（十一）纪念馆、博物馆、文化馆、文物保护单位管理机构、美术馆、展览馆、书画院、图书馆在自己的场所提供文化体育服务取得的第一道门票收入**

● **（十二）寺院、宫观、清真寺和教堂举办文化、宗教活动的门票收入**

● **（十三）行政单位之外的其他单位收取的符合"试点实施办法"第十条规定条件的政府性基金和行政事业性收费。**

● **（十四）个人转让著作权**

● **（十五）个人销售自建自用住房**

(十六)2018年12月31日前,公共租赁住房经营管理单位出租公共租赁住房

公共租赁住房,是指纳入省、自治区、直辖市、计划单列市人民政府及新疆生产建设兵团批准的公共租赁住房发展规划和年度计划,并按照《关于加快发展公共租赁住房的指导意见》(建保〔2010〕87号)和市、县人民政府制定的具体管理办法进行管理的公共租赁住房。

(十七)台湾航运公司、航空公司从事海峡两岸海上直航、空中直航业务在大陆取得的运输收入

台湾航运公司,是指取得交通运输部颁发的"台湾海峡两岸间水路运输许可证"且该许可证上注明的公司登记地址在台湾的航运公司。台湾航空公司,是指取得中国民用航空局颁发的"经营许可"或者依据《海峡两岸空运协议》和《海峡两岸空运补充协议》规定,批准经营两岸旅客、货物和邮件不定期(包机)运输业务,且公司登记地址在台湾的航空公司。

(十八)纳税人提供的直接或者间接国际货物运输代理服务

(1)纳税人提供直接或者间接国际货物运输代理服务,向委托方收取的全部国际货物运输代理服务收入,以及向国际运输承运人支付的国际运输费用,必须通过金融机构进行结算。

(2)纳税人为大陆与香港、澳门、台湾地区之间的货物运输提供的货物运输代理服务参照国际货物运输代理服务有关规定执行。

(3)委托方索取发票的,纳税人应当就国际货物运输代理服务收入向委托方全额开具增值税普通发票。

(十九)以下利息收入

(1)2016年12月31日前,金融机构农户小额贷款。

小额贷款,是指单笔且该农户贷款余额总额在10万元(含本数)以下的贷款。所称农户,是指长期(1年以上)居住在乡镇(不包括城关镇)行政管理区域内的住户,还包括长期居住在城关镇所辖行政村范围内的住户和户口不在本地而在本地居住1年以上的住户,国有农场的职工和农村个体工商户。位于乡镇(不包括城关镇)行政管理区域内和在城关镇所辖行政村范围内的国有经济的机关、团体、学校、企事业单位的集体户;有本地户口,但举家外出谋生1年以上的住户,无论是否保留承包耕地均不属于农户。农户以户为统计单位,既可以从事农业生产经营,也可以从事非农业生产经营。农户贷款的判定应以贷款发放时的承贷主体是否属于农户为准。

(2)国家助学贷款。

(3)国债、地方政府债。

(4)人民银行对金融机构的贷款。

(5)住房公积金管理中心用住房公积金在指定的委托银行发放的个人住房贷款。

(6)外汇管理部门在从事国家外汇储备经营过程中,委托金融机构发放的外汇贷款。

（7）统借统还业务中，企业集团或企业集团中的核心企业以及集团所属财务公司按不高于支付给金融机构的借款利率水平或者支付的债券票面利率水平，向企业集团或者集团内下属单位收取的利息。统借方向资金使用单位收取的利息，高于支付给金融机构借款利率水平或者支付的债券票面利率水平的，应全额缴纳增值税。

统借统还业务的含义如下：

（1）企业集团或者企业集团中的核心企业向金融机构借款或对外发行债券取得资金后，将所借资金分拨给下属单位（包括独立核算单位和非独立核算单位，下同），并向下属单位收取用于归还金融机构或债券购买方本息的业务。

（2）企业集团向金融机构借款或对外发行债券取得资金后，由集团所属财务公司与企业集团或者集团内下属单位签订统借统还贷款合同并分拨资金，并向企业集团或者集团内下属单位收取本息，再转付企业集团，由企业集团统一归还金融机构或债券购买方的业务。

（二十）被撤销金融机构以货物、不动产、无形资产、有价证券、票据等财产清偿债务

被撤销金融机构，是指经人民银行、银监会依法决定撤销的金融机构及其分设于各地的分支机构，包括被依法撤销的商业银行、信托投资公司、财务公司、金融租赁公司、城市信用社和农村信用社。除另有规定外，被撤销金融机构所属、附属企业，不享受被撤销金融机构增值税免税政策。

（二十一）保险公司开办的1年期以上人身保险产品取得的保费收入

1年期以上人身保险，是指保险期间为1年期及以上返还本利的人寿保险、养老年金保险，以及保险期间为1年期及以上的健康保险。人寿保险，是指以人的寿命为保险标的的人身保险。养老年金保险，是指以养老保障为目的，以被保险人生存为给付保险金条件，并按约定的时间间隔分期给付生存保险金的人身保险。健康保险，是指以因健康原因导致损失为给付保险金条件的人身保险。

上述免税政策实行备案管理，具体备案管理办法按照《国家税务总局关于1年期以上返还性人身保险产品免征营业税审批事项取消后有关管理问题的公告》（国家税务总局公告2015年第65号）规定执行。

（二十二）下列金融商品转让收入

（1）合格境外投资者（QFII）委托境内公司在我国从事证券买卖业务。

（2）香港市场投资者（包括单位和个人）通过沪港通买卖上海证券交易所上市A股。

（3）对香港市场投资者（包括单位和个人）通过基金互认买卖内地基金份额。

（4）证券投资基金（封闭式证券投资基金，开放式证券投资基金）管理人运用基金买卖股票、债券。

（5）个人从事金融商品转让业务。

（二十三）金融同业往来利息收入

（1）金融机构与人民银行所发生的资金往来业务。该业务包括人民银行对一般金

融机构贷款,以及人民银行对商业银行的再贴现等。

(2) 银行联行往来业务。同一银行系统内部不同行、处之间所发生的资金账务往来业务。

(3) 金融机构间的资金往来业务。这是指经人民银行批准,进入全国银行间同业拆借市场的金融机构之间通过全国统一的同业拆借网络进行的短期(1年以下含1年)无担保资金融通行为。

(4) 金融机构之间开展的转贴现业务。

金融机构的内容如下。

(1) 银行:包括人民银行、商业银行、政策性银行。

(2) 信用合作社。

(3) 证券公司。

(4) 金融租赁公司、证券基金管理公司、财务公司、信托投资公司、证券投资基金。

(5) 保险公司。

(6) 其他经人民银行、银监会、证监会、保监会批准成立且经营金融保险业务的机构等。

● **(二十四)同时符合下列条件的担保机构从事中小企业信用担保或者再担保业务取得的收入(不含信用评级、咨询、培训等收入)3年内免征增值税**

(1) 已取得监管部门颁发的融资性担保机构经营许可证,依法登记注册为企(事)业法人,实收资本超过2000万元。

(2) 平均年担保费率不超过银行同期贷款基准利率的50%。平均年担保费率=本期担保费收入/(期初担保余额+本期增加担保金额)×100%。

(3) 连续合规经营2年以上,资金主要用于担保业务,具备健全的内部管理制度和为中小企业提供担保的能力,经营业绩突出,对受保项目具有完善的事前评估、事中监控、事后追偿与处置机制。

(4) 为中小企业提供的累计担保贷款额占其两年累计担保业务总额的80%以上,单笔800万元以下的累计担保贷款额占其累计担保业务总额的50%以上。

(5) 对单个受保企业提供的担保余额不超过担保机构实收资本总额的10%,且平均单笔担保责任金额最多不超过3000万元人民币。

(6) 担保责任余额不低于其净资产的3倍,且代偿率不超过2%。

担保机构免征增值税政策采取备案管理方式。符合条件的担保机构应到所在地县(市)主管税务机关和同级中小企业管理部门办理规定的备案手续,自完成备案手续之日起,享受3年免征增值税政策。3年免税期满后,符合条件的担保机构可按规定程序办理备案手续后继续享受该项政策。

具体备案管理办法按照《国家税务总局关于中小企业信用担保机构免征营业税审批事项取消后有关管理问题的公告》(国家税务总局公告2015年第69号)规定执行,其中税务机关的备案管理部门统一调整为县(市)级国家税务局。

（二十五）国家商品储备管理单位及其直属企业承担商品储备任务，从中央或者地方财政取得的利息补贴收入和价差补贴收入

国家商品储备管理单位及其直属企业，是指接受中央、省、市、县四级政府有关部门（或者政府指定管理单位）委托，承担粮（含大豆）、食用油、棉、糖、肉、盐（限于中央储备）等6种商品储备任务，并按有关政策收储、销售上述6种储备商品，取得财政储备经费或者补贴的商品储备企业。利息补贴收入，是指国家商品储备管理单位及其直属企业因承担上述商品储备任务从金融机构贷款，并从中央或者地方财政取得的用于偿还贷款利息的贴息收入。价差补贴收入包括销售价差补贴收入和轮换价差补贴收入。销售价差补贴收入，是指按照中央或者地方政府指令销售上述储备商品时，由于销售收入小于库存成本而从中央或者地方财政获得的全额价差补贴收入。轮换价差补贴收入，是指根据要求定期组织政策性储备商品轮换而从中央或者地方财政取得的商品新陈品质价差补贴收入。

（二十六）纳税人提供技术转让、技术开发和与之相关的技术咨询、技术服务

（1）技术转让、技术开发，是指《销售服务、无形资产、不动产注释》中"转让技术""研发服务"范围内的业务活动。技术咨询，是指就特定技术项目提供可行性论证、技术预测、专题技术调查、分析评价报告等业务活动。

与技术转让、技术开发相关的技术咨询、技术服务，是指转让方（或者受托方）根据技术转让或者开发合同的规定，为帮助受让方（或者委托方）掌握所转让（或者委托开发）的技术，而提供的技术咨询、技术服务业务，且这部分技术咨询、技术服务的价款与技术转让或者技术开发的价款应当在同一张发票上开具。

（2）备案程序。试点纳税人申请免征增值税时，须持技术转让、开发的书面合同，到纳税人所在地省级科技主管部门进行认定，并持相关书面合同和科技主管部门审核意见证明文件报主管税务机关备查。

（二十七）同时符合下列条件的合同能源管理服务

（1）节能服务公司实施合同能源管理项目相关技术，应当符合国家质量监督检验检疫总局和国家标准化管理委员会发布的《合同能源管理技术通则》（GB/T24915—2010）规定的技术要求。

（2）节能服务公司与用能企业签订节能效益分享型合同，其合同格式和内容，符合《中华人民共和国合同法》和《合同能源管理技术通则》（GB/T24915—2010）等规定。

（二十八）2017年12月31日前，科普单位的门票收入，以及县级及以上党政部门和科协开展科普活动的门票收入

科普单位，是指科技馆、自然博物馆，对公众开放的天文馆（站、台）、气象台（站）、地震台（站），以及高等院校、科研机构对公众开放的科普基地。科普活动，是指利用各种传媒以浅显的、让公众易于理解、接受和参与的方式，向普通大

众介绍自然科学和社会科学知识,推广科学技术的应用,倡导科学方法,传播科学思想,弘扬科学精神的活动。

● (二十九)政府举办的从事学历教育的高等、中等和初等学校(不含下属单位),举办进修班、培训班取得的全部归该学校所有的收入

"全部归该学校所有",是指举办进修班、培训班取得的全部收入进入该学校统一账户,并纳入预算全额上缴财政专户管理,同时由该学校对有关票据进行统一管理和开具。举办进修班、培训班取得的收入进入该学校下属部门自行开设账户的,不予免征增值税。

● (三十)政府举办的职业学校设立实习场所的特定收入

政府举办的职业学校设立实习场所的主要为在校学生提供实习场所,并由学校出资自办、由学校负责经营管理、经营收入归学校所有的企业,从事《销售服务、无形资产或者不动产注释》中"现代服务"(不含融资租赁服务、广告服务和其他现代服务)、"生活服务"(不含文化体育服务、其他生活服务和桑拿、氧吧)业务活动取得的收入。

● (三十一)家政服务企业由员工制家政服务员提供家政服务取得的收入

家政服务企业,是指在企业营业执照的规定经营范围中包括家政服务内容的企业。

员工制家政服务员,是指同时符合下列三个条件的家政服务员。

(1)依法与家政服务企业签订半年及半年以上的劳动合同或者服务协议,且在该企业实际上岗工作。

(2)家政服务企业为其按月足额缴纳了企业所在地人民政府根据国家政策规定的基本养老保险、基本医疗保险、工伤保险、失业保险等社会保险。对已享受新型农村养老保险和新型农村合作医疗等社会保险或者下岗职工原单位继续为其缴纳社会保险的家政服务员,如果本人书面提出不再缴纳企业所在地人民政府根据国家政策规定的相应的社会保险,并出具其所在乡镇或者原单位开具的已缴纳相关保险的证明,可视同家政服务企业已为其按月足额缴纳了相应的社会保险。

(3)家政服务企业通过金融机构向其实际支付不低于企业所在地适用的经省级人民政府批准的最低工资标准的工资。

● (三十二)福利彩票、体育彩票的发行收入

● (三十三)军队空余房产租赁收入

● (三十四)为了配合国家住房制度改革,企业、行政事业单位按房改成本价、标准价出售住房取得的收入

● (三十五)将土地使用权转让给农业生产者用于农业生产

(三十六)涉及家庭财产分割的个人无偿转让不动产、土地使用权

家庭财产分割,包括下列情形:离婚财产分割;无偿赠与配偶、父母、子女、祖父母、外祖父母、孙子女、外孙子女、兄弟姐妹;无偿赠与对其承担直接抚养或者赡养义务的抚养人或者赡养人;房屋产权所有人死亡,法定继承人、遗嘱继承人或者受遗赠人依法取得房屋产权。

(三十七)土地所有者出让土地使用权和土地使用者将土地使用权归还给土地所有者

(三十八)县级以上地方人民政府或自然资源行政主管部门出让、转让或收回自然资源使用权(不含土地使用权)

(三十九)随军家属就业

(1)为安置随军家属就业而新开办的企业,自领取税务登记证之日起,其提供的应税服务3年内免征增值税。享受税收优惠政策的企业,随军家属必须占企业总人数的60%(含)以上,并有军(含)以上政治和后勤机关出具的证明。

(2)从事个体经营的随军家属,自办理税务登记事项之日起,其提供的应税服务3年内免征增值税。随军家属必须有师以上政治机关出具的可以表明其身份的证明。

按照上述规定,每一名随军家属可以享受一次免税政策。

(四十)军队转业干部就业

(1)从事个体经营的军队转业干部,自领取税务登记证之日起,其提供的应税服务3年内免征增值税。

(2)为安置自主择业的军队转业干部就业而新开办的企业,凡安置自主择业的军队转业干部占企业总人数60%(含)以上的,自领取税务登记证之日起,其提供的应税服务3年内免征增值税。

享受上述优惠政策的自主择业的军队转业干部必须持有师以上部队颁发的转业证件。

三、增值税的起征点

起征点是开始征税的起点,纳税人销售额未达到规定的增值税起征点的,免征增值税;纳税人销售额达到规定的增值税起征点的,应按销售额全额计算应纳税款。《增值税暂行条例实施细则》规定增值税的起征点的适用范围限于个人,具体金额如下:

(1)销售货物的,为月销售额5000~20000元;
(2)销售应税劳务的,为月销售额5000~20000元;
(3)按次纳税的,为每次(日)销售额300~500元。

以上所称销售额,是指不包括其应纳税额的小规模纳税人的销售额。为进一步扶持小微企业发展,经国务院批准,自2014年10月1日起,对增值税小规模纳税人中月销售额不超过30000元的,免征增值税。

第七节 纳税申报与缴纳

一、纳税义务发生时间

纳税义务发生时间,是纳税人发生应税行为,应当承担纳税义务的起始时间。

(一)基本规定

(1)销售货物或者应税劳务,为收讫销售款项或者取得索取销售款项凭据的当天;先开具发票的,为开具发票的当天。

(2)进口货物,为报关进口的当天。

(3)增值税扣缴义务发生时间为纳税人增值税纳税义务发生的当天。

增值税由国家税务局征收,进口货物的增值税由海关代为征收。纳税人销售取得的不动产和其他个人出租不动产的增值税,由地方税务局代为征收。

(二)销售货物或者应税劳务纳税义务发生时间具体规定

(1)采取直接收款方式销售货物,不论货物是否发出,均为收到销售款或者取得索取销售款凭据的当天。

(2)采取托收承付和委托银行收款方式销售货物,为发出货物并办妥托收手续的当天。

(3)采取赊销和分期收款方式销售货物,为书面合同约定的收款日期的当天,无书面合同的或者书面合同没有约定收款日期的,为货物发出的当天。

(4)采取预收货款方式销售货物,为货物发出的当天,但生产销售生产工期超过12个月的大型机械设备、船舶、飞机等货物,为收到预收款或者书面合同约定的收款日期的当天。

(5)委托其他纳税人代销货物,为收到代销单位的代销清单或者收到全部或者部分货款的当天。未收到代销清单及货款的,为发出代销货物满180天的当天。

(6)销售应税劳务,为提供劳务同时收讫销售款或者取得索取销售款的凭据的当天。

(7)纳税人发生视同销售货物行为,为货物移送的当天。

【例题2-42·多选题】税法规定的增值税纳税义务发生时间有(   )。

A.以预收款方式销售货物的,为收到货款当天

B.委托他人代销货物的,为货物发出当天

C.采用赊销方式销售货物的,为合同约定的收款日期的当天

D.纳税人发生视同销售货物行为,为货物移送的当天

【答案】CD

【例题2-43·判断题】企业委托其他纳税人代销货物,对于发出代销货物超过180天仍未收到代销清单及货款的,视同销售实现,一律征收增值税。(   )

【答案】正确

【解析】符合对代销货物超期付款的征税制度规定。

（三）营改增试点政策中纳税义务发生时间的规定

（1）纳税人发生应税行为并收讫销售款项或者取得索取销售款项凭据的当天；先开具发票的，为开具发票的当天。

"收讫销售款项"，是指纳税人销售服务、无形资产、不动产过程中或者完成后收到款项。

"取得索取销售款项凭据的当天"，是指书面合同确定的付款日期；未签订书面合同或者书面合同未确定付款日期的，为服务、无形资产转让完成的当天或者不动产权属变更的当天。

（2）纳税人提供建筑服务、租赁服务采取预收款方式的，其纳税义务发生时间为收到预收款的当天。

（3）纳税人从事金融商品转让的，为金融商品所有权转移的当天。

（4）纳税人发生视同销售情形的，其纳税义务发生时间为服务、无形资产转让完成的当天或者不动产权属变更的当天。

二、纳税期限

增值税的纳税期限分别为1日、3日、5日、10日、15日、1个月或者1个季度。纳税人的具体纳税期限，由主管税务机关根据纳税人应纳税额的大小分别核定；不能按照固定期限纳税的，可以按次纳税。

纳税人以1个月或者1个季度为1个纳税期的，自期满之日起15日内申报纳税；以1日、3日、5日、10日或者15日为1个纳税期的，自期满之日起5日内预缴税款，于次月1日起15日内申报纳税并结清上月应纳税款。

扣缴义务人解缴税款的期限，依照前两款规定执行。

以1个季度为纳税期限的规定仅适用于小规模纳税人。小规模纳税人的具体纳税期限，由主管税务机关根据其应纳税额的大小分别核定。

三、纳税地点

（1）固定业户应当向其机构所在地的主管税务机关（国税局）申报纳税。总机构和分支机构不在同一县（市）的，应当分别向各自所在地的主管税务机关申报纳税；经国务院财政、税务主管部门或者其授权的财政、税务机关批准，可以由总机构汇总向总机构所在地的主管税务机关申报纳税。

（2）固定业户到外县（市）销售货物或者应税劳务，应当向其机构所在地的主管税务机关申请开具外出经营活动税收管理证明，并向其机构所在地的主管税务机关申报纳税；未开具证明的，应当向销售地或者劳务发生地的主管税务机关申报纳税；未向销售地或者劳务发生地的主管税务机关申报纳税的，由其机构所在地的主管税务机关补征税款。

（3）非固定业户销售货物或者应税劳务，应当向销售地或者劳务发生地的主管税务机关申报纳税；未向销售地或者劳务发生地的主管税务机关申报纳税的，由其机构所在地或者居住地的主管税务机关补征税款。

(4)其他个人提供建筑服务，销售或者租赁不动产，转让自然资源使用权，应向建筑服务发生地、不动产所在地、自然资源所在地主管税务机关申报纳税。

(5)进口货物，应当向报关地海关申报纳税。

扣缴义务人应当向其机构所在地或者居住地的主管税务机关申报缴纳其扣缴的税款。

【例题2-44·单选题】以下关于增值税纳税地点的表述错误的是（　　）
A.固定业户在其机构所在地
B.非固定业户在其居住所在地
C.进口货物向报关地海关申报纳税
D.总机构分支机构不在同一县（市）的，应分别向各自所在地主管税务机关申报纳税
【答案】B

第八节 增值税专用发票的使用及管理

一、增值税专用发票的联次

增值税专用发票基本联次为三联：发票联、抵扣联、记账联。发票联和抵扣联交购货方，发票联是购货方购货和付款的原始凭证，抵扣联作为购货方抵扣税款的凭证，记账联是开票方即销售方记账原始凭证。

二、专用发票的开票限额

专用发票实行最高开票限额管理。最高开票限额是指单份专用发票开具的销售额合计数不能达到的上限额度。最高开票限额由一般纳税人申请，区县税务机关根据纳税人生产经营和销售情况依法进行审批。自2014年5月1日起，一般纳税人申请领用专用发票（包括增值税专用发票和货物运输业增值税专用发票）最高开票限额不超过10万元的，主管税务机关不需要事先进行实地查验。

【例题2-45·单选题】增值税专用发票最高开票限额的审批机关是（　　）。
A.国家税务总局　　　　　　B.省级税务机关
C.地级税务机关　　　　　　D.区县级税务机关
【答案】D
【解析】最高开票限额由一般纳税人申请，区县级税务机关根据企业的生产经营和产品销售的实际情况依法进行审批。

三、专用发票的开具范围

(1)一般纳税人销售货物或提供应税劳务，应向购买方开具专用发票，并在增值

税专用发票上分别注明销售额和销项税额。

（2）不得开具增值税专用发票的情况。

①商业企业一般纳税人零售的烟、酒、食品、服装、鞋帽（不包括劳保专用部分）、化妆品等消费品不得开具增值税专用发票。

②销售免税货物不得开具增值税专用发票，法律、法规及国家税务总局另有规定的除外。

③销售报关出口的货物、在境外销售应税劳务。

④将货物用于集体福利或者个人消费。

⑤将货物无偿赠送非一般纳税人的单位和个人。

⑥提供非应税劳务服务。

⑦向小规模纳税人销售应税项目，可以不开具增值税专用发票。

⑧向消费者个人销售服务、无形资产或者不动产。

⑨适用增值税免税规定的行为。

（3）小规模纳税人提供应税服务，接受方索取增值税专用发票的，可以向主管税务机关申请代开。

【例题2-46·多选题】纳税人销售货物时，下列情况中不能开具增值税专用发票的有（   ）。

A.购货方购进免税药品要求开具专用发票

B.消费者个人购进自用电脑要求开具专用发票

C.商业零售化妆品

D.境内易货贸易

【答案】ABC

四、专用发票开具要求

（1）项目齐全，与实际交易相符；

（2）字迹清楚，不得压线、错格；

（3）发票联和抵扣联加盖财务章或发票专用章；

（4）按照增值税的纳税义务发生时间开具。

五、专用发票丢失的处理办法

丢失已开具专用发票的处理，一般纳税人丢失已开具专用发票的发票联和抵扣联，如果丢失前已认证相符，购买方凭销售方提供的相应用发票记账联复印件及销售方所在地主管税务机关出具的"丢失增值税专用发票已报税证明单"，经购买方主管税务机关审核同意后，可作为增值税进项税额的抵扣凭证；如果丢失前未认证的，购买方凭销售方提供的相应专用发票记账联复印件到主管税务机关进行认证，认证相符的凭该专用发票记账联复印件及销售方所在地主管税务机关出具的"丢失增值税专用发票已报税证明单"，经购买方主管税务机关审核同意后，可作为增值税进项税额的抵扣凭证。

六、红字专用发票的开具

增值税一般纳税人开具增值税专用发票后,发生销货退回或销货折让、开票有误等情形但不符合作废条件,应按规定开具红字专用发票。纳税人销售货物并向购买方开具增值税专用发票后,由于购货方在一定时期内累计购买货物达到一定数量,或者由于市场价格下降等,销货方给予购货方相应的价格优惠或补偿等折扣、折让行为,销货方也可按规定开具红字增值税专用发票。

七、增值税防伪税控系统原理

增值税防伪税控系统(以下简称"防伪税控系统")是国家金税工程的重要组成部分,是为控管增值税,遏制利用增值税专用发票偷税、骗税,防止税收流失而研制成的,它是运用数字密码和电子存储技术,强化增值税专用发票的防伪功能,实现对增值税一般纳税人税源监控的计算机管理系统。

防伪税控系统集计算机、微电子、光电技术以及数据加密等技术为一体,取消了手工开票的方法,使用防伪税控开票子系统电脑开具增值税专用发票。整个系统以增值税专用发票为核心,为从发售发票时的源头控制、发票填开时的防伪与计税、发票抵扣时的识伪、增值税专用发票的抄报税等各个环节提供了强有力的监控手段,从而实现对增值税专用发票防伪和税控的双重功效。

(一)票源控制

企业使用防伪税控开票子系统开具增值税专用发票前,首先持税控IC卡到税务部门购买发票,购买纸制发票的同时,税务部门将购票的电子信息写入企业的税控IC卡上,每张增值税专用发票上的发票代码和号码是唯一的,企业在开票子系统中读入新发票后,就可以开具发票了。开票子系统在开具发票时自动从首张流水号开始顺序使用,直至用完,若无新购发票,系统将自动关闭,不能继续开票。在此,一方面,税务部门通过企业购买发票时对实物发票与发票电子信息一致性的控制,使企业难以使用假发票进行开票,进一步增强系统的安全性;另一方面,税务部门对企业发票的领、用、存情况有详细记录,从而达到了控制票源的目的。

(二)防伪原理

在开票过程中,利用开票子系统提供的加密功能,将发票上的主要内容经过加密形成防伪电子密文打印在发票上,发票各联一次同时打印完成。由于任何发票的信息不可能完全相同,也就是说每张发票都是唯一的,因此系统采用了国际上先进的加密算法和密码机制,确保每台开票机开具的每张增值税专用发票的密码都是唯一的,并且与每张发票上的各项参数相对应。

(三)识伪原理

当企业得到一张形同防伪税控开票子系统开具的发票时,怎样辨别它的真假呢?企业可以持这张发票到税务机关进行识别。识伪的原理就是税务机关利用高速扫描仪将发票上的密文和明文图像自动录入计算机,采用字符识别技术将图像转换成数字信息，然后对发票上的密文进行解密还原，并与发票明文进行比对，由于防伪增值税专用发票是一票一密，因此若比对结果一致则为真票，否则为假票。

（四）税源控制

为了达到防伪税控系统对增值税专用发票税额监控的目的，每次打印发票时，开票子系统都将发票的交易金额、税额、流水号以及发票使用情况记录在税控设备的"黑匣子"中。黑匣子类似于飞机上的黑匣子，其中的数据一旦写入，只能读取，不能修改。每月报税期时，企业必须利用税控IC卡抄取黑匣子中的报税数据，并按时到税务机关进行报税，否则开票系统会自动锁死，不能进行开票等业务操作。

下面以增值税专用发票票样和普通发票票样为例，分别如图2-1、图2-2所示。

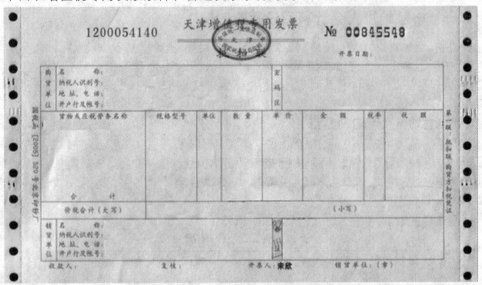

图2-1　增值税专用发票票样

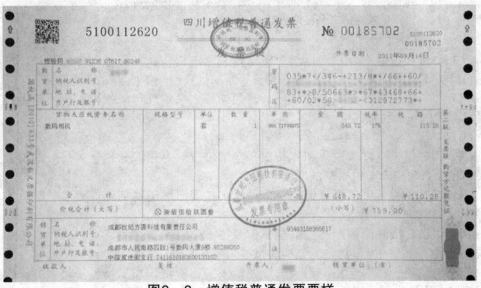

图2-2　增值税普通发票票样

第九节 增值税的会计核算

企业日常经济活动相关各税种的纳税申报是会计人员每月必须做的重要工作，在进行纳税申报之前除了准确地计算各税种的应纳税额外，还必须进行涉税业务会计核算，这是会计实务工作中非常重要的一部分，增值税的会计核算又是其中的难点和重点。

一、会计科目设置

（一）一般纳税人会计科目设置

增值税一般纳税人应当在"应交税费"科目下设置"应交增值税""未交增值税""预交增值税""待抵扣进项税额""待认证进项税额""待转销项税额""增值税留抵税额""简易计税""转让金融商品应交增值税""代扣代交增值税"等明细科目。

1."应交增值税"明细科目

增值税一般纳税人"应交增值税"明细账户采用多栏式账页格式，在该账户内设置"进项税额""销项税额抵减""已交税金""转出未交增值税""减免税款""出口抵减内销产品应纳税额""销项税额""出口退税""进项税额转出""转出多交增值税"等专栏。

上述专栏的设置用T形账户表示，如下所示：

借方	应交税费——应交增值税	贷方
（1）进项税额		（1）销项税额
（2）销项税额抵减		（2）出口退税
（3）已交税金		（3）进项税额转出
（4）减免税款		（4）转出多交增值税
（5）出口抵减内销产品应纳税额		
（6）转出未交增值税		

（1）"进项税额"专栏，记录一般纳税人购进货物、加工修理修配劳务、服务、无形资产或不动产而支付或负担的、准予从当期销项税额中抵扣的增值税额。

（2）"销项税额抵减"专栏，记录一般纳税人按照现行增值税制度规定因扣减销售额而减少的销项税额。

（3）"已交税金"专栏，记录一般纳税人当月已交纳的应交增值税额。

（4）"转出未交增值税"和"转出多交增值税"专栏。分别记录一般纳税人月度终了转出当月应交未交或多交的增值税额。

（5）"减免税款"专栏，记录一般纳税人按现行增值税制度规定准予减免的增值税额。

（6）"出口抵减内销产品应纳税额"专栏。记录实行"免、抵、退"办法的一般纳税人按规定计算的出口货物的进项税抵减内销产品的应纳税额。

（7）"销项税额"专栏，记录一般纳税人销售货物、加工修理修配劳务、服务、无形资产或不动产应收取的增值税额。

(8)"出口退税"专栏,记录一般纳税人出口货物、加工修理修配劳务、服务、无形资产按规定退回的增值税额。

(9)"进项税额转出"专栏,记录一般纳税人购进货物、加工修理修配劳务、服务、无形资产或不动产等发生非正常损失以及其他原因而不应从销项税额中抵扣、按规定转出的进项税额。

2."未交增值税"明细科目

核算一般纳税人月度终了从"应交增值税"或"预交增值税"明细科目转入当月应交未交、多交或预缴的增值税额,以及当月交纳以前期间未交的增值税额。

3."预交增值税"明细科目

核算一般纳税人转让不动产、提供不动产经营租赁服务、提供建筑服务、采用预收款方式销售自行开发的房地产项目等,以及其他按现行增值税制度规定应预缴的增值税额。

4."待抵扣进项税额"明细科目

核算一般纳税人已取得增值税扣税凭证并经税务机关认证,按照现行增值税制度规定准予以后期间从销项税额中抵扣的进项税额。营改增全面试点后一般纳税人2016年5月1日后取得并在会计制度上按固定资产核算的不动产或者2016年5月1日后取得的不动产在建工程,其进项税额应自取得之日起分2年从销项税额中抵扣,第一年抵扣比例为60%,第二年抵扣比例为40%。第二年从销项税额中抵扣的进项税额应计入本科目。

实行纳税辅导期管理的一般纳税人取得的尚未交叉稽核比对的增值税扣税凭证上注明或计算的进项税额也计入本科目。

5."待认证进项税额"明细科目

核算一般纳税人由于未经税务机关认证而不得从当期销项税额中抵扣的进项税额。其内容如下:一般纳税人已取得增值税扣税凭证、按照现行增值税制度规定准予从销项税额中抵扣,但尚未经税务机关认证的进项税额;一般纳税人已申请稽核但尚未取得稽核相符结果的海关缴款书进项税额。

6."待转销项税额"明细科目

核算一般纳税人销售货物、加工修理修配劳务、服务、无形资产或不动产,已确认相关收入(或利得)但尚未发生增值税纳税义务而需于以后期间确认为销项税额的增值税额。

7."简易计税"明细科目

核算一般纳税人采用简易计税方法发生的增值税计提、扣减、预缴、缴纳等业务。

8."转让金融商品应交增值税"明细科目

核算增值税纳税人转让金融商品发生的增值税额。

9."代扣代交增值税"明细科目

核算纳税人购进在境内未设经营机构的境外单位或个人在境内的应税行为代扣代缴的增值税。

● (二)小规模纳税人会计科目设置

小规模纳税人按征收率计算的增值税额就是应纳税额,而不能叫销项税额。按征收率计算的增值税额,不得用来抵扣进项税额。

小规模纳税人只需在"应交税费"科目下设置"应交增值税"明细科目，该明细科目为三栏式账页格式，不需要设置上述专栏及除"转让金融商品应交增值税"和"代扣代交增值税"外的明细科目。

二、账务处理

（一）取得资产或接受劳务等业务的账务处理

1.采购等业务进项税额允许抵扣的账务处理

一般纳税人购进货物、加工修理修配劳务、服务、无形资产或不动产，按应计入相关成本费用或资产的金额，借记"在途物资"或"原材料""库存商品""生产成本""无形资产""固定资产""管理费用"等科目，按当月已认证的可抵扣增值税额，借记"应交税费——应交增值税（进项税额）"科目，按当月未认证的可抵扣增值税额，借记"应交税费——待认证进项税额"科目，按应付或实际支付的金额，贷记"应付账款""应付票据""银行存款"等科目。发生退货的，如原增值税专用发票已做认证，应根据税务机关开具的红字增值税专用发票做相反的会计分录；如原增值税专用发票未做认证，应将发票退回并做相反的会计分录。

【例题2-47·会计核算题】A公司购进原材料一批，取得专用发票注明销售额100万元，增值税额17万元，发票已认证，已通过开户银行付款。原材料已经入库。

【答案】借：原材料　　　　　　　　　　　　　　　　1000000
　　　　　应交税费——应交增值税（进项税额）　　　170000
　　　　贷：银行存款　　　　　　　　　　　　　　　1170000

如上例：甲企业将上述购进的部分原材料办理退货处理，该批存货的不含税价款为20000元的货物。

　　　　借：银行存款　　　　　　　　　　　　　　　23400
　　　　贷：原材料　　　　　　　　　　　　　　　　20000
　　　　　　应交税费——应交增值税（进项税额）　　3400

或做红字凭证

　　　　借：原材料　　　　　　　　　　　　　　　　20000（红字）
　　　　　　应交税费——应交增值税（进项税额）　　3400（红字）
　　　　贷：银行存款　　　　　　　　　　　　　　　23400（红字）

【例题2-48·会计核算题】甲公司为增值税一般纳税人生产企业，增值税税率为17%，2017年1月，购入一台不需要安装即可投入使用的生产设备，取得的增值税专用发票上注明的设备价款为400000元，增值税额为68000元；另支付运费取得的增值税专用发票上注明运费价款为5000元，增值税额为550元；支付包装费4000元，没有取得增值税专用发票。上述款项以银行存款支付，增值税专用发票已认证。问甲公司应做怎样的会计处理。

【答案】（1）计算可抵扣进项税额
　　　　68000 + 550 = 68550（元）

(2) 计算固定资产的成本：
　　　　固定资产买价　　　　400000
　　　加：运输费　　　　　　　5000
　　　　　包装费　　　　　　　4000
　　　　　等于　　　　　　　409000
(3) 编制购入固定资产的会计分录。
　　　借：固定资产　　　　　　　　　　　　　　409000
　　　　　应交税费——应交增值税（进项税额）　68550
　　　　　贷：银行存款　　　　　　　　　　　　　　477550

【例题2-49•会计核算题】乙企业为增值税一般纳税人，2016年8月支付广告费取得的增值税专用发票上注明的价款为60万元，增值税为3.6万元，款项均以银行存款支付，发票尚未认证。问上述业务该做怎样的会计核算。

【答案】借：销售费用　　　　　　　　　　600000
　　　　　应交税费——待认证进项税额　　 36000
　　　　　贷：银行存款　　　　　　　　　　　 636000

2.采购等业务进项税额不得抵扣的账务处理

一般纳税人购进货物、加工修理修配劳务、服务、无形资产或不动产，用于简易计税方法计税项目、免征增值税项目、集体福利或个人消费等，其进项税额按照现行增值税制度规定不得从销项税额中抵扣的，取得增值税专用发票时，应借记相关成本费用或资产科目，借记"应交税费——待认证进项税额"科目，贷记"银行存款""应付账款"等科目，经税务机关认证后，应借记相关成本费用或资产科目，贷记"应交税费——应交增值税（进项税额转出）"科目。

上述业务也可以在购进时直接借记相关成本费用或资产等科目，贷记"银行存款""应付账款"等科目。如果没有取得增值税专用发票等扣税凭证，或者取得的增值税专用发票没有通过认证，会计处理也是直接借记相关成本费用或资产等科目，贷记"银行存款""应付账款"等科目。

【例题2-50•会计核算题】某公司是一家家电生产企业，春节前外购一批粮油作为福利物资发给职工。该公司取得的增值税专用发票上载明价款200000元，增值税款22000元，上述款项已经支付。问该公司应做怎样的会计处理。

【答案】借：应付职工薪酬　　　　　　　222000
　　　　　贷：银行存款　　　　　　　　　　222000

3.购进不动产或不动产在建工程按规定进项税额分年抵扣的账务处理

增值税一般纳税人于2016年5月1日后取得并在会计制度上按固定资产核算的不动产，以及2016年5月1日后发生的不动产在建工程，其进项税额应按照规定分2年从销项税额中抵扣，第一年抵扣比例为60%，第二年抵扣比例为40%。60%的部分于取得扣税凭证的当期从销项税额中抵扣；40%的部分为待抵扣进项税额，于取得扣税凭证的当月起第13个月从销项税额中抵扣。

取得的不动产，包括以直接购买、接受捐赠、接受投资入股以及抵债等各种形式取得的不动产。纳税人新建、改建、扩建、修缮、装饰不动产，属于不动产在建工程。房地产开发企业自行开发的房地产项目，融资租入的不动产，以及在施工现场修建的临时建筑物、构筑物，其进项税额不适用上述分2年抵扣的规定。

取得不动产时应当按取得成本，借记"固定资产""在建工程"等科目，按当期可抵扣的增值税额，借记"应交税费——应交增值税（进项税额）"科目，按以后期间（取得后第13个月时）可抵扣的增值税额，借记"应交税费——待抵扣进项税额"科目，按应付或实际支付的金额，贷记"应付账款""应付票据""银行存款"等科目。尚未抵扣的进项税额待以后期间允许抵扣时，按允许抵扣的金额，借记"应交税费——应交增值税（进项税额）"科目，贷记"应交税费——待抵扣进项税额"科目。

【例题2-51·会计核算题】B公司于2016年7月购入一幢办公楼，取得增值税专用发票注明的价款2000万元，增值税税额为100万元。支付契税80万元，以上款项通过银行转账方式支付。B公司将其作为固定资产核算。问B公司应做怎样的账务处理。

2016年7月购入办公楼时账务处理：

【答案】借：固定资产　　　　　　　　　　　　　　　　2080
　　　　　应交税费——应交增值税（进项税额）　　　　60
　　　　　　　　　　——待抵扣进项税额　　　　　　　40
　　　　　　贷：银行存款　　　　　　　　　　　　　　　　2180

2017年8月应进行账务处理：

　　　　　借：应交税费——应交增值税（进项税额）　　　40
　　　　　　　贷：应交税费——待抵扣进项税额　　　　　　40

纳税人于2016年5月1日后购进货物和设计服务、建筑服务，用于新建不动产，或者用于改建、扩建、修缮、装饰不动产并增加不动产原值超过50%的，其进项税额依照有关规定分2年从销项税额中抵扣。不动产原值，是指取得不动产时的购置原价或作价。上述分2年从销项税额中抵扣的购进货物，是指构成不动产实体的材料和设备，包括建筑装饰材料和给排水、采暖、卫生、通风、照明、通信、煤气、消防、中央空调、电梯、电气、智能化楼宇设备及配套设施。

4.购买方作为扣缴义务人的账务处理

按照现行增值税制度规定，境外单位或个人在境内发生应税行为，在境内未设有经营机构的，以购买方为增值税扣缴义务人。境内一般纳税人购进服务、无形资产或不动产，按应计入相关成本费用或资产的金额，借记"生产成本""无形资产""固定资产""管理费用"等科目，按可抵扣的增值税额，借记"应交税费——进项税额"科目（小规模纳税人应借记相关成本费用或资产科目），按应付或实际支付的金额，贷记"应付账款"等科目，按应代扣代缴的增值税额，贷记"应交税费——代扣代交增值税"科目。实际缴纳代扣代缴增值税时，按代扣代缴的增值税额，借记"应交税费——代扣代交增值税"科目，贷记"银行存款"科目。

【例题2-52·会计核算题】A公司是一家生产企业，为增值税一般纳税人，2017年2月，该公司向法国一家设计企业购买专利技术。支付价款200万元，增值税进项税额12万元，代扣代交企业所得税20万元。问A公司应做怎样的账务处理。

【答案】借：无形资产　　　　　　　　　　　　　　　　200
　　　　　应交税费——应交增值税（进项税额）　　　　12
　　　　　　贷：银行存款　　　　　　　　　　　　　　　　180
　　　　　　　　应交税费——代扣代交增值税　　　　　　12
　　　　　　　　应交税费——代扣代交企业所得税　　　　20

5.小规模纳税人采购业务的账务处理

小规模纳税人购进商品和劳务,即便取得了增值税专用发票或海关进口增值税专用缴款书,也不能确认进项税额,而应将增值税款计入相关资产或成本费用账户。会计处理应为借记相关成本费用或资产科目,借记"应交税费——待认证进项税额"科目,贷记"银行存款""应付账款"等科目。

【例题2-53·会计核算题】B公司是一家设计公司,属于增值税小规模纳税人,2016年8月购买电脑10台,取得的增值税专用发票上注明的价款为60000元,增值税为10200元,款项均以银行存款支付。问B公司的上述业务应做怎样的会计核算。

【答案】借:固定资产　　　　　　　　　　70200
　　　　　贷:银行存款　　　　　　　　　　70200

(二)销售等业务的账务处理

1.销售业务的账务处理

企业销售货物、加工修理修配劳务、服务、无形资产或不动产,应当按应收或已收的金额,借记"应收账款""应收票据""银行存款"等科目,按取得的收入金额,贷记"主营业务收入""其他业务收入""固定资产清理""工程结算"等科目,按现行增值税制度规定计算的销项税额(或采用简易计税方法计算的应纳增值税额),贷记"应交税费——应交增值税(销项税额)"或"应交税费——简易计税"科目(小规模纳税人应贷记"应交税费——应交增值税"科目)。发生销售退回的,应根据按规定开具的红字增值税专用发票做相反的会计分录。

【例题2-54·会计核算题】甲公司是一家生产企业,属于一般纳税人。甲公司销售给乙企业的货物一批,不含税价款200000元,成本160000元,增值税税率是17%。问甲公司应做怎样的会计处理。

【答案】借:银行存款　　　　　　　　　　234000
　　　　　贷:主营业务收入　　　　　　　　200000
　　　　　　　应交税费-应交增值税(销项税额)　　34000
　　　　　借:主营业务成本　　　　　　　　160000
　　　　　贷:库存商品　　　　　　　　　　160000

如果由于质量原因,上述商品被部分退货,退回货物不含税价款50000元,成本40000元。问此时甲公司应做怎样的会计处理。

　　　　　借:银行存款　　　　　　　　　　58500(红字)
　　　　　贷:主营业务收入　　　　　　　　50000(红字)
　　　　　　　应交税费——应交增值税(销项税额)　　8500(红字)
　　　　　借:库存商品　　　　　　　　　　40000
　　　　　贷:主营业务成本　　　　　　　　40000

【例题2-55·会计核算题】某商贸有限公司(增值税一般纳税人)于2017年2月销售一栋旧办公楼(选择按简易计税方法),取得含税销售额1200万元,公司提供了购房发票,未取得评估价格,该办公楼购于2013年1月,当时购买价700万元,缴纳契税21万元(能提供完税凭证)。该房产账面原始价值721万元,累计折旧80万元。问该公司关于应交增值税和转让收入的计算及账务应做怎样的处理。

【答案】应交增值税：（1200－700）/（1＋5%）×5%＝23.81（万元）
　　　　固定资产清理收入：1200－23.81＝1176.19（万元）
　　　　借：银行存款　　　　　　　　　　　　1200
　　　　　　贷：固定资产清理　　　　　　　　　　1176.19
　　　　　　　　应交税费——简易计税　　　　　　　23.81

【例题2－56·会计核算题】2017年3月，某商业小规模纳税人销售货物23000元。问该规模纳税人对增值税计算和账务应做怎样的处理。

【答案】应纳增值税额＝23000÷（1＋3%）×3%＝669.90（元）
　　　　主营业务收入＝23000－669.90＝22330.10（元）
　　　　借：银行存款　　　　　　　　　　　　23000
　　　　　　贷：主营业务收入　　　　　　　　　　22330.10
　　　　　　　　应交税费——应交增值税　　　　　　669.90

按照国家统一的会计制度确认收入或利得的时点早于按照增值税制度确认增值税纳税义务发生时点的，应将相关销项税额计入"应交税费——待转销项税额"科目，待实际发生纳税义务时再转入"应交税费——应交增值税（销项税额）"或"应交税费——简易计税"科目。

按照增值税制度确认增值税纳税义务发生时点早于按照国家统一的会计制度确认收入或利得的时点的，应将应纳增值税额，借记"应收账款"科目，贷记"应交税费——应交增值税（销项税额）"或"应交税费——简易计税"科目，按照国家统一的会计制度确认收入或利得时，应按扣除增值税销项税额后的金额确认收入。

【例题2－57·会计核算题】2017年1月1日，甲商贸有限公司（增值税一般纳税人）将一栋库房（2002年购置）出租给乙公司，收取1～6月房费300000元，选择按简易方法计税，适用征收率5%。问计税和账务应做怎样的处理。

【答案】应交增值税：300000/（1＋5%）×5%＝14285.71（元）
　　　　每月分摊收入：（300000－14285.71）/6＝47619.05（元）
　　　　借：银行存款　　　　　　　　　　　　300000
　　　　　　贷：预收账款　　　　　　　　　　　　285714.29
　　　　　　　　应交税费——简易计税　　　　　　14285.71
　　　　月末分摊收入：
　　　　借：预收账款　　　　　　　　　　　　47619.05
　　　　　　贷：其他业务收入　　　　　　　　　　47619.05

2.视同销售的账务处理

企业发生税法上视同销售的行为，应当按照企业会计准则制度相关规定进行相应的会计处理，并按照现行增值税制度规定计算的销项税额（或采用简易计税方法计算的应纳增值税额），借记"应付职工薪酬""利润分配"等科目，贷记"应交税费——应交增值税（销项税额）"或"应交税费——简易计税"科目（小规模纳税人应计入"应交税费——应交增值税"科目）。

【例题2－58·会计核算题】某公司是一家家电生产企业（增值税一般纳税人），有职工400名，2016年10月，企业以自产的某型号空调（成本5000元，售价7000元）和外购的豆浆机（不含税价格500元），作为春节福利发给每名职工。假定400名职工中的340名为直接参加生产的职工,60名为总部管理人员。

(1) 将自产空调发给职工相关的税收和会计处理

空调的视同销售的售价总额 $= 7000 \times 340 + 7000 \times 60 = 2380000 + 420000$
$= 2800000$(元)

空调的销项税额 $= 7000 \times 340 \times 17\% + 7000 \times 60 \times 17\% = 404600 + 71400$
$= 476000$(元)

借:生产成本　　　　　　　　784600(2380000+404600)
　　管理费用　　　　　　　　491400(420000+71400))
　贷:应付职工薪酬　　　　　3276000

该项业务属于税法视同销售业务,满足会计上收入确认条件,实际发放空调时在会计处理上应确认收入。

借:应付职工薪酬　　　　　　3276000
　贷:主营业务收入　　　　　2800000
　　　应交税费——应交增值税(销项税额)　476000
借:主营业务成本　　　　　　2000000
　贷:库存商品　　　　　　　2000000

(2) 将外购豆浆机发给职工相关的税收和会计处理

豆浆机的进价总额 $= 500 \times 340 + 500 \times 60 = 170000 + 30000 = 200000$(元)

豆浆机的进项税额 $= 500 \times 340 \times 17\% + 500 \times 60 \times 17\% = 28900 + 5100 = 34000$(元)

借:生产成本　　　　　　　　198900(170000+28900)
　　管理费用　　　　　　　　35100(30000+5100)
　贷:应付职工薪酬　　　　　234000

外购商品时如果就已明确是用于集体福利或个人消费、简易方法计税或免税项目等,在购买时就不确认进项税额。如果在购买时是用于增值税应税项目,应确认进项税额;之后改变用途用于上述项目或发生了非正常损失等事项,做进项税额转出处理。本题中将外购豆浆机作为福利物资发给职工属于进项税额不予抵扣的情况,不能确认进项税额,实际发放豆浆机时:

借:应付职工薪酬　　　　　　234000
　贷:银行存款　　　　　　　234000

【例题2-59·会计核算题】某公司是一家家电生产企业(增值税一般纳税人),2017年3月通过民政部门向社会福利院捐赠自产的某型号空调(成本5000元,售价7000元)10台。问该公司的税收和会计应怎样的处理。

【答案】空调的视同销售的售价总额 $= 7000 \times 10 = 70000$(元)

空调的销项税额 $= 70000 \times 17\% = 11900$(元)

该项业务属于税法视同销售业务,不满足会计上收入确认条件,实际支付空调时只确认销项税,不确认会计上的收入。

借:营业外支出　　　　　　　81900
　贷:库存商品　　　　　　　70000
　　　应交税费——应交增值税(销项税额)　11900

(三) 差额征税的账务处理

1. 企业发生相关成本费用允许扣减销售额的账务处理

按现行增值税制度规定企业发生相关成本费用允许扣减销售额的,发生成本费用时,按应付或实际支付的金额,借记"主营业务成本""存货""工程施工"等科目,贷记"应付账款""应付票据""银行存款"等科目。待取得合规增值税扣税凭证且纳税义务发生时,按照允许抵扣的税额,借记"应交税费——应交增值税(销项税额抵减)"或"应交税费——简易计税"科目(小规模纳税人应借记"应交税费——应交增值税"科目),贷记"主营业务成本""存货""工程施工"等科目。(旅游业、房地产业等)

【例题2-60·会计核算题】某旅游公司(一般纳税人)2017年5月组织100人的旅游团去某地旅游,每人收取旅游费1800元,旅游中该公司为每位游客支付相关费用合计1350元,其中住宿费300元,交通费700元,餐饮费200元,门票费150元。税收和会计处理如下。

【答案及解析】
销项税额:$1800 \times 100 \div (1 + 6\%) \times 6\% = 10188.68$(元)
营业收入:$1800 \times 100 - 10188.68 = 169811.32$(元)
销项税额抵减:$1350 \times 100 \div (1 + 6\%) \times 6\% = 7641.51$(元)
销项税额:$(1800 - 300 - 700 - 200 - 150) \times 100 \div (1 + 6\%) \times 6\% = 2547.17$(元)

会计分录如下:

借:银行存款　　　　　　　　　　　　　　　　180000
　　贷:主营业务收入　　　　　　　　　　　　　169811.32
　　　　应交税费——应交增值税(销项税额)　　10188.68
借:主营业务成本　　　　　　　　　　　　　　135000
　　贷:银行存款　　　　　　　　　　　　　　　135000
借:应交税费——应交增值税(销项税额抵减)　7641.51
　　贷:主营业务成本　　　　　　　　　　　　　7641.51

2. 金融商品转让按规定以盈亏相抵后的余额作为销售额的账务处理

金融商品实际转让月末,如产生转让收益,则按应纳税额借记"投资收益"等科目,贷记"应交税费——转让金融商品应交增值税"科目;如产生转让损失,则按可结转下月抵扣税额,借记"应交税费——转让金融商品应交增值税"科目,贷记"投资收益"等科目。交纳增值税时,应借记"应交税费——转让金融商品应交增值税"科目,贷记"银行存款"科目。年末,本科目如有借方余额,则借记"投资收益"等科目,贷记"应交税费——转让金融商品应交增值税"科目。

【例题2-61·会计核算题】某公司(一般纳税人)2017年3月出售其持有的甲股票,获得净收益85000元;转让乙公司股票发生净损失40000元。请作出月末税收和会计处理:

【答案】应交增值税:$(85000 - 40000) \div (1 + 6\%) \times 6\% = 2547.17$(元)

借:投资收益　　　　　　　　　　　　　　　　2547.17
　　贷:应交税费——转让金融商品应交增值税　　2547.17

（四）出口退税的账务处理

为核算纳税人出口货物应收取的出口退税款，设置"应收出口退税款"科目，该科目借方反映销售出口货物按规定向税务机关申报应退回的增值税、消费税等，贷方反映实际收到的出口货物应退回的增值税、消费税等。期末借方余额，反映尚未收到的应退税额。

1.未实行"免、抵、退"办法的一般纳税人

未实行"免、抵、退"办法的一般纳税人出口货物按规定退税的，按规定计算的应收出口退税额，借记"应收出口退税款"科目，贷记"应交税费——应交增值税（出口退税）"科目，收到出口退税时，借记"银行存款"科目，贷记"应收出口退税款"科目；退税额低于购进时取得的增值税专用发票上的增值税额的差额，借记"主营业务成本"科目，贷记"应交税费——应交增值税（进项税额转出）"科目。

【例题2-62·会计核算题】 某外贸公司2016年11月以人民币1200000元价格出口一批圣诞树。该批商品国内采购时取得增值税专用发票一张，注明的不含增值税价款800000元，增值税款136000元；已知该类商品退税率为13%。该企业税收和会计处理如下。

【答案】该批商品出口应退税额：800000×13%＝104000（元）

退税额与采购发票上增值税额的差额：136000－104000＝32000（元）

借：应收出口退税款　　　　　　　　　　　　　　　　104000
　　贷：应交税费——应交增值税（出口退税）　　　　　　104000
借：主营业务成本　　　　　　　　　　　　　　　　　32000
　　贷：应交税费——应交增值税（进项税额转出）　　　　32000

2.实行"免、抵、退"办法的一般纳税人

实行"免、抵、退"办法的一般纳税人出口货物在货物出口销售后结转产品销售成本时，按规定计算的退税额低于购进时取得的增值税专用发票上的增值税额的差额，借记"主营业务成本"科目，贷记"应交税费——应交增值税（进项税额转出）"科目。按规定计算的当期出口货物的进项税抵减内销产品的应纳税额，借记"应交税费——应交增值税（出口抵减内销产品应纳税额）"科目，贷记"应交税费——应交增值税（出口退税）"科目。在规定期限内，内销产品的应纳税额不足以抵减出口货物的进项税额，不足部分按有关税法规定给予退税的，应在实际收到退税款时，借记"银行存款"或"应收出口退税款"科目，贷记"应交税费——应交增值税（出口退税）"科目。

【例题2-63·会计核算题】 上文例2-37中某自营出口的生产企业为增值税一般纳税人，2017年3月的有关经营业务如下。

（1）购进原材料一批，取得的增值税专用发票注明的价款200万元，外购货物准予抵扣的进项税额34万元通过认证。

（2）内销货物不含税销售额100万元，收款117万元存入银行。

（3）出口货物的销售额折合人民币200万元，款项已收到。

已知2月末留抵税款3万元；出口货物的征税率为17%，退税率为13%。该企业3月份应"免、抵、退"税额是多少？如何进行会计核算？（单位：万元）

税务处理：

(1) 3月份不得免征和抵扣税额=200×（17%－13%）=8（万元）
(2) 3月份应纳税额=100×17%－（34－8）－3=17－26－3=－12（万元）
(3) 出口货物免抵退税额（最高退税额即退税限额）=200×13%=26（万元）
(4) 按规定，如当期期末留抵税额≤当期免抵退税额时：
　　当期应退税额＝当期期末留抵税额
　　即该企业3月份应退税额=12（万元）
(5) 当期免抵税额=当期免抵退税额－当期应退税额
　　3月份免抵税额=26－12=14（万元）

会计核算：
(1) 采购原材料时。
　　借：原材料　　　　　　　　　　　　　　　　　　200
　　　　应交税费——应交增值税（进项税额）　　　　34
　　　　贷：银行存款　　　　　　　　　　　　　　　　　234
(2) 销售货物（内销）。
　　借：银行存款　　　　　　　　　　　　　　　　　117
　　　　贷：主营业务收入——内销　　　　　　　　　　100
　　　　　　应交税费——应交增值税（销项税额）　　　17
(3) 销售货物（外销）。
　　借：银行存款（外汇存款）　　　　　　　　　　　200
　　　　贷：主营业务收入——外销　　　　　　　　　　200
(4) 将不得抵扣进项税额转出。
　　借：主营业务成本——一般贸易出口　　　　　　　8
　　　　贷：应交税费——应交增值税（进项税额转出）　8
(5) 确认应收出口退税额。
　　借：应收出口退税款　　　　　　　　　　　　　　　　　　　12
　　　　应交税费——应交增值税（出口抵减内销产品应纳增值税）14
　　　　贷：应交税费——应交增值税（出口退税）　　　　　　　　　26
(6) 收到出口退税款。
　　借：银行存款　　　　　　　　　　　　　　　　　12
　　　　贷：应收出口退税款　　　　　　　　　　　　　　12

● **（五）进项税额抵扣情况发生改变的账务处理**

因发生非正常损失或改变用途等，原已计入进项税额、待抵扣进项税额或待认证进项税额，但按现行增值税制度规定不得从销项税额中抵扣的，借记"待处理财产损溢""应付职工薪酬""固定资产""无形资产"等科目，贷记"应交税费——应交增值税（进项税额转出）""应交税费——待抵扣进项税额"或"应交税费——待认证进项税额"科目；原不得抵扣且未抵扣进项税额的固定资产、无形资产等，因改变用途等用于允许抵扣进项税额的应税项目的，应按允许抵扣的进项税额，借记"应交税费——应交增值税（进项税额）"科目，贷记"固定资产""无形资产"等科目。固定资产、无形资产等经上述调整后，应按调整后的账面价值在剩余尚可使用寿命内计提折旧或摊销。

【例题2-64·会计核算题】甲公司是一家生产企业（增值税一般纳税人），2016年12月由于管理不善，一批产品发霉腐烂，已知该批产品的生产成本为90000元，其中耗用外购原材料的成本为40000元，外购原材料适用增值税率为17%。该公司的税收和会计处理如下：

不予抵扣的进项税额：40000×17%=6800（元）

  借：待处理财产损溢   96800
    贷：库存商品   90000
      应交税费——应交增值税（进项税转出） 6800

【例题2-65·会计核算题】2017年1月，某增值税一般纳税人为其办公楼进行改扩建。该办公楼原值1000万元，已提折旧300万元。改扩建过程中将一批生产用原材料用于改扩建工程，该批原材料的成本为600万元，增值税税额为102万元，企业已经认证其进项税额。本次改扩建工程支付设计费用，取得增值税专用发票注明价款30万元，增值税税额1.8万元。支付施工单位建筑服务费用，取得增值税专用发票注明价款200万元，增值税税额22万元。以上款项均已支付。该办公楼于2017年6月达到预定可使用状态，交付使用。该纳税人的账务处理如下：

(1) 2017年1月开始改扩建。

  借：在建工程   700
    累计折旧   300
    贷：固定资产   1000

(2) 将生产用原材料用于改扩建工程。

  借：在建工程   600
    贷：原材料   600
  借：应交税费——待抵扣进项税额 40.8（102×40%）
    贷：应交税费——应交增值税（进项税额转出） 40.8

这批原材料相关进项税额已经抵扣，现在改变用途用于在建工程，将其40%的进项税做转出处理，计入"待抵扣进项税额"明细科目，待从当月起计算第13个月时进行抵扣。

(3) 支付设计费用。

  借：在建工程   30
    应交税费——应交增值税（进项税额） 1.08（1.8×60%）
    应交税费——待抵扣进项税额 0.72（1.8×40%）
    贷：银行存款   31.8

(4) 支付建筑费用。

  借：在建工程   200
    应交税费——应交增值税（进项税额） 13.2（22×60%）
    应交税费——待抵扣进项税额 8.8（22×40%）
    贷：银行存款   222

(5) 2017年6月工程完工。

  借：固定资产   1530（700+600+30+200）
    贷：在建工程   1530

按照规定不得抵扣进项税额的不动产,发生用途改变,用于允许抵扣进项税额项目的,按照下列公式在改变用途的次月计算可抵扣进项税额。

$$可抵扣进项税额 = 增值税扣税凭证注明或计算的进项税额 \times 不动产净值率$$

$$不动产净值率 = (不动产净值 \div 不动产原值) \times 100\%$$

这里所说的可抵扣进项税额,应取得2016年5月1日后开具的合法有效的增值税扣税凭证。

按照上述规定计算的可抵扣进项税额,60%的部分于改变用途的次月从销项税额中抵扣,40%的部分为待抵扣进项税额,于改变用途的次月起第13个月从销项税额中抵扣。

【例题2-66·会计核算题】2016年6月8日,甲公司购入一栋办公楼用于技术开发,取得收入均为免税收入。甲公司预计该办公楼可以使用30年,预计净残值为0万元,采用直线法计提折旧。该办公楼的入账成本为3330万元(甲公司取得发票如下:增值税专用发票一份已认证相符,金额为2000万元,税额为220万元;一份尚未认证,金额700万元,税额77万元,一份增值税普通发票,金额220万元,税额24.2万元;另外支付契税等税费88.8万元)。因为用于免税项目,该办公楼当期进项税额不得抵扣。2019年6月,甲公司将该办公楼改变用途,符合税法规定抵扣条件。甲公司税收和会计处理如下:

(1) 取得该不动产时。

  借:固定资产   3330
    贷:银行存款   3330

(2) 2019年6月,甲公司将该办公楼改变用途,符合税法规定抵扣条件,则按不动产净值计算可以抵扣的进项税额后分期抵扣。

①不动产净值率 = (不动产净值÷不动产原值) × 100%
      = [(3330 - 3330÷30×3) ÷ 3330] × 100% = 90%

②计算甲公司可以抵扣的进项税额。

甲公司购入办公楼取得发票三份,其中两份为专用发票,但其中一份专用发票在用途改变前仍未认证相符,属于不得抵扣的增值税扣税凭证。因此,该办公楼可以抵扣的进项税额为220万元。

可抵扣进项税额 = 220 × 90% = 198(万元)

③可抵扣进项税额处理。

198万元进项税额中60%于改变用途的次月抵扣,剩余40%于改变用途的次月起第13个月抵扣。

198 × 60% = 118.8(万元)

甲公司应于2019年8月申报7月增值税时从销项税额中抵扣。

  借:应交税费——应交增值税(进项税额) 118.8
    应交税费——待抵扣进项税额   79.2
    贷:固定资产   198

2020年8月申报7月增值税时,尚未抵扣的79.2万元从当期销项税额中抵扣。

  借:应交税费——应交增值税(进项税额) 79.2
    贷:应交税费——待抵扣进项税额   79.2

（六）月末转出多交增值税和未交增值税的账务处理

月度终了，企业应当将当月应交未交或多交的增值税自"应交增值税"明细科目转入"未交增值税"明细科目。对于当月应交未交的增值税，借记"应交税费——应交增值税（转出未交增值税）"科目，贷记"应交税费——未交增值税"科目；对于当月多交的增值税，借记"应交税费——未交增值税"科目，贷记"应交税费——应交增值税（转出多交增值税）"科目。

【例题2-67·会计核算题】 A公司5月"应交税费—应交增值税"账户各专栏发生额如下：

借方	应交税费—应交增值税	贷方
进项税额 34000		销项税额 85000
销项税额抵减		出口退税
已交税金		进项税额转出
减免税款		转出多交增值税
出口抵减内销产品应纳税额		
转出未交增值税		

5月末该账户贷方余额51000元，将其转入"应交税费—未交增值税"账户，会计分录如下：

借：应交税费—应交增值税（转出未交增值税） 51000
    贷：应交税费—未交增值税 51000

6月初交纳5月份应交未交税款时
借：应交税费—未交增值税 51000
    贷：银行存款 51000

【例题2-68·会计核算题】 B公司8月"应交税费—应交增值税"账户各专栏发生额如下：

借方	应交税费—应交增值税	贷方
进项税额 34000		销项税额 102000
销项税额抵减		出口退税
已交税金 100000		进项税额转出
减免税款		转出多交增值税
出口抵减内销产品应纳税额		
转出未交增值税		

8月末该账户借方余额32000元，将其转入"应交税费—未交增值税"账户，会计分录如下：

借：应交税费—未交增值税 32000
    贷：应交税费—应交增值税（转出多交增值税） 32000

（七）交纳增值税的账务处理

1.交纳当月应交增值税的账务处理

企业交纳当月应交的增值税，借记"应交税费——应交增值税（已交税金）"，小规模纳税人应借记"应交税费——应交增值税"科目，贷记"银行存款"科目。

【例题2-69·会计核算题】 C公司10月份销项税额510000元，进项税额85000元，应税务机关要求缴纳当月增值税350000元。

借：应交税费——应交增值税（已交税金）　　350000
　　贷：银行存款　　　　　　　　　　　　　　　　350000

2.交纳以前期间未交增值税的账务处理

企业交纳以前期间未交的增值税，借记"应交税费——未交增值税"科目，贷记"银行存款"科目。

3.预缴增值税的账务处理

企业预缴增值税时，借记"应交税费——预交增值税"科目，贷记"银行存款"科目。月末，企业应将"预交增值税"明细科目余额转入"未交增值税"明细科目，借记"应交税费——未交增值税"科目，贷记"应交税费——预交增值税"科目。房地产开发企业等在预缴增值税后，应直至纳税义务发生时方可从"应交税费——预交增值税"科目结转至"应交税费——未交增值税"科目。

一般纳税人销售其2016年4月30日前取得（不含自建）的不动产，可以选择适用简易计税方法，以取得的全部价款和价外费用减去该项不动产购置原价或者取得不动产时的作价后的余额为销售额，按照5%的征收率计算应纳税额。纳税人应按照上述计税方法在不动产所在地预缴税款后，向机构所在地主管税务机关进行纳税申报。

一般纳税人销售其2016年4月30日前自建的不动产，可以选择适用简易计税方法，以取得的全部价款和价外费用为销售额，按照5%的征收率计算应纳税额。纳税人应按照上述计税方法在不动产所在地预缴税款后，向机构所在地主管税务机关进行纳税申报。

一般纳税人销售其2016年5月1日后取得（不含自建）的不动产，应适用一般计税方法，以取得的全部价款和价外费用为销售额计算应纳税额。纳税人应以取得的全部价款和价外费用减去该项不动产购置原价或者取得不动产时的作价后的余额，按照5%的预征率在不动产所在地预缴税款后，向机构所在地主管税务机关进行纳税申报。

一般纳税人销售其2016年5月1日后自建的不动产，应适用一般计税方法，以取得的全部价款和价外费用为销售额计算应纳税额。纳税人应以取得的全部价款和价外费用，按照5%的预征率在不动产所在地预缴税款后，向机构所在地主管税务机关进行纳税申报。

小规模纳税人销售其取得（不含自建）的不动产（不含个体工商户销售购买的住房和其他个人销售不动产），应以取得的全部价款和价外费用减去该项不动产购置原价或者取得不动产时的作价后的余额为销售额，按照5%的征收率计算应纳税额。纳税人应按照上述计税方法在不动产所在地预缴税款后，向机构所在地主管税务机关进行纳税申报。

小规模纳税人销售其自建的不动产，应以取得的全部价款和价外费用为销售额，按照5%的征收率计算应纳税额。纳税人应按照上述计税方法在不动产所在地预缴税款后，向机构所在地主管税务机关进行纳税申报。

房地产开发企业采取预收款方式销售所开发的房地产项目，在收到预收款时按照3%的预征率预缴增值税。

【例题2－70·会计核算题】 某机械有限公司（增值税一般纳税人）于2020年12月转让一栋厂房，取得销售额2220万元。该厂房于2017年12月购置，当时取得增值税专用发票，价款1600万元，增值税款176万元。该公司会计和税务处理如下：

(1) 在不动产所在地预缴税款：(2220－1600)/(1＋5%)×5%＝29.62（万元）

  借：应交税费—预交增值税   29.62
    贷：银行存款   29.62

月末将预缴税款结转至"应交税费——未交增值税"

  借：应交税费—未交增值税   29.62
    贷：应交税费—预交增值税   29.62

(2) 转让该厂房计税和会计核算。

  销项税额2220/(1＋11%)×11%＝220（万元）
  转让收入2220－220＝2000（万元）

    借：银行存款   2220
      贷：固定资产清理   2000
        应交税费——应交增值税（销项税额） 220

(3) 月末结转，下月初交税。

假设甲公司当期进项税额30万元，其他销项税额70万元，则向其机构所在地主管税务机关报税时，

应纳增值税：220＋70－30＝260（万元）

月末结转：

  借：应交税费——应交增值税（转出未交增值税） 260
    贷：应交税费——未交增值税   260

下月初实际缴税时凭预缴完税凭证：

  借：应交税费——未交增值税   230.38（260－29.62）
    贷：银行存款   230.38

4.减免增值税的账务处理

对于当期直接减免的增值税，借记"应交税金——应交增值税（减免税款）"科目，贷记损益类相关科目。

【例题2－71·会计核算题】 某国有粮食购销企业（一般纳税人）按税法规定销售粮食免税，但可以开具增值税专用发票。本月销售粮食售价100000元，账务处理如下。

确认销售收入和销项税额：

  借：银行存款   111000
    贷：主营业务收入   100000
      应交税费——应交增值税（销项税额） 11000（100000×11%）

核算减免税额：

  借：应交税费——应交增值税（减免税款） 11000
    贷：营业外收入   11000

●（九）增值税税控系统专用设备和技术维护费用抵减增值税额的账务处理

按现行增值税制度规定，企业初次购买增值税税控系统专用设备支付的费用以及缴纳的技术维护费允许在增值税应纳税额中全额抵减的，按规定抵减的增值税应纳税额，借记"应交税费——应交增值税（减免税款）"科目（小规模纳税人应借记"应交

税费——应交增值税"科目），贷记"管理费用"等科目。

纳税人初次购买税控系统专用设备支付的费用允许在增值税应纳税额中全额抵减，抵减额为价税合计额，即用价税合计数抵减增值税应纳税额，不足抵减的可结转下期继续抵减。非初次购买税控系统专用设备支付的费用由其自行负担，不得在增值税应纳税额中抵减。即只能凭专用发票抵税但不能抵价。

纳税人支付的技术维护费，可凭技术维护服务单位开具的技术维护费发票，在增值税应纳税额中全额抵减，不足抵减的可结转下期继续抵减，即用价税合计数抵减增值税应纳税额。

增值税一般纳税人支付的上述两项费用在增值税应纳税额中全额抵减的，其增值税专用发票不作为增值税抵扣凭证，其进项税额不得从销项税额中抵扣，即价税合计抵税后，该发票不能再次抵扣进项税额。

增值税防伪税控系统专用设备包括金税卡、IC卡、读卡器或金税盘、报税盘，但不包括税控收款机，也不包括电脑、打印机等通用设备。

【例题2-72·会计核算题】某企业为增值税一般纳税人，2017年5月采购原材料，取得的增值税专用发票注明货款200000元，增值税34000元，当月初次购买增值税防伪税控系统专用设备，取得的增值税专用发票注明价款3000元，增值税510元，当月该企业不含增值税销售额300000元。该企业会计和税务处理如下。

该企业当月应纳增值税 = 300000 × 17% - 34000 - （3000 + 510） = 13490（元）

购买税控系统专用设备时：

借：管理费用　　　　　　　　　　　　　　　　3510
　　贷：银行存款　　　　　　　　　　　　　　　3510

确认抵税：

借：应交税费——应交增值税（减免税款）　　　3510
　　贷：管理费用　　　　　　　　　　　　　　　3510

（十）关于小微企业免征增值税的会计处理规定

小微企业在取得销售收入时，应当按照税法的规定计算应交增值税，并确认为应交税费，在符合增值税制度规定的免征增值税条件时，将有关应交增值税转入当期损益。

【例题2-73·会计核算题】某设计公司为增值税小规模纳税人，2017年2月份取得设计收入28840元；当月外购电脑一台，取得增值税专用发票，价款5000元，增值税款850元。该公司当月支付人员工资7460元，会计和税务处理如下。

应交增值税：28840 ÷ （1 + 3%） × 3% = 840（元）

题中的销售收入是含税的，小规模纳税人不得抵扣进项税，所以此题应缴纳的增值税税额是960元。税法规定：对增值税小规模纳税人中月销售额未达到2万元的企业或非企业性单位，免征增值税。2017年12月31日前，对月销售额2万元（含本数）至3万元的增值税小规模纳税人，免征增值税，则该企业会计处理如下。

借：银行存款　　　　　　　　　　　　　　　28840
　　贷：主营业务收入　　　　　　　　　　　　28000
　　　　应交税费——应交增值税　　　　　　　　840

确认减免税额：

借：应交税费——应交增值税　　　　　　　　　840
　　贷：营业外收入　　　　　　　　　　　　　　840

第十节 增值税税务筹划

一、增值税兼营行为的筹划

全面营改增后,作为增值税一般纳税人,适用的增值税税率有17%、11%、6%和0共4档税率,以及特定情况下适用征收率5%或3%。营改增相关文件规定,纳税人兼营销售货物、加工修理修配劳务、服务、无形资产或者不动产适用不同税率或者征收率的,应当分别核算适用不同税率或征收率的销售额,未分别核算销售额的,从高适用税率。

原来缴纳营业税的业务,营改增后除了出租动产适用17%的增值税税率外,其他业务适用税率(11%、6%)都明显低于销售货物适用的17%税率,因此,企业经营中,一定将应税服务项目与销售货物分别签订合同,分别开具发票,分别进行收入核算,此时,才能分别适用税率。

有些情况下,兼营不同税率业务的企业,应去工商管理部门变更经营范围,明确主营业务和兼营业务。如建筑施工单位将自制建筑材料用到承包的建筑工程,首先,应在经营范围上明确主营工程施工,兼营建材生产销售,或者主营建材生产销售,兼营工程施工;其次,分别签订销售建材合同和工程承包合同;再次,分别开具发票,分别核算主营和兼营收入,最后,分别适用17%和11%的税率纳税。否则,属于混合经营行为,有可能一并按照17%的税率征收增值税。

对于销售货物又兼营运输的企业,首先应明确主营和兼营的范围,然后分别签订销售货物合同和运输合同,再次分别开具发票,分别核算主营和兼营收入,最后才能分别适用17%和11%的税率纳税。

【例题2-74·综合分析题】某工艺品有限公司为小规模纳税人,主要生产旅游纪念品,适用征收率为3%。该企业为了扩大销路,与一家知名度较高的超市协商,委托其代销。在商谈中发现如下问题:该超市为增值税一般纳税人,销售工艺品适用税率17%。该公司为小规模纳税人,只能请税务机关开具3%征收率的专用发票,经过咨询,有专家提出,该公司从超市租赁柜台经营,可降低税负。现具体分析如下。

方案一:超市与该公司签订代销合同

该公司以25元/件的含税价委托超市代销,超市再以40元/件的含税价对外销售,赚取差价15元/件。预计每年销售10000件工艺品,则

该公司应纳增值税:$10000 \times 25 \div 1.03 \times 3\% = 7281.55$(元)

该公司应纳城建税及教育费附加(教育费附加征收率3%,地方教育费附加征收率2%):$7281.55 \times (7\% + 3\% + 2\%) = 873.78$(元)

该公司总税负:$7281.55 + 873.78 = 8155.33$(元)

暂不考虑该公司其他成本费用的情况下该公司毛收益:

$10000 \times 25 \div 1.03 - 873.78 = 241844.67$(元)

超市应纳增值税:$10000 \times 40 \div 1.17 \times 17\% - 7281.55 = 50838.11$(元)

超市应纳城建税及教育费附加 $= 50838.11 \times (7\% + 3\% + 2\%) = 6100.57$(元)

超市总税负:$50838.11 + 6100.57 = 56938.68$(元)

暂不考虑超市其他成本费用的情况下超市毛收益：
10000×40÷1.17－10000×25－6100.57＝98460.18（元）

方案二：超市与该公司签订租赁合同。

该公司直接在超市销售工艺品，按价差15元/件付柜台租赁费。此时超市按出租不动产缴纳增值税，适用税率11%。若该门店在营改增前购置，出租营改增前取得的不动产可以选择简易计税方法，适用5%的征收率。

该公司应纳增值税：10000×40÷1.03×3%＝11650.49（元）

该公司应纳城建税及教育费附加：11650.49×（7%＋3%＋2%）＝1398.06（元）

该公司总税负：11650.49＋1398.06＝13048.55（元）

暂不考虑该公司其他成本费用的情况下该公司毛收益＝不含税收入－租金－城建及附加＝10000×40÷1.03－150000－1398.06＝236951.46（元）

超市为一般纳税人，柜台租赁费按不动产租赁收入征收11%增值税时：

超市应纳增值税：150×1000÷1.11×11%＝14864.86（元）

超市应纳城建税及教育费附加：14864.86×（7%＋3%＋2%）＝1783.78（元）

超市总税负：14864.86＋1783.78＝16648.64（元）

暂不考虑超市其他成本的情况下超市毛收益：
150000÷1.11－1783.78＝133351.35（元）

方案三：超市对出租柜台按简易方法计税

超市为一般纳税人，柜台出租按出租2016年4月30日以前取得的不动产，选择简易方法计税，征收率5%时：

该公司纳税情况相对于方案二没有变化

超市应纳增值税：150×1000÷1.05×5%＝7142.86（元）

超市应纳城建税及教育费附加：7142.86×（7%＋3%＋2%）＝857.14（元）

超市总税负：7142.86＋857.14＝8000（元）

暂不考虑超市其他成本的情况下超市毛收益：
150000÷1.05－857.14＝142000（元）

比较三种方案，分析如下。

方案二该公司毛收益236951.46元，比方案一中公司毛收益241844.67元少4893.21元；方案一中超市毛收益98460.18元，方案二、三中超市毛收益分别比方案一多出34891.17元、43539.82元，显然，选择方案二和三超市可以多获利，尤其当选择方案三出租柜台采用简易方法计税，适用5%的征收率的情况下，超市获利更多。此时，超市可采取相应措施，补贴该公司减少的收益。

二、增值税计税依据的筹划

我国现行增值税采用间接计税法，增值税计税依据的税务筹划应从销项税额的税务筹划和进项税额的税务筹划两方面来考虑。

●（一）销项税额的税务筹划

销项税额的税务筹划，应考虑销售方式的税务筹划和结算方式的税务筹划。企业在采用各种销售方式时,应考虑不同销售方式下企业的税收利益。

【例题2-75•综合分析题】靓颖时装公司商品销售的平均利润为30%,该公司准备在中秋节前开展一次促销活动。现有三个促销方案:

方案一:让利20%销售,即8折销售;

方案二:赠送20%的购物券;

方案三:返还20%的现金。

分析三种方案下企业的税收利益,从中体会税收策划的意义。

【答案及解析】现以销售含税价100000元的商品为基数,具体计算、分析如下。

方案一:让利20%销售,即8折销售。

打折销售这种营销方式,可以将折扣额和销售额开在同一张发票上。依据税法规定,折扣额和销售额开在同一张发票上的,可以按折扣后的净额计算增值税。让利20%销售,就是将计划含税价为100000元的商品以80000元销售出去。假设购进成本为含税价70000元,企业的纳税情况及税后利润情况如下:

应纳增值税 = 80000÷1.17×17% − 70000÷1.17×17% = 1453(元)

城建税及教育费附加 = 1453×(7%+3%)= 145.3(元)

会计利润 = 80000÷1.17 − 70000÷1.17 − 145.3 = 8547 − 145.3 = 8401.7(元)

所得税 = 8401.7×25% = 2100.43(元)

税后利润 = 8401.7 − 2100.43 = 6301.27(元)

假设企业采用现购和现销的方式,则

净现金流量 = 80000 − 70000 − 1453 − 145.3 − 2100.43 = 6301.27(元)

方案二:赠送20%的购物券。

赠送购物券这种营销方式,就是当消费者购买价值满100000元的商品,就赠送20000元的购物券。税法规定:企业以买一赠一等方式组合销售本企业商品的,不属于捐赠,应将总的销售金额按各项商品的公允价值的比例来分摊确认各项的销售收入。按这个规定,企业在销售商品或劳务的同时奖励客户购物券的,也不属于捐赠,应当将销售金额在销售商品或劳务产生的收入与购物券之间进行分配,企业的纳税情况及税后利润情况如下。

公司销售100000元商品应纳增值税:100000÷1.17×17% − 70000+1.17×17% − 14000÷1.17×17% = 2324 = 79(元)

城建税及教育费附加:2324.79×(7%+3%)= 232.48(元)

会计利润:100000÷1.17 − 70000÷1.17 − 14000÷1.17 − 232.48 = 13442.73(元)

应缴所得税:13442.73×25% = 3360.68(元)

税后利润:13442.73 − 3360.68 = 10082.05(元)

消费者在购买商品时获得购物券,应将购买商品的成本在原购买商品和使用购物券购买商品之间按公允价值比例进行分配,不属于偶然所得,不应缴纳个人所得税。

假设企业采用现金购货和先进销货的方式,则净现金流量为

100000 − 70000 − 14000 − 2324.79 − 232.48 − 3360.68 = 10082.05(元)

方案三:返还20%的现金。

"销售商品,返还现金"这种营销方式中,消费者获得的返还现金应冲减其购买商品或劳务的成本,不属于偶然所得,不需要缴纳个人所得税;销售方不应代扣代交个人

所得税。企业的纳税情况及税后利润情况如下。

应纳增值税：$100000 \div 1.17 \times 17\% - 70000 + 1.17 \times 17\% = 4358.97$（元）

城建税及教育费附加：$4358.97 \times (7\% + 3\%) = 435.90$（元）

会计利润：$100000 \div 1.17 - 70000 \div 1.17 - 20000 - 435.90 = 5205.13$（元）

所得税：$5205.13 \times 25\% = 1301.28$（元）

税后利润：$5205.13 - 1301.28 = 3903.85$（元）

假设企业采用现金购货和现金销货的方式，则净现金流量为

$100000 - 70000 - 20000 - 4358.97 - 435.90 - 1301.28 = 3903.85$（元）

通过比较可以看出：方案一是打折销售，直接减少了含税销售收入20000元，而方案二是增加了成本14000元，方案三则是增加销售费用20000元，是将自己的利润赠送出去，不是明智的促销行为。相比较而言方案二的税后利润和现金流量都是最大的，是一个最优方案。

（二）进项税额的税务筹划

增值税实行的是凭票抵扣制度，站在一般纳税人的角度，只有取得合法的、可用于抵扣的票据，才能最大限度地减少应纳税额。故进项税额的税务筹划主要是供货方的选择和固定资产购进时间的筹划。

1.供货方选择的税务筹划

一般纳税人从一般纳税人处购进货物，供货方可以开具增值税专用发票，购货方可以抵扣税款。一般纳税人从小规模纳税人处购进货物，如果购进的是农产品，小规模纳税人委托税务所代开增值税专用发票（税率为3%），以增值税专用发票上注明的金额和11%的扣除率计算进项税额；如果购进的是一般货物，小规模纳税人委托税务所代开增值税专用发票（税率为3%），可以按专用发票上列明的税额进行抵扣，否则，销货方小规模纳税人自己开具的普通发票，不能作为一般纳税人抵扣增值税款的凭据，因此，企业进货时，必须考虑进货发票抵扣税款的不同情况，谨慎选择供货方。

增值税一般纳税人从小规模纳税人处购进的货物不能进行税款抵扣，或只能抵扣3%；为了弥补这个损失，必然要求小规模纳税人在价格上给予相应的优惠。

2.固定资产购进时间的税务筹划

2009年1月1日以后，购入设备的进项税额允许抵扣，2016年5月1日后取得并在会计制度上按固定资产核算的不动产或者2016年5月1日后取得的不动产在建工程，其进项税额应自取得之日起分2年从销项税额中抵扣，第一年抵扣比例为60%，第二年抵扣比例为40%。通过合理取得购进固定资产的时间，以及控制取得固定资产专用发票认证时间，统筹考虑取得的时机，企业在增值税税额较多的月份抵扣固定资产进项税额，可以减少当月缴纳的增值税及附加，减轻企业税负。

取得固定资产的进项税额允许抵扣，不仅减轻了企业的增值税税负，而且，因进项税额抵扣也减少了其原值，进而，固定资产使用期内少提取了折旧费，导致利润上升，所得税负增加。另外，有些企业还可能享受其他增值税和企业所得税优惠政策，因此，企业需要统筹考虑各项税收政策对企业的税负影响，把税收安排与财务管理两者结合起来通盘考虑，并根据企业自身的生产经营及长远发展的需要，在税收政策允许范围内进行固定资产投资决策。

三、增值税减免税的筹划

为了用税收政策促进经济发展,在增值税法规和各种补充规定中有一些减免税优惠政策。由于增值税免税规定的存在,纳税人可以利用法定的免税规定,达到节税的目的。

企业税务筹划中常用的是农业生产者销售自产农业产品免税等税收优惠政策。

农业生产者销售自产农业产品,不仅免缴增值税,而且,企业所得税也享受免缴或减半的优惠,但享受优惠政策的企业必须是单一从事农业生产的企业,如果企业既有农业生产,又有农产品加工,则不得享受税收优惠政策。

【例题2-76·综合分析题】某市牛奶公司饲养奶牛,生产牛奶及其他奶制品,将产出的新鲜牛奶进行加工制成奶制品,再将奶制品销售给各大商业公司,或直接通过销售网络转销给居民。奶制品的增值税税率适用11%。该公司进项税额主要包括两部分:一是向农民个人收购的草料部分,可以抵扣11%的进项税额;二是公司水费、电费和修理用配件等,按规定可以抵扣进项税额。与销项税额相比,这两部分进项税额数额较小,致使公司的增值税税负较高。

为了取得更高的利润,公司除了加强企业管理外,还必须努力把税负降下来。从公司的客观情况来看,税负高的原因在于公司的进项税额太低,因此,公司进行税务筹划的关键在于如何增加进项税额。围绕进项税额,公司采取了以下筹划方案。

公司将整个生产流程分成饲养场和牛奶制品生产公司两部分,均实行独立核算。分开后,饲养场属于农产品生产单位,按规定可以免征增值税,奶制品加工公司从饲养场购入的牛奶可以抵扣11%的进项税额。

练习题

一、单项选择题

1.甲企业为增值税小规模纳税人,2016年5月销售自己使用过的包装物,并开具普通发票,取得含税收入22000元;销售旧货,取得含税收入26000元;购进生产用原材料,取得增值税专用发票,注明价款15000元。甲企业当月应缴纳增值税( )元。
   A.640.77   B.1398.06   C.932.04   D.1145.63

2.甲企业为增值税一般纳税人,2017年6月销售商品销项税额34000元,购进商品进项税额22000元,首次购进税控设备支付取得的专用发票上注明价款4000元,增值税款680元,甲企业当月应缴纳增值税( )元。
   A.7500   B.8000   C.700   D.7320

3. 甲企业为增值税一般纳税人，2017年5月进口一批香水，关税完税价格32000元；海关开具了进口增值税专用缴款书，甲企业缴纳进口环节税金后海关放行；国内购进生产用原材料，取得增值税专用发票上注明的增值税税额680元；当月销售货物取得不含税销售收入60000元；已知香水的关税税率为20%，消费税税率为15%。甲企业当月应缴纳增值税（　　）元。

　　A. 9520　　　　B. 2992　　　　C. 484.71　　　　D. 194.29

4. 根据营业税改征增值税的有关规定，航空运输的干租业务适用的增值税税率的是（　　）。

　　A. 17%　　　　B. 13%　　　　C. 11%　　　　D. 6%

5. 某生产企业（增值税一般纳税人）2013年12月销售自产货物取得含税销售额374.4万元，向境内某企业转让商标权取得含税金额212万元，将闲置的生产设备出租，取得不含税收入40万元。当月该企业外购原材料，取得的增值税专用发票上注明价款100万元，增值税税额17万元；支付该批材料的运费，取得运输公司（增值税一般纳税人）开具的增值税专用发票上注明运费5万元，增值税0.55万元。该企业当月应缴纳增值税（　　）万元。

　　A. 77.85　　　　B. 67.65　　　　C. 55.85　　　　D. 55.65

6. 采取简易计税办法的增值税一般纳税人的特殊业务，按销售额和征收率计算的增值税税额，在会计核算时应贷记（　　）科目。

　　A. 应交税费——应交增值税（销项税额）
　　B. 应交税费——应交增值税
　　C. 应交税费——简易计税
　　D. 应交税费——未交增值税

7. 一般纳税人发生进项税额转出的情况，在会计核算时，下列处理正确的是（　　）。

　　A. 借记相关科目，贷记"应交税费——应交增值税（进项税额转出）"
　　B. 借记"应交税费——应交增值税（进项税额转出）"，贷记相关科目
　　C. 借记"应交税费——应交增值税（销项税额）"，贷记相关科目
　　D. 借记相关科目，贷记"应交税费——应交增值税（销项税额）"

8. 某商业企业为增值税一般纳税人，2016年12月采取以旧换新方式销售家电实际取得含税销售收入50万元，收购的旧家电作价6万元；购进商品取得增值税专用发票上注明价款30万元、增值税5.1万元。已知该企业11月份留抵税额为1万元，取得的增值税专用发票当月通过认证并抵扣。则该商业企业2016年12月应缴纳增值税（　　）万元。

　　A. 1.16　　　　B. 2.04　　　　C. 2.4　　　　D. 3.42

9. 增值税出口退税业务中，企业确认应退税额应借记（　　）。

　　A. 应收出口退税款
　　B. 应交税费——应交增值税（出口退税）
　　C. 应交税费——应交增值税（出口抵减内销产品应纳税额）
　　D. 银行存款

10. 某房地产开发公司2016年8月对外转让于2014年10月份开发的A写字楼取得转让收入12000万元，采用简易方法计税，适用征收率为5%，应纳增值税额为（   ）万元。
  A. 571.43   B. 600   C. 500   D. 550

11. 根据"营改增"的有关规定，下列各项中，适用6%税率的是（   ）。
  A. 基础电信服务   B. 有形动产租赁服务
  C. 不动产租赁服务   D. 金融服务

12. 下列各项中，不属于"应交增值税"明细科目设置的专栏的是（   ）。
  A. 转出多交增值税   B. 未交增值税
  C. 出口抵减内销产品应纳税额 D. 已交税金

13. 某房地产开发公司为增值税一般纳税人，2017年12月对外转让于2016年6月份开发的B写字楼，取得转让收入含税价30000万元，已知该公司为取得土地使用权向政府支付地价款6000万元；房地产开发成本支出总额8000万元，其中可确认增值税进项税额660万元；房地产开发费用支出总额为1400万元，最终确认销项税额是（   ）万元。
  A. 2972.97   B. 2378.38   C. 3300   D. 5100
  销项税额=（30000-6000）/（1+11%）×11%=2378.38（万元）

14. 下列各项中，应在"应交税费"科目中核算的是（   ）。
  A. 生产企业出口货物应退的增值税税款
  B. 企业占用耕地从事非农业建设缴纳的耕地占用税
  C. 企业签订货物销售合同缴纳的印花税
  D. 企业购进小汽车自用缴纳的车辆购置税

15. 某企业为增值税一般纳税人，10月销售货物取得不含税收入100000元，当月外购材料取得增值税专用发票上注明增值税税额8500元，则10月末该企业应做的会计处理是（   ）。
  A. 借：应交税费——未交增值税   8500
        贷：应交税费——应交增值税（转出多交增值税）   1500
  B. 借：应交税费——未交增值税   8500
        贷：银行存款   8500
  C. 借：应交税费——应交增值税（转出未交增值税）   8500
        贷：应交税费——未交增值税   8500
  D. 不需要作账务处理

16. 某商贸有限公司（增值税一般纳税人）2017年2月销售一栋旧办公楼（选择按简易计税方法），取得销售额1200万元，公司提供了购房发票，未取得评估价格，该办公楼购于2013年1月，当时购买价700万元，缴纳契税21万元（能提供完税凭证）。该房产账面原始价值721万元，累计折旧80万元。采用简易计税方法计算增值税。下列选项属于该业务的会计处理的是（   ）。
  A. 借：固定资产清理   60
        贷：应交税费——应交营业税   60

  B. 借：营业税金及附加   60
    贷：应交税费——应交营业税   60
  C. 借：固定资产清理   23.81
    贷：应交税费——应交增值税   23.81
  D. 借：银行存款   1200
    贷：固定资产清理   1176.19
      应交税费－简易计税   23.81

  17. 某生产企业为增值税一般纳税人，2017年12月初次购买增值税税控系统专用设备，取得增值税专用发票上注明价款10000元、增值税税额1700元。下列哪项属于此项业务的正确会计处理为（ ）。
  A. 借：应交税费——应交增值税（减免税） 11700
    贷：管理费用   11700
  B. 借：应交税费——应交增值税（减免税） 11700
    贷：递延收益   11700
  C. 借：应交税费——未交增值税   11700
    贷：营业外收入   11700
  D. 借：应交税费——应交增值税（减免税） 10000
    贷：管理费用   10000

  18. 某企业为增值税一般纳税人，12月接受其他企业（增值税一般纳税人）捐赠的材料一批，取得的捐赠方开具的增值税专用发票上注明：价款180000元、税额30600元。企业委托某运输公司将材料运回企业，支付含税运费20000元，取得普通发票。企业本月尚未结账，关于此项业务，下列账务处理中，正确的是（ ）。
  A. 借：原材料   200000
    应交税费——应交增值税（进项税额） 30600
    贷：本年利润   210600
      银行存款   20000
  B. 借：原材料   200000
    应交税费——应交增值税（进项税额） 30600
    贷：营业外收入   210600
      银行存款   20000
  C. 借：原材料   198600
    应交税费——应交增值税（进项税额） 32000
    贷：本年利润   210600
      银行存款   20000
  D. 借：原材料   198018.02
    应交税费——应交增值税（进项税额） 32581.98
    贷：营业外收入   210600
      银行存款   20000

19. 2017年7月某企业将上月外购的钢材用于建造厂房，该钢材在购进时已经全部抵扣了进项税额，取得增值税专用发票上注明价款600万元、增值税税额102万元，固定资产原值1000万元，则该企业2016年7月的会计处理正确的是（　　）。
A. 借：应交税费——待抵扣进项税额　　　　　　　102万元
　　贷：应交税费——应交增值税（进项税额转出）　102万元
B. 借：应交税费——待抵扣进项税额　　　　　　　61.2万元
　　贷：应交税费——应交增值税（进项税额转出）　61.2万元
C. 借：应交税费——待抵扣进项税额　　　　　　　40.8万元
　　贷：应交税费——应交增值税（进项税额转出）　40.8万元
D. 本月不需对此业务进行账务处理

20. 甲外贸公司是增值税一般纳税人，2016年7月从生产企业购进纺织品，取得增值税专用发票上注明价款4万元，增值税税额0.68万元；当月将纺织品出口取得销售收入6万元人民币。已知纺织品的增值税退税率为13%，甲外贸公司出口纺织品应退的增值税为（　　）万元。
A. 1.58　　　　B. 0.52　　　　C. 1.04　　　　D. 1.72

二、多项选择题

1. 下列各项中，属于增值税视同销售，应当征收增值税的有（　　）。
A. 将货物交付其他单位代销
B. 向其他单位或者个人无偿提供服务，该服务不是用于公益事业或以社会公众为对象
C. 将外购的货物作为投资，提供给其他单位
D. 将自产的货物无偿赠送给其他单位

2. 下列业务属于增值税混合销售的有（　　）。
A. 手机制造商销售手机，出租仓库
B. 软件厂销售软件并同时收取安装费、培训费
C. 房地产开发公司销售房产，转让自用过二手车
D. 餐厅为现场餐饮消费的顾客销售香烟
E. 服装厂为航空公司设计并制作工作服

3. 增值税一般纳税人发生的下列业务中，不得开具增值税专用发票的有（　　）。
A. 销售免税商品
B. 向消费者个人销售货物
C. 销售自己使用过的生产设备
D. 国有粮食购销企业销售粮食

4. 甲企业为增值税一般纳税人，2017年7月购进化妆品一批，取得的增值税专用发票上注明价款50000元，增值税8500元，将其中20%用于集体福利，其中的10%用于个人消费，剩余的70%用于无偿赠送。对上述业务的税务处理，下列说法正确的有（　　）。

　　A. 购进的化妆品可以抵扣进项税额8500元
　　B. 购进的化妆品可以抵扣进项税额5950元
　　C. 将购进的化妆品的20%用于集体福利，属于增值税视同销售行为，可以抵扣该化妆品的进项税额
　　D. 将购进的化妆品的10%用于个人消费，属于增值税视同销售行为，可以抵扣该化妆品的进项税额
　　E. 将购进的化妆品的70%用于无偿赠送，属于增值税视同销售行为，可以抵扣该化妆品的进项税额

5. 根据营业税改征增值税的有关规定，下列业务中，属于交通运输业服务的有（　　）。

　　A. 远洋运输的程租业务
　　B. 远洋运输的期租业务
　　C. 航空运输的干租业务
　　D. 装卸搬运服务
　　E. 管道运输服务

6. 根据营业税改征增值税的有关规定，下列表述正确的有（　　）。

　　A. 增值税一般纳税人提供陆路运输服务适用的增值税税率为11%
　　B. 增值税一般纳税人提供鉴证咨询服务适用的增值税税率为17%
　　C. 境内的代理人和接受方为境外单位和个人扣缴增值税的，按照适用税率扣缴增值税
　　D. 试点纳税人兼有不同税率或者征收率的销售货物、提供加工修理修配劳务或者应税服务，分别核算销售额的，应当分别适用不同税率或征收率

7. 根据增值税现行政策的规定，下列说法中，正确的有（　　）。

　　A. 农业生产者销售自产的农产品应按11%低税率征收增值税
　　B. 增值税小规模纳税人从农民手中购进农产品销售的，可以按照买价和11%的扣除率计算抵扣进项税额
　　C. 居民用煤炭制品适用11%的税率
　　D. 音像制品和电子出版物适用11%的税率
　　E. 增值税一般纳税人销售旧货，按照适用税率征收增值税

8. 增值税一般纳税人发生的下列行为，不得抵扣增值税进项税额的有（　　）。

　　A. 外购原材料用于免税项目
　　B. 外购商品用于集体福利
　　C. 外购货物用于对外捐赠
　　D. 外购货物用于对外投资
　　E. 外购货物用于简易计税项目

9. A企业将自产的甲产品用于对B企业的投资，该产品成本为150万元，同类货物不含税售价为200万元。双方约定以产品价税合计金额234万元作为投资价值，A向B开具了增值税专用发票。已知A企业和B企业均为增值税一般纳税人，则下列账务处理，正确的有（　　）。

A. A企业账务处理：
　借：长期股权投资　　　　　　　　　　　　2340000
　　贷：主营业务收入　　　　　　　　　　　2000000
　　　　应交税费——应交增值税（销项税额）　340000
　借：主营业务成本　　　　　　　　　　　　1500000
　　贷：库存商品——甲产品　　　　　　　　1500000

B. A企业账务处理：
　借：长期股权投资　　　　　　　　　　　　1840000
　　贷：库存商品　　　　　　　　　　　　　1500000
　　　　应交税费——应交增值税（销项税额）　340000

C. A企业账务处理：
　借：长期股权投资　　　　　　　　　　　　2340000
　　贷：主营业务收入　　　　　　　　　　　2340000
　借：主营业务成本　　　　　　　　　　　　1500000
　　贷：库存商品——甲产品　　　　　　　　1500000

D. B企业账务处理：
　借：库存商品　　　　　　　　　　　　　　2340000
　　贷：营业外收入　　　　　　　　　　　　2340000

E. B企业账务处理：
　借：库存商品　　　　　　　　　　　　　　2000000
　　　应交税费——应交增值税（进项税额）　340000
　　贷：实收资本　　　　　　　　　　　　　2340000

10. 增值税一般纳税人应当在"应交税费"科目下设置（　　）等明细科目。
A. 应交增值税　　　　　　B. 未交增值税
C. 预交增值税　　　　　　D. 待抵扣进项税额
E. 简易计税

三、实训项目

项目一

某日化有限公司为增值税一般纳税人，2016年1月，该公司发生以下经济业务。

（1）外购原材料一批，从供货方取得的增值税专用发票上注明的材料价款200万元，增值税税额为34万元，款已付。另支付运费一笔，运输单位已开具增值税专用发票上注明运费10万元，增值税1.1万元。

（2）外购机器设备一套，从供货方取得的增值税专用发票上注明设备价款20万元，增值税税额为3.4万元，款已付。

(3) 销售化妆品一批，取得产品销售收入2457万元（含增值税），款已收，向购货方收取手续费23.4万元（含增值税）。

其他相关资料：该公司月初未抵扣完的增值税进项税额为6.3万元（已结转至未交增值税明细账户）；增值税税率为17%。要求：

(1) 计算该公司1月份的增值税销项税额；
(2) 计算该公司1月份可抵扣的进项税额；
(3) 计算该公司1月份应纳增值税税额；
(4) 对上述三笔业务进行会计处理，对1月末结转增值税和2月初增值税缴纳业务进行会计处理。

项目二

某工业企业为增值税一般纳税人，具有自营出口经营权，出口产品的增值税实行"免、抵、退"税管理办法。2017年8月留抵增值税3800元，2017年9月和10月发生如下业务。

9月

(1) 购买国内原材料A，入库但未付款，取得增值税专用发票上注明价款100000元，增值税17000元；
(2) 当期内销货物销售额（不含税）为150000元人民币；
(3) 出口货物离岸价为8270欧元，欧元与人民币的汇率为1:10，款项尚未收回。

10月

(1) 以银行存款缴纳9月份应缴未缴的增值税。
(2) 一般贸易进口原材料一批并验收入库，海关认可发票CIF价90000美元，美元与人民币的汇率为1:6，关税税率8%，企业缴纳了规定的关税和增值税后海关放行，取得了海关填发的税款缴款书及相关报关单，经税务机关批准抵扣。
(3) 将以前月份从农民处购入的作为生产原料的免税农业产品作为福利发放给工人，账面成本为89000元；
(4) 当期内销货物共取得银行存款484000元人民币（含税）。
(5) 以银行存款支付销售运费，取得专用增值税发票；价款4000元，增值税440元。
(6) 出口货物离岸价为14076欧元，欧元与人民币的汇率为1:10，款项尚未收回。

已知：该企业出口退税率为13%，征税率为17%，企业进行退税申报时，按退税申报数进行会计处理；该企业按规定的时间办理了增值税抵扣凭证的认证手续和出口货物"免抵退"税审核手续；当月应纳的增值税和应收的出口退税均应当于次月15日之前缴纳税款或取得退税款。

要求：

(1) 计算该企业2017年9月和10月应纳增值税及出口退税；
(2) 根据该企业2017年9月和10月发生的上述业务，作出相应的会计分录。

第二章 增值税会计核算与筹划

项目三

某家具厂为增值税一般纳税人，2017年10月发生如下经济业务。

（1）10月4日，向林场购进原木一批并验收入库，取得农产品收购发票上注明：收购金额20000元，开出支票支付货款。

（2）10月8日，销售给百货商店100套家具，开具的增值税专用发票注明：价款800000元、增值税136000元，款项已通过银行收讫。

（3）10月10日，零售给居民个人家具20套，价税合计187200元，另收取包装费2000元，款项已收并缴存银行。

（4）10月12日，将一批家具发往省外某家具经销公司代销，该批家具的生产成本为500000元，与代销单位约定不含税代销价格为780000元，与该代销家具经销公司签订代销协议，以实际不含税销售额的5%支付代销手续费。

（5）10月15日，向社会福利院捐赠家具一套，该套家具生产成本为5000元，同类家具不含税市场价为8000元。

（6）10月16日，将自产家具一批投入与张先生合资开办的宾馆，批该套家具生产成本为100000元，同类家具不含税市场价为150000元。

（7）10月17日，为庆祝建厂10周年为职工订制西装一批，取得增值税专用发票中显示该批服装价款80000元，增值税13600，款已支付。

（8）10月18日，因管理不善丢失以前购入的包装物一批，账面成本为20000元（含运费成本2000元），尚未经有关部门批准处理。

（9）10月20日，购入不需要安装的生产用设备一台，取得增值税专用发票上注明价款40000元、增值税6800元，另支付该设备运输费1000元，取得运输业专用发票，进项税110元，全部款项已通过银行转账支付。

（10）10月25日，上月销售的一批家具，因质量有问题，经与购货方协调，购货方以8折购进，凭购货方主管税务机关出具的"开具红字专用发票通知单"，开具红字增值税专用发票注明："价款-20000元，税款-3400元"，同时款项已退还给购货方。

（11）10月31日，省外家具经销公司发来代销清单，销售家具价款为600000元，增值税为102000元，代销手续费为30000元，汇款672000元已入账，家具厂向经销公司开具了增值税专用发票，价款为600000元，增值税为102000元。

要求：作出每一笔经济业务相应的会计分录。

项目四

某公司是一家生产企业，为增值税一般纳税人，2017年8月发生如下业务。

（1）转让其2013年购入的厂房，不动产购置原值600万，转让含税价格为800万元，企业选择简易办法计税。

（2）购入不动产一栋，取得销售方开具的增值税专用发票，注明不含税价格为2000万元。

（3）新建厂房一栋，为了厂房的局部设计，邀请设计公司提供设计服务，取得增值税专用发票，注明不含税价格30万元。

（4）改建本企业的自有办公楼，购入钢筋一批，取得增值税专用发票，注明金额为400万元，该建筑原值为700万元。

(5) 将企业1月购进的原本作为职工食堂的房屋，改造成存储原材料的仓库，该房产购置时取得增值税专用发票，价款为200万元，增值税为22万元，企业按照10年对固定资产计提折旧，无残值。

(已知：上述款项均用银行存款支付)

根据上述业务，回答下列问题。

(1) 业务(1)应如何进行增值税处理，并做出相关分录。
(2) 业务(2)应如何进行增值税处理，并做出相关分录。
(3) 业务(3)应如何进行增值税处理，并做出相关分录。
(4) 业务(4)应如何进行增值税处理，并做出相关分录。
(5) 业务(5)应如何进行增值税处理，并做出相关分录。

项目五

某远洋运输公司（增值税一般纳税人）2016年12月发生如下业务：

(1) 提供远洋运输的程租服务，取得不含税收入300万元；提供远洋运输的期租服务，取得含税收入200万元；提供远洋运输的光租服务，取得不含税收入200万元。

(2) 与乙运输企业（增值税一般纳税人）共同承接一项联运业务，收取全程含税货运收入80万元，并全额开具了增值税专用发票；支付给乙运输企业含税运费20万元，取得乙运输企业开具的增值税专用发票。

(3) 提供装卸搬运服务取得不含税收入50万元。

(4) 将部分自有车辆对外出租，租赁期为1个月，取得不含税租金收入15万元。

(5) 购入汽油用于运输业务，取得销售方开具的增值税专用发票上注明价款30万元。

(6) 购入一辆船舶用于运输业务，取得销售方开具的增值税专用发票上注明价款180万元。

假定相关票据在本月均通过认证并允许抵扣。

要求：

(1) 计算顺达运输公司当月可抵扣的进项税额；
(2) 计算顺达运输公司提供的装卸搬运服务应确认的销项税额；
(3) 计算顺达运输公司当月应确认的增值税销项税额为；
(4) 计算顺达运输公司当月应缴纳的增值税。

第三章

消费税会计核算与筹划

本章知识结构

消费税会计核算与税务筹划
- 消费税基本原理
  - 消费税概念与特点
  - 消费税与增值税的区别
- 纳税义务人与征税范围
  - 纳税义务人
  - 征税范围
- 税目和税率
  - 税目税率表
  - 从高适用税率特殊规定
- 计税依据
  - 从价计征
  - 从量计征
  - 从价从量复合计征
- 从价从量复合计征
  - 生产销售环节应纳消费税的计算
  - 委托加工应税消费品应纳税额的计算
  - 进口应税消费品应纳税额的计算
  - 已纳消费税扣除的计算
- 出口应税消费品退（免）税
  - 出口应税消费品退免税的范围
  - 出口应税消费品退税额的计算
- 申报与缴纳
  - 纳税义务发生时间
  - 纳税期限与地点
- 消费税会计核算
  - 会计科目的设置
  - 账务处理
- 消费税税务筹划
  - 纳税人的税务筹划
  - 计税依据的筹划

第三章 消费税会计核算与筹划

学习目标	1. 了解消费税的基本原理。 2. 掌握纳税义务人与征税范围、税目与税率。 3. 掌握消费税应纳税额的计算方法。 4. 掌握消费税出口退税法律规定。 5. 能计算消费税的应纳税额。 6. 能处理消费税的出口退税。 7. 能对消费税相关业务进行会计核算和税务筹划。

某外贸公司从国外进口粮食白酒10000瓶（500毫升/瓶），经海关审定的完税价格为200000元人民币，关税税率为20%，消费税税率为20%，消费税定额税率为0.5元/瓶，增值税税率为17%，款项已支付，白酒已验收入库。

要求：（1）计算进口环节的应交消费税和增值税。

（2）对上述进口业务和缴纳消费税及增值税业务进行会计核算。

第一节 消费税基本原理

一、消费税概念

消费税是指对特定的消费品和消费行为在特定的环节征收的一种流转税。具体地说,消费税是指对从事生产、委托加工及进口应税消费品的单位和个人,就其消费品的销售额或销售数量或者销售额与销售数量相结合征收的一种流转税。

二、消费税的特点

（1）征税范围和税率选择具有灵活性。
（2）征收环节单一,征收简便。消费税征收环节单一,主要是在应税消费品的生产环节征收；消费税采用从量定额、从价定率或从量定额与从价定率相结合的计税办法,计税准确、方便。
（3）税源广泛,可取得充足财政收入。消费税一般对生产集中、产销量大的产品征税,因此,有利于筹集财政收入。
（4）税收负担具有转嫁性。列入征税范围的消费品,一般都是高价高税产品。消费品中所含的消费税款最终都要转嫁到消费者身上,由消费者负担。
（5）平均税率水平较高且税负差异大。

三、消费税的计税方法

消费税计税的基本方法是从价定率计税和从量定额计税,此外针对白酒和卷烟采用复合计税方法。

（1）从价定率计税。计税公式：*应纳税额＝销售额×比例税率*

这种计税方式适用于雪茄烟、烟丝、高档化妆品、贵重首饰及珠宝玉石、鞭炮焰火、高档手表等多数应税消费品的消费税计税。这种计税方式传递给消费者的信息是税负相对稳定。

（2）从量定额计税。计税公式：*应纳税额＝销售数量×单位税额*

这种计税方式适用于啤酒、黄酒、柴油和汽油、航空煤油、石脑油等成品油应税消费品的消费税计税。这种计税方式主要针对价格变化较小、批量较大的应税消费品。

（3）复合计税。计税公式：*应纳税额＝销售额×比例税率＋销售数量×单位税额*

采用这种计税方式的应税消费品数量较少,这种计税方式适用于粮食白酒、薯类白酒和卷烟应税消费品的消费税计税。

【例题3-1·多选题】以下符合消费税原理及我国实际的有（　　）。
A.我国现行消费税属于特别消费税
B.从价定率计征消费税,对消费者表现为税负相对稳定
C.从量定额征收消费税一般适用于价格变化较小、批量较大的应税消费品

D.采用复合征收方法的应税消费品一般较少

【答案】ACD

四、消费税与增值税的区别

消费税于增值税的差异见表3-1。

表3-1 增值税与消费税的差异一览表

差异方面	增值税	消费税
征税范围	（1）销售或进口的货物； （2）提供加工、修理修配劳务； （3）提供交通运输、建筑、金融生活服务等劳务； （4）转让无形资产和不动产	（1）生产应税消费品； （2）委托加工应税消费品； （3）进口应税消费品； （4）零售应税消费品
纳税环节	多环节征收，同一货物在生产、批发、零售、进出口多环节征收	纳税环节相对单一：在零售环节交税的金银首饰、钻石、钻石饰品在生产、批发、进口环节不交消费税。其他在进口环节、生产（出厂环节；特殊为移送环节）交消费税的消费品在之后批发、零售环节不再交纳消费税
计税依据	计税依据具有单一性，只有从价定率计税。	计税依据具有多样性，包括从价定率计税、从量定额计税、复合计税
与价格的关系	增值税属于价外税	消费税属于价内税
税收收入的归属	进口环节海关征收的增值税的全部属于中央；其他环节税务机关征收的增值税收入由中央和地方共享	消费税属于中央税

第二节 纳税义务人与征税范围

一、纳税义务人

在中华人民共和国境内生产、委托加工和进口应税消费品的单位和个人，以及国务院确定的销售《中华人民共和国消费税暂行条例》规定的应税消费品的其他单位和个人，为消费税的纳税义务人。

所谓的"在中华人民共和国境内"，是指生产、委托加工和进口属于应当征收消费税的消费品（简称应税消费品）的起运地或所在地在境内。"单位"指各种不同所有制企业和行政单位、事业单位、军事单位、社会团体及其他单位。"个人"指个体经营者及其他个人。

消费税的纳税人具体包括以下几个方面。

（1）生产应税消费品的单位和个人。纳税人生产应税消费品对外销售的，在销售时纳税；纳税人自产自用的应税消费品，用于连续生产应税消费品的，不纳税；用于其他方面的，于移送使用时纳税。

（2）进口应税消费品的单位和个人。从境外进口应税消费品的单位和个人，在报关进口环节由海关代征消费税。

（3）委托加工应税消费品的单位和个人。委托加工应税消费品，委托方是纳税义务人，征税方式由受托方在向委托方交货时代收代缴税款。受托方为个人除外。

（4）零售金银首饰、钻石、钻石饰品的单位和个人。纳税人生产、进口和批发金银首饰、钻石、钻石饰品时不征收消费税，在零售环节纳税。

（5）从事卷烟批发业务的单位和个人。在我国，政府对从事卷烟批发业务的纳税人有明确限制。卷烟批发商之间销售的卷烟不缴纳消费税。卷烟批发商向卷烟批发商以外的单位和个人销售卷烟于销售时纳税。

二、征税范围

消费税的征收一方面是为了增加财政收入，另一方面是为了调解消费。消费税的征税范围具体包括以下四种类型的产品。

第一类：一些过度消费会对人类健康、社会秩序、生态环境等方面造成危害的特殊消费品，如烟、酒、鞭炮焰火等。

第二类：奢侈品、非生活必需品，如贵重首饰、高档化妆品等。

第三类：高能耗及高档消费品，如游艇、小轿车、摩托车等。

第四类：不可再生和替代的石油类消费品，如汽油、柴油等。

第三节 税目和税率

一、税目税率表

现行消费税税目共有15个：烟、酒及酒精、高档化妆品、贵重首饰及珠宝玉石、鞭炮焰火、高尔夫球及球具、高档手表、游艇、木制一次性筷子、实木地板、成品油、涂料、摩托车、小汽车、电池等商品。

消费税税目税率具体内容见表3-2。

表3-2 消费税税目税率表

税目	税率
一、烟	
1.卷烟	
(1) 甲类卷烟	56%加0.003元/支
(2) 乙类卷烟	36%加0.003元/支
(3) 卷烟批发	11%加0.005元/支
2.雪茄烟	36%
3.烟丝	30%
二、酒及酒精	
1.白酒（粮食白酒、薯类白酒）	20%加0.5元/500克（或者500毫升）
2.黄酒	240元/吨
3.啤酒	
(1) 甲类啤酒	250元/吨
(2) 乙类啤酒	220元/吨
4.其他酒	10%
三、高档化妆品	15%
四、贵重首饰及珠宝玉石	
1.金银首饰、铂金首饰和钻石及钻石饰品	5%
2.其他贵重首饰和珠宝玉石	10%
五、鞭炮、焰火	15%
六、成品油	
1.汽油	
(1) 含铅汽油	1.52元/升
(2) 无铅汽油	1.52元/升
2.柴油	1.20元/升
3.航空煤油	1.20元/升
4.石脑油	1.52元/升
5.溶剂油	1.52元/升
6.润滑油	1.52元/升
7.燃料油	1.20元/升
七、摩托车	
1.气缸容量（排气量，下同）的250毫升（含）以下的	3%
2.气缸容量超过250毫升的	10%
八、小汽车	
1.乘用车	
(1) 气缸容量（排气量）在1.0升（含1.0升）以下的	1%
(2) 气缸容量在1.0升以上至1.5升（含1.5升）的	3%
(3) 气缸容量在1.5升以上至2.0升（含2.0升）的	5%
(4) 气缸容量在2.0升以上至2.5升（含2.5升）的	9%
(5) 气缸容量在2.5升以上至3.0升（含3.0升）的	12%

续表

（6）气缸容量在3.0升以上至4.0升（含4.0升）的	25%
（7）气缸容量在4.0升以上的	40%
2.中轻型商用客车	5%
3.高档小汽车（零售环节）	10%
九、高尔夫球及球具	10%
十、高档手表	20%
十一、游艇	10%
十二、木制一次性筷子	5%
十三、实木地板	5%
十四、涂料	4%
十五、电池	4%

二、税目税率表具体说明

（一）烟产品税目的具体说明

卷烟先从量定额征税，每标准箱（5万支）税额标准为150元（0.003元/支）；再按销售额从价征税。

1.烟产品生产环节消费税政策

（1）甲类卷烟，即每标准条（200支，下同）调拨价格在70元（不含增值税）以上（含70元）的卷烟，税率调整为56%。

（2）乙类卷烟，即每标准条调拨价格在70元（不含增值税）以下的卷烟，税率调整为36%。

（3）卷烟的从量定额税率不变，即0.003元/支。

（4）将雪茄烟生产环节的税率调整为36%。

2.在卷烟批发环节加征一道从价税

（1）纳税义务人：在中华人民共和国境内从事卷烟批发业务的单位和个人。

（2）征收范围：纳税人批发销售的所有牌号规格的卷烟。

（3）计税依据：纳税人批发卷烟的销售额（不含增值税）。

（4）纳税人应将卷烟销售额与其他商品销售额分开核算，未分开核算的，一并征收消费税。

（5）适用税率：11%加0.005元/支。

（6）纳税人销售给纳税人以外的单位和个人的卷烟在销售时纳税。纳税人之间销售卷烟时不缴纳消费税。

（7）纳税义务发生时间：纳税人收讫销售款或者取得索取销售款凭据的当天。

（8）纳税地点：卷烟批发企业的机构所在地，总机构与分支机构不在同一地区的，由总机构申报纳税。

（9）卷烟消费税在生产和批发两个环节征收后，批发企业在计算纳税时不得扣除已含的生产环节的消费税税款。

（二）酒类产品税目的具体说明

（1）粮食白酒和薯类白酒采取复合税率：先从量定额征税，每斤或每500毫升白酒的税额标准为0.50元；再按白酒的出厂价格和20%的税率征税。

（2）糠麸白酒、其他原料白酒属于其他酒，适用10%的比例税率。

对以蒸馏酒或食用酒精为酒基，具有国食健字或卫食健字文号且酒精度低于38度（含），或以发酵酒为酒基，酒精度低于20度（含）的配制酒，按"其他酒"10%的适用税率征收消费税。其他配制酒，按白酒税率征收消费税。

（3）甲类啤酒是每吨出厂价格在3000元（不包括增值税，下同）以上的，娱乐业、饮食业自制的啤酒，税额标准为每吨250元；乙类啤酒每吨出厂价格不足3000元的，税额标准为每吨220元。

（4）果啤属于啤酒税目，调味料酒不属于消费税的征税范围。

（5）黄酒、啤酒吨与升之间换算标准如下：

　　黄酒：1吨＝962升

　　啤酒：1吨＝988升

【例题3-2·多选题】下列消费品属于消费税征税范围的有（　　）。
A.果木酒　　　　B.药酒　　　　C.调味料酒　　　　D.黄酒
【答案】ABD

（三）化妆品税目具体说明

这里的化妆品指生产环节不含增值税销售价、进口环节不含增值税价格10元/毫升（克）或15元/片（张）以上的美容、修饰类化妆品和护肤类化妆品。普通化妆品免税。

（四）贵重首饰及珠宝玉石税目具体说明

经国务院批准，金银首饰（包括铂金首饰，金、银和金基、银基合金首饰，以及金、银和金基、银基合金的镶嵌首饰）和钻石及钻石饰品，适用税率为5%，在零售环节征收。其他贵重首饰和珠宝玉石的适用税率为10%，在生产、进口、委托加工环节征收。

【例题3-3·多选题】以下使用5%的税率、在零售环节缴纳消费税的首饰有（　　）。
A.铂金戒指　　　　　　　　B.18K金镶嵌翡翠戒指
C.翡翠手镯　　　　　　　　D.珍珠项链
【答案】AB

（五）鞭炮焰火税目具体说明

本税目中不含体育用的发令纸、鞭炮药引线。

（六）成品油税目具体说明

橡胶填充油、溶剂油原料，属于溶剂油范围。

航空煤油（也叫喷气燃料）暂缓征收消费税。

同时符合下列条件的纯生物柴油免征消费税：①生产原料中废弃的动物油和植物油用量所占比重不低于70%；②生产的纯生物柴油符合国家《柴油机燃料调和生物柴油（BD100）》标准。

成品油生产企业在生产成品油过程中，作为燃料、动力及原料消耗掉的自产成品油，免征消费税。

催化料、焦化料属于燃料油的征税范围。

本税目计税时，各应税消费品吨与升之间换算标准如下。

汽油：1吨＝1388升

柴油：1吨＝1176升

航空煤油：1吨＝1246升

石脑油：1吨＝1385升

溶剂油：1吨＝1282升

润滑油：1吨＝1126升

燃料油：1吨＝1015升

● （七）小汽车税目具体说明

含9座内乘用车、10～23座内中轻型商用客车。电动汽车以及沙滩车、雪地车、卡丁车、高尔夫车等均不属于本税目征税范围，不征消费税。在本税目下税目下设"高档小汽车（零售环节）"子税目。征收范围为每辆零售价格130万元（不含增值税）及以上的乘用车和中轻型商用客车，对其在生产（进口）环节按现行税率征收消费税基础上，在零售环节加征消费税，税率为10%。

● （八）高尔夫球及球具税目具体说明

本税目包括高尔夫球、高尔夫球杆、高尔夫球包（袋）、高尔夫球杆的杆头、杆身和握把。

● （九）高档手表税目具体说明

本税目包括不含增值税售价每只在10000元以上的手表。

● （十）游艇税目具体说明

本税目只涉及机动艇。

● （十一）实木地板税目具体说明

本税目包含各类规格的实木地板、实木指接地板、实木复合地板及用于装饰墙壁、天棚的侧端面为榫、槽的实木装饰板，以及未经涂饰的素板。

【例题3-4·单选题】依据消费税的有关规定，下列行为中应缴纳消费税的是（　　）。

A．进口卷烟　　　B．进口服装　　　C．零售化妆品　　　D．零售白酒

【答案】A

【例题3-5·多选题】下列各项中，应同时征收增值税和消费税的有（　　）。

A．批发环节销售的卷烟　　　　　　B．零售环节销售的金基合金首饰

C．生产环节销售的普通护肤护发品　　D．超市销售啤酒

【答案】AB

【例题3-6·单选题】下列应税的消费品属于在零售环节缴纳消费税的是（　　）。

A．化妆品　　　B．柴油　　　C．小汽车　　　D．钻石饰品

【答案】D

【例题3-7·多选题】根据消费税法律制度的规定，下列各项中，属于消费税征税范围的消费品有（　　）。

A.高档手表　　　　　　　　B.木制一次性筷子
C.实木地板　　　　　　　　D.高档西服

【答案】ABC

【例题3-8·单选题】我国消费税对不同应税消费品采用了不同的税率形式。下列应税消费品种适用复合计税方法计征消费税的是（　　）。

A.粮食白酒　　B.烟丝　　C.成品油　　D.摩托车

【答案】A

【解析】本题考核消费税的计税办法。我国的粮食白酒、卷烟、薯类白酒实行复合计税办法。

【例题3-9·单选题】某酒厂为增值税一般纳税人。2017年4月该酒厂销售粮食白酒8000斤，取得销售收入187200元（含增值税）。已知粮食白酒消费税定额税率为0.5元/斤，比例税率为20%。该酒厂4月应缴纳的消费税税额为（　　）元。

A.27200　　　　B.55100　　　　C.36000　　　　D.40000

【答案】C

【解析】本题考查的是消费税的复合计税方式，该酒厂4月应缴纳的消费税税额＝187200/（1＋17%）×20%＋8000×0.5＝36000元。

三、从高适用税率特殊规定

（1）纳税人将不同税率的应税消费品组成成套消费品销售的，从高适用税率计征消费税。

（2）纳税人生产销售两种税率以上的应税消费品，应当分别核算不同税率消费税的销售额、销售数量；未分别核算的，从高适用税率计征消费税。

（3）纳税人将自产的应税消费品与外购或自产的非应税消费品组成成套销售的，以套装产品的销售额（不含增值税）为计税依据计算征收消费税。

【例题3-10·单选题】某日化厂既生产高档化妆品又生产普通化妆品，为了扩大销路，该厂将高档化妆品和普通化妆品组成套装礼盒销售，当月单独销售高档化妆品取得收入185万元，单独销售普通化妆品取得收入168万元，销售高档化妆品和普通化妆品礼品盒取得收入120万元，上述收入均不含增值税。该企业应纳的消费税为（　　）。

A.46.15万元　　B.38.19万元　　C.33.6万元　　D.45.75万元

【答案】D

【解析】应纳消费税＝（185＋120）×15%＝45.75（万元）

第四节 计税依据

一、从价计征

(一) 销售额的确定

1. 销售额的基本内容

销售额是纳税人销售应税消费品向购买方收取的全部价款和价外费用,包括消费税但不包括增值税。

价外费用是指价外收取的基金、集资费、返还利润、补贴、违约金(延期付款利息)和手续费、包装费、包装物租金、储备费、优质费、运输装卸费以及其他各种性质的价外收费。但承运部门的运费发票开具给购货方的,纳税人将该项发票转交给购货方的代垫运费不包括在销售额内。同时符合条件的代为收取的政府性基金或行政事业收费也不包括在销售额内。

2. 包装物的计税问题

(1) 直接并入销售额计税。①应税消费品连同包装物销售的,不论包装物是否单独计价,也不论在会计上如何核算,均应并入应税消费品的销售额中征收消费税。②对酒类产品,生产企业销售酒类产品(黄酒、啤酒除外)而收取的包装物押金,不论押金是否返还与会计上如何核算,均须并入酒类产品销售额征收消费税。

(2) 逾期并入销售额计税。对收取押金(酒类以外)的包装物,未到期押金不计税。但对逾期未收回的包装物不再退还的和已收取12个月以上的押金,应并入应税消费品的销售额,按照应税消费品的适用税率征收消费税。

(二) 含增值税销售额的换算

计算消费税的价格中如含有增值税税金时,应换算为不含增值税的销售额。其换算公式如下:

应税消费品的销售额=含增值税的销售额(以及价外费用)÷(1+增值税的税率或征收率)

如果消费税纳税人属于增值税一般纳税人,就按17%的增值税税率使用上述换算公式计算;如果消费税纳税人属于小规模纳税人,按规定不得开具增值税专用发票,就要按3%的增值税税率使用上述换算公式。

从价计算消费税的销售额与计算增值税销项税的销售额是同一个数字。

消费税与增值税同时对货物征收,但两者与价格的关系是不同的。增值税是价外税,在计算增值税的价格时,不应包括增值税税金;消费税是价内税,在计算消费税的价格时,是包括消费税税金的。换句话说,我们通常所说的"不含税价"只是不含增值税,并不意味着不含消费税。通常情况下,从价定率和复合计税中从价部分用于计算消费税的销售额,与计算增值税销项税的销售额是一致的,但有如下微小差异:纳税人用于换取生产资料和消费资料、投资入股和抵偿债务等方面的应税消费品,应当以纳税人同类消费品的最高销售价格作为计税依据计算消费税。增值税没有最高销售价格的规定,只有平均销售价格的规定。

(三)特殊规定

在确定消费税应税销售额时还要注意以下五个方面的问题:

(1)在纳税人通过非独立核算门市部销售的自产应税消费品时,征税者应按门市部对外销售额或者销售数量征收消费税。

(2)在纳税人用于换取生产资料、消费资料、投资入股、抵偿债务的应税消费品时,征税者应按照同类应税消费品的最高销售额计算消费税。

(3)当纳税人应税消费品计税价格明显偏低又无正当理由时,税务机关应按照法定权限、程序核定其计税价格。其中,卷烟和粮食白酒的计税价格由国家税务总局核定,其他应税消费品的计税价格由省、自治区、直辖市税务机关核定,进口应税消费品的计税价格由海关核定。

(4)白酒生产企业向商业销售单位收取的"品牌使用费"应属于白酒销售价款的组成部分。

(5)关联方交易要符合独立企业之间业务往来的作价原则。

【例题3-11·单选题】某高尔夫球具厂为增值税一般纳税人,下设一非独立核算的门市部,2016年5月该厂将生产的一批成本价70万元的高尔夫球具移送门市部,门市部将其中80%零售,取得含税销售额77.22万元。高尔夫球具的消费税税率为10%,成本利润率为10%,则该项业务应缴纳的消费税额为(   )。

A.5.13万元　　　　B.6万元　　　　C.6.60万元　　　　D.7.72万元

【答案】C

【解析】计税时要按非独立核算门市部的销售额计算消费税额,即77.22÷(1+17%)×10%=6.60(万元)

【例题3-12·多选题】按照《消费税暂行条例》的规定,属于下列情形之一的应税消费品,以纳税人同类应税消费品的最高销售价格作为计税依据计算消费税的有(   )。

A.用于抵债的应税消费品　　　　B.用于馈赠的应税消费品
C.用于换取生产资料的应税消费品　　D.对外投资入股的应税消费品

【答案】ACD

【例题3-13·计算题】某公司为化妆品生产企业,其某品牌化妆品平均销售价格(不含增值税,下同)为20000元/箱;最高销售价格为22000元/箱,当月将1箱A牌化妆品用于换取一批生产材料,则

该业务应纳消费税=22000×15%=3300(元)

该业务增值税销项税=20000×17%=3400(元)

二、从量计征

销售数量的确定,应根据消费品的性质而定。

(1)销售应税消费品的,为应税消费品的销售数量。

(2)自产自用应税消费品的,为应税消费品的移送使用数量。

(3)委托加工应税消费品的,为纳税人收回的应税消费品数量。

(4)进口的应税消费品为海关核定的应税消费品进口征税数量。

另外黄酒、啤酒以吨为单位规定单位税额；成品油以升为单位规定单位税额；上述应税消费品吨与升之间的换算标准在本章第三节已作陈述。

纳税人通过非独立核算门市部销售的自产应税消费品，应按门市部对外销售额或者销售数量征收消费税。

【例题3-14·多选题】下列各项中，符合应税消费品销售数量规定的有（　　）。
A.生产销售应税消费品的，为应税消费品的销售数量
B.自产自用应税消费品的，为应税消费品的生产数量
C.委托加工应税消费品的，为纳税人收回的应税消费品数量
D.进口应税消费品的，为海关核定的应税消费品进口征税数量
【答案】ACD

三、从价从量复合计征

采用复合计税方法只适合于卷烟、粮食白酒和薯类白酒这三种消费品。其计征公式是：应纳税额等于应税销售数量×定额税率再加上销售额×比例税率。

进口卷烟、卷烟生产企业销售卷烟的从量计税部分，以每支0.003元为单位固定税额。

卷烟批发企业批发卷烟从量计税部分，以每支0.005元为单位固定税额。

白酒从量计税部分以500克或500毫升0.5元为单位规定单位固定税额。

卷烟计税时按照调拨价格、核定价格、实际价格孰高的原则确定卷烟的计税价格。

第五节 应纳税额的计算

一、生产销售环节应纳消费税的计算

应税消费品生产企业消费税计税具体内容见表3-3。

表3-3　应税消费品生产企业消费税计税一览表

纳税人	行为	纳税环节	计税依据	生产领用抵扣税额
生产应税消费品的单位和个人	出厂销售	出厂销售环节	从价定率：销售额	在计算出的当期应纳消费税税款中，按生产领用量抵扣外购或委托加工收回的应税消费品的已纳消费税税额
			从量定额：销售数量	
			复合计税：销售额、销售数量	
	自产自用	用于连续生产应税消费品的，不纳税	不涉及	
		用于生产非应税消费品或用于在建工程；用于管理部门、非生产机构；提供劳务；用于馈赠、赞助、集资、广告、样品、职工福利、奖励等方面的，在移送使用时纳税	从价定率：同类消费品价格或组成计税价格	
			从量定额：移送数量	
			复合计税：同类消费品价格或组成计税价格、移送数量	

（一）直接对外销售应纳消费税的计算

直接对外销售应纳消费税的计算在第四节已做了充分说明，不再赘述。

【例题3-15·单选题】 某企业向摩托车制造厂（增值税一般纳税人）订购摩托车10辆，支付货款（含税）共计270800元，另付手续费10000元。摩托车制造厂计缴消费税的销售额是（　　）。

　　A.214359元　　　　B.240000元　　　　C.250800元　　　　D.280800元

【答案】B

【解析】本题考查计征消费税的销售额的确定。计征消费税的销售额是销售应税消费品向购买方收取的全部价款和价外费用，但不包括取得的增值税。价外费用被视为含税收入，需要换算为不含税收入。因此，摩托车制造厂计缴消费税的销售额＝（270800＋10000）÷（1＋17%）＝240000（元）。

【例题3-16·单选题】 根据《消费税暂行条例》的规定，纳税人销售应税消费品向购买方收取的下列税金、价外费用中，不应并入应税消费品销售额的是（　　）。

　　A.向购买方收取的手续费　　　　　　B.向购买方收取的价外基金
　　C.向购买方收取的增值税税款　　　　D.向购买方收取的消费税税款

【答案】C

【解析】本题考查计征消费税的销售额的确定。计征消费税的销售额是销售应税消费品向购买方收取的全部价款和价外费用，但不包括取得的增值税。

（二）自产自用应纳消费税的计算

在纳税人生产销售应税消费品中，有一种特殊的形式，即自产自用形式。自产自用通常指的是纳税人生产应税消费品后，不是直接用于对外销售，而是用于连续生产应税消费品，或用于其他方面。

1.自产自用应税消费品的计税规则

纳税人自产自用的应税消费品，用于连续生产应税消费品的，不纳税；用于其他方面的，在移送使用时纳税。

用于连续生产应税消费品是指纳税人将自产自用的应税消费品作为直接材料生产最终应税消费品，自产自用应税消费品构成最终应税消费品的实体。

【例题3-17·单选题】 根据消费税的有关规定，下列纳税人自产自用应税消费品不缴纳消费税的是（　　）。

　　A.炼油厂用于本企业基建部门车辆的自产汽油
　　B.汽车厂用于管理部门的自产汽车
　　C.日化厂用于赠送客户样品的自产化妆品
　　D.卷烟厂用于生产卷烟的自制烟丝

【答案】D

2.自产自用应税消费品的税额计算

纳税人自产自用的应税消费品。凡用于生产非应税消费品、在建工程、管理部门、非生产机构、提供劳务、馈赠、赞助、集资、广告、样品、职工福利、奖励等方面的，应当纳税，具体分为以下两种情况。

第一种情况，有同类消费品的销售价格的，按照纳税人生产的同类消费品的销售价格计算纳税。

$$应纳税额 = 同类消费品销售单价 \times 自产自用数量 \times 适用税率$$

这里所说的"同类消费品的销售价格",是指纳税人当月销售的同类消费品的销售价格,如果当月同类消费品各期销售价格高低不同,应按销售数量加权平均计算。如果当月无销售或者当月未完结,应按照同类消费品上月或最近月份的销售价格计算税额。

第二种情况,自产自用应税消费品没有同类消费品销售价格的,按照组成计税价格计算税额。

(1) 实行从价定率办法计算纳税的组成计税价格计算公式。

$$组成计税价格 = (成本 + 利润) \div (1 - 比例税率)$$
$$= [成本 \times (1 + 成本利润率)] \div (1 - 比例税率)$$

(2) 实行复合计税办法计算纳税的组成计税价格计算公式:

$$组成计税价格 = (成本 + 利润 + 自产自用数量 \times 定额税率) \div (1 - 比例税率)$$
$$= [成本 \times (1 + 成本利润率) + 自产自用数量 \times 定额税率] \div (1 - 比例税率)$$

公式中的"成本",是指应税消费品的产品生产成本。

公式中的"利润",是指根据应税消费品的全国平均成本利润率计算的利润。应税消费品的全国平均成本利润率由国家税务总局确定。

增值税与消费税组成计税价格计算对比表见表3—4。

表3—4 增值税与消费税组成计税价格计算对比表

计税方式	消费税组价	增值税组价	成本利润率
从价计税	(成本+利润)÷(1-消费税税率) 这里是比例税率	成本×(1+成本利润率)+消费税 或成本×(1+成本利润率)÷(1-消费税税率)	消费税规定的成本利润率
从量计税	不组价	成本×(1+成本利润率)+消费税	统一规定的成本利润率(目前10%)
复合计税	(成本+利润+自产自用数量×定额税率)÷(1-消费税税率)	成本×(1+成本利润率)+消费税	消费税规定的成本利润率
不缴消费税货物	不计税	成本×(1+成本利润率)	统一规定的成本利润率(目前10%)

【例题3-18·计算题】某珠宝首饰有限公司将1串自产珍珠项链奖励给优秀职工,其成本5000元,成本利润率6%,适用消费税税率10%。

其组成计税价格 = 5000×(1+6%)÷(1-10%) = 5888.89(元)
应纳消费税 = 5888.89×10% = 588.89(元)
增值税销项税额 = 5888.89×17% = 1001.11(元)
或增值税销项税额 = [5000×(1+6%)+588.89]×17%
= 5888.89×17% = 1001.11(元)

可以看出,从价计税条件下,计算增值税销项税的组价与计算消费税的组价,二者组成计税价格的结果是一样的。

【例题3-19·计算题】某啤酒厂将2吨黄酒发放给职工作为福利,其成本为4000元/吨,成本利润率10%,每吨税额250元。其消费税不必组价,应纳消费税额 = 2×250 = 500(元)

计算增值税需要组成计税价格，由于黄酒采用从量定额计税，消费税法没有规定黄酒的成本利润率，进行增值税组价时需要用10%的成本利润率。计算增值税组价＝4000×2×（1＋10%）＋500＝9300（元），增值税销项税额＝9300×17%＝1581（元）。

【例题3－20•计算题】2016年1月，某实木地板厂将一批自产中档实木地板作为福利物资发给职工，成本35000元；将新研制的高档实木地板用于广告样品，成本为20190.48元，成本利润率为5%，消费税税率为5%。上述货物已全部发出，均无同类产品售价。上述业务应纳消费税多少元？

【答案及解析】将自产应税消费品用于其他方面的，在移送使用时纳税。没有同类消费品的销售价格，按照组成计税价格确定。

上述业务应纳消费税＝（35000＋20190.48）×（1＋5%）÷（1－5%）×5%＝3050（元）。

【例题3－21•计算题】某酒厂2016年1月份生产一种新的粮食白酒，广告样品使用0.4吨，已知该种白酒无同类产品出厂价，生产成本每吨42000元，成本利润率为10%，粮食白酒定额税率为每500克0.5元，比例税率为20%。该厂当月应缴纳多少消费税？

从量税＝0.4×2000×0.5＝400（元）；

从价税＝[0.4×42000×（1＋10%）＋400]÷（1－20%）×20%＝4720（元）；

该厂当月应纳消费税＝400＋4720＝5120（元）。

【例题3－22•计算题】某日化有限公司将自产成本为3000元的护手霜发给职工作为福利，该种护肤品不是消费税应税消费品，则增值税组价＝3000×（1＋10%）＝3300（元）

增值税销项税额＝3300×17%＝561（元）

自产自用业务中增值税与消费税计税对比见表3－5。

表3－5　自产自用业务中增值税与消费税计税对比

行为	增值税	消费税
将自产应税消费品连续生产应税消费品，如自产烟丝连续生产卷烟	不计	不计
将自产应税消费品连续生产非应税消费品，如自产白酒连续生产跌打正骨水	不计	计收入征税
将自产应税消费品用于馈赠、赞助、集资、广告、样品、职工福利、奖励等	计收入征税	计收入征税
将自产应税消费品以物易物、用于投资入股、抵偿债务	按同类平均价计收入征税	按同类最高价计收入征税

● **（三）卷烟批发环节征收消费税的规定**

卷烟批发环节征收消费税计税方式为复合计税，从价部分适用税率为11%，从量部分为0.005元/支（250元/标准箱，1元/标准条）；批发商彼此之间销售卷烟不缴纳消费税；不能抵扣以前环节已缴纳的消费税。

【例题3－23•多选题】以下符合卷烟批发环节征收消费税规定的有（　　）。

A.卷烟批发商之间销售卷烟不缴纳消费税

B.卷烟批发环节消费税的消费税率为56%

C.批发环节计算税额时，不得扣除已含的生产环节消费税税款

D.纳税人批发卷烟和其他商品不能分别核算的，一并征收消费税

【答案】ACD

【例题3－24•单选题】某卷烟批发公司为增值税一般纳税人，2017年1月向烟酒零售单位批发A牌卷烟5000条，开具的增值税专用发票上注明销售额250万元；向烟酒零售单位批发B牌卷烟2000条，开具的普通发票上注明销售额88.92万元；同时向消费者直接零售B牌卷烟300条，开具普通发票，取得含税收入20.358万元，当月允许抵扣的进项税额为35.598万元。该卷烟批发公司当月应缴纳的增值税、消费税合计（　　）万元。

A.22.78　　　B.28.78　　　C.39.08　　　D.61.284

【答案】D

【解析】应纳消费税＝[250＋（88.92＋20.358）/（1＋17%）]×11%＋（5000＋2000＋300）×1/10000＝38.504（万元）

应纳增值税＝[250＋（88.92＋20.358）/（1＋17%）]×17%－35.598＝58.378－35.598＝22.78（万元）

合计缴纳增值税、消费税＝38.504＋22.78＝61.284（万元）。

二、委托加工应税消费品应纳税额的计算

（一）委托加工应税消费品的特点和基本计税规则

委托加工生产方式是指委托方提供原料和主要材料，受托方只收取加工费和代垫部分辅料的生产方式，除此之外都不能称作委托加工。

委托加工业务中委托方与受托方对比见表3－6。

表3－6　委托加工业务中委托方与受托方对比

	委托方	受托方
委托加工关系的条件	提供原料和主要材料	收加工费和垫辅料
加工及提货时涉及税种	①购入材料涉及增值税进项税； ②支付加工费涉及增值税进项税； ③委托加工应税消费品应缴消费税	①购买辅料涉及增值税进项税； ②收取加工费和代垫辅料费涉及增值税销项税
消费税纳税环节	提货时受托方代收代缴（受托方为个体户的除外）	交货时代收代缴委托方消费税款
代收代缴后消费税的相关处理	①直接出售的不再缴纳消费税； ②以高于受托方的计税价格出售的，需按照规定申报缴纳消费税，在计税时准予扣除受托方已代收代缴的消费税； ③连续加工应税消费品后销售的，在出厂环节缴纳消费税，同时可按生产领用量抵扣已纳消费税（只限于规定的情况）	及时解缴税款，否则按征管法规定惩处

【例题3－25•单选题】委托加工的特点是（　　）。

A.委托方提供原料或主要材料，受托方代垫辅助材料并收取加工费

B.委托方支付加工费，受托方提供原料或主要材料

C.委托方支付加工费，受托方以委托方的名义购买原料或主要材料

D.委托方支付加工费，受托方购买原料或主要材料再卖给委托方进行加工

【答案】A

【例题3-26·单选题】甲烟草公司提供烟叶委托乙公司加工一批烟丝。甲公司将已收回烟丝中的一部分用于生产卷烟,将另一部分烟丝卖给丙公司。在这项委托加工烟丝业务中,消费税的纳税义务人是(   )。

A.甲公司   B.乙公司   C.丙公司   D.甲公司和丙公司

【答案】A

【解析】根据规定,委托加工应税消费品时,受托方为消费税的扣缴义务人,纳税人仍是委托方。

(1)受托方代收代缴消费税的计算。

委托加工的应税消费品,按照受托方的同类消费品的销售价格计算纳税;没有同类消费品销售价格的,按照组成计税价格计算纳税。

实行从价定率办法计算纳税的组成计税价格计算公式:

$$组成计税价格=(材料成本+加工费)\div(1-比例税率)$$

实行复合计税办法计算纳税的组成计税价格计算公式:

$$组成计税价格=(材料成本+加工费+委托加工数量\times定额税率)\div(1-比例税率)$$

其中,"材料成本"是指委托方所提供加工材料的实际成本。如果加工合同上未如实注明材料成本的,受托方所在地主管税务机关有权核定其材料成本。"加工费"是指受托方加工应税消费品向委托方所收取的全部费用(包括代垫辅助材料的实际成本),但不包括随加工费收取的销项税,这样组成的价格才是不含增值税但含消费税的价格。

【例题3-27·计算题】某高尔夫球具厂接受某俱乐部委托加工一批高尔夫球具,俱乐部提供主要材料不含税成本8000元,球具厂收取含税加工费和代垫辅料费2808元,球具厂没有同类球具的销售价格,消费税税率10%,组成计税价格如下:

组成计税价格 = [8000 + 2808 ÷ (1 + 17%)] ÷ (1 - 10%) = 11555.56(元)

【例题3-28·计算题】某木业公司为增值税一般纳税人,2017年10月外购一批木材,取得增值税专用发票注明价款50万元、税额5.5万元;将该批木材运往乙企业委托其加工木制一次性筷子,取得税务局代开的小规模纳税人运输业专用发票注明运费1万元、税额0.03万元,支付不含税委托加工费5万元。假定乙企业无同类产品对外销售,木制一次性筷子消费税税率为5%。计算乙企业当月应代收代缴的消费税。

组成计税价格 = (材料成本 + 加工费) / (1 - 比例税率)

材料成本:50 + 1 = 51(万元);

乙企业当月应代收代缴的消费税:(51 + 5) / (1 - 5%) × 5% = 2.95(万元)。

(2)如果委托加工的应税消费品提货时受托方没有代收代缴消费税时,委托方要补交税款。委托方补交税款的依据是,已经直接销售的,按销售额(或销售量)计税;收回的应税消费品尚未销售或用于连续生产的,按下列组成计税价格计税补交:

$$组成价格=(材料成本+加工费)\div(1-消费税税率)$$

$$组成计税价格=(材料成本+加工费+委托加工数量\times定额税率)\div(1-比例税率)$$

(3)委托加工的应税消费品在提取货物时已由受托方代收代缴了消费税,委托方将收回的应税消费品,以不高于受托方的计税价格出售的,为直接出售,不再缴纳消费税;委托方将收回的应税消费品以高于受托方的计税价格出售的,不属于直接出售,需按照规定申报缴纳消费税,在计税时准予扣除受托方已代收代缴的消费税。但如果委托方将收回的应税消费品连续加工成另一种应税消费品的,销售时还应按新的消费品纳税。为了避免重复征税,税法规定,按当期生产领用量,将委托加工收回的应税消费品的已纳税款准予扣除。

【例题3-29·计算题】甲企业委托乙企业加工一批烟丝,甲企业提供原材料成本20万元,支付乙企业加工费3万元,乙企业按照本企业同类烟丝价格36万元代收代缴甲企业消费税10.8万元,甲企业将委托加工收回的烟丝的10%按照3.6万元平价销售给职工;烟丝的25%以12万元的价格销售给丙卷烟厂。则甲企业收回烟丝后的上述行为应缴纳消费税多少万元?(上述价格均不含增值税)

【解析】烟丝的10%按照3.6万元平价销售给职工,没有超过受托方的计税价格,不需要缴纳消费税;烟丝的25%以12万元的价格销售给丙卷烟厂,需要计算缴纳消费税 = $12 \times 30\% - 36 \times 25\% \times 30\% = 3.6 - 2.7 = 0.9$(万元)。

【例题3-30·计算题】A卷烟厂生产销售卷烟,2月10日发出烟叶一批,委托B厂加工成烟丝。A卷烟厂发出加工烟叶的成本为20万元,支付不含税加工费8万元。B厂没有同类烟丝销售价格。2月20日,A卷烟厂收回委托B加工的烟丝,售出其中的一半,不含税售价为20万元,另一半为生产卷烟领用。

【解析】
(1)委托加工烟丝收回提货时,缴纳消费税,因没有同类售价,按组成计税价格计税。则

提货时,计税价 = $(20+8) \div (1-30\%) = 40$(万元)

应交消费税 = $40 \times 30\% = 12$(万元)

委托加工烟丝收回提货时,缴纳增值税的计税基础是不含税的加工费。

提货时应交增值税 = $8 \times 17\% = 1.36$(万元)

提货时缴纳的增值税取得专用发票作为进项税额抵扣。

受托方代收代缴消费税时计税价是40万元,所以售出其中的一半,不含税售价为20万元,出售价格没有高于受托方的计税价格,不需补交消费税。

(2)若售出其中的一半烟丝,不含税售价为25万元,应如何计税及进行会计处理?这一半烟丝的计税价为$(20+8) \div (1-30\%) \times 50\% = 20$(万元)

需要计算缴纳消费税 = $25 \times 30\% - 20 \times 30\% = 7.5 - 6 = 1.5$(万元);

三、进口应税消费品应纳税额的计算

进口的应税消费品,于报关进口时由海关代征进口环节的消费税。由进口人或其代理人向报关地海关申报纳税,自海关填发税款缴纳证之日起15日内缴纳税款。进口应税消费品应纳税额的具体计算公式如下。

1.适用比例税率的进口应税消费品实行从价定率办法按组成计税价格计算应纳税额

组成计税价格 = (关税完税价格 + 关税) ÷ (1 - 消费税税率)

应纳税额 = 组成计税价格 × 消费税税率

公式中的关税完税价格是指海关核定的关税计税价格。

2.实行定额税率的进口应税消费品实行从量定额办法计算应纳税额

应纳税额＝应税消费品数量×消费税单位税额

3.实行复合计税方法的进口应税消费品的税额计算

组成计税价格＝（关税完税价格＋关税＋进口数量×消费税定额税率）÷（1－消费税比例税率）

应纳税额＝应税消费品数量×消费税单位税额＋组成计税价格×消费税税率

【例题3－31·单选题】某外贸公司进口一批小轿车，关税完税价格折合人民币500万元，关税税率25%，消费税税率9%，则进口环节应纳消费税（　　）万元。

A.49.45　　　　B.61.81　　　　C.65.23　　　　D.70.31

【答案】B

【解析】进口环节应纳消费税＝500×（1＋25%）/（1－9%）×9%＝61.81（万元）。

【例题3－32·单选题】某公司进口10箱卷烟（5万支/箱），经海关审定，关税完税价格22万元/箱，关税税率50%，消费税税率56%，定额税率150元/箱。该公司进口环节应纳消费税（　　）万元。

A.100.80　　　　B.288.88　　　　C.420.34　　　　D.1183.64

【答案】C

【解析】从价税＝［22×10×（1＋50%）＋150×10÷10000］÷（1－56%）×56%＝420.19（万元），从量税＝150×10÷10000＝0.15（万元），该公司进口环节应纳消费税＝420.19＋0.15＝420.34（万元）。

进口环节消费税除国务院另有规定外，一律不得给予减税免税。

四、已纳消费税扣除的计算

为了避免重复征税，《消费税暂行条例》规定，用外购已税消费品和委托加工收回应税消费品，连续生产应税消费品，在计征消费税时，可以按当期生产领用数量计算准予扣除外购和委托加工的应税消费品已纳消费税税款。

（一）外购应税消费品已纳消费税的扣除

1.外购应税消费品已纳消费税的扣除范围

（1）外购的已税烟丝生产的卷烟；

（2）外购的已税化妆品生产的化妆品；

（3）外购的已税珠宝玉石生产的贵重首饰及珠宝玉石；

（4）外购的已税鞭炮、焰火生产的鞭炮、焰火；

（5）以外购的已税石脑油、燃料油为原料生产的应税消费品；

（6）以外购的已税润滑油为原料生产的润滑油；

（7）以外购的汽油、柴油为原料生产的甲醇汽油、生物柴油；

（8）以外购的已税杆头、杆身和握把为原料生产的高尔夫球杆；

（9）以外购的已税木制一次性筷子为原料生产的木制一次性筷子；

（10）以外购的已税实木地板为原料生产的实木地板；

（11）以进口葡萄酒为原料生产的葡萄酒。

2.外购应税消费品抵税规则：

如果用外购已税消费品连续生产应税消费品时，就会出现重复征税问题。为了平衡税收负担，税法规定用外购已税消费品连续生产应税消费品销售时，按当期生产领用数量计算准予扣除外购应税消费品已纳的消费税税款。

（1）允许抵扣税额的税目在大类上不包括酒类、小汽车、高档手表、游艇（成品油中还有细类不包括）。

（2）允许扣税的只涉及同一大税目中的购入应税消费品的连续加工，不能跨税目抵扣（石脑油、燃料油例外）。

（3）按生产领用量抵扣，不同于增值税的购进扣税。

（4）需自行计算抵扣。允许扣除已纳税款的应税消费品只限于从工业企业购进的应税消费品和进口环节已经缴纳消费税的应税消费品，对从境内商业企业购进应税消费品的已纳税款一律不得扣除。

（5）在零售环节纳税的金银（含铂金）首饰、钻石、钻石饰品不得抵扣外购珠宝玉石的已纳税款。

（6）外购已税消费品的买价是指购货发票上注明的销售额（不包含增值税税款）。

3.扣税计算公式

当期准予扣除的外购应税消费品已纳税款 = 当期准予扣除的外购应税消费品（当期生产领用数量）买价 × 外购应税消费品适用税率

当期准予扣除的外购应税消费品买价 = 期初库存的外购应税消费品买价 + 当期购进的应税消费品买价 - 期末库存的外购应税消费品的买价

买价是指发票上的销售额，不包括增值税税额。

扣税计算公式中"当期准予扣除的外购应税消费品买价"的计算目的是算出生产领用量，计算方法类似会计"实地盘存制"的倒轧的方法。

【例题3-33•单选题】下列外购商品中已缴纳的消费税，可以从本企业应纳消费税额中扣除的是（　　）。

A.从工业企业购进已税汽车轮胎生产的小汽车

B.从工业企业购进已税酒精为原料生产的勾兑白酒

C.从工业企业购进已税溶剂油为原料生产的溶剂油

D.从工业企业购进已税高尔夫球杆握把为原料生产的高尔夫球杆

【答案】D

【例题3-34•单选题】下列关于高尔夫球及球具的消费税处理，正确的是（　　）。

A.外购已税杆头的消费税可以按购进入库数量在应纳消费税税款中扣除

B.外购已税杆头的消费税可以按生产领用数量在应纳消费税税款中扣除

C.外购已税杆头的消费税可以按出厂销售数量在应纳消费税税款中扣除

D.外购已税杆身的消费税不可以在应纳消费税税款中扣除

【答案】B

【例题3-35•单选题】某化妆品厂4月外购香水精（应税消费品），取得一般纳税人开具的增值税专用发票上注明增值税税款为51万元，本月生产香水（应税消费品）领用香水精70%，期初尚有库存的外购香水精15万元，期末库存香水精105万元，该企业本月应纳消费税中可扣除的消费税是（　　）。

A.27万元　　　　B.35.7万元　　　　C.63万元　　　　D.31.5万元

【答案】D

【解析】本月外购香水精的买价＝51÷17%＝300（万元），生产领用部分的买价＝300×70%＝210（万元），或生产领用部分买价＝15＋300－105＝210（万元），准予扣除的消费税＝210×15%＝31.5（万元）。

● **（二）委托加工收回应税消费品已纳消费税的扣除**

1.委托加工收回的应税消费品已纳税额的扣除范围

（1）以委托加工收回的已税烟丝生产的卷烟；

（2）以委托加工收回的已税化妆品生产的化妆品；

（3）以委托加工收回的已税珠宝玉石生产的贵重首饰及珠宝玉石；

（4）以委托加工收回的已税鞭炮、焰火生产的鞭炮、焰火；

（5）以委托加工收回的已税石脑油为原料生产的应税消费品；

（6）以委托加工收回的已税润滑油为原料生产的润滑油；

（7）以委托加工收回的已税杆头、杆身和握把为原料生产的高尔夫球杆；

（8）以委托加工收回的已税木制一次性筷子为原料生产的木制一次性筷子；

（9）以委托加工收回的已税实木地板为原料生产的实木地板。

（10）以委托加工收回的汽油、柴油为原料生产的甲醇汽油、生物柴油。

【例题3－36·多选题】根据消费税法律制度的规定，纳税人外购和委托加工的应税消费品，用于连续生产应税消费品的，已缴纳的消费税税款准予从应纳消费税税额中抵扣。下列各项中，可以抵扣已缴纳的消费税的有（　　）。

A.委托加工收回的已税化妆品用于生产化妆品

B.委托加工收回的已税玉石用于生产首饰

C.委托加工收回的已税汽油用于生产焰火

D.委托加工收回的已税烟丝用于生产卷烟

【答案】ABD

2.委托加工收回的应税消费品抵税规则

委托加工收回的应税消费品抵税规则与外购应税消费品抵税规则大致相同，这里不再赘述。

3.委托加工收回的应税消费品抵税公式

当期准予扣除的委托加工应税消费品已纳税款＝期初库存的委托加工应税消费品已纳税款＋当期收回的委托加工应税消费品已纳税款－期末库存的委托加工应税消费品

已纳税款如果当期投入生产的原材料可抵扣的已纳消费税大于当期应纳消费税，按当期应纳消费税的数额申报抵扣，不足抵扣部分结转下一期申报抵扣。

第六节 出口应税消费品退（免）税

一、出口应税消费品退免税的范围

出口应税消费品退（免）消费税的三种情况如下。

（1）出口免税并退税。外贸企业从生产企业购进货物直接出口或受其他外贸企业委托代理出口应税消费品，给予消费税的免税和退税。应退税款是其出口商品在境内采购环节负担的全部消费税。

（2）出口免税但不退税。有出口经营权的生产性企业自营出口或生产企业委托外贸企业代理出口自产的应税消费品，依据其实际出口数量免征消费税，不予办理退还消费税手续。

（3）出口不免税也不退税。除生产企业、外贸企业外的其他企业，具体是指一般商贸企业，这类企业委托外贸企业代理出口应税消费品一律不予退（免）税。

【例题3-37·单选题】我国现行消费税出口退（免）政策不包括（　　）。

A.免税但不退税　　　　　　B.不免税也不退税

C.不免税但退税　　　　　　D.免税并退税

【答案】C

【解析】本题考查增值税出口退（免）政策。增值税、消费税出口退（免）税有三种政策：又免又退、只免不退、不免不退。没有"不免税但退税"政策。

【例题3-38·判断题】消费税出口退税额的计算，不受增值税出口退税率调整的影响。（　　）

【答案】正确

【解析】消费税出口退税额是按消费税的征税率计算的，与增值税出口退税率无关。

【例题3-39·单选题】某外贸公司2017年5月从生产企业购进化妆品一批，取得增值税专用发票注明价款250万元，增值税42.5万元，支付采购中的运输费用，取得增值税专用发票注明价款3万元，增值税0.33万元，当月该批化妆品全部出口取得销售收入350万元。该外贸公司出口化妆品应退的消费税为（　　）。

A.75万元　　　B.37.5万元　　　C.9.7万元　　　D.10.5万元

【答案】B

【解析】外贸企业从生产企业购进货物直接出口，该货物属于从价定率计征消费税的应税消费品，计算应退消费税税款的依据是外贸企业从工厂购进货物时征收消费税的价格，即出口货物的工厂销售额，不包括其他费用。该外贸公司出口化妆品应退的消费税 = 250 × 15% = 37.5（万元）

消费税与增值税出口退税规则对比见表3-7。

表3-7 消费税与增值税出口退税规则对比表

	增值税出口退税	消费税出口退税
总政策	零税率	免税
退税比率	使用退税率计算退税	使用征税率计算退税
生产自产产品自营出口或委托外贸企业代理出口	采用免抵退税政策,运用免抵退税的公式和规定退税率计算退税	采用免税但不退税政策,不计算退税
外贸企业收购货物出口	采用先征后退政策,用不含增值税的收购价款和规定退税率计算退税	采用免税并退税政策,用不含增值税的收购价款和规定征税率计算退税

【例题3-40·计算题】某外贸公司于2017年3月从生产企业购进化妆品一批,取得增值税专用发票注明价款150万元,增值税25.5万元,当月该批化妆品全部出口取得销售收入200万元。假定增值税出口退税率为13%,该外贸公司出口化妆品应退的增值税、消费税合计为( )。

【答案及解析】应退的增值税、消费税合计=150×13%+150×15%=42(万元)

二、出口退税率的规定

出口应税消费品计算应退的消费税额时适用的退税率就是税率表规定的征税率(额),体现了征多少退多少的原则。如果企业出口的应税消费品适用多种税率,应分别核算、申报,分别按不同税率退税;凡未分别核算,税率划分不清的,一律从低适用税率退税。

三、出口应税消费品退税额的计算

1.属于从价定率计征消费税的应税消费品

应退消费税=出口货物的工厂销售额×税率

公式中"工厂销售额"为不含增值税的销售额,如含税需要换算。

2.属于从量定额计征消费税的应税消费品

应退消费税税款=出口数量×单位税额

3.复合计税的应税消费品

应退消费税额=出口货物的工厂销售额×税率+出口数量×单位税额

第七节 申报与缴纳

一、纳税义务发生时间

纳税人生产的应税消费品在销售时纳税，进口消费品应当在应税消费品报关进口环节纳税，但金银首饰、钻石及钻石饰品在零售环节纳税。消费税纳税义务发生的时间，按货款结算方式或行为发生时间分别确定。

（一）纳税人销售的应税消费品，其纳税义务发生时间

（1）纳税人采取赊销和分期收款结算方式的，其纳税义务的发生时间为销售合同规定的收款日期的当天。

（2）纳税人采取预收货款结算方式的，其纳税义务的发生时间为发出应税消费品的当天。

（3）纳税人采取托收承付和委托银行收款方式销售的应税消费品，其纳税义务的发生时间为发出应税消费品并办妥托收手续的当天。

（4）纳税人采取其他结算方式的，其纳税义务的发生时间为收讫销售款或者取得索取销售款的凭据的当天。

（二）纳税人自产自用的应税消费品，其纳税义务的发生时间为移送使用的当天

（三）纳税人委托加工的应税消费品，其纳税义务的发生时间为纳税人提货的当天

（四）纳税人进口的应税消费品，其纳税义务的发生时间为报关进口的当天

除委托加工纳税义务发生时间是消费税的特有规定之外，消费税的纳税义务发生时间与增值税一致，纳税期限的规定也与增值税一样。

【例题3-41·多选题】根据《消费税暂行条例实施细则》的规定，消费税纳税义务发生的时间根据不同情况分别确定为（　　）。

A.纳税人委托加工的应税消费品，其纳税义务发生时间，为纳税人提货的当天

B.纳税人进口的应税消费品，其纳税义务发生时间，为报关进口的当天

C.纳税人采取预收货款结算方式销售应税消费品的，其纳税义务发生时间，为收到预收货款的当天

D.纳税人自产自用的应税消费品，用于生产非应税消费品的，其纳税义务发生时间，为移送使用的当天

【答案】ABD

【解析】纳税人采取预收货款结算方式的，其纳税义务的发生时间为发出应税消费品的当天。

二、纳税期限

消费税的纳税期限分别为1日、3日、5日、10日、15日、1个月或者1个季度。纳税人的具体纳税期限,由主管税务机关根据纳税人应纳税额的大小分别核定;不能按照固定期限纳税的,可以按次纳税。

纳税人以1个月或者1个季度为1个纳税期的,自期满之日起15日内申报纳税;以1日、3日、5日、10日或者15日为1个纳税期的,自期满之日起5日内预缴税款,于次月1日起15日内申报纳税并结清上月应纳税款。

纳税人进口应税消费品,应当自海关填发海关进口消费税专用缴款书之日起15日内缴纳税款。

三、纳税地点

(1)纳税人销售的应税消费品,以及自产自用的应税消费品,除国务院另有规定外,应当向纳税人核算地主管税务机关(国税局,下同)申报纳税。

(2)委托个人加工应税消费品,由委托方向其机构所在地或者居住地主管税务机关申报纳税。除此之外,由受托方所在地主管税务机关代收代缴消费税税款。

(3)进口的应税消费品,由进口人或者其代理人向报关地海关申报纳税。

(4)纳税人到外县(市)销售或者委托外县(市)代销自产应税消费品的,于应税消费品销售后,向机构所在地或者居住地主管税务机关申报纳税。

纳税人的总机构与分支机构不在同一县(市)的,应当分别向各自机构所在地的主管税务机关申报纳税;经财政部、国家税务总局或者其授权的财政、税务机关批准,可以由总机构汇总向总机构所在地的主管税务机关申报纳税。

(5)纳税人销售的应税消费品,如因质量等原因由购买者退回时,经机构所在地或者居住地主管税务机关审核批准后,可退还已缴纳的消费税税款,但不能直接抵减应纳税额。

【例题3-42·单选题】下列各项中,符合消费税有关规定的是( )。
A.纳税人的总、分支机构不在同一县(市)的,一律在总机构所在地缴消费税
B.纳税人销售的应税消费品,除另有规定外,应向纳税人核算地税务机关申报纳税
C.纳税人委托加工应税消费品,其纳税义务发生时间,为纳税人支付加工费的当天
D.因质量原因由购买者退回的消费品,可退已征的消费税,也可直接抵减应纳税额
【答案】B
【解析】纳税人的总机构与分支机构不在同一县(市)的,应当分别向各自机构所在地的主管税务机关申报纳税。纳税人委托加工的应税消费品,其纳税义务的发生时间为纳税人提货的当天。因质量原因由购买者退回的消费品,可退已征的消费税,但不能直接抵减应纳税额。

【例题3-43·单选题】下列各项中,符合消费税纳税地点规定的是( )。
A.进口应税消费品的,由进口人或其代理人向报关地海关申报纳税
B.纳税人总机构与分支机构不在同一县的,分支机构应回总机构申报纳税
C.委托加工应税消费品的,由委托方向受托方所在地主管税务机关申报纳税
D.纳税人到外县销售自产应税消费品的,应在销售地申报纳税

【答案】 A

【解析】 纳税人的总机构与分支机构不在同一县（市）的，应当分别向各自机构所在地的主管税务机关申报纳税。委托个人加工应税消费品，由委托方向其机构所在地或者居住地主管税务机关申报纳税。纳税人到外县（市）销售或者委托外县（市）代销自产应税消费品的，于应税消费品销售后，向机构所在地或者居住地主管税务机关申报纳税。

第八节 消费税会计核算

消费税的会计核算包括会计科目的设置、对外销售应税消费品、视同销售应税消费品、委托加工应税消费品、进口应税消费品和出口应税消费品的会计核算内容。

一、会计科目的设置

纳税人应在"应交税费"账户下设置"应交消费税"明细账户，进行消费税的会计核算。该账户采用三栏式账页格式，其贷方核算企业按规定应缴纳的消费税，其借方核算企业实际缴纳的消费税和抵扣的消费税。期末，贷方余额反映企业尚未缴纳的消费税，借方余额反映企业多缴或待抵扣的消费税。T形账户结构如下：

借方	应交税费—应交消费税	贷方
1. 实际缴纳的消费税 2. 待抵扣的消费税	应缴纳的消费税	
余额：1. 多缴的消费税 　　　2. 待抵扣的消费税	余额：尚未缴纳的消费税	

根据财政部颁发的《增值税会计处理规定》财会[2016]22号文件规定：全面试行营业税改征增值税后，"营业税金及附加"科目名称调整为"税金及附加"科目，该科目核算企业经营活动发生的消费税、城市维护建设税、资源税、教育费附加及房产税、土地使用税、车船使用税、印花税等相关税费；利润表中的"营业税金及附加"项目调整为"税金及附加"项目。房产税、土地使用税、车船使用税、印花税不再作为管理费用列报，调整到"税金及附加"科目中。

"税金及附加"账户属于损益类账户，该账户借方发生额反映企业按规定计算确定的与经营活动有关的除增值税以外的相关税费，贷方发生额反映企业期末转入"本年利润"账户的税费，结转后，该账户余额为零。T形账户结构如下：

借方	税金及附加	贷方
企业经营活动中发生的消费税、城市维护建设税、资源税、教育费附加及房产税、土地使用税、车船使用税、印花税等相关税项	期末向"本年利润"结转	

二、对外销售应税消费品的会计核算

（一）对外销售应税消费品的会计核算

由于是价内税，对外销售应税消费品的售价中应含消费税在内（但不含增值税），所以，在计算销售利润时，应从应税消费品的售价中扣除消费税。因此，企业应交消费税的核算，应记入"税金及附加"账户，由销售收入补偿。企业按规定计算出应缴纳的消费税后，账户对应关系如下：

借：税金及附加
　　贷：应交税费——应交消费税

【例题3-44·会计核算题】 某汽车制造厂为增值税一般纳税人，5月18日销售小轿车300辆，每辆车的不含增值税销售价为9万元，货款已收到；每辆车的成本价为6万元。小轿车的增值税税率为17%，消费税税率为5%。

【解析】
应向购买方收取的增值税税额 = 90000 × 300 × 17% = 4590000（元）
应交消费税 = 90000 × 300 × 5% = 1350000（元）

会计分录：

　　借：应收账款　　　　　　　　　　　　　31590000
　　　　贷：主营业务收入　　　　　　　　　　27000000
　　　　　　应交税费——应交增值税（销项）　 4590000
　　借：税金及附加　　　　　　　　　　　　　1350000
　　　　贷：应交税费——应交消费税　　　　　 1350000

【例题3-45·会计核算题】 某卷烟厂生产销售卷烟，10月份的有关业务如下：期初结存烟丝20万元，期末结存烟丝5万元；13日，购进已税烟丝10万元，取得增值税专用发票，货已入库；27日，销售卷烟100箱，适用税率36%，定额税150元/箱，取得含税收入1521000元。

【解析】

（1）计算扣除外购已税烟丝的已交消费税：

（200000 + 100000 - 50000）× 30% = 75000（元）

相应会计分录如下：

　　借：应交税费——应交消费税　　　　　　　75000
　　　　贷：主营业务成本　　　　　　　　　　　75000

（2）计算销售货物应交消费税：

100 × 150 + 1521000 ÷ 1.17 × 36% = 15000 + 468000 = 483000（元）
增值税销项税额 = 1521000 ÷ 1.17 × 17% = 221000（元）

相关会计分录如下：

　　借：银行存款　　　　　　　　　　　　　　1521000
　　　　贷：主营业务收入　　　　　　　　　　　1300000
　　　　　　应交税费——应交增值税（销项）　　 221000
　　借：税金及附加　　　　　　　　　　　　　 483000
　　　　贷：应交税费——应交消费税　　　　　　483000

(3) 月末结转增值税。

假设增值税经抵扣后的月末余额为100000元,月末结转

借:应交税费——应交增值税(转出未交增值税)　　100000
　　　　贷:应交税费——未交增值税　　　　　　　　　　100000

(4) 下月初交税。

消费税经抵扣后的余额为408000(483000-75000)元,次月上缴税金时,编制如下会计分录:

借:应交税费——未交增值税　　　　　　　100000
　　应交税费——应交消费税　　　　　　　408000
　　　　贷:银行存款　　　　　　　　　　　　　508000

● **(二) 应税消费品包装物应交消费税的会计核算**

应税消费品连同包装物一并出售的,不论包装物是否单独计价,都应并入应税消费品的销售额中缴纳增值税和消费税。应税消费品若采用从量计税的方式,包装物则只计算增值税,不计算消费税;应税消费品若采用从价计税的方式,包装物的增值税和消费税都要计算;应税消费品若采用复合计税的方式,对从价部分,包装物计算消费税,对从量部分,包装物不计算消费税。

对出租包装物收取的租金,若包装物租赁与应税消费品销售一起发生,租金也要按上述要求计算缴纳消费税;同时按经营租赁不动产计算缴纳增值税。若租赁业务单独发生,不需缴纳消费税,只需按经营租赁不动产计算缴纳增值税。

出租、出借包装物收取的押金,因逾期未收回包装物而收取的押金,应计算增值税。随应税消费品对外出售一起出租或出借的包装物,没收押金是否计算消费税,依包装物所包装应税消费品的情况而定:包装物包装的应税消费品是从量计算消费税的,没收押金时不计算消费税;包装的应税消费品是从价计算消费税的,没收押金时还得计算消费税;包装的应税消费品是复合计算消费税的,没收押金时从量部分不计算消费税,从价部分应计算消费税。

(1) 随同产品出售不单独计价的包装物。随同产品出售不单独计价的包装物因其包装物价款已包含在销售额中,会计处理同直接对外销售应税消费品一致。随同产品出售单独计价的包装物,其销售收入属于营业收入记入"其他业务收入"科目,规定计算缴纳的消费税的会计分录账户对应关系为

借:税金及附加
　　贷:应交税费-应交消费税

【例题3-46·会计核算题】某酒厂销售粮食白酒,包装物单独计价,销售白酒10吨,不含税售价为10000元/吨,开出专用发票,列明价款100000元,增值税17000元。另收取包装物价款819元,开出普通发票。白酒消费税定额税为1元/千克,比例税率为20%。

【解析】

白酒应交消费税 = 10 × 1000 × 1 + 100000 × 20% = 30000(元)
包装物应交消费税 = 819 ÷ 1.17 × 20% = 700 × 20% = 140(元)
包装物应交增值税 = 819 ÷ 1.17 × 17% = 700 × 17% = 119(元)

会计分录如下:
　　借:应收账款　　　　　　　　　　　　　117819
　　　　贷:主营业务收入　　　　　　　　　　　　100000
　　　　　　其他业务收入　　　　　　　　　　　　700
　　　　　　应交税费——应交增值税(销项税额)　17119
　　借:税金及附加　　　　　　　　　　　　40140
　　　　贷:应交税费——应交消费税　　　　　　　40140

（2）出租出借包装物不作价随同产品销售。出租出借包装物不作价随同产品销售，而是单独收取押金，此项押金不并入销售额计算增值税、消费税。但对逾期未退还的包装物押金和以收取1年以上的包装物押金，应并入应税消费品的销售额，按原来包装物应税消费品使用的税率计算增值税、消费税。

【例题3-47·会计核算题】某企业为增值税一般纳税人，将逾期未退还的包装物押金3510元进行转账处理，增值税税率为17%，消费税税率为8%。

【解析】
　　没收押金的不含税收入=3510÷1.17=3000（元）
　　应交增值税=3000×17%=510（元）
　　应交消费税=3000×8%=240（元）
相应会计分录:
第一种处理方法:
　　借:其他应付款　　　　　　　　　　　　3510
　　　　贷:营业外收入　　　　　　　　　　　　　2760
　　　　　　应交税费——应交增值税(销项税额)　510
　　　　　　　　　　　——应交消费税　　　　　　240
第二种处理方法:
　　借:其他应付款　　　　　　　　　　　　3510
　　　　贷:其他业务收入　　　　　　　　　　　　3000
　　　　　　应交税费——应交增值税(销项税额)　510
　　借:税金及附加　　　　　　　　　　　　240
　　　　贷:应交税费——应交消费税　　　　　　　240
这两种方法对当期损益的影响是一样的。

（3）视同销售应税消费品的会计核算。
　　企业用应税消费品对外投资，用于在建工程、非应税消费品生产等其他方面，按规定缴纳的消费税，应记入有关科目。

【例题3-48·会计核算题】某汽车制造厂为增值税一般纳税人，1月份以自产的小轿车20辆投资于某出租汽车公司。按双方协议，每辆车不含税价为10万元，成本价为6万元。小汽车消费税税率为5%。

【解析】
　　小轿车的应交增值税=100000×20×17%=340000（元）
　　小轿车的应交消费税=100000×20×5%=100000（元）
会计分录如下:

借：长期股权投资　　　　　　　　　　　　　2340000
　　贷：主营业务收入　　　　　　　　　　　　　2000000
　　　　应交税费——应交增值税（销项税额）　340000
借：主营业务成本　　　　　　　　　　　　　1200000
　　贷：库存商品　　　　　　　　　　　　　　1200000
借：税金及附加　　　　　　　　　　　　　　100000
　　贷：应交税费——应交消费税　　　　　　　100000

【例题3-49·会计核算题】某汽车制造厂为增值税一般纳税人，2月份将5辆小轿车转作企业自用固定资产。该类小轿车的不含税销售价每辆12万元，成本价每辆为9万元。小汽车消费税税率为5%。

【解析】
　　小轿车的应交增值税 = 120000 × 5 × 17% = 102000（元）
　　小轿车的应交消费税 = 120000 × 5 × 5% = 30000（元）
会计分录如下：
借：固定资产　　　　　　　　　　　　　　　480000
　　应交税费——应交增值税（进项税额）　　102000
　　贷：库存商品　　　　　　　　　　　　　　450000
　　　　应交税费——应交增值税（销项税额）　102000
　　　　应交税费——应交消费税　　　　　　　30000

【例题3-50·会计核算题】某白酒酒厂1月份用粮食白酒10吨，抵偿欠某粮库玉米款55000元，本月粮食白酒每吨售价在4800～5200元之间浮动，平均销售价格为5000元/吨。

【解析】
　　增值税销项税额 = 5000 × 10 × 17% = 8500（元）
　　以物抵债，消费税应按最高价格5200元/吨计算，应交消费税为
　　5200 × 10 × 20% + 10 × 2000 × 0.5 = 10400 + 10000 = 20 400（元）
会计分录如下：
借：应付账款　　　　　　　　　　　　　　　55000
　　贷：主营业务收入　　　　　　　　　　　　　46500
　　　　应交税费——应交增值税（销项税额）　8500
借：税金及附加　　　　　　　　　　　　　　20400
　　贷：应交税费——应交消费税　　　　　　　20400

【例题3-51·会计核算题】某啤酒厂将自产啤酒20吨作为福利发给职工，将10吨用于广告宣传，请客户免费品尝。啤酒成本每吨2500元，出厂价每吨4000元，定额税率250元/吨。

【解析】
　　作为福利发放的20吨啤酒应纳税额：
　　应交增值税 = 4000 × 20 × 17% = 13600（元）
　　应交消费税 = 20 × 250 = 5000（元）
会计分录如下：

```
借：应付职工薪酬                           93600
    贷：主营业务收入                              80000
        应交税费——应交增值税（销项税额）      13600
借：税金及附加                              5000
    贷：应交税费——应交消费税                     5000
```

让客户品尝的10吨啤酒应纳税额：

应交增值税 = 4000 × 10 × 17% = 6800（元）

应交消费税 = 10 × 250 = 2500（元）

会计分录如下：

```
借：销售费用                               34300
    贷：库存商品                                 25000
        应交税费——应交增值税（销项税额）       6800
        应交税费——应交消费税                    2 500
```

三、委托加工应税消费品会计核算

企业委托加工应税消费品，由受托方代收代缴消费税。委托方收回应税消费品后，用于企业连续生产应税消费品的，已缴消费税准予按规定抵扣；直接出售的，不再征收消费税。在这两种情况下，委托方的会计核算是不同的，受托方的会计核算是相同的。受托方按代收税款编制会计分录账户对应如下：

```
借：应收账款（银行存款等科目）
    贷：应交税费——应交消费税
```

委托方抵扣范围与外购抵扣规则基本一致，都是用于消费品的连续加工，都是按当期生产领用数量计算，都用倒轧的公式计算。在零售环节缴纳消费税的金银首饰（含铂金首饰）、钻石及钻石饰品不适用这一抵税政策，批发卷烟也不适用这一抵扣政策。

委托方将收回的应税消费品，以不高于受托方的计税价格出售的，为直接出售，不再缴纳消费税；委托方将收回的应税消费品以高于受托方的计税价格出售的，不属于直接出售，需按照规定申报缴纳消费税，在计税时准予扣除受托方已代收代缴的消费税。

【例题3-52·会计核算题】 A卷烟厂生产销售卷烟，2月10日发出烟叶一批，委托B厂加工成烟丝。发出加工烟叶的成本为20万元，支付不含税加工费8万元。B厂没有同类烟丝销售价格。2月20日，收回委托B加工的烟丝，售出其中的一半，不含税售价为20万元，另一半为生产卷烟领用。

【解析】

委托加工烟丝收回提货时，缴纳消费税，因没有同类售价，按组成计税价格计税。则：

提货时，计税价 = （20 + 8）/（1 − 30%）= 40（万元）

应交消费税 = 40 × 30% = 12（万元）

委托加工烟丝收回提货时，缴纳增值税的计税基础是不含税的加工费。

提货时应交增值税 = 8 × 17% = 1.36（万元）

提货时缴纳的增值税取得专用发票,作为进项税额抵扣。

提回委托加工的烟丝,一半直接用于出售,其已交消费税计入"委托加工物资"的成本中;生产卷烟领用的另一半提货时缴纳的消费税,可以抵扣影响税务机关缴纳的消费税,记入"应交税费—应交消费税"的借方。

（1）委托方的会计处理。

发出烟叶时：

  借：委托加工物资　　　　　　　　200000
   贷：原材料——烟叶　　　　　　　　　200000

支付加工费、增值税、消费税时：

  借：委托加工物资　　140000（80000加工费＋60000对外出售烟丝的消费税）
    应交税费——应交增值税（进项税额）　　　13600
      ——应交消费税　60000（生产卷烟的烟丝的消费税）
   贷：银行存款　　　　　　　　　213600

收回委托加工产品时：

  借：原材料——烟丝　　　　　　　340000
   贷：委托加工物资　　　　　　　　340000

受托方代收代缴消费税时计税价是40万元,所以售出其中的一半,不含税售价为20万元,出售价格没有高于受托方的计税价格,不需补交消费税。

若售出其中的一半,不含税售价为25万元,

这一半烟丝的计税价为（20＋8）/（1－30%）×50%＝20（万元）

需要计算缴纳消费税＝25×30%－20×30%＝7.5－6＝1.5（万元）

（2）受托方的会计处理。

受托方收到委托方烟叶时,登记受托加工物资备查账。收到受托方支付的加工费、增值税、消费税时,做会计分录：

  借：银行存款　　　　　　　　　213600
   贷：其他业务收入　　　　　　　　80000
    应交税费——应交增值税（销项税额）　13600
      ——应交消费税　　　　　120000

四、进口应税消费品的会计核算

进口的应税消费品,应在货物报关进口时缴纳消费税。进口货物应纳的消费税,同关税一样,计入进口应税消费品的成本中。而进口货物缴纳的增值税,视进口货物的情况不同而记入不同账户。进口后作为原材料、库存商品或固定资产使用的,进口环节缴纳的增值税记入"应交税费—应交增值税（进项税额）"账户,进口用于免税或简易计税项目,进口环节缴纳的增值税记入采购成本。由于进口货物"交税后方能提货",为简化核算,进口环节税金不通过"应交税费"账户反映,直接贷记"银行存款"。

【例题3-53·会计核算题】某外贸公司从国外进口粮食白酒10000瓶（500毫升/瓶）,经海关审定的完税价格为200000元人民币,关税税率为20%,消费税税率为20%,

消费税定额税率为0.5元/瓶，增值税税率为17%，款项已支付，白酒已验收入库。计算进口环节的应交消费税和增值税。

实行复合计税方法的进口应税消费品的税额计算：

组成计税价格＝（关税完税价格＋关税＋进口数量×消费税定额税率）÷（1－消费税比例税率）

应纳税额＝应税消费品数量×消费税单位税额＋组成计税价格×消费税税率

【解析】

应交关税＝200000×20%＝40000（元）

消费税定额税＝10000×0.5＝5000（元）

计税价格＝（200000＋40000＋5000）／（1－20%）＝306250（元）

应交消费税＝306250×20%＋5000＝66250（元）

应交增值税＝306250×17%＝52062.5（元）

进口白酒的成本＝完税价格＋关税＋消费税

＝200000＋40000＋66250

＝306250（元）

相关会计分录如下：

借：库存商品　　　　　　　　　　　　　306250
　　应交税费——应交增值税（进项税额）　52062.5
　贷：银行存款　　　　　　　　　　　　　358312.5

五、出口应税消费品的会计核算

由于生产性企业自营出口自产的应税消费品，免税不退税，所以不存在出口应税消费品会计核算问题。只有外贸企业在购进应税消费品出口后，才存在消费税退税的核算。外贸企业消费税出口退税会计分录账户对应如下：

出口应税消费品退税额的计算（征多少，退多少）：

1. 属于从价定率计征消费税的应税消费品

　　应退消费税＝出口货物的工厂销售额×税率

公式中"工厂销售额"为不含增值税的销售额，如含税需要换算。

2. 属于从量定额计征消费税的应税消费品

　　应退消费税税款＝出口数量×单位税额

3. 消费税出口退税会计核算

报关出口后申请退税时：

　　借：应收退税款
　　　贷：主营业务成本

收到出口应税消费品退回的税金时：

　　借：银行存款
　　　贷：应收退税款

【例题3-54·会计核算题】某外贸公司上月从某汽车制造厂购入小轿车20辆,价款为240万元,该批小轿车的增值税为40.8万元,该种型号轿车消费税率为5%,款项已银行存款支付。

(1) 外贸公司购进汽车时:
借:库存商品　　　　　　　　　　　　2400000
　　应交税费——应交增值税　　　　　408000
　贷:银行存款　　　　　　　　　　　　2808000

(2) 本月中旬,外贸公司将该批汽车出口到国外,假定小轿车增值税出口退税率10%,按规定申请出口退税:

应退消费税 = 2400000 × 5% = 120000（元）
应退增值税 = 2400000 × 10% = 240000（元）

借:应收退税款　　　　　　　　　　　　360000
　贷:主营业务成本　　　　　　　　　　120000
　　　应交税费——应交增值税（出口退税）240000

(3) 月末,外贸公司收到出口退税款时:
借:银行存款　　　　　　　　　　　　　360000
　贷:应收退税款　　　　　　　　　　　360000

六、金银首饰相关消费税计税和会计核算

金银首饰是消费税应税消费品中的一种,与其他应税消费品相比,其消费税法律规定较为特殊。

（一）委托加工业务中以受托加工者为纳税义务人

【例题3-55·会计核算题】某珠宝首饰有限公司是一家经中国人民银行批准从事金银首饰生产的企业,是增值税一般纳税人,2017年5月发生下列业务:受某酒店委托加工一批黄金首饰,委托方提供原材料成本60000元,该厂收取加工费30000元,没有同类饰品销售价格。（增值税率为17%,金银首饰消费税率为5%）

该业务是金银首饰委托加工业务,一般认为该珠宝公司的税务和会计处理如下:
增值税销项税额:30000 × 17% = 5100（元）
组成计税价格:(60000 + 30000) ÷ (1 − 5%) = 94736.84（元）
应代收代缴消费税:94736.84 × 5% = 4736.84（元）

借:银行存款　　　　　　　　　　　　　39836.84
　贷:其他业务收入　　　　　　　　　　30000
　　　应交税费——应交增值税（销项税额）5100
　　　应交税费——应交消费税　　　　　4736.84

本例中税额计算正确,但消费税纳税义务人的确认错误。根据消费税法,该珠宝公司受托加工金银首饰,为消费税纳税义务人,而不是代收代缴义务人。正确的会计核算如下:

```
借：银行存款                              35100
    贷：其他业务收入                          30000
        应交税费——应交增值税（销项税额）      5100
借：税金及附加                            4736.84
    贷：应交税费——应交消费税                 4736.84
```

●（二）委托加工业务中因受托加工者的不同而有不同的计税依据

1.委托人为非金银制品经营单位

【例题3-56·会计核算题】 某珠宝首饰有限公司接受某高档商务会所（无金银制品经营资质）委托，为其加工一批黄金饰品和玉石手镯，该会所提供成本为130000元的黄金和成本为82000元的玉石作为加工材料，该珠宝公司收取黄金饰品加工费60000元和玉石手镯加工费80000元，没有同类饰品销售价格。（玉石手镯适用消费税率为10%）

本例中，委托人是无金银制品经营资质的商务会所，受托加工黄金饰品以受托方为纳税义务人；受托加工玉石手镯则由受托方代收代缴消费税。二者的计税依据都是同类商品的销售价格或组成计税价格。该珠宝公司业务处理如下：

增值税销项税额：（60000+80000）×17%=23800（元）

受托加工黄金饰品应交消费税：（130000+60000）÷（1-5%）×5%=10000（元）

受托加工玉石手镯应代收代缴消费税：

（82000+80000）÷（1-10%）×10%=18000（元）

```
借：银行存款                              181800
    贷：其他业务收入                          140000
        应交税费——应交增值税（销项税额）      23800
        应交税费——应交消费税                 18000
借：税金及附加                            10000
    贷：应交税费——应交消费税                 10000
```

2.委托人为个人

【例题3-57·会计核算题】 某珠宝首饰有限公司接受高某委托，为其加工一批黄金饰品，委托人提供成本为24000元的黄金作为加工材料，该珠宝公司收取加工费4500元，无同类饰品销售价格。

本例中，委托人为个人，消费税的计税依据是收取的加工费，具体的处理方法是：

增值税销项税额：4500×17%=765（元）

受托加工黄金饰品应交消费税：4500×5%=225（元）

```
借：银行存款                              5265
    贷：其他业务收入                          4500
        应交税费——应交增值税（销项税额）      765
借：税金及附加                            225
    贷：应交税费——应交消费税                 225
```

3.委托人为金银制品经营单位

【例题3-58·会计核算题】 甲珠宝首饰有限公司接受乙金店（经中国人民银行批准从事金银首饰零售，为增值税一般纳税人）委托，为其加工一批黄金和翡翠首饰，金店提供成本为200000元的黄金和成本为560000元的翡翠原石，甲珠宝公司收取黄金饰品加

工费85000元和翡翠首饰加工费250000元,没有同类饰品销售价格。(翡翠首饰适用消费税率为10%)

本例中,委托人属于金银首饰的经营者,甲珠宝公司受托加工黄金饰品不缴纳消费税,但受托加工翡翠首饰须代收代缴消费税。甲珠宝公司业务处理如下:

增值税销项税额:(85000+250000)×17%=56950(元)

受托加工翡翠首饰应代收代缴消费税:

(560000+250000)÷(1—10%)×10%=90000(元)

  借:银行存款   481950
    贷:其他业务收入   335000
      应交税费——应交增值税(销项税额) 56950
      应交税费——应交消费税   90000

●(三)在零售环节纳税,不得扣除以前环节已纳税款

【例题3-59·会计核算题】接上例,乙金店将该批首饰收回后全部对外出售,黄金首饰中的一部分销售给丙首饰商城(经中国人民银行批准从事金银首饰零售),开出增值税专用发票,销售价款为180000元,增值税销项税额为30600元。其余部分销售给消费者个人,零售价为292500元、翡翠首饰零售价为1404000元。当月又销售外购的铂金首饰一批,零售价为218790元。

(1)黄金首饰零售。

不含增值税销售额:292500÷(1+17%)=250000(元)

增值税销项税额:250000×17%=42500(元)

应交消费税:250000×5%=12500(元)

(2)铂金首饰零售。

不含增值税销售额:218790÷(1+17%)=187000(元)

增值税销项税额:187000×17%=31790(元)

应交消费税:187000×5%=9350(元)

本例中,乙金店零售黄金和铂金首饰,应缴纳消费税,但不能扣除该饰品以前生产和流通环节已纳消费税款。

(3)翡翠首饰零售。

不含增值税销售额:1404000÷(1+17%)=1200000(元)

增值税销项税额:1200000×17%=204000(元)

应交消费税:1200000×10%=120000

实际缴纳消费税:1200000×10%-90000=30000(元)

乙金店委托甲公司加工翡翠首饰时,甲公司已代收代缴了消费税。乙金店将收回的翡翠首饰对外出售,为什么还要缴纳消费税?在本例中,乙金店将委托加工收回后的翡翠首饰对外销售的价格是1200000元,大于甲公司原计税价格900000元。依据消费税法,乙金店将该批翡翠首饰对外出售,售价如果不高于甲公司的计税价格,为直接出售,无须缴纳消费税;售价如果高于甲公司的计税价格,不属于直接出售,需申报缴纳消费税,在计税时准予扣除此前甲公司已代收代缴的消费税。

(4)黄金首饰批发(向丙首饰商城销售黄金首饰)。

本例中乙金店向丙首饰商城销售黄金首饰,属于向金银首饰的经营者的销售,不属

于零售业务,不缴纳消费税。销售收入为180000元,增值税销项税额为30600元。

上述4笔业务中:

增值税销项税额合计:42500+31790+204000+30600=308890(元)

应交消费税合计:12500+9350+120000=141850(元)

会计核算如下:

  借:银行存款   2125890
    贷:主营业务收入——黄金首饰   430000
         ——铂金首饰   187000
         ——翡翠首饰   1200000
     应交税费——应交增值税(销项税额) 308890
  借:税金及附加   141850
    贷:应交税费——应交消费税   141850

委托加工翡翠首饰时支付的消费税已记入"应交税费——应交消费税"明细账户的借方,实际缴纳的消费税额:141850-90000=51850(元)

(四)进口环节不缴纳消费税

【例题3-60·会计核算题】某金店从国外进口黄金首饰和珍珠项链各一批,黄金首饰关税完税价格为250000元,关税税率为20%;珍珠项链关税完税价格为200000元,关税税率为9%,消费税率为10%。

依据消费税法,该金店进口黄金首饰,无须缴纳消费税;进口珍珠项链,须缴纳消费税。该金店对上述业务应进行如下税务和会计处理:

进口黄金首饰:

关税:250000×20%=50000(元)

增值税:(250000+50000)×17%=51000(元)

成本:250000+50000=300000(元)

进口珍珠项链:

关税:200000×9%=18000(元)

消费税:(200000+18000)÷(1-10%)×10%=24222.22(元)

增值税:(200000+18000)÷(1-10%)×17%=41177.78(元)

成本:200000+18000+24222.22=242222.22(元)

  借:库存商品——黄金首饰   300000
        ——珍珠项链   242222.22
    应交税费——应交增值税(进项税额) 92177.78
    贷:银行存款   634400

(五)以旧换新业务依据实际收取的不含增值税的价款计税

【例题3-61·会计核算题】某金店本月采用以旧换新方式销售黄金首饰一批,收回旧首饰300克,作价60000元,换出新首饰700克,收取差价128700元。该企业的税务处理和会计核算如下:

增值税销项税额:128700/(1+17%)×17%=18700(元)

应缴纳消费税:128700/(1+17%)×5%=5500(元)

应确认营业收入：60000 + 128700 − 18700 = 170000（元）

借：银行存款　　　　　　　　　　　　　　　128700
　　原材料　　　　　　　　　　　　　　　　　60000
　　贷：主营业务收入　　　　　　　　　　　　　　　170000
　　　　应交税费——应交增值税（销项税额）　　　　18700
借：税金及附加　　　　　　　　　　　　　　　5500
　　贷：应交税费——应交消费税　　　　　　　　　　5500

本例中，该金店按消费税法的规定，依据实际收取的不含增值税的价款计算增值税销项税额和应交消费税，然后用换入的旧首饰作价和收取的差价倒挤出主营业务收入的金额。

（六）在流转过程中发生视同销售业务，应计税

【例题3-62·会计核算题】 某珠宝首饰有限公司将一批自产的黄金饰品作为福利发给员工，该批饰品成本为30000元，售价为45000元。

该公司是黄金饰品的生产企业，不是零售单位。但是将金银首饰用于职工福利和捐赠等视同销售业务，应缴纳消费税。本例中的税务处理和会计核算如下：

增值税销项税额 = 45000 × 17% = 7650（元）
应纳消费税 = 45000 × 5% = 2250（元）

借：应付职工薪酬　　　　　　　　　　　　　　52650
　　贷：主营业务收入　　　　　　　　　　　　　　　45000
　　　　应交税费——应交增值税（销项税额）　　　　7650
借：税金及附加　　　　　　　　　　　　　　　2250
　　贷：应交税费——应交消费税　　　　　　　　　　2250

第九节　消费税税务筹划

消费税的税务筹划主要包括消费税纳税人的税务筹划和消费税计税依据的税务筹划两个方面。

一、消费税纳税人的税务筹划

消费税是针对特定纳税人的税种，因此，通过企业合并，可以递延消费税的纳税时间。

企业合并会使原来企业与企业之间的购销行为转变为企业内部的购销行为，而企业内部的购销行为是不需要缴纳消费税的，这就递延了消费税的纳税时间。如果两个企业存在原材料供应关系，那么，在合并前原材料的转让关系为销售关系，应按正常的销售价格缴纳消费税。在合并后企业之间的原材料供应关系就转变为企业内部的原材料转让关系，内部转让环节不缴纳消费税，而是递延到对外销售环节再缴纳。

如果后一环节的消费税税率较前一环节的消费税税率低，则通过企业合并，可以直接减轻企业的消费税税负。因前一环节应该征收的税款延迟到后面环节再征收，而后面环节的税率又较低，这就使合并前企业间的销售额，在合并后适用了较低的税率而减轻了税负。

【例题3-63·计算分析题】某地区有两家大型酒厂乙和丙，都是独立核算的法人。乙企业主要经营粮食类白酒，以当地生产的高粱和玉米为原材料进行酿造，按照《消费税暂行条例》规定，适用税率为20%。丙企业以乙企业生产的粮食酒为原料，生产系列药酒，按照税法相关规定，适用税率为10%。乙企业每年要向丙企业按10元/千克价格销售20000吨的粮食酒，总计价款为2亿元，2017年，丙企业由于经营不善即将破产。此时丙企业欠乙企业1亿元的货款。经评估，丙企业的资产恰好也为1亿元。乙企业经营者经过研究，决定对丙企业进行收购。其决策的主要依据如下。

（1）收购支出的费用小。由于合并前，丙企业的资产和负债均为1亿元，净资产为零，不需要支付对价，根据相关法律规定，不需要交纳企业所得税。此外，按税法相关规定，企业合并，也不需要交纳增值税、契税、土地增值税等税种。

（2）合并可以递延部分税款。合并前，乙企业向丙企业提供的粮食酒，每年应交增值税为20000×17%＝3400（万元）；应交消费税为20000×20%＋2×1000×2×0.5＝6000（万元）。合并后，这笔税款中的增值税和从价计征的消费税可以递延到药酒销售环节缴纳，获得递延纳税好处。而从量计征的消费税税款则免于缴纳。

（3）丙企业生产的药酒市场前景很好，企业合并后可以将经营的主要方向转向药酒生产。因粮食酒的消费税税率为20%，药酒的消费税税率为10%，因而转向后，企业应交的消费税款将减少。

假定药酒的销售额为6亿元，销售数量为30000吨。

合并前应交消费税款如下：

乙企业应交消费税＝30000×20%＋5×1000×2×0.5＝11000（万元）

丙企业应交消费税＝60000×10%＝6000（万元）

合计纳税＝11000＋6000＝17000（万元）

合并后应交消费税＝60000×10%＝6000（万元）

合并后节约消费税＝11000－6000＝5000（万元）

二、消费税计税依据的税务筹划

消费税计税依据的税务筹划主要包括关联企业转让定价和包装物的筹划两个方面。

（一）关联企业转让定价

消费税的应税行为发生在生产领域而非流通领域。如果企业集团内设立独立的法人销售机构，生产应税消费品的企业以较低的价格将应税消费品销售给与其关联的销售机构，则可降低生产企业的销售额，从而减少应交消费税税额。独立的销售机构处于流通领域，只缴纳增值税，不缴纳消费税。

【例题3-64·计算分析题】某酒厂主要生产粮食酒，产品销往全国各地的批发商和本地的一些超市、酒店、消费者。根据以往的经验，每年销售给批发商白酒约10000箱（每箱12瓶，每瓶500克），零售商、酒店和消费者到工厂直接购买的白酒大约2000箱。

企业的生产成本为1000元/箱,企业销售给批发商的不含税价格为每箱1500元,销售给零售商、酒店及消费者的不含税价格为1650元。

该酒厂采纳税务师事务所意见,在本地设立了一个法人销售公司,以1200元/箱的价格卖给销售公司,销售公司再分别以1500元/箱和1650元/箱卖给批发商和零售户、酒店及消费者。粮食白酒的比例税率为20%,定额税率为0.5元/500克。

【解析】

不成立销售公司,直接对外销售白酒应缴纳消费税:

$1500 \times 10000 \times 20\% + 1650 \times 2000 \times 20\% + 12 \times 12000 \times 0.5 = 3732000$(元)

成立销售公司,由销售公司对外销售白酒应缴纳消费税:

$1200 \times 12000 \times 20\% + 12 \times 12000 \times 0.5 = 2952000$(元)

节约消费税:$3732000 - 2952000 = 780000$(元)

成立销售公司和不成立销售公司,对整个集团缴纳增值税税额没有影响。

● (二)包装物的筹划

随着市场竞争的日益深化,消费者对产品包装的要求也越来越高。但对于消费税所调节的应税消费品而言,生产企业往往不能随心所欲地包装自己的产品,否则就有可能陷入高税负的泥潭。

根据《消费税暂行条例实施细则》的规定,应税消费品连同包装销售的,不论包装物是否单独计价,也不论在会计上如何核算,实行从价定率计算消费税部分,均应并入应税消费品的销售额征收消费税。如果包装物不作价随同产品销售,而是收取押金,则此押金不并入应税消费品的销售额中征税。但因逾期未收回包装物而不再退还的和已收取1年以上的押金,实行从价定率计算消费税部分,应并入应税消费品的销售额,按照应税消费品的适用税率征收消费税。

对酒类产品生产企业销售酒类产品(啤酒、黄酒除外)而收取的包装物押金,不论押金是否返还及会计上如何核算,实行从价定率计算消费税部分,均应并入酒类产品销售额征收消费税。

对于包装物的纳税问题,如果经营者兼顾经营需要和税务筹划两个方面,在销售方法和操作程序上做一些筹划,就可能少交消费税。企业的主要做法就是通过先销售,后包装的形式降低应税销售额,从而降低消费税税负。

【例题3-65·计算分析题】某日用化妆装品厂将生产的化妆品、护肤护发品、小工艺品等组成成套消费品销售。每套消费品由下列产品组成:化妆品包括一瓶香水(500元),一支口红(300元);护肤护发品包括一瓶浴液(45元),一瓶洗面奶(40元);此外还有化妆工具及小饰品(15元),塑料包装盒(10元)。化妆品消费税税率为15%,上述价格均不含税。按照习惯做法,企业将产品包装后再销售给商业企业。上述商品中只有香水和口红属于消费税应税消费品。

税法规定,纳税人将应税消费品与非应税消费品以及使用税率不同的应税消费品组成成套消费品销售,应根据销售金额按应税消费品的最高税率纳税,纳税人兼营不同税率应税消费品的,应当分别核算不同税率应税消费品的销售额或销售数量,未分别核算的,按最高税率征税。

该日用化妆品厂每套化妆品的应交消费税如下:

$(500 + 300 + 45 + 40 + 15 + 10) \times 15\% = 136.5$(元)

习惯上,工业企业销售产品,都采取"先包装,后销售"的方式进行。按照上述税法的相关规定,如果改成"先销售,后包装"方式,则可大大降低消费税的税负。

企业降低消费税税员的具体操作方法可以从两方面考虑,其一,将上述产品先分类别销售给零售商,再由零售商包装后对外销售,这样做只是换了一个包装地点。在销售环节将不同类别的产品分别开发票,在财务环节对不同的产品分别核算销售收入。其二,如果当地税务机关对有关操作环节要求比较严格,还可以将包装业务部分离出去,即另外设立一个独立的包装公司。

通过这样的操作,该日用化妆厂每套应税消费品的应交消费税如下:
(500+300)×15%=120(元)

每套化妆品节税额为16.5(136.5-120)元,应该注意的是,若上述产品采取"先销售,后包装"方式进行销售,但在财务上未分别核算其销售额,则税务部门仍会要求按照15%的税率对所有产品征收消费税。

练 习 题

一、单项选择题

1. 某金店为增值税一般纳税人,2016年10月零售金项链取得含税销售额58.5万元;零售镀金首饰取得含税销售额23.4万元;采取以旧换新方式零售银首饰,实际收取差价款3.51万元,该批以旧换新销售的新银首饰零售价为7.02万元。该金店2016年10月份应缴纳消费税( )万元。
   A. 2.5 B. 2.65 C. 2.8 D. 3.65

2. 甲卷烟批发企业为增值税一般纳税人,2016年10月销售给乙卷烟批发企业A牌卷烟100标准箱,开具的增值税专用发票上注明价款200万元;对超市批发A牌卷烟20标准箱,开具普通发票,取得销售额58.5万元。甲卷烟批发企业当月应缴纳消费税( )万元。
   A. 2.5 B. 6 C. 113.5 D. 141.8

3. 某酒厂为增值税一般纳税人,2017年10月将新酿制的5吨高级白酒用于职工福利,该批白酒的生产成本是500000元,无同类产品市场销售价格。已知白酒适用的消费税定额税率为0.5元/斤,比例税率为20%;成本利润率为5%。则该酒厂上述业务应缴纳消费税( )元。
   A. 131250 B. 132500 C. 137500 D. 136250

4. 某手表制造厂为增值税一般纳税人,2016年9月向甲商场销售A类手表500只,取得不含税销售收入400万元;向乙专卖店销售B类手表300只,取得不含税销售收入360万元。已知高档手表的消费税税率为20%。该手表制造厂当月应缴纳消费税( )万元。
   A. 36 B. 72 C. 80 D. 152

5. 某外贸企业（增值税一般纳税人）10月进口一批小汽车，关税完税价格折合人民币500万元，关税税率为25%，消费税税率为9%。下列关于该外贸企业进口时缴纳消费税的涉税账务处理的表述中，正确的是（　　）。

　　A. 借：库存商品　　　　　　　　　61.81万元
　　　　贷：银行存款　　　　　　　　　61.81万元
　　B. 借：税金及附加　　　　　　　　61.81万元
　　　　贷：银行存款　　　　　　　　　61.81万元
　　C. 借：库存商品　　　　　　　　　65.23万元
　　　　贷：银行存款　　　　　　　　　65.23万元
　　D. 借：税金及附加　　　　　　　　65.23万元
　　　　贷：银行存款　　　　　　　　　65.23万元

6. 下列贵重首饰中，不在零售环节缴纳消费税的是（　　）。
　　A. 黄金镶嵌首饰　　　　　　B. 铂金首饰
　　C. 钻石饰品　　　　　　　　D. 珍珠首饰

7. 根据消费税的有关规定，下列应税消费品中，实行从价定率计征消费税办法的是（　　）。
　　A. 黄酒　　　　B. 啤酒　　　　C. 药酒　　　　D. 成品油

二、多项选择题

1. 下列业务中，应同时征收增值税和消费税的有（　　）。
　　A. 个人进口小汽车　　　　　　B. 商场零售化妆品
　　C. 卷烟厂销售自产卷烟　　　　D. 商场零售金银饰品

2. 下列关于消费税纳税义务发生时间的表述中，正确的有（　　）。
　　A. 纳税人进口的应税消费品，其纳税义务发生时间为报关进口的当天
　　B. 纳税人自产自用的应税消费品，其纳税义务发生时间为移送使用的当天
　　C. 纳税人采取分期收款结算方式销售的应税消费品，其纳税义务发生时间为销售合同规定的收款日期的当天
　　D. 纳税人采取托收承付结算方式销售的应税消费品，其纳税义务发生时间为发出应税消费品并办妥托收手续的当天
　　E. 纳税人采取预收货款结算方式销售的应税消费品，其纳税义务发生时间为收到预收款的当天

3. 下列属于消费税纳税环节的有（　　）。
　　A. 金银首饰的生产环节　　　　B. 高尔夫球杆的委托加工环节
　　C. 卷烟的批发环节　　　　　　D. 小汽车的零售环节
　　E. 游艇的进口环节

4. 下列有关消费税的表述中，正确的有（   ）。
   A. 娱乐业举办的啤酒屋利用啤酒生产设备生产的啤酒，应当征收消费税
   B. 实行从价定率办法计算消费税应纳税额的，其计税销售额中不包括消费税
   C. 纳税人将自产的应税消费品用于连续生产应税消费品的，应于移送使用时缴纳消费税
   D. 纳税人通过自设非独立核算门市部销售的自产应税消费品，应当按照门市部对外销售额或者销售数量征收消费税

5. 根据消费税的有关规定，下列业务中，应征收消费税的有（   ）。
   A. 地板厂将自产的实木地板用于装饰办公楼
   B. 酒厂将自产的白酒用于职工福利
   C. 化妆品厂将自产的化妆品用于连续生产化妆品
   D. 甲卷烟批发企业向乙卷烟批发企业销售卷烟
   E. 汽车厂将自产的小汽车分配给股东

6. 依据企业涉税会计核算的有关规定，下列相关的账务处理的表述中，正确的有（   ）。
   A. 企业销售消费税应税产品时，按照应缴纳的消费税税额，借记"税金及附加"科目，贷记"应交税费——应交消费税"科目
   B. 企业销售资源税应税产品时，按照应缴纳的资源税税额，借记"税金及附加"科目，贷记"应交税费——应交资源税"科目
   C. 企业销售货物签订购销合同时，按照应缴纳的印花税税额，借记"税金及附加"科目，贷记"银行存款"科目
   D. 企业占用耕地建造厂房，按照应缴纳的耕地占用税，借记"在建工程"科目，贷记"银行存款"科目
   E. 将委托加工收回的高档手表连续生产高档手表销售的，应将受托方代收代缴的消费税，借记"应交税费——应交消费税"科目，贷记"银行存款"科目

7. 根据消费税的有关规定，下列可按当期生产领用量计算扣除外购应税消费品已纳消费税税款的有（   ）。
   A. 纳税人外购已税烟丝生产卷烟
   B. 纳税人外购已税粮食白酒生产化妆品
   C. 纳税人外购已税杆头、杆身和握把为原料生产高尔夫球杆
   D. 纳税人外购已税木制一次性筷子为原料生产木制一次性筷子

三、实训项目

项目一

某汽车厂系增值税一般纳税人，2016年12月发生如下业务：
（1）将自产的5辆小汽车和外购的5台电脑（采购价5000元/台）奖励给优秀员工；
（2）将自产的100辆小汽车作为投资与乙企业共同设立一汽车销售公司；
（3）将自产的1辆小汽车作为固定资产供管理部门使用。

已知每辆自产小汽车的成本为12万元,最低不含税销售价格为18万元,平均不含税销售价格为22万元,最高不含税销售价格为24万元。相关小汽车所有权已分别登记在相应人员（公司）名下。该款小汽车消费税率为5%。

要求：（1）说明甲企业上述业务涉及的增值税、消费税应分别如何处理。
（2）作出甲企业上述业务相应的会计分录（账务处理金额不予考虑）。

项目二

甲卷烟厂为增值税一般纳税人，2016年10月发生以下业务。

（1）购进卷烟用纸，取得防伪税控系统增值税专用发票，注明价款300000元、增值税税额51000元。

（2）进口一批烟丝，关税完税价格1000000元，关税税额50000元，海关征收进口环节税金后放行，企业取得海关填发的税款专用缴款书，该批烟丝入库后全部被领用生产卷烟。

（3）委托乙烟厂加工一批烟丝，甲卷烟厂提供烟叶的成本为100000元，支付乙烟厂不含税加工费30000元，取得增值税专用发票；乙烟厂按规定代收代缴了消费税（乙烟厂没有同类烟丝的销售价格），烟丝运回甲企业后全部被领用生产卷烟。

（4）对外销售卷烟80标准箱，每箱不含税价格为20000元，开具增值税专用发票，款项已收并存入银行。

（5）上月随同销售卷烟收取的包装物押金2000元，因本月到期购货方未归还而逾期，企业没收这部分押金。

（6）销售给丙卷烟批发企业卷烟100标准箱，开具的增值税专用发票上注明的销售价款为2000000元，增值税税额为340000元；丙企业在验收过程中发现商品质量不合格，要求在价格上给予5%的折让，假定甲卷烟厂已确认销售收入，款项尚未收到，已取得税务机关开具的红字增值税专用发票。

其他相关资料：上期增值税无留抵税额，当月的税款于下月的15日之前缴纳。

本题卷烟适用的消费税比例税率是56%，定额税率是每标准箱150元；烟丝的消费税税率是30%。不考虑除增值税和消费税外的其他税费。业务支出全部使用银行存款支付。

要求：（1）根据上述资料，做出每一笔经济业务相应的会计分录。
（2）计算甲卷烟厂本月应向主管税务机关缴纳的增值税和消费税。

项目三

某实木地板厂为增值税一般纳税人，2017年1月发生如下业务。

（1）1月5日，采取分期收款方式向某商场销售一批实木地板，不含税销售额300万元，合同约定当月支付货款30%，余款下月支付，由于商场资金周转不开，当月实际支付不含税货款50万元。

（2）1月15日，从乙实木地板厂购进未经涂饰的素板，取得的增值税专用发票上注明价款10万元，增值税1.7万元。当月领用80%用于继续生产高级实木地板，生产完成后全部对外出售,取得不含税销售收入30万元。

(3) 1月18日,将自产的一批实木地板奖励给优秀员工,成本为18万元,不含税市场价为30万元。

(4) 1月20日,将自产的一批实木地板作价200万元投资给某商店,该批实木地板的最低不含增值税销售价格为180万元,平均不含增值税销售价格为200万元,最高不含增值税销售价格为220万元。

(5) 1月28日,将新生产的一种艺术环保实木地板赠送给重要客户,该批实木地板成本为80万元,市场上无同类产品的销售价格。

其他相关资料:期初增值税留抵税额为1万元,实木地板的消费税税率为5%,成本利润率为5%。

要求: 根据上述资料,按下列顺序回答问题,每问需计算出合计数。

(1) 该实木地板厂采取分期收款方式销售实木地板应缴纳的消费税。

(2) 该实木地板厂将自产实木地板作价投资给商店应缴纳的消费税。

(3) 该实木地板厂1月应缴纳的消费税。

(4) 该实木地板厂1月应缴纳的增值税。

第四章

城市维护建设税与教育费附加会计核算

第四章 城市维护建设税与教育费附加会计核算

本章知识结构

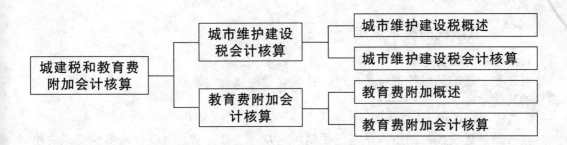

学习目标	1. 了解城市维护建设税和教育费附加的概念及特点。 2. 掌握计税的基本规定和征收管理方法。 3. 能完成城市维护建设税和教育费附加的税额计算与会计核算。 4. 能完成城市维护建设税和教育费附加的会计核算。

案例导入

地处市区的某内资企业为增值税一般纳税人,主要从事货物的生产与销售。2017年1月,该企业按规定缴纳增值税100万元,同时补交上一年度增值税10万元及相应的滞纳金1.595万元、罚款20万元。

要求:计算该企业当月应缴纳城市维护建设税和教育费附加并进行会计核算。

一、城市维护建设税概述

（一）城市维护建设税的概念

城市维护建设税是对从事工商经营，缴纳增值税和消费税的单位和个人征收的一种税。

（二）城建税的基本规定

1.城建税的征税范围

城建税征收的区域范围包括城市、县城、建制镇，以及税法规定征收增值税和消费税的其他地区。

2.城建税的纳税人

城市维护建设税的纳税人是在征税范围内从事工商经营，并缴纳增值税和消费税的单位和个人。

个体商贩及个人在集市上出售商品，对其征收临时经营的增值税，是否同时按其实缴税额征收城市维护建设税，由各省级人民政府根据实际情况确定。

自2010年12月1日起，开始对外商投资企业和外国企业及外籍个人征收城市维护建设税。

【例题4-1·单选题】根据城市维护建设税的规定，下列企业属于城市维护建设税纳税人的是（ ）。

A.缴纳资源税的国有企业 B.缴纳土地使用税的私营企业
C.缴纳消费税的外商投资企业 D.缴纳房产税的外国企业

【答案】C

3.城建税的税率

（1）城建税税率的基本规定。

城建税采用地区差别比例税率，纳税人所在地区不同，适用税率的档次也不同。城建税税率的具体规定如下：

纳税人所在地在城市（包括直辖市、省会城市和首府城市、较大的市、地级市和县级市）市区的，税率为7%；

纳税人所在地在县城、建制镇的，税率为5%；

纳税人所在地不在城市市区、县城、建制镇的，税率为1%。

纳税单位和个人缴纳城市维护建设税的适用税率，一律按其纳税所在地的规定税率执行。

（2）城建税税率的特殊规定。

由受托方代扣代缴、代收代缴增值税和消费税的单位和个人，其代扣代缴、代收代缴的城市维护建设税按受托方所在地适用税率执行。

流动经营无固定纳税地点的单位和个人，在经营地缴纳增值税和消费税的，其城市维护建设税的缴纳按经营地适用税率执行。

【例题4-2·多选题】下列关于城市维护建设税税率的说法正确的有（ ）。

A.某县城高尔夫球具制造厂受托为某市区企业加工厂庆高尔夫球具礼品，其代收代缴城市维护建设税税率为7%

B.某县城高尔夫球具制造厂受托为某市区企业加工厂庆高尔夫球具礼品，其代收代缴城市维护建设税税率为5%

C.流动经营无固定纳税地点的，按缴纳增值税和消费税所在地的规定税率计算交纳城建税

D.流动经营无固定纳税地点的，其城市维护建设税适用1%的税率

【答案】BC

（三）应纳税额的计算

城建税的计税依据是纳税人实际缴纳的消费税和增值税税额，不包括加收的滞纳金和罚款，也不包括纳税人进口环节被海关代征的增值税和消费税税额。另外，纳税人出口货物经批准免抵的增值税税额也是城建税的计税依据。

纳税人在被查补作为城建税计税依据的增值税等税款和被处以罚款时，应就其偷漏的城市维护建设税同时补、罚，并加收税收滞纳金。

应纳税额 =（实际缴纳的增值税 + 实际缴纳的消费税）× 适用税率

【例题4-3·多选题】下列项目中，应作为城市维护建设税计税依据的有（　　）。

A.纳税人出口货物经批准免抵的增值税税款

B.纳税人被税务机关查补的消费税税款

C.纳税人因欠缴增值税被加收的滞纳金

D.纳税人进口货物被海关代征的增值税

【答案】AB

（四）城建税的税收优惠

（1）增值税和消费税要免征或减征，城市维护建设税同时减免。

（2）海关对进口产品代征增值税和消费税的，不征收城市维护建设税。

（3）对出口产品退还增值税和消费税的，不退还已缴纳的城市维护建设税。

经国家税务局正式审核批准的当期免抵的增值税税额应纳入城市维护建设税和教育费附加的计征范围，分别按规定的税（费）率征收城市维护建设税和教育费附加。

【例题4-4·单选题】某生产企业（位于市区）为增值税一般纳税人，主要经营内销和出口业务，2016年8月应退增值税为40万元，出口货物免抵税额为4万元。另外，进口货物缴纳增值税17万元，缴纳消费税30万元。该企业2016年8月应纳城市维护建设税（　　）万元。

A.2.80　　　　B.0.28　　　　C.2.52　　　　D.5.81

【答案】B

【解析】城建税进口不征，出口不退；出口免抵的增值税应计缴城建税。应纳城建税 = $4 \times 7\% = 0.28$（万元）

（五）城建税的征收管理

（1）城市维护建设税的纳税义务发生时间，就是纳税人缴纳增值税和消费税的时间。同样，城市维护建设税的纳税期限与增值税和消费税的纳税期限也是一致的。

（2）纳税人直接缴纳增值税和消费税的，在缴纳增值税和消费税地缴纳城市维护建设税。

（3）代扣代缴的纳税地点：代征、代扣、代缴增值税和消费税的企业单位，同时也要代征、代扣、代缴城市维护建设税。如果没有代扣城市维护建设税的，应由纳税单位或个人回到其所在地申报纳税。

二、教育费附加概述

（一）教育费附加概念

教育费附加是对缴纳增值税和消费税的单位和个人，以其实际缴纳的增值税和消费税税额为计算依据征收的一种附加费。教育费附加是为加快教育事业、扩大地方教育经费的资金规模而征收的一项专用基金。

（二）教育费附加的计算

教育费附加以单位和个人实际缴纳的增值税和消费税为计征依据，分别与增值税和消费税同时缴纳。

现行教育费附加征收比率为3%。

应纳教育费附加＝应纳税额＝（实际缴纳的增值税＋实际缴纳的消费税）×征收比率

【例题4-5·计算题】某县城生产化妆品的纳税人本月交纳增值税10万元、消费税30万元，补缴上月应纳消费税2万元，当月取得出口退还增值税5万元，获批准出口免抵增值税4万元，缴纳进口关税8万元、进口增值税20万元、进口消费税10万元。计算本月应缴的城建税和教育费附加。

【答案及解析】城建税和教育费附加按实际缴纳的三税税额计算，且进口不征、出口不退，出口免抵增值税也要计算缴纳城建税。

应缴城建税＝（10＋30＋2＋4）×5%＝2.3（万元）

应缴教育费附加＝（10＋30＋2＋4）×3%＝1.38（万元）

（三）教育费附加的税收优惠

一般来说，城市维护建设税减免，教育费附加也会同时减免，教育费附加的税收优惠政策与城市维护建设税的税收优惠政策相同。

教育费附加的征收范围、计算依据与城建税一致，都有进口环节不征、出口环节不退的规定。但教育费附加的计征比率不因纳税人所在地区的不同而不同。

【例题4-6·单选题】关于教育费附加的说法，正确的是（　　）。

A.某公司当期应缴纳增值税30万元，实际缴纳增值税20万元，该公司应以30万元为计税依据计算缴纳教育费附加

B.张某开超市，2015年10月8日领取税务登记证，2016年10月8日起缴纳教育费附加

C.某公司进口铁矿石缴纳增值税80万元，应同时按3%的税率缴纳教育费附加

D.某公司出口电视机已退增值税60万元，但已缴纳的教育费附加不予退还

【答案】D

(四)地方教育费附加

地方教育费附加是指各省、自治区、直辖市根据国家有关规定,为实施"科教兴省"战略,增加地方教育的资金投入,促进本各省、自治区、直辖市教育事业发展,开征的一项地方政府性基金。该收入主要用于各地方的教育经费的投入补充。2011年7月1日发布的《国务院关于进一步加大财政教育投入的意见》要求:全面开征地方教育费附加,各地区要加强收入征管,依法足额征收,不得随意减免。地方教育费附加的计征依据和教育费附加一致,征收率为2%。

三、城市维护建设税和教育费附加的会计核算的具体内容

(一)账户设置

城建税和教育费附加通过"应交税费—应交城建税"和"应交税费—应交教育费附加"账户进行核算。账户的贷方发生额反映企业应缴纳的城建税和教育费附加,借方发生额反映企业已纳的城建税和教育费附加。账户的期末余额在贷方反映企业应缴未缴的城建税和教育费附加。

账户结构如下:

借方	应交税费—应交城建税	贷方
实际缴纳的城建税		应缴纳的城建税
余额:多缴的城建税		余额:尚未缴纳的城建税

借方	应交税费—应交教育费附加	贷方
实际缴纳的教育费附加		应缴纳的教育费附加
余额:多缴的教育费附加		余额:尚未缴纳的教育费附加

企业在进行城建税和教育费附加会计核算时,还应设置"税金及附加"账户。该账户属于损益类账户,核算企业经营活动中发生的消费税、城市维护建设税、资源税、教育费附加及房产税、土地使用税、车船使用税、印花税等相关税费。

该账户借方发生额反映企业按规定计算确定的与经营活动有关的除增值税以外的相关税费,贷方发生额反映企业期末转入"本年利润"账户的税费,结转后,该账户余额为零。账户结构如下:

借方	税金及附加	贷方
企业经营活动中发生的消费税、城市维护建设税、资源税、教育费附加及房产税、土地使用税、车船使用税、印花税等相关税费		企业经营活动中发生的消费税、城市维护建设税、资源税、教育费附加及房产税、土地使用税、车船使用税、印花税等相关税费

● (二)账户对应关系

1.计算应缴纳的城建税及教育费附加时
　　借：税金及附加
　　　　贷：应交税费——应交城建税
　　　　　　　　　　——应交教育费附加

2.实际缴纳税款时，账户对应关系为：
　　借：应交税费——应交城建税
　　　　　　　　——应交教育费附加
　　　　贷：银行存款

● (三)具体业务处理

【例题4-7·会计核算题】某企业本期实际应上交增值税450000元，消费税350000元。该企业适用的城市维护建设税税率为7%。教育费附加为3%。

应交的城市维护建设税=（450000+350000）×7%=56000（元）
应交教育费附加=（450000+350000）×3%=24000（元）

该企业的有关会计处理如下：
(1) 计算应交的城市维护建设税：
　　借：税金及附加　　　　　　　　　　　　80000
　　　　贷：应交税费——应交城市维护建设税　　56000
　　　　　　　　　　——应交教育费附加　　　　24000
(2) 用银行存款上交城市维护建设税时：
　　借：应交税费——应交城市维护建设税　　56000
　　　　　　　　——应交教育费附加　　　　24000
　　　　贷：银行存款　　　　　　　　　　　　80000

练 习 题

一、单项选择题

1.下列单位和个人，不属于城市维护建设税纳税人的是（　　）。
　　A.缴纳增值税的外商投资企业　　　　B.缴纳增值税的个体工商户
　　C.缴纳土地增值税的国有企业　　　　D.缴纳消费税的外籍个人

2.位于市区的某企业于2017年3月按规定缴纳增值税20万元、消费税5万元、土地增值税30万元，同时补缴以前月份的增值税4万元，消费税1万元，被加收滞纳金0.3万元，被处罚款0.8万元。该企业当月应缴纳城市维护建设税和教育费附加合计（　　）万元。
　　A.3.11　　　　　B.2.5　　　　　C.2.4　　　　　D.3

3. 某县城一企业（增值税一般纳税人）于2017年1月将闲置办公楼出租，当月取得租金收入50000元，采用简易方式计算增值税。该企业当月应缴纳城市维护建设税（   ）元。
  A. 145.2   B. 119.05   C. 276.11   D. 384.31

4. 某县城一企业（增值税一般纳税人）于2014年12月进口生产用机器设备一台，向海关缴纳增值税2000元，并取得海关进口增值税专用缴款书，当月使用后又将其售出，取得不含税销售收入50000元。该企业当月应缴纳教育费附加和地方教育费附加（   ）元。
  A. 525   B. 425   C. 325   D. 225

5. 位于市区的甲企业2017年3月委托某县城的乙企业加工化妆品一批，甲企业提供原材料20万元，当月加工完毕，乙企业开具的增值税专用发票上注明加工费6万元，辅助材料费4万元。已知，乙企业无同类化妆品的销售价格，化妆品适用的消费税税率为15%。乙企业应代收代缴城市维护建设税（   ）万元。
  A. 0.30   B. 0.27   C. 0.32   D. 0.26

二、多项选择题

1. 下列各项中，可作为城市维护建设税的计税依据的有（   ）。
  A. 实际缴纳的企业所得税
  B. 生产环节缴纳的增值税
  C. 经批准的当期免抵增值税税额
  D. 查补的资源税
  E. 逾期缴纳消费税加收的滞纳金

2. 位于市区的某生产企业（增值税一般纳税人）于2016年6月将其自产的铝合金门窗销售给A公司并负责安装，取得不含税销售收入800万元，收取安装费234万元。当月销售其废弃仓库取得销售收入500万元，该仓库系生产企业3年前以200万元价格购入，该事项采用简易方法计税。已知该生产企业当月可抵扣进项税额50万元。关于该生产企业的相关税务处理，下列说法正确的有（   ）。
  A. 该生产企业当月应缴纳增值税134.29万元
  B. 该生产企业当月应缴纳增值税86万元
  C. 该生产企业当月应缴纳营业税15万元
  D. 该生产企业当月应缴纳城市维护建设税9.40万元
  E. 该生产企业当月应缴纳教育费附加4.03万元

第五章

关税会计核算与筹划

第五章 关税会计核算与筹划

本章知识结构

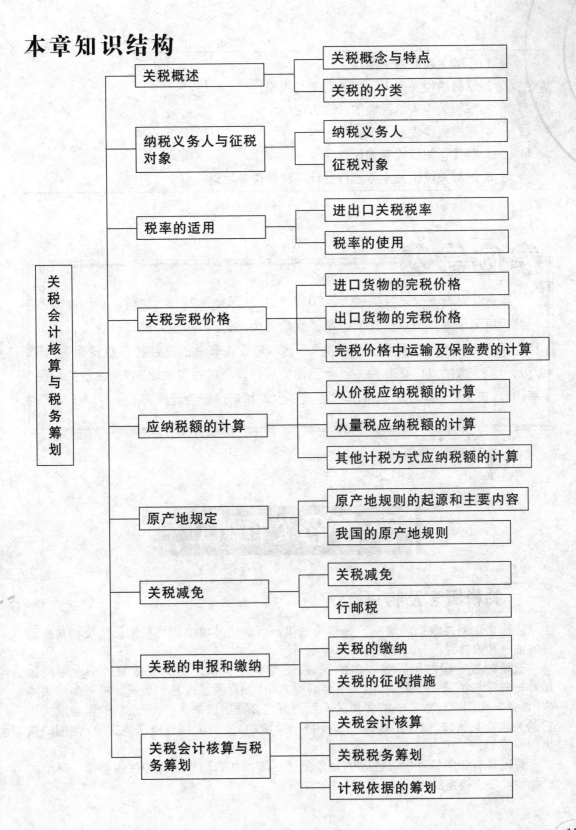

学习目标	1. 了解关税的基本原理。 2. 掌握纳税义务人、征税对象与税率。 3. 掌握关税应纳税额的计算方法。 4. 掌握关税优惠政策。 5. 能计算关税的应纳税额。 6. 能对关税相关业务进行会计核算和税务筹划。

案例导入

某企业为增值税一般纳税人,2017年9月从国外进口一批材料,货价为80万元,运抵我国输入地点起卸前运费及保险费为5万元;从国外进口一台设备,货价为10万元,境外运费和保险费为2万元,与设备有关的软件特许权使用费为3万元;企业缴纳进口环节相关税金后海关放行。材料关税税率20%,设备关税税率10%。该企业应缴纳进口环节税金是多少?如何进行会计核算?

第一节 关税概述

一、关税概念及特点

关税是由海关根据国家制定的有关法律,以进出关境的货物和物品为征税对象而征收的一种流转税。

国境就是一国的国界线以内的区域,而关境是执行同一关税政策的一个相同区域;一般来说关境等于国境,但也有特殊情况,比如保税区或互市贸易区就不属于关境内,如果一个国家设置了一些保税区、互市贸易区或出口加工区,那么它的国境就大于它的关境。又比如,欧盟的国家都位于同一关境内,但各国都有自己的国境,他们的关境大于国境。

关税具有如下特点:①征收的对象是进出境的货物和物品;②关税是单一环节的价外税;③有较强的涉外性。

【例题5-1·单选题】以下关于关税的叙述不正确的是（　　）。
A.对无形的货品不征收关税
B.关境和国境可能是一致的，也可能不一致
C.国境大于关境
D.关税政策、关税措施也往往和经济政策、外交政策紧密相关，具有涉外性
【答案】C

二、关税的分类

（1）按征税对象分类，关税分为进口税、出口税和过境税三类。
（2）按征税标准分类，关税分为从量税、从价税两类。此外，各国常用的征税标准还有复合税、选择税、差价税、滑准税。

滑准税又称"滑动税"，是对进口税则中的同一种商品按其市场价格标准分别制定不同价格档次的税率而征收的一种进口关税。其高档商品价格的税率低或不征税，低档商品价格的税率高。征收这种关税的目的是使该种进口商品，不论其进口价格高低，其税后价格保持在一个预定的价格标准上，以稳定进口国国内该种商品的市场价格，尽可能降低国际市场价格波动的影响。

（3）按征税性质分类（主要适用于进口关税），关税分为普通关税、优惠关税和差别关税三种。

普通关税与优惠关税的税率差别一般较大。

优惠关税有双向、单向之分，一般有特定优惠关税、普遍优惠关税和最惠国待遇三种。

差别关税实际上是贸易保护主义政策的产物。一般意义上的差别关税主要分为加重关税、抵消关税、报复关税、反倾销关税等。

（4）按保护形式和程度分类关税分为关税壁垒和非关税壁垒两类。

【例题5-2·多选题】差别关税实际上是保护主义政策的产物，是一国保护国内产业所采取的特别手段。差别关税主要有（　　）。
A.加重关税　　　　B.优惠关税　　　　C.反补贴关税
D.报复关税　　　　E.反倾销关锐
【答案】ACDE

【例题5-3·多选题】以下关于关税分类相关的说法正确的有（　　）。
A.按征税标准分类，关税可分为普通关税、优惠关税和差别关税三类
B.按征税对象分类，可将关税分为进口税、出口税和过境税三类
C.反倾销税、反补贴税、报复关税、紧急进口税等都属于进口关税的附加税
D.普惠制的三条基本原则是普遍原则、非歧视原则和互惠原则
E.最惠国待遇往往不是最优惠的关税待遇，它只是一种非歧视性的关税待遇
【答案】BCE

第二节 纳税义务人和征税对象

一、纳税人

关税的纳税义务人为进口货物的收货人、出口货物的发货人、进出境物品的所有人。

关税的课税对象分为贸易性商品和非贸易性商品两种，因而其纳税人可分为以为两大类。

一是贸易性商品的纳税人：贸易性商品的纳税人是经营进口货物的收货人、出口货物的发货人。其具体包括外贸进出口公司、工贸或农贸结合的进出口公司、其他经批准经营进出口商品的企业。

二是非贸易性商品的纳税人：非贸易性商品的纳税人包括入境旅客随身携带的行李，物品的持有人；各种运输工具上的服务人员入境时携带自用物品的持有人；馈赠物品及以其他方式入境个人物品的所有人；进口个人邮件的收件人。

二、征税对象

关税的征税对象是准许进出境的货物和物品。货物是指贸易性商品；物品是非贸易性商品，指入境旅客随身携带的行李物品、个人邮递物品、各种运输工具上的服务人员携带进口的自用物品、馈赠物品以及以其他方式进境的个人物品。关税对有形货品征税，对无形货品不征税。

第三节 税率的适用

一、关税税则制度

进出口税则是一国政府根据国家关税政策和经济政策，通过一定的立法程序制定公布实施的进出口货物和物品应税的关税税率表。进出口税则以税率表为主体，通常还包括实施税则的法令、使用税则的有关说明和附录等。

从1992年1月至今，我国实施了以《商品名称及编码协调制度》（简称HS）为基础的进出口税则。我国现行税则采用八位编码，前六位采用HS编码，第七、八位为我国根据中国进出口商品的实际情况，在HS基础上延伸的两位编码，也称为增列税目。

表5-1 税则部分内容展示列表

税则号列	货品名称	最惠国税率%	普通税率%	增值税率%
6601.1000	庭院用伞及类似伞	14	130	17
6601.9100	折叠伞	10	130	17
6603.2000	伞骨（包括装在伞柄上的伞骨）	14	130	17

二、进口关税税率

我国进口关税税率为差别比例税率和定额税率，我国进口税则设有最惠国税率、协定税率、特惠税率、普通税率、关税配额税率等税率形式。

原产于共同适用最惠国待遇条款的世界贸易组织成员的进口货物，原产于与中华人民共和国签订含有相互给予最惠国待遇条款的双边贸易协定的国家或者地区的进口货物，以及原产于中华人民共和国境内的进口货物，适用最惠国税率。

原产于与中华人民共和国签订含有关税优惠条款的区域性贸易协定的国家或者地区的进口货物，适用协定税率。

原产于与中华人民共和国签订含有特殊关税优惠条款的贸易协定的国家或者地区的进口货物，适用特惠税率。

普通税率适用于没有外交关系的国家和产地不明的进口货物，税率最高，适用于普通税率的不适用其他优惠税率。

关税配额税率是指对实行关税配额管理的进口货物，在关税配额内的适用关税额税率，关税配额外按不同情况分别适用于最惠国税率、协定税率、特惠税率或普通税率。

普通税率适用于没有外交关系的国家和产地不明的进口货物，税率最高，适用于普通税率的不适用其他优惠税率。最惠国税率适用于世贸成员和有外交关系签有相互给予最惠国待遇的国家，税率较普通税率低许多。协定税率适用于与我国签有关税优惠条款的区域性贸易协定的国家，税率较最惠国税率低。特惠税率适用于原产于与我国签有特殊关税优惠条款的区域性贸易协定的国家，税率较协定税率低。

《进出口关税条例》规定，适用最惠国税率的进口货物有暂定税率的，应当适用暂定税率；适用特惠税率、协定税率的进口货物有暂定税率的，应当从低适用税率；适用普通税率的进口货物，不适用暂定税率。

原产地的确定直接影响进口关税率的确定。

三、出口关税税率

我国出口税则为一栏税率，即出口税率。国家仅对少数资源型产品及易于竞相杀价、需要规范出口秩序的半制成品征收出口关税。目前我国对36种商品征收出口征税，采用的都是从价定率征税的方法，税率2%~40%，在一定期限内可实行暂定税率。

四、关税税率的运用

《进出口关税条例》规定，进出口货物应当依照税则规定的归类原则归入合适的税号，并按照适用的税率征税。其中：

（1）进出口货物应当按照纳税义务人申报进口或者出口之日实施的税率征税。

（2）进出口货物到达前，经海关核准先行申报的，应当按照装载此货物的运输工具申报进境之日实施的税率征税。

（3）进出口货物的补税和退税，适用该进出口货物原申报进口或者出口之日所实施的税率，但特例情况根据关税条例规定如下：

（1）按照特定减免税办法批准予以减免税的进口货物，后因情况改变经海关批准转让或出售或移作他用需补税的，应当适用海关接受申报办理纳税手续之日实施的税率征税。

（2）加工贸易进口料、件等属于保税性质的进口货物，如经批准转为内销，应按向海关申报转为内销之日实施的税率征税；如未经批准擅自转为内销的，则按海关查获日期所施行的税率征税。

（3）暂时进口货物转为正式进口需补税时，应按其申报正式进口之日实施的税率征税。

（4）分期支付租金的租赁进口货物，分期付税时，应按该项货物原进口之日实施的税率征税。

【例题5-4·单选题】下列各项中不符合关税税率有关规定的是（　　）。

A.减免税货物转让或改变成不免税用途的，按照原进口之日的税率计税

B.加工贸易进口保税料件经批准转为内销的，应按申报转内销之日的税率计税

C.进出口货物到达前，经海关核准先行申报的，应当按照装载此货物的运输工具申报进境之日实施的税率征税

D.暂时进口货物转为正式进口需要补税的，按照申报正式进口之日实施的税率征税

【答案】A

第四节 关税完税价格

一、一般进口货物的完税价格

（一）以成交价格为基础的完税价格

完税价格是指货物的计税价格。正常情况下，进口货物采用以成交价格为基础的完税价格。进口货物的完税价格包括货物的货价、货物运抵我国输入地点起卸前的运输及相关费用、保险费。货物的货价以成交价格为基础。

1.对进口货物成交价格的要求

（1）买方对进口货物的处置或使用不受限制，但国内法律、行政法规规定的限制和对货物转售地域的限制，以及对货物价格无实质影响的限制除外。

（2）货物的价格不得受到使该货物成交价格无法确定的条件或因素的影响。

（3）卖方不得直接或间接获得因买方转售、处置或使用进口货物而产生的任何收益，除非能够按照《完税价格办法》有关规定作出调整。

（4）买卖双方之间没有特殊关系，如果有特殊关系，应当符合《完税价格办法》的有关规定。

2.对实付或应付价格进行调整的有关规定

实付或应付价格指买方为购买进口货物直接或间接支付的总额，即作为卖方销售进口货物的条件，由买方向卖方或为履行卖方义务向第三方已经支付或将要支付的全部款项。

（1）如下列费用或者价值未包括在进口货物的实付或者应付价格中，应当计入完税价格。

①由买方负担的除购货佣金以外的佣金和经纪费。"购货佣金"指买方为购买进口货物向自己的采购代理人支付的劳务费用。"经纪费"指买方为购买进口货物向代表买卖双方利益的经纪人支付的劳务费用。

②由买方负担的与该货物视为一体的容器费用。

③由买方负担的包装材料和包装劳务费用。

④与该货物的生产和向中华人民共和国境内销售有关的，由买方以免费或者以低于成本的方式提供并可以按适当比例分摊的料件、工具、模具、消耗材料及类似货物的价款，以及在境外开发、设计等相关服务的费用。

⑤与该货物有关并作为卖方向我国销售该货物的一项条件是应当由买方直接或间接支付特许权使用费。"特许权使用费"指买方为获得与进口货物相关的、受著作权保护的作品、专利、商标、专有技术和其他权利的使用许可而支付的费用。但是在估定完税价格时，进口货物在境内的复制权费不得计入该货物的实付或应付价格之中。

⑥卖方直接或间接从买方对该货物进口后转售、处置或使用所得中获得的收益。

上列所述的费用或价值，应当由进口货物的收货人向海关提供客观量化的数据资料。如果没有客观量化的数据资料，完税价格由海关按《完税价格办法》规定的方法进行估定。

进口货物完税价格所包含的因素如图5—1所示。

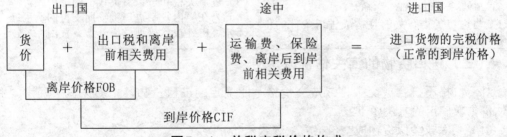

图5—1 关税完税价格构成

CIF是常用国际贸易术语 是Cost,Insurance and Freight的缩写，意思是成本加保险费和运费。该术语后，要指明目的港的名称。 CIF是指卖方在规定的装运期内，在指定的装运港，将货物交至船上，负担货物装上船之前的一切费用和风险，并负责运费和保险费，支付运费和保险费。

"实付或应付价格"指买方为购进进口货物直接或间接支付的总额。进口货物的完税价格中的计算因素如下，货价应该是完整的，包括应由买方负担、支付的佣金、经纪费、包装、容器和其他经济利益。但不包括买方向自己采购代理人支付的购货佣金和劳务费用。也不包括货物进口后发生的安装、运输费用。计算进口货物关税的完税价格,CIF三项缺一不可。

【例题5-5·多选题】下列未包含在进口货物价格中的项目,应计入关税完税价格的有( )。

A.由买方负担的购货佣金
B.由买方负担的包装材料和包装劳务费
C.由买方支付的进口货物在境内的复制权费
D.由买方负担的与该货物视为一体的容器费用

【答案】BD

(2)下列费用,如能与该货物实付或者应付价格区分,不得计入完税价格:
①厂房、机械、设备等货物进口后的基建、安装、装配、维修和技术服务的费用;
②货物运抵境内输入地点之后的运输费用、保险费和其他相关费用;
③进口关税及其他国内税收。

【例题5-6·计算题】某进出口公司从美国进口一批化工原料共500吨,货物以境外口岸离岸价格成交,单价折合人民币为20000元,买方承担包装费每吨500元,另向卖方支付的佣金每吨1000元人民币,另向自己的采购代理人支付佣金5000元人民币,已知该货物运抵中国海关境内输入地起卸前的包装、运输、保险和其他劳务费用为每吨2000元人民币,进口后另发生运输和装卸费用300元人民币,计算该批化工原料的关税完税价格。

【答案】(20000+500+1000+2000)×500=1175(万元)。

关税完税价格的构成见表5-2。

表5-2 关税完税价格的构成

完税价格的构成因素	不计入完税价格的因素
基本构成:货价+至运抵口岸的运费+保险费 综合考虑可能调整的项目: (1)买方负担、支付的中介佣金、经纪费; (2)买方负担的包装、容器的费用; (3)买方付出的其他经济利益; (4)与进口货物有关的且构成进口条件的特许权使用	(1)向自己采购代理人支付的购货佣金和劳务费用; (2)货物进口后发生的安装、运输费用; (3)进口关税和进口海关代征的国内税; (4)为在境内复制进口货物而支付的费用; (5)境内外技术培训及境外考察费用

● (二)进口货物的海关估价方法

对于价格不符合成交条件或成交价格不能确定的进口货物,由海关估价确定。海关估价依次使用的方法如下:

(1)相同或类似货物成交价格方法(最低价格);
(2)倒扣价格方法;
(3)计算价格方法;
(4)其他合理的方法。

使用其他合理方法时,应当根据《完税价格办法》规定的估价原则,以在境内获得的数据资料为基础估定完税价格。但不得使用以下价格:①境内生产的货物在境内的销售价格;②可供选择的价格中较高的价格;③货物在出口地市场的销售价格;④以计算价格方法规定的有关各项之外的价值或费用计算的价格;⑤出口到第三国或地区的货物的销售价格;⑥最低限价或武断虚构的价格。

二、特殊进口货物的完税价格

(一) 加工贸易进口料件及其制成品

加工贸易进口料件及其制成品需征税或内销补税的，海关按照一般进口货物的完税价格规定，审定完税价格。其中：

(1) 进口时需征税的进料加工进口料件，以该料件申报进口时的价格估定。

(2) 内销的进料加工进口料件或其制成品（包括残次品、副产品），以料件原进口时的价格估定。

(3) 内销的来料加工进口料件或其制成品（包括残次品、副产品），以料件申报内销时的价格估定。

(4) 出口加工区内的加工企业内销的制成品（包括残次品、副产品），以制成品申报内销时的价格估定。

(5) 保税区内的加工企业内销的进口料件或其制成品（包括残次品、副产品），分别以料件或制成品申报内销时的价格估定。如果内销的制成品中含有从境内采购的料件，则以所含从境外购入的料件原进口时的价格估定。

(6) 加工贸易加工过程中产生的边角料，以申报内销时的价格估定。

(二) 保税区、出口加工区货物

保税区、出口加工区内的加工贸易企业申报内销加工贸易制成品时，海关按照接受内销申报的同时或大约同时进口的，与制成品相同或类似的货物的进口成交价格为基础审查确定完税价格。

保税区内的加工贸易企业内销的进料加工制成品中，如果含有从境内采购的料件，海关以制成品所含从境外购入料件的原进口成交价格为基础审查确定完税价格。料件的原进口成交价格不能确定的，海关按照接受内销申报的同时或大约同时进口的，与料件相同或类似的货物的进口成交价格为基础审查确定完税价格。

保税区内的加工贸易企业内销的来料加工制成品中，如果含有从境内采购的料件，海关按照接受内销申报的同时或大约同时进口的，与制成品所含从境外购入的料件相同或类似的货物的进口成交价格为基础审查确定完税价格。

(三) 运往境外修理的货物

运往境外修理的机械器具、运输工具或其他货物，出境时已向海关报明，并在海关规定期限内复运进境的，应当以海关审定的境外修理费和料件费为完税价格。

(四) 运往境外加工的货物

运往境外加工的货物，出境时已向海关报明，并在海关规定期限内复运进境的，应当以海关审定的境外加工费和料件费，以及该货物复运进境的运输及其相关费用、保险费估定完税价格。

(五) 暂时进境货物

对于经海关批准的暂时进境的货物，应当按照一般进口货物估价办法的规定，估定完税价格。

(六)租赁方式进口货物

租赁方式进口的货物中,以租金方式对外支付的租赁货物,在租赁期间以海关审定的租金作为完税价格;留购的租赁货物,以海关审定的留购价格作为完税价格;承租人申请一次性缴纳税款的,经海关同意,按照一般进口货物估价办法的规定估定完税价格。

(七)留购的进口货样

对于境内留购的进口货样、展览品和广告陈列品,以海关审定的留购价格作为完税价格。

(八)予以补税的减免税货物

减税或免税进口的货物需予补税时,应当以海关审定的该货物原进口时的价格,扣除折旧部分价值作为完税价格,计算公式如下:

完税价格=海关审定的该货物原进口时的价格×[1-申请补税时实际已使用的时间(月)÷(监管年限×12)]

【例题5-7·计算题】2015年9月1日某公司由于承担国家重要工程项目,经批准进口了一套电子设备。使用2年后项目完工,2017年8月31日公司将该设备出售给了国内另一家企业,并向海关办理申报补税手续。该电子设备的到岸价格为300万元,2015年进口时该设备关税税率为12%,2017年转售时该设备关税税率为7%,海关规定的监管年限为5年,按规定公司应补交关税(   )。

【答案】应补关税税额=300×[1-(2×12)/(5×12)]×7%=12.6(万元)

【例题5-8·计算题】某医院2010年以150万元(人民币,下同)的价格进口了一台医疗仪器;2014年1月因出现故障运往日本修理(出境时已向海关报明),2014年5月,按海关规定的期限复运进境。此时,该仪器的国际市场价已为200万元。若经海关审定的修理费和料件费为40万元,进口运费1万元,进口关税税率为6%,该仪器复运进境时,应缴纳多少进口关税?

【答案】40×6%=2.4(万元)

(九)以其他方式进口的货物

以易货贸易、寄售、捐赠、赠送等其他方式进口的货物,应当按照一般进口货物估价办法的规定,估定完税价格。

三、出口货物的完税价格

以成交价为基础的完税价格,不含出口关税和支付给境外的佣金。出口货物的完税价格,由海关以该货物向境外销售的成交价格为基础审查确定,并应包括货物运至我国境内输出地点装卸前的运输及相关费用、保险费,但其中包含的出口关税税额应当扣除。

完税价格=(离岸价格-单独列明的支付给境外的佣金)÷(1+出口税率)

出口货物的成交价格不能确定时,完税价格由海关依次使用下列方法估定:

(1) 同时或大约同时向同一国家或地区出口的相同货物的成交价格；
(2) 同时或大约同时向同一国家或地区出口的类似货物的成交价格；
(3) 根据境内生产相同或类似货物的成本、利润和一般费用、境内发生的运输及其相关费用、保险费计算所得的价格；
(4) 按照合理方法估定的价格。

【例题5-9·判断题】出口货物以海关审定的成交价格为基础的售予境外的离岸价格作为关税的完税价格。（　　）

【答案】错误

【例题5-10·判断题】出口货物的完税价格，是由海关以该货物向境外销售的成交价格为基础审查确定，包括货物运至我国境内输出地点装卸前的运输费、保险费，但不包括出口关税。（　　）

【答案】正确

四、完税价格中运输及相关费用、保险费的计算

(1) 一般进口。

海运进口的算至运抵境内的卸货口岸，陆运进口的算至运抵关境的第一口岸或目的口岸，空运进口的算至运抵境内的第一口岸或目的口岸。

无法确定实际运保费的，按照同期同行业运费率计算运费，按照（货价＋运费）×3‰计算保险费，将计算出的运保费并入完税价格。

(2) 其他方式进口。

邮运进口的按邮费视同，境外口岸成交的依货价1%计算，自驾进口的运输工具不另行计入运费。

(3) 出口货物的完税价格中不包括离境口岸至境外口岸之间的运保费。

【例题5-11·计算题】某生产企业进口一台大型设备，海关审定货价折合人民币5000万元，运费折合人民币20万元，该批货物进口关税税率为5%，求应纳关税税额。

【答案与解析】按照海关有关法规规定，进口货物保险费无法确定或未实际发生，按"货价加运费"两者总额的3‰计算保险费。

完税价格 =（5000 + 20）×（1 + 3‰）= 5035.06（万元）；
关税 = 5035.06 × 5% = 251.75（万元）。

海关不接受申报价格，按照相同货物或类似货物成交价格的规定估定完税价格时，为获得合适的相同或类似进出口货物的成交价格，可以与进出口货物的纳税义务人进行价格磋商。

海关为确定进出口货物的完税价格需要推迟作出估价决定时，进出口货物的收发货人可以在依法向海关提供担保后，先行提取货物。海关对于实行担保放行的货物，应当自具保之日起90天内核查完毕，并将核查结果通知进出口货物收发货人。

第五节 应纳税额的计算

一、从价税应纳税额的计算

关税税额＝应税进（出）口货物数量×单位完税价格×税率

【例题5-12·单选题】 某企业为增值税一般纳税人，2016年8月从国外进口一批材料，货价80万元，运抵我国输入地点起卸前运费及保险费5万元；从国外进口一台设备，货价10万元，境外运费和保险费2万元，与设备有关的软件特许权使用费3万元；企业缴纳进口环节相关税金后海关放行。材料关税税率20%，设备关税税率10%。该企业应纳进口环节税金（　　）元。

A.357640　　　　B.385200　　　　C.388790　　　　D.386450

【答案】D

【解析】与设备有关的特许权使用费应计入完税价格。

进口关税＝（80＋5）×20%＋（10＋2＋3）×10%＝18.5（万元）

进口增值税＝（80＋5＋10＋2＋3＋18.5）×17%＝20.145（万元）

该企业应纳进口环节税金＝18.5＋20.145＝38.645（万元）＝386450（元）

【例题5-13·单选题】 某企业于2016年将以前年度进口的设备运往境外修理，设备进口时成交价格58万元，发生境外运费和保险费共计6万元；在海关规定的期限内复运进境，进境时同类设备价格65万元；发生境外修理费8万元，料件费9万元，境外运输费和保险费共计3万元，进口关税税率20%。运往境外修理的设备报关进口时应纳进口环节税金（　　）万元。

A.4　　　　B.8.08　　　　C.12.8　　　　D.13

【答案】B

【解析】关税完税价格＝8＋9＋3＝20（万元）。

关税＝20×20%＝4（万元）

增值税＝（20＋4）×17%＝4.08（万元）

进口环节税金合计＝4＋4.08＝8.08（万元）

【例题5-14·计算题】 某企业进口护肤护发品，关税完税价格50万元，关税的税率20%。

关税＝50×20%＝10（万元）

增值税＝（50＋10）×17%＝10.2（万元）

【例题5-15·计算题】 某企业进口化妆品，关税完税价格50万元，关税的税率40%，消费税税率是15%，增值税税率17%。

关税＝50×40%＝20（万元）

消费税＝（50＋20）÷（1－15%）×15%＝12.35（万元）

增值税＝（50＋20）÷（1－15%）×17%＝14（万元）

【解析】进口关税计算与进口消费税、进口增值税的关系如下表所示。

第五章 关税会计核算与筹划

进口货物	进口环节税金	税额计算公式
属于应税消费品	进口关税	关税＝关税完税价格×关税税率
	进口消费税	进口消费税＝（关税完税价格＋关税）÷（1－消费税税率）×消费税税率
	进口增值税	进口增值税＝（关税完税价格＋关税）÷（1－消费税税率）×17%
属于非应税消费品	进口关税	关税＝关税完税价格×关税税率
	进口增值税	进口增值税＝（关税完税价格＋关税）×17%（13%）

【例题5-16·计算题】某进出口公司进口摩托车1000辆，经海关审定的货价为180万美元。另外，运抵我国境内输入地点起卸包装费10万美元，运输费8万美元，保险费2万美元。假设人民币汇价为1美元＝7.81元人民币；该批摩托车进口关税税率为23%。计算进口该批摩托车应缴纳的关税税额。

【解析】该批摩托车的完税价格＝180＋10＋8＋2＝200（万美元）

应缴关税税额＝200×7.81×23%＝359.26（万元）

假设摩托车消费税税率为10%，增值税税率为17%，则

进口消费税＝（200×7.81＋359.26）÷（1－10%）×10%＝213.47（万元）

进口增值税＝（200×7.81＋359.26）÷（1－10%）×17%＝362.9（万元）

【例题5-17·计算题】某服装公司为增值税一般纳税人。2014年10月该公司从国外进口一批服装面料，海关审定的完税价格为50万元，该批服装面料分别按5%和17%的税率向海关缴纳了关税和进口环节增值税，并取得了相关完税凭证。

该批服装面料当月加工成服装后全部在国内销售，取得销售收入100万元（不含增值税）。

已知：该公司适用的增值税税率为17%。

要求：

（1）计算该公司当月进口服装面料应缴纳的增值税税额；

（2）计算该公司当月允许抵扣的增值税进项税额；

（3）计算该公司当月销售服装应缴纳的增值税税额。

【答案】（1）进口关税＝50×5%＝2.5（万元）

进口环节应缴纳增值税＝（50＋2.5）×17%＝8.93（万元）

（2）当月允许抵扣的增值税进项税额：8.93（万元）

（3）销项税额＝100×17%＝17（万元）

应缴纳的增值税额＝17－8.93＝8.07（万元）

【例题5-18·计算题】某中外合资化妆品生产企业为增值税一般纳税人，2017年1月发生以下业务：

（1）从国外进口一批化妆品，支付给国外的货价1200万元、运抵我国海关前的运杂费和保险费30万元，已验收入库；

（2）进口机器设备一套，支付给国外的货价35万元、运抵我国海关前的运杂费和保险费5万元，已验收入库；

（3）本月企业将进口的化妆品全部生产加工为成套化妆品7800件，对外批发销售7000件，取得不含税销售额2900万元；向消费者零售800件，取得含税销售额514.8万元。

（化妆品的进口关税税率为40%、消费税税率为15%；机器设备的进口关税税率为20%）

要求：

(1) 计算进口化妆品应缴纳的消费税；

(2) 计算进口化妆品应缴纳的增值税；

(3) 计算进口机器设备应纳的增值税；

(4) 计算该企业国内生产销售环节应缴纳的增值税；

(5) 计算该企业国内生产销售环节应缴纳的消费税。

【答案】

(1) 进口化妆品应纳的关税 = 关税完税价格 × 关税税率 = （1200 + 30）× 40% = 492（万元）

进口化妆品应纳的消费税 = （关税完税价格 + 关税）÷ （1 − 消费税税率）× 消费税税率 = （1230 + 492）÷ （1 − 15%）× 15% = 303.88（万元）

(2) 进口化妆品应纳的增值税 = （关税完税价格 + 关税 + 消费税）× 增值税税率 = （1230 + 492 + 303.88）× 17% = 344.40（万元）

(3) 进口机器设备应纳的增值税：

进口机器设备应纳的关税 = 关税完税价格 × 关税税率 = （35 + 5）× 20% = 8（万元）

进口机器设备应纳的增值税 = （关税完税价格 + 关税）× 增值税税率 = （40 + 8）× 17% = 8.16（万元）

(4) 国内生产销售环节应缴纳的增值税额 = ［2900 + 514.8 ÷ （1 + 17%）］× 17% − 344.40 − 8.16 = 215.24（万元）

(5) 国内生产销售环节应缴纳的消费税税额 = ［2900 + 514.8 ÷ （1 + 17%）］× 15% − 303.88 = 197.12（万元）

二、从量税应纳税额的计算

关税税额 = 应税进（出）口货物数量 × 单位货物税额

三、复合税应纳税额的计算

我国目前实行的复合税都是先计征从量税，再计征从价税。

关税税额 = 应税进（出）口货物数量 × 单位货物税额 + 应税进（出）口货物数量 × 单位完税价格 × 税率

四、滑准税应纳税额的计算

关税税额 = 应税进（出）口货物数量 × 单位完税价格 × 滑准税税率

滑准税属于一种特殊的比例税，其税率随完税价格的变化而变化，目前我国对新闻纸实行滑准税。

第六节 原产地规定

一、原产地规则起源

原产地规则是确定进出口货物原产国的标准和方法，是确定货物适用关税税率的重要依据。国际上对货物原产地的规定是在20世纪70年代初期，发达国家对发展中国家的出口货物给予普遍的关税优惠待遇，即实行普惠制以后产生的，也可以说，原产地规则是在实行普惠制的基础上确立的。普惠制又称为普遍优惠制，是发达国家给予发展中国家出口制成品和半制成品的一种普遍的、非歧视的、非互惠的关税优惠制度。

普惠制具体实施方案由各给惠国分别制定，给惠商品的范围主要是列入给惠商品清单的工业制成品或半制成品和少量的农产品，而给惠商品的关税削减幅度一般为最惠国税率与普惠制税率之间的差额。受惠国家和地区限于是发展中国家和地区，具体范围由各给惠国自行确定。由于普惠制优惠幅度较大，范围较广，为了确保普惠制待遇只给予发展中国家和地区生产和制造的产品，各给惠国都把确定进口货物的原产国作为海关监管的一项重要内容，分别制定了确定货物原产地的规定。随着国际间经济技术合作的领域不断拓展、程度不断加深，各国生产分工也越来越细，跨国生产制造产品的越来越多，有的产品甚至经过多个国家的生产加工才最终完成。

这就使得确定货物原产地的依据变得越来越复杂，需要制定出明确的、能够普遍适用的标准。为了协调统一各国的原产地规定，1973年5月，海关合作理事会制定了简化和协调海关业务的国际公约——《京都公约》，其中三个附约专门对原产地规则和原产地证书做出规定。这些附约的规定成为许多国家制定本国原产地规则的参考依据。

二、原产地规则的主要内容

原产地规则主要包括三部分内容：原产地标准、直接运输规定和原产地证书。

1. 原产地标准

原产地标准指确认货物生产于何地的标准，主要有两项基本标准。

第一项基本标准为完全在一国生产的标准，这项标准适用于完全在受惠国生产的产品，而含有外国原材料、零部件的货物，不适用这一标准。完全在一国生产的货物主要有十类：

（1）从一国的土地、领域内或从其海底采集的矿物；
（2）在一国收获或采用的植物产品；
（3）在一国出生或饲养的活动物；
（4）从一国的活动物所取得的产品；
（5）在一国狩猎或捕捞所得的产品；
（6）从事海洋渔业所得的产品以及由某国船只在海上取得的其他产品；
（7）由一国的加工船利用上项所列各产品加工所得的产品；

（8）如某国对海底及其底土拥有单独开采的权力，该国从领海以外的海底或底土中采得的产品；

（9）在一国收集并只适于回收其原料用的废旧物品和在加工制造过程中所产生的废碎料；

（10）由一国仅利用上述第（1）至（9）项所列的各种本国产物所生产的产品。

第二项基本标准是实质性改变标准，它是指进口原料或部件在受惠国经过实质性改变而成为另一种不同性质的商品，受惠国才能作为该商品的原产国。这一标准适用于由两个或两个以上国家参与了生产或加工的货物。采用实质性改变标准来确定货物原产地，主要是通过以下三种方法实现的。

（1）改变税号法，即货物经某国生产后其税则归类发生了变化，改变了税号，就应以该国为货物的原产地。

（2）列出加工程度表法，即产品在某国生产时必须满足加工程度表所列要求，才能视该国为货物的原产地。

（3）从价百分比法，即产品在某国进行加工生产所增加的价值相当于或超过规定的百分比率时，即将该国视为货物的原产地。

2.直接运输规定

直接运输规定是指受惠国要将出口货物直接运至进口货物的给惠国，才能将该受惠国作为货物的原产地。制定这项规定的目的主要是避免在运输途中可能进行的再加工或换包。一般情况下，不通过他国关境直接将货物运至进口国的，才符合直接运输规定。如果由于地理或运输等原因确实不能直接运输的，允许货物运输时经过他国领土，但必须使货物在他国关境内时始终处于海关的监管下，未投入当地市场销售或再加工。

3.原产地证书

原产地证书是由给惠国认可的签发机构签发的证明货物原产地的书面文件。进出口商向给惠国海关提供原产地证书，便于海关对原产地的监管，有利于加速货物验放。

按照国际上通行的做法，进出境物品、临时进出口货物、过境货物、通运和转运货物以及国家间有协定无须提供原产地证明的进口货物，不需提供原产地证书。普惠制中的给惠国对原产地证书的要求一般都比较严格，除有规定的格式外，内容要求包括发货人、收货人、运输工具、货物名称、唛头、件数、包装、重量等。

三、我国的原产地规则

我国《海关法》第四十一条对原产地的规定为："进出口货物的原产地按照国家有关原产地规则的规定确定。"这一规定说明，我国现行的有关原产地规则是我国确定进出口货物原产地的法定依据。

1.我国的原产地规则

我国《海关进出口税则》对进口货物设有两种税率，一种是普通税率，另一种是优惠税率。按照我国《关税条例》的规定，对原产于与中华人民共和国未订有关税互惠协议的国家或者地区的进口货物，按照普通税率征税；对原产于与中华人民共和国订有关税互惠协议的国家或地区的进口货物，按照优惠税率征税。目前有100多个国家和地区与我国订有关税互惠条款的贸易条约或协定。为实施关税条例，准确地确定进口货物的原产地，海关总署于1986年制定了《关于进口货物原产地的暂行规定》，确立了我国进口货物的原产地规则。按照这个规定，我国进口货物原产地规则的主要内容如下。

（1）进口货物的原产地由海关来确定，必要时，海关可以通知进口申报人交验有关外国发证机关发放的原产地证书。

（2）完全在一个国家内生产或制造的进口货物，生产或制造国为该货物的原产地。

（3）经过两个或两个以上的国家加工制造的进口货物，以最后一个对货物进行经济上可被视为实质性加工的国家为有关货物的原产地。所谓"实质性加工"，是指产品经过加工后，已不能按税则中原有的税目税率征税，或者加工增值部分所占新产品总值的比例已超过30%及其以上者。

（4）石油产品以购自国为原产地。

（5）机器、仪器、器材或车辆所用零件、部件、配件、备件及工具，如与主件同时进口，而且数量合理，其原产地按主件的原产地予以确定，如分别进口，则应按其各自的原产地确定。

2.我国签发的原产地证书类型

我国出口货物原产地的确定，主要是向出口商签发证明其出口货物原产地为中华人民共和国的原产地证书。全国出口货物原产地的确定工作由国务院对外经济贸易主管部门统一进行监督管理。各地方人民政府对外经济主管部门负责协调本行政区域内出口货物原产地的确定工作。我国经给惠国认可的签发原产地证书的机构为：国家进出口商品检验部门设在各地的商检机构，以及中国国际贸易促进会及其分会和国务院对外经济贸易主管部门指定的其他机构。

我国签发的出口货物原产地证书主要有以下三类：

（1）普惠制原产地证书，即为享受普惠制待遇的出口货物出具的产品产地证明书；

（2）纺织品（配额）原产地证书，即为受到进口纺织品配额数量限制的纺织品出具的原产地证明书；

（3）一般原产地证书，即为中国生产制造的一般出口产品出具的原产地证明书。

第七节 关税减免

关税的减免分为法定减免、特定减免和临时减免三种类型。

一、法定减免

（一）下列进出口货物，免征关税

（1）关税税额在人民币50元以下的一票货物；

(2) 无商业价值的广告品和货样;
(3) 外国政府、国际组织无偿赠送的物资;
(4) 在海关放行前损失的货物;
(5) 进出境运输工具装载的途中必需的燃料、物料和饮食用品。

因品质或者规格原因,出口货物(进口货物)自出口之日(进口之日)起1年内原状复运进境(出境)的,不征收进口(出口)关税。

(二) 下列进出口货物,可以暂不缴纳关税

经海关批准暂时进境或者暂时出境的下列货物,在进境或者出境时纳税义务人向海关缴纳相当于应纳税款的保证金或者提供其他担保的,可以暂不缴纳关税,并应当自进境或者出境之日起6个月内复运出境或者复运进境;经纳税义务人申请,海关可以根据海关总署的规定延长复运出境或者复运进境的期限。

(1) 在展览会、交易会、会议及类似活动中展示或者使用的货物;
(2) 文化、体育交流活动中使用的表演、比赛用品;
(3) 进行新闻报道或者摄制电影、电视节目使用的仪器、设备及用品;
(4) 开展科研、教学、医疗活动使用的仪器、设备及用品;
(5) 在第1项至第4项所列活动中使用的交通工具及特种车辆;
(6) 货样;
(7) 供安装、调试、检测设备时使用的仪器、工具;
(8) 盛装货物的容器;
(9) 其他用于非商业目的的货物。

(三) 有下列情形之一的,可以申请退还关税

有下列情形之一的,纳税义务人自缴纳税款之日起1年内,可以申请退还关税,并应当以书面形式向海关说明理由,提供原缴款凭证及相关资料:

(1) 已征进口关税的货物,因品质或者规格原因,原状退货复运出境的;
(2) 已征出口关税的货物,因品质或者规格原因,原状退货复运进境,并已重新缴纳因出口而退还的国内环节有关税收的;
(3) 已征出口关税的货物,因故未装运出口,申报退关的。

二、特定减免

特定减免是指在关税基本法规确定的法定减免以外,国家按国际通行规则和我国实际情况,制定发布的特定或政策性减免税。特定减免的对象如下:科教用品;残疾人专用品;扶贫慈善性捐赠物资;加工贸易产品;边境贸易进口物资;保税区进出口货物;出口加工区进出口货物;进口设备;特定行业或用途的减免税政策。

三、临时减免

临时减免是指在以上两项减免税以外,由国务院运用一案一批原则,针对某个纳税人、某类商品、某个项目或某批货物的特殊情况,特别照顾,临时给予的减免。

【例题5-19·多选题】下列进口货物，海关可以酌情减免关税的有（   ）。
A.在境外运输途中或者起卸时，遭受损坏或者损失的货物
B.起卸后海关放行前，因不可抗力遭受损坏或者损失的货物
C.海关查验时已经破漏、损坏或者腐烂，经查为保管不慎的货物
D.因不可抗力，缴税确有困难的纳税人进口的货物
【答案】AB

【例题5-20·单选题】根据现行关税政策的规定，下列进口货物中享受法定减免税的是（   ）。
A.加工贸易产品
B.国际组织无偿赠送进口的物资
C.外国企业无偿赠送的慈善物资
D.边境小额贸易进口的货物
【答案】B

【例题5-21·多选题】依据关税的有关规定，下列进口货物中可享受法定免税的有（   ）。
A.有商业价值的进口货样
B.外国政府无偿赠送的物资
C.贸易公司进口的残疾人专用品
D.关税税额在人民币50元以下的货物
E.科贸公司进口的科教用品
【答案】BD

四、行邮税

（一）定义

行邮税是行李和邮递物品进口税的简称，是海关对入境旅客行李物品和个人邮递物品征收的进口税。由于其中包含了进口环节的增值税和消费税，故也为对个人非贸易性入境物品征收的进口关税和进口工商税收的总称。

（二）征收对象及纳税义务人

海关关税的征收对象包括进出口货物和进出境物品，行邮税的征收对象是超过海关总署规定数额但仍在合理数量以内的个人自用进境物品，具体是指旅客行李物品、个人邮递物品以及其他个人自用物品。凡准许应税进境的旅客行李物品、个人邮递物品以及其他个人自用物品，除另有规定的以外，均按《中华人民共和国进出口关税条例》征收进口税。

携有应税个人自用物品的入境旅客及运输工具服务人员、进口邮递物品的收件人，以及以其他方式进口应税个人自用物品的收件人是行邮税的纳税义务人。纳税义务人可以自行办理纳税手续，也可以委托他人办理纳税手续。接受委托办理纳税手续的代理人，应当遵守《中华人民共和国进出口关税条例》中对委托人的各项规定，并承担相应的法律责任。行邮税的纳税义务人，应当在物品放行前缴纳税款。

(三) 税率

目前我国行邮税所采用的进口税税率共设四档，分别为10%、20%、30%和50%。适用第一档10%税率的物品主要为书报、刊物、影像制品及金银制品、食品、饮料等，第二档20%税率的物品主要包括纺织品及其制成品、数码相机及其他电器用具、自行车、手表、钟表等，30%多为高尔夫球及球具、1万元以上高档手表，50%税率的物品则为烟、酒、化妆品等。

(四) 税收优惠

个人邮寄物品，应征进口税额在人民币50元（含50元）以下的，海关予以免征。

进境居民旅客携带在境外获取的个人自用进境物品总值在5000元人民币以内（含5000元）的、非居民旅客携带拟留在中国境内的个人自用进境物品总值在2000元人民币以内（含2000元）的，海关予以免税放行。

第八节 关税的申报与缴纳

一、关税缴纳

进口货物自运输工具申报进境之日起14日内，出口货物在货物运抵海关监管区后装货的24小时以前，应由进出口货物的纳税义务人向货物进（出）境地海关申报，海关根据税则归类和完税价格计算应缴纳的关税和进口环节代征税，并填发税款缴款书。纳税义务人应当自海关填发税款缴款书之日起15日内，向指定银行缴纳税款。如关税缴纳期限的最后1日是周末或法定节假日，则关税缴纳期限顺延至周末或法定节假日过后的第1个工作日。

关税纳税义务人因不可抗力或者在国家税收政策调整的情形下，不能按期缴纳税款的，经海关总署批准，可以延期缴纳税款，但最长不得超过6个月。

为进一步适应区域经济发展的要求，简化海关手续，提高通关效率，海关总署于2006年9月1日起实施跨关区"属地申报，口岸验放"通关模式。

二、关税的强制执行

关税的强制执行表现在两个方面。

一是征收关税滞纳金。滞纳金自关税缴纳期限届满之日起，至纳税义务人缴纳关税之日止，按滞纳税款万分之五的比例按日征收，周末或法定节假日不予扣除。

二是强制征收。如纳税义务人自海关填发缴款书之日起3个月仍未缴纳税款，经海关关长批准，海关可以采取强制扣缴、变价抵缴等强制措施。

三、关税退还

海关发现多征税款的,应当立即通知纳税义务人办理退税手续。纳税义务人应当自收到海关通知之日起3个月内办理有关退税手续。

按规定有下列情形之一的,进出口货物的纳税义务人可以自缴纳税款之日起1年内,书面声明理由,连同原纳税收据向海关申请退税并加算银行同期活期存款利息,逾期不予受理:

(1)因海关误征,多纳税款的;
(2)海关核准免验进口的货物,在完税后,发现有短卸情形,经海关审查认可的;
(3)已征出口关税的货物,因故未将其运出口,申报退关,经海关查验属实的。

四、关税补征和追征

根据《海关法》规定进出境货物和物品放行后,海关发现少征或者漏征税款,应当自缴纳税款或者货物、物品放行之日起1年内,向纳税义务人补征;因纳税义务人违反规定而造成的少征或者漏征的税款,自纳税义务人应缴纳税款之日起3年以内可以追征,并从滞纳税款之日起按日加收少征或者漏征税款万分之五的滞纳金。

【例题5-22·单选题】某公司进口一批货物,海关于2014年8月1日填发税款缴款书,但公司迟至8月27日才缴纳500万元的关税。海关应征收关税滞纳金( )。
A.2.75万元　　　　B.3万元　　　　C.6.5万元　　　　D.6.75万元
【答案】B
【解析】滞纳12天,500×12×0.5‰=3(万元)

【例题5-23·单选题】进出口货物,因收发货人或者他们的代理人违反规定而造成少征或者漏征关税的,海关可以( )追征。
A.在一年内　　　　B.在三年内　　　　C.在十年内　　　　D.无限期
【答案】B

第九节 关税的会计核算和税务筹划

一、关税的会计核算

(一)进口关税的核算

进口关税的核算比较简单,因关税是价内税,无论进口流动资产还是进口固定资产,在海关缴纳的进口关税都计入进口货物的成本。

【例题5-24·计算题】某生产企业进口一台大型机床,海关审定货价折合人民币2000万元,运费折合人民币50万元,该批货物进口关税税率为8%,则应纳关税,按照海关有关法规规定,进口货物保险费无法确定或未实际发生,按"货价加运费"两者总额的3‰计算保险费。

完税价格＝（2000＋50）×（1＋3‰）＝2056.15（万元）；

关税＝2056.15×8%＝164.492（万元）。

进口该台大型设备后，缴纳进口关税1644920元，相应会计分录如下：

借：固定资产　　　　　　　　1644920

贷：银行存款　　　　　　　　　　　　1644920

（二）出口关税的核算

出口货物缴纳的关税，实质上属于企业销售过程中发生的费用，因此，通过"税金及附加"账户核算。

【例题5－25·计算题】 某进出口公司出口山羊板皮一批，离岸价200000美元，当日汇率1:7.5，国家对该商品出口征收关税，适用关税税率20%。

完税价格＝200000÷（1＋20%）＝166666.67（美元）

应交出口关税＝166666.67×7.5×20%＝250000（元）

该进出口公司出口山羊板皮缴纳出口关税250000元，相应会计分录如下：

借：税金及附加　　　　　　　250000

贷：银行存款　　　　　　　　　　　　250000

二、关税的税务筹划

（一）合理控制关税的完税价格

在税率确定的情况下，完税价格的高低就决定了关税的轻重。在审定成交价格情况下，降低缩小进口货物的申报价格而又能为海关审定认可为"正常成交价格"就成为关税税务筹划的关键所在。在审定成交价格法下经海关审查未能确定的，海关按以下方法依次确定完税价格：相同货物成交价格法，类似货物成交价格法，国际市场价格法，国内市场价格倒扣法以及由海关按其他合理方法估定价格。

值得注意的是，不能把完税价格的筹划方法片面地理解为降低申报价格。为了少缴关税而降低申报价格的，就构成了偷税。

【例题5－26·计算分析题】 某大型国企经批准投资3亿元建立一个新能源研究中心，其中的核心设备只有欧盟某国才能制造，这是一种高新技术产品。由于这种新产品刚刚走出实验室，其确切的市场价格尚未形成，该企业已确认其未来市场价格将远远高于目前市场上的类似产品。预计此种产品进口到中国市场上的售价将到达2000万美元，经过多次友好协商，该企业以1800万美元的价格购得该设备，而其类似产品的市场价格仅为1000万美元，关税税率为20%，外汇汇率为1:6.5。

该项进口不符合关税的优惠条件，在报关环节应该照章征收关税。如果按照交易的实际情况进行申报，则该设备应缴纳的关税为

1800×6.5×20%＝2340（万元）

请税务专家筹划，税务专家对业务情况进行了全面调研后，提出一个申报方案：以900万美元的价格向海关申报。当企业向当地海关进行申报进口时，海关认为其资料不真实，于是立案调查。经过调查海关当局发现与该设备相近的产品的市场价格为1000万美

元。而该设备是一种刚刚研制开发出来的新产品,其价格应高于1000万美元,于是,海关对该进口新产品比照类似货物成交价格进行估价,确定其价格为1000万美元。该企业应当缴纳关税

1000×6.5×20%＝1300(万元)

通过税务筹划,该企业节约关税1040(2340－1300)万元。

关税完税价格的确定依据和方法,在各国目前并不一致,这为关税筹划提供了切入点。

目前,所有经济发达国家和相当一部分发展中国家和地区都"以进口商品的成交价格作为海关作价的依据",但许多国家仍以"以正常价格作为海关作价依据"。"正常价格"指的是在进口国立法确定的某一时间和地点,在正常贸易过程中有充分竞争的条件下该种货物的价格,而不一定是实际买卖合同的价格。我国目前实施的是后一种确定关税完税价格的方法,不过,海关在估价实务中也兼用了前一种方法中的很多做法。两者相比,前一种定价法有利于自由贸易,而后一种更强调海关审定价格的作用,有利于关税征管。

本案例是针对稀有产品的税务筹划,稀有产品指的是目前市场上还没有或很少出现的产品,如高新技术产品、特种资源产品、新产品等。由于这些产品进口没有确定的市场价格,而且其预期市场价格一般要远远高于通常市场类似产品的价格,这就为进口完税价格的申报留下了较大的空间。

(二)利用原产地规则

我国进口税则设有最惠国税率、协定税率、特惠税率和普通税率四栏税率。同一种进口货物的原产国不同,适用的税率有很大差别。而关于原产地的确认,我国设定了全部产地标准和实质性加工标准。正确合理地原产地标准,选择合适的地点,就能获得税务筹划的效果。

【例题5－27·计算分析题】甲汽车公司是一家从事跨国经营的汽车生产厂商,由多个设在不同国家和地区的子公司提供零配件,其销售业务已遍布全球。该公司发现中国具有巨大的汽车市场,而且预计中国的汽车消费呈增长之势。公司董事长决定将自己的产品打进中国市场。计划首批将最近研制的最新款A品牌高档小汽车销往中国。该公司与中国内地乙汽车贸易公司签订协议,乙公司计划进口A品牌高档小汽车100辆。该种小汽车的市场销售价格为90万元/辆,而与此款汽车相近的其他品牌小汽车的市场销售价格为70万元/辆。小汽车的关税税率为50%,最惠国税率20%。乙公司应该如何筹划才能够将关税降到最低水平?

【答案及解析】利用原产地与中国是否签订有关协议来进行税务筹划。由于甲汽车公司是一家由多个不同国家和地区的子公司提供零配件的跨国经营企业,适用于实质性加工标准。实质性加工标准有两个条件,满足其中一个条件即可。

第一个条件是"经过几个国家加工、制造的进口货物,以最后一个对货物进行经济上可以视为实质性加工的国家作为该货物的原产国"。"实质性加工"指加工后的进口货物在进出口税则中的税目税率发生了改变。如果这家汽车生产商在中国台湾地区、新加坡、菲律宾、马来西亚都设有供应配件的子公司,那么,最终装配厂应设在哪里呢?首先,要选择那些与中国签有关税互惠协议的国家和地区作为所在地;其次,要综合考虑

从装配国到中国口岸的运输条件,以及装配国的汽车产品进口关税和出口关税等因素;最后,还要考虑装配国的政治经济形象、外汇管制情况和出口配额控制情况等。企业应在综合考虑上述因素的基础上做出一个最优惠选择。

第二个条件指"加工增值部分所占新产品总值的比例已经超过30%以上的",可视为实质性加工。如果甲汽车公司已经在一个未与中国签订关税互惠协议的国家或地区建立了装配厂,要改变厂址无疑需要付出较高的成本。那么,这家厂商可以将原装配厂作为汽车的半成品生产厂家,再在已选定的国家和地区建立一家最终装配厂,只要使最终装配的增值部分占到汽车总价的30%以上,生产出来的汽车即可享受优惠税率。假如最终装配的增值部分没有占到所要求的30%,则可以采取转让定价的方法,降低原装配厂生产半成品汽车的价格,降低半成品的增值比例,争取使最终装配的增值比例达到或超过30%。

总之,根据实际情况进行测算,比较选择最经济的国家和地区作为进口汽车的原产地,乙公司就会通过享受优惠税率而获得较大的收益。

练 习 题

一、单项选择题

1. 根据关税的有关规定,下列表述不正确的是( )。
   A. 关税由海关征收
   B. 关税既对有形的货品征收,也对无形的货品征收
   C. 关税是单一环节的价外税
   D. 关税具有较强的涉外性

2. 在税则中预先按产品的价格高低分档制定若干不同的税率,然后根据进出口商品价格的变动而增减进出口税率的一种关税,指的是( )。
   A. 从量税   B. 从价税   C. 滑准税   D. 选择税

3. 下列由买方负担的费用中,应计入进口货物关税完税价格中的是( )。
   A. 购货佣金
   B. 卖方直接或间接从买方对该货物进口后销售、处置或者使用所得中获得的收益
   C. 进口货物运抵我国境内输入地点起卸后发生的运输及相关费用、保险费
   D. 为在境内复制进口货物而支付的费用

4. 某企业2014年11月进口一批原材料,成交价格折合人民币100万元,向自己的采购代理人支付佣金2万元,该货物运抵我国境内输入地点起卸前发生运费5万元、保险费3万元;从海关运往企业所在地发生运费及相关费用1万元。另支付境外考察费用6万元。已知该批原材料适用的关税税率为20%。则该企业进口原材料应缴纳关税( )万元。
   A. 20   B. 21.6   C. 22   D. 22.8

第五章 关税会计核算与筹划

5. 某企业2014年2月进口一批原材料，原材料的成交价格折合人民币50万元，支付包装劳务费用2万元，支付经纪费3万元，该货物运抵我国境内输入地点起卸前发生运费4万元、保险费5万元，另从海关运往企业所在地发生运费6万元。已知该批原材料适用的关税税率为10%，则该企业进口该批原材料应缴纳的关税为（　　）万元。

　　A. 6.1　　　　B. 6.4　　　　C. 6.6　　　　D. 7

6. 某企业2014年1月将一台机器设备运往境外修理，出境时已向海关报明，2013年6月，在海关规定的期限内复运进境。经海关审定该设备的境外修理费和料件费共计20万元，设备复运进境时，运抵我国境内输入地点起卸前发生运输及其保险费3万元。已知该设备适用的关税税率为20%，则该设备复运进境应缴纳关税（　　）万元。

　　A. 0.6　　　　B. 3　　　　C. 4　　　　D. 4.6

7. 某企业海运进口一批货物，海关审定货价折合人民币5000万元，运抵我国输入地点起卸前的运费折合人民币20万元，保险费无法查明，该批货物进口关税税率为5%，则该企业应纳关税（　　）万元。

　　A. 250　　　　B. 251　　　　C. 251.75　　　　D. 260

8. 下列进口货物中，免征进口关税的是（　　）。
　　A. 外国政府无偿赠送的物资　　　B. 具有一定商业价值的货样
　　C. 因保管不慎造成损坏的进口货物　　D. 关税税额为人民币80元的一票货物

9. 下列有关进口货物原产地的确定，不符合我国关税相关规定的是（　　）。
　　A. 从越南船只上卸下的海洋捕捞物，其原产地为越南
　　B. 在澳大利亚开采并经新西兰转运的铁矿石，其原产地为澳大利亚
　　C. 在澳大利亚出生并饲养的袋鼠，其原产地为澳大利亚
　　D. 由印度提供棉纱，在越南加工成衣，经新加坡转运的西服，其原产地为新加坡

二、多项选择题

1. 按征税对象进行分类，可将关税分为（　　）。
　　A. 进口关税　　　　　　　B. 从量税
　　C. 普通关税　　　　　　　D. 出口关税
　　E. 过境关税

2. 下列各项中，属于我国关税纳税义务人的有（　　）。
　　A. 进口货物的发货人　　　B. 出口货物的收货人
　　C. 出口货物的发货人　　　D. 进口货物的收货人
　　E. 进出境物品的所有人

3. 下列未包含在进口货物的实付或应付价格中的费用，应计入关税完税价格的有（　　）。
　　A. 由买方负担的购货佣金
　　B. 与该货物视为一体的容器费用
　　C. 进口货物运抵我国境内输入地点起卸前发生的保险费
　　D. 进口关税
　　E. 境内外技术培训费

4. 根据关税的有关规定，纳税人进出口下列货物，免征关税的有（   ）。
   A. 关税税额在人民币100元以下的一票货物
   B. 无商业价值的广告品和货样
   C. 外国企业无偿赠送的物资
   D. 在海关放行前损失的货物
   E. 进出境运输工具装载的途中必需的燃料、物料和饮食用品

5. 以下关于关税税率的表述错误的有（   ）。
   A. 进口税率的选择适用是根据货物的不同起运地而确定的
   B. 适用最惠国税率、协定税率、特惠税率的国家或地区的名单，由国务院关税税则委员会决定
   C. 我国进口商品绝大部分采用从价定率的征税方法
   D. 原产地不明的货物不予征税

第六章

自然资源税会计核算与筹划

本章知识结构

- 自然资源税会计核算与税务筹划
  - 资源税法律制度与会计核算
    - 资源税基本原理
    - 纳税义务人
    - 税目和税率
    - 应纳税额的计算
    - 申报与缴纳
    - 会计核算
  - 土地增值税法律制度、会计核算与税务筹划
    - 土地增值税的概念与特点
    - 纳税义务人和征税范围
    - 计税依据
    - 应纳税额的计算
    - 税收优惠
    - 征收管理
    - 会计核算与税务筹划
  - 城镇土地使用税法律制度与会计核算
    - 城镇土地使用税概念
    - 纳税义务人、征收范围和适用税额
    - 计税依据及应纳税额的计算
    - 税收优惠
    - 会计核算
  - 耕地占用税法律制度与会计核算
    - 耕地占用税的概念及特点
    - 纳税义务人和征税范围
    - 应纳税额的计算
    - 会计核算

第六章 自然资源税会计核算与筹划

学习目标
1. 了解自然资源税类各税种概念及特点。
2. 掌握计税的基本规定和征收管理方法。
3. 能完成自然资源税类各税种应纳税额计算。
4. 能对自然资源税类各税种相关业务进行会计核算。
5. 能对土地增值税相关业务进行税收筹划。

案例导入

某煤矿企业2016年7月开采原煤40万吨,当月销售20万吨,取得不含增值税销售额8000万元,当月销售洗煤9万吨,取得不含增值税销售额5400万元。开采原煤的同时伴采天然气300万立方米,当月全部对外销售,取得不含税销售额1000万元。已知原煤适用的资源税税率为6%,天然气适用的资源税税率为5%,该煤矿洗选煤折算率为80%。该企业当月应缴纳多少资源税?如何进行会计核算?

第一节 资源税法律制度与会计核算

一、资源税基本原理

(一)资源税的概念

资源税是对在我国从事应税矿产品开采和生产盐的单位和个人课征的一种税资税。属于对自然资源课税的范畴。

我国于1984年开征资源税,征收资源税的主要依据是受益原则、公平原则和效率原则三方面。征收资源税的最重要理论依据是政治经济学中的地租理论。

现代资源税按照征收目的的不同,可分为一般资源税和级差资源税两类。在税收实践中,资源税往往是既对占用、开发国有自然资源普遍征收,又根据资源条件差异对不同纳税人采用差别税收负担,兼具一般资源税和级差资源税的性质。

(二)资源税计税方法

由于资源税的课税对象主要为矿产资源,在对资源征税时,主要采用从价定率计算,少部分资源税采用从量定额计算。

(三)资源税的作用

(1) 促进企业之间开展平等竞争。
(2) 促进对自然资源的合理开发和利用。
(3) 为国家筹集财政资金。

二、纳税义务人

在中华人民共和国境内开采应税资源的矿产品或者生产盐的单位和个人。包括各类经济性质的企业(含外商投资企业)、单位、机关、社团、个人。

对纳税人的理解如下。

(1) 资源税进口不征、出口不退,即进口应税资源进口环节不征收资源税,出口应税资源也不退还已纳的资源税。

(2) 扣缴义务人,是指独立矿山、联合企业及其他收购未税矿产品的单位。

把收购未税矿产品的单位规定为资源税的扣缴义务人,是为了加强资源税的征管。这种方式主要适应税源小、零散、不定期开采、易漏税等情况,税务机关认为不易控管,由扣缴义务人在收购时代扣代缴未税矿产品为宜。

【例题6-1·多选题】资源税的纳税义务人包括( )。
A.在中国境内开采并销售煤炭的个人
B.在中国境内生产销售天然气的国有企业
C.在中国境内生产自用应税资源的个人
D.进口应税资源的国有企业
E.进口应税资源的外商投资企业
【答案】ABC

【例题6-2·多选题】下列各项中,属于资源税纳税人的有( )。
A.开采原煤的国有企业
B.进口铁矿石的私营企业
C.开采石灰石的个体经营者
D.开采天然原油的外商投资企业
【答案】ACD

【例题6-3·多选题】下列收购未税矿产品的单位和个人能够成为资源税扣缴义务人的有( )。
A.收购未税矿石的独立矿山
B.收购未税矿石的个体经营者
C.收购未税矿石的联合企业
D.收购未税矿石的冶炼厂
【答案】ABCD

三、税目、税率

资源税的征税范围主要分为金属矿和非金属矿两大类，自2016年7月1日起，我国实施矿产资源税从价计征改革，并扩大资源税征税范围。在河北省开展水资源税试点，未来将逐步将森林、草场、滩涂等其他自然资源纳入征收范围。

（1）原已实施从价计征的原油、天然气、煤炭、稀土、钨、钼等6个资源品目资源税政策，仍按原办法执行。具体税目、税率情况如下：

①天然原油，税率为6%－10%。
②天然气，税率为6%－10%。
③煤炭，包括原煤和以未税原煤加工的洗选煤，税率为2%－10%。
④轻稀土按地区执行不同的适用税率，其中内蒙古为11.5%、四川为9.5%、山东为7.5%；中重稀土资源税适用税率为27%。
⑤钨，税率为6.5%。
⑥钼，税率为11%。

（2）自2016年7月1日起，实施从价定率计征资源税的矿产资源，资源税税目税率表见表6-1。

表6-1 资源税税目税率表

序号	税目		征税对象	税率幅度
1	金属矿	铁矿	精矿	1%－6%
2		金矿	金锭	1%－4%
3		铜矿	精矿	2%－8%
4		铝土矿	原矿	3%－9%
5		铅锌矿	精矿	2%－6%
6		镍矿	精矿	2%－6%
7		锡矿	精矿	2%－6%
8		未列举名称的其他金属矿产品	原矿或精矿	税率不超过20%
9	非金属矿	石墨	精矿	3%－10%
10		硅藻土	精矿	1%－6%
11		高岭土	原矿	1%－6%
12		萤石	精矿	1%－6%
13		石灰石	原矿	1%－6%
14		硫铁矿	精矿	1%－6%
15		磷矿	原矿	3%－8%
16		氯化钾	精矿	3%－8%
17		硫酸钾	精矿	6%－12%
18		井矿盐	氯化钠初级产品	1%－6%
19		湖盐	氯化钠初级产品	1%－6%
20		提取地下卤水晒制的盐	氯化钠初级产品	3%－15%
21		煤层（成）气	原矿	1%－2%
22		粘土、砂石	原矿	每吨或立方米0.1元－5元
23		未列举名称的其他非金属矿产品	原矿或精矿	从量税率每吨或立方米不超过30元；从价税率不超过20%
24		海盐	氯化钠初级产品	1%－5%

备注：1.铝土矿包括耐火级矾土、研磨级矾土等高铝粘土。
　　　2.氯化钠初级产品是指井矿盐、湖盐原盐、提取地下卤水晒制的盐和海盐原盐，包括固体和液体形态的初级产品。
　　　3.海盐是指海水晒制的盐，不包括提取地下卤水晒制的盐。

【例题6-4·单选题】依据资源税的有关规定，下列煤炭中属于资源税征收范围的是（　　）。
A.煤矿开采销售的原煤　　　　　　B.商业企业销售的选煤
C.生产企业销售的蜂窝煤　　　　　D.商业企业销售的原煤
【答案】A

【例题6-5·多选题】下列各项中，属于资源税征收范围的有（　　）。
A.人造原油　　B.太阳能　　C.洗煤、选煤　　D.海盐
【答案】CD
【解析】原煤和以未税原煤加工的洗选煤都征收资源税，已税原煤加工的洗选煤、其他煤炭制品不征收资源税

四、应纳税额的计算

(一)从价定率计税

原油、天然气、煤炭等应税矿产品应纳资源税适用从价定率计算：
　　　应纳税额＝销售额×比例税率

1.销售额确定的一般原则

从价定率计算资源税的销售额为纳税人销售应税产品向购买方收取的全部价款和价外费用，但不包括收取的增值税销项税额。

纳税人以人民币以外的货币结算销售额的，应当折合成人民币计算。其销售额的人民币折合率可以选择销售额发生的当天或者当月1日的人民币汇率中间价。纳税人应在事先确定采用何种折合率计算方法，确定后1年内不得变更。

【例题6-6·单选题】某天然气开采企业2016年8月在境内专门开采天然气600万立方米，当月对外销售天然气500万立方米，取得不含增值税销售收入1000万元，已知天然气的资源税税率为6%。该企业2016年8月应缴纳资源税（　　）万元。
A.50　　　　B.60　　　　C.80　　　　D.120
【答案】A
【解析】该企业2016年8月应缴纳资源税＝1000×6%＝60（万元）。

2.特殊情形下销售额的确定

（1）纳税人开采应税产品由其关联单位对外销售的，按其关联单位的销售额征收资源税。

（2）纳税人既有对外销售应税产品，又有将应税产品自用于除连续生产应税产品以外的其他方面的，则自用的这部分应税产品，按纳税人对外销售应税产品的平均价格计算销售额征收资源税。

（3）纳税人将其开采的应税产品直接出口的，按其离岸价格（不含增值税）计算

销售额征收资源税。

（4）视同销售的销售额：应当征收资源税的视同销售的自产自用产品，包括用于非生产项目和生产非应税产品两部分。

（5）纳税人申报的应税产品销售额明显偏低并且无正当理由的、有视同销售应税产品行为而无销售额的，除财政部、国家税务总局另有规定外，按下列顺序确定其销售额：

①按纳税人最近时期同类产品的平均销售价格确定；
②按其他纳税人最近时期同类产品的平均销售价格确定；
③按组成计税价格确定。

组成计税价格为：

组成计税价格＝成本×（1＋成本利润率）÷（1－税率）

公式中的成本是指应税产品的实际生产成本。公式中的成本利润率由省、自治区、直辖市税务机关确定。

【例题6-7·单选题】某企业将境内开采的原油200吨交由关联企业对外销售，该企业原油平均每吨含增值税销售价格6435元，关联企业对外含增值税销售额每吨6552元，当月全部销售，该企业原油资源税税率6%，该企业就该业务应缴纳资源税（　　）元。

A.66000　　　B.65520　　　C.64350　　　D.67200

【答案】 D

【解析】 应纳资源税＝6552×200÷（1＋17%）×6%＝67200（元）。

【例题6-8·单选题】纳税人将其开采的从价计征资源税的应税产品直接出口的（　　）。

A.免征资源税
B.按其同类资源平均销售价格计算销售额征收资源税
C.按其同类资源最高销售价格计算销售额征收资源税
D.按其离岸价格（不含增值税）计算销售额征收资源税

【答案】 D

【例题6-9·单选题】根据资源税规定，纳税人既有对外销售应税产品，又有将应税产品自用于除连续生产应税产品以外的其他方面的，对自用应税产品，移送时应纳资源税的销售额是该产品的（　　）。

A.成本价　　　B.最低价　　　C.最高价　　　D.平均价

【答案】 D

【例题6-10·单选题】某油气田开采企业于2016年9月开采天然气300万立方米，开采成本为400万元，全部销售给关联企业，价格明显偏低并且无正当理由。当地无同类天然气售价，主管税务机关确定的成本利润率为10%，则该油气田企业当月应纳资源税（　　）万元。（天然气资源税税率6%）

A.2　　　B.20　　　C.22　　　D.28.09

【答案】 D

【解析】 该油气田企业当月应纳资源税＝400×（1＋10%）/（1－6%）×6%＝28.09（万元）。

3.煤炭资源税的计税

煤炭应税产品包括原煤和以未税原煤加工的洗选煤。

(1) 纳税人开采原煤直接对外销售的,以原煤销售额作为应税煤炭销售额计算缴纳资源税。

(2) 纳税人将其开采的原煤,自用于连续生产洗选煤的,在原煤移送使用环节不缴纳资源税;自用于其他方面的,视同销售原煤,计算缴纳资源税。

(3) 纳税人将其开采的原煤加工为洗选煤销售的,以洗选煤销售额乘以折算率作为应税煤炭销售额计算缴纳资源税。折算率可通过洗选煤销售额扣除洗选环节成本、利润计算,也可通过洗选煤市场价格与其所用同类原煤市场价格的差额及综合回收率计算。折算率由省、自治区、直辖市财税部门或其授权地市级财税部门确定。

(4) 原煤及洗选煤销售额中包含的运输费用、建设基金以及随运销产生的装卸、仓储、港杂等费用应与煤价分别核算,凡取得相应凭据的,允许在计算煤炭计税销售额时予以扣减。

(5) 纳税人将其开采的原煤加工为洗选煤自用的,视同销售洗选煤,计算缴纳资源税。

(6) 纳税人同时销售应税原煤和洗选煤的,应当分别核算原煤和洗选煤的销售额;未分别核算或者不能准确提供原煤和洗选煤销售额的,一并视同销售原煤计算缴纳资源税。

(7) 煤炭资源税的计算。

原煤应纳税额 = 原煤销售额 × 适用税率

洗选煤应纳税额 = 洗选煤销售额 × 折算率 × 适用税率

【例题6-11·计算分析题】某省煤炭资源税税率为8%,某煤田于2015年12月销售自采原煤200万元(不含增值税,下同),用自采未税原煤连续加工成洗选煤800吨,销售380吨,每吨售价950元,移送自用洗选煤120吨用于集体宿舍自采暖。该煤矿洗选煤折算率为80%,该煤矿当月应纳资源税为多少万元?

【答案及解析】应纳资源税 = 200 × 8% + (380 + 120) × 0.095 × 80% × 8% = 16 + 3.04 = 19.04(万元)。

【例题6-12·单选题】某煤炭开采企业于2015年4月销售洗煤5万吨,开具增值税专用发票注明金额5000万元,另取得从洗煤厂到码头不含增值税的运费收入50万元(能够取得相应凭据),假设洗煤的折算率为80%,资源税税率为10%,该企业销售洗煤应缴纳的资源税为( )。

A.400万元　　　B.625万元　　　C.404万元　　　D.505万元

【答案】A

【解析】该企业销售洗选煤应缴纳的资源税 = 5000 × 80% × 10% = 400(万元)

4. 稀土、钨、钼资源税的计税依据

(1) 纳税人将其开采的稀土、钨、钼原矿加工为精矿销售的,按精矿销售额(不含增值税)和适用税率计算缴纳资源税。纳税人开采并销售原矿的,将原矿销售额(不含增值税)换算为精矿销售额计算缴纳资源税。

(2) 精矿销售额不包括从洗选厂到车站、码头或用户指定运达地点的运输费用。

(3) 原矿销售额与精矿销售额的换算。纳税人销售(或者视同销售)其自采原矿的,可采用成本法或市场法将原矿销售额换算为精矿销售额计算缴纳资源税。原矿销售额不包括从矿区到车站、码头或用户指定运达地点的运输费用。

（4）纳税人将其开采的原矿加工为精矿销售的，在销售环节计算缴纳资源税。

纳税人将其开采的原矿，自用于连续生产精矿的，在原矿移送使用环节不缴纳资源税，加工为精矿后按规定计算缴纳资源税。纳税人将自采原矿加工为精矿自用或者进行投资、分配、抵债以及以物易物等情形的，视同销售精矿，依照有关规定计算缴纳资源税。纳税人将其开采的原矿对外销售的，在销售环节缴纳资源税；纳税人将其开采的原矿连续生产非精矿产品的，视同销售原矿，依照有关规定计算缴纳资源税。

（5）纳税人同时以自采未税原矿和外购已税原矿加工精矿的，应当分别核算；未分别核算的，一律视同以未税原矿加工精矿，计算缴纳资源税。

（6）稀土、钨、钼资源税计算。

　　应纳税额＝精矿销售额×适用税率

　　精矿销售额＝精矿销售量×单位价格

纳税人销售（或者视同销售）其自采原矿的，可采用成本法或市场法将原矿销售额换算为精矿销售额计算缴纳资源税。

成本法公式：精矿销售额＝原矿销售额＋原矿加工为精矿的成本×（1＋成本利润率）

市场法公式：精矿销售额＝原矿销售额×换算比

　　换算比＝同类精矿单位价格÷（原矿单位价格×选矿比）

　　选矿比＝加工精矿耗用的原矿数量÷精矿数量

【例题6－13·单选题】某钨矿企业于2016年1月销售自采原矿1000吨，每吨单价900元（不含增值税，下同）；销售自采钨矿连续加工的精矿800吨，每吨单价1650元。已知计算该企业钨矿选矿比为1.67，按照市场法计算资源税，钨矿资源税税率为6.5%，则该企业当月应纳资源税为（　　）元。

A.150021.3　　　　B.149202.0　　　　C.146013.1　　　　D.144300

【答案】A

【解析】换算比＝1650/（900×1.67）＝1.0978

　　　　精矿销售额＝1650×800＋900×1000×1.0978＝1320000＋988020＝2308020（元）

　　　　应纳资源税＝2308020×6.5%＝150021.3（元）。

（二）从量定额计税

从量定额计算：应纳税额＝课税数量×适用的定额税率

所称销售数量，包括纳税人开采或者生产应税产品的实际销售数量和视同销售的自用数量，即开采或生产应税产品销售的，以销售数量为课税数量；开采或生产应税产品自用的，以自用数量为课税数量。

纳税人开采或生产应税产品自用于连续生产应税产品的，不缴纳资源税；自用于其他方面的，视同销售，依法缴纳资源税。纳税人开采或者生产不同税目应税产品的，应当分别核算不同税目应税产品的课税数量。未分别核算或者不能准确提供不同税目应税产品的课税数量的，从高适用税额计税。

纳税人不能准确提供应税产品销售数量或移送使用数量的，以应税产品的产量或主管税务机关确定的折算比换算成的数量为课税数量。

金属和非金属矿产品原矿，因无法准确掌握纳税人移送使用原矿数量的，可将其精矿按选矿比折算成原矿数量，以此作为课税数量。

选矿比＝精矿数量÷耗用原矿数量

原矿课税数量＝精矿数量÷选矿比

【例题6-14·单选题】依据资源税的有关规定，下列说法中正确的是（　　）。

A. 自产自用应税资源不缴纳资源税

B. 销售应税资源采用从量方式计税，应以实际销售数量为资源税的课税数量

C. 收购未税矿产品的单位代扣代缴资源税的依据是销售数量

D. 纳税人不能准确提供应税产品销售或移送使用数量的不缴纳资源税

【答案】B

【例题6-15·计算题】某矿山11月份开采非金属矿3万吨（采用从量方式计税，单位税额8元/吨），其中销售了2万吨，自用0.5万吨。计算该矿山11月份应纳资源税税额。

【答案及解析】根据资源税法律制度的规定，纳税人开采或生产应税矿产品销售的，以销售数量为课税数量；纳税人开采或生产应税产品自用的，以自用数量为课税数量。

应纳资源税税额＝（2+0.5）×8＝20（万元）

五、代扣代缴计税规定

（一）代扣代缴义务人

独立矿山、联合企业及其他收购未税矿产品的单位是资源税的扣缴义务人。

（二）代扣代缴的资源范围

代扣代缴的资源范围是指收购的除原油、天然气、煤炭等适用从价定率计税的矿产品以外的资源税未税矿产品。

（三）代扣代缴适用的单位税额

独立矿山、联合企业收购未税矿产品的，按着本单位应税产品的税率或单位税额，依据收购数量代扣代缴资源税。

（四）代扣代缴税款的纳税义务发生时间

支付首笔货款或首次开具支付货款凭据的当天。

【例题6-16·多选题】下列关于资源税扣缴规定的说法中，正确的有（　　）。

A. 扣缴义务人代扣资源税时计税依据是收购数量

B. 扣缴义务人代扣资源税时适用开采地的税额

C. 代扣代缴税款纳税义务发生时间为收到货款的当天

D. 扣缴义务人代扣的资源税应向收购地税务机关缴纳

E. 资源税的扣缴义务人包括独立矿山、联合企业、其他单位和个人

【答案】AD

六、税收优惠

（1）纳税人开采或生产应税产品，自用于连续生产应税产品的，不缴纳资源税；

自用于其他方面的,视同销售,计算缴纳资源税。
(2)开采原油过程中用于加热、修井的原油,免税。
(3)纳税人开采或者生产应税产品过程中,因意外事故或者自然灾害等原因遭受重大损失的,由省、自治区、直辖市人民政府酌情决定减税或者免税。
(4)铁矿石资源减按40%征收资源税。
(5)尾矿再利用的,不再征收资源税。
(6)地面抽采煤矿瓦斯暂不征收资源税。
(7)国务院规定的其他减税、免税项目。纳税人的减税;免税项目,应当单独核算课税数量;未单独核算或者不能准确提供课税数量的,不予减税或者免税。

七、申报与缴纳

(一)纳税义务发生时间

根据纳税人的生产经营、货款结算方式和资源税征收的几种情况,其纳税义务的发生时间可分为以下几种情况。

(1)纳税人采取分期收款结算方式销售应税产品的,其纳税义务发生时间为销售合同规定的收款日期的当天。

(2)纳税人采取预收货款结算方式销售应税产品的,其纳税义务发生时间为发出应税产品的当天。

(3)纳税人采取除分期收款和预收货款以外的其他结算方式销售应税产品的,其纳税发生时间为收讫价款或者取得索取价款凭证的当天。

(4)纳税人自产自用应税产品,其纳税义务发生时间为移送使用应税产品的当天。

(5)扣缴义务人代扣代缴税款,其纳税义务发生时间为支付货款的当天。

(二)纳税地点

纳税人应纳的资源税,应当向应税产品的开采或者生产所在地主管税务机关缴纳。纳税人在本省、自治区、直辖市范围内开采或者生产应税产品,其纳税地点需要调整的,由省、自治区、直辖市税务机关决定。

纳税人跨省开采资源税应税产品,其下属生产单位与核算单位不在同一省、自治区、直辖市的,对其开采的矿产品,一律在开采地纳税,其应纳税款由独立核算、自负盈亏的单位,按照开采地区的实际销售量(或者自用量)及适用的税率计算划拨。

扣缴义务人代扣代缴的资源税,应当向收购地主管税务机关缴纳。

【例题6-17·多选题】关于资源税申报与缴纳的说法,正确的有( )。
A.跨省开采的,下属生产单位应纳的资源税应当向核算地缴纳
B.扣缴义务人代扣代缴的资源税,应当向开采地主管税务机关缴纳
C.纳税人应纳的资源税,应当向应税资源的开采或生产所在地主管税务机关缴纳
D.不定期开采矿产品的纳税人,可以按次计算缴纳资源税
E.纳税人在本省范围内开采应税资源,纳税地点需要调整的,由省人民政府决定
【答案】CD

【例题6-18·单选题】根据资源税有关规定，下列说法符合资源税纳税地点规定的是（　　）。

A.纳税人应当向单位所在地主管税务机关纳税

B.纳税地点需要调整的，均由省、自治区、直辖市人民政府决定

C.扣缴义务人应当向收购地主管税务机关缴纳代扣代缴资源税

D.跨省开采资源税应税产品，下属生产单位与核算单位不在同一省的，都应在核算地纳税

【答案】C

（三）纳税期限

资源税的纳税期限由主管税务机关根据纳税人应纳税额的多少，分别核定为1天、3天、5天、10天、15天或者1个月。以1个月为一期纳税的，自期满之日起10日内申报纳税。

八、资源税会计核算

资源税的会计核算通过"应交税费——应交资源税"科目进行。外销产品应缴纳的资源税计入"税金及附加"账户，相关会计分录账户对应关系如下：

借：税金及附加
　　贷：应交税费——应交资源税

自用产品应缴纳的资源税应根据不同用途，记入不同的账户：生产过程中耗用的应税产品应纳的资源税，记入"生产成本"账户；其他方面耗用根据用途记入"管理费用"等账户。自用产品应缴纳的资源税相关会计分录账户对应关系如下：

借：生产成本
　　管理费用
　　贷：应交税费——应交资源税

【例题6-19·会计核算题】天然气开采企业2016年10月在境内专门开采天然气1000万立方米，当月对外销售天然气800万立方米，取得不含增值税销售收入1600万元，已知天然气的资源税税率为6%。

该企业当月应缴纳资源税 = 1600 × 6% = 96（万元），会计处理如下：

借：税金及附加　　　　　　　　96
　　贷：应交税费——应交资源税　　　　96

【例题6-20·会计核算题】某省煤炭资源税税率为8%，某煤田2015年12月销售自采原煤200万元（不含增值税，下同），用自采未税原煤连续加工成洗选煤800吨，销售380吨，每吨售价950元，移送自用洗选煤60吨用于办公楼采暖。该煤矿洗选煤折算率为80%，该煤矿当月应纳资源税为多少万元？如何进行会计核算？

应纳资源税 = 2000000 × 8% + （380 + 60） × 950 × 80% × 8% = 160000 + 26752 = 186752（万元）

借：税金及附加　　　　183104（2000000 × 8% + 380 × 950 × 80% × 8%）
　　管理费用　　　　　3648（60 × 950 × 80% × 8%）
　　贷：应交税费——应交资源税　　　　186752

第二节 土地增值税法律制度、会计核算与税务筹划

一、土地增值税的概念与特点

(一) 土地增值税的概念

土地增值税是对有偿转让国有土地使用权及地上建筑物和其他附着物产权并取得增值性收入的单位和个人所征收的一种税。

(二) 土地增值税的特点

(1) 以转让房地产取得的增值额为征税对象。作为征税对象的增值额，是纳税人转让房地的收入减去税法规定准予扣除项目金额后的余额。

(2) 征税面比较广。凡在我国境内转让房地产并取得增值收入的单位和个人，除税法规定免税的外，均应依照税法规定缴纳土地增值税。换言之，凡发生应税行为的单位和个人，不论其经济性质，也不分内、外资企业或中、外籍人员，无论专营还是兼营房地产业务，均有缴纳土地增值税的义务。

(3) 采用扣除法和评估法计算增值额。土地增值税在计算方法上考虑我国实际情况，以纳税人转让房地产取得的收入，减去法定扣除项目金额后的余额作为计税依据。对旧房的转让，以及对纳税人转让房地产申报不实、成交价格偏低的采用评估价格法确定增值额，计征土地增值税。

(4) 实行超率累进税率。

(5) 实行按次征收，其纳税时间、缴纳方法根据房地产转让情况而定。土地增值税在房地产发生转让的环节，实行按次征收，每发生一次转让行为，就应根据每次取得的增值额来征税。其纳税时间和缴纳方法根据房地产转让情况而定

二、土地增值税的纳税人和征税范围

土地增值税的纳税人是转让国有土地使用权、地上的建筑及其附着物（以下简称转让房地产）并取得收入的单位和个人。单位包括各类企业、事业单位、国家机关和社会团体及其他组织。个人包括个体经营者。包括外商投资企业、外国驻华机构、外国公民以及海外华侨、港澳台同胞。

三、土地增值税的征税范围

(一) 基本征税范围

(1) 土地增值税只对转让国有土地使用权的行为课税，对转让非国有土地和出让国有土地的行为均不征税。

(2) 土地增值税既对转让土地使用权课税，也对转让地上建筑物和其他附着物的

产权征税。

(3) 土地增值税只对有偿转让的房地产征税，对以继承、赠与等方式无偿转让的房地产，不予征税。

具体地，不征土地增值税的房地产赠与行为包括以下两种情况：

①房产所有人、土地使用权所有人将房屋产权、土地使用权赠与直系亲属或承担直接赡养义务人的行为；

②房产所有人、土地使用权所有人通过中国境内非营利的社会团体、国家机关将房屋产权、土地使用权赠与教育、民政和其他社会福利、公益事业的行为。

(二) 部分特殊业务是否征收土地增值税的判定

根据上述内容，部分特殊业务是否征收土地增值税的具体判定见表6-3。

表6-3 部分特殊业务是否征收土地增值税的具体判定

经济行为	征免范围的确认
房地产的出租	由于产权不变更，不属于土地增值税的征税范围
房地产的抵押	对房地产的抵押，在抵押期间不征收土地增值税。抵押期满以房地产抵债，发生权属转让，应当征收增值税、土地增值税和契税等相关税收
房地产的交换	对个人之间互换自有居住用房地产的，经当地税务机关核定，可以免征土地增值税
以房地产进行投资、联营	(1) 凡所投资、联营的企业从事房地产开发的，征税。 (2) 房地产开发企业以其建造的商品房进行投资和联营，征税。 (3) 投资、联营企业将投资联营房地产再转让，征税。 (4) 非房地产开发企业以房地产进行投资、联营的，将房地产转让到所投资、联营的非房地产企业中时，暂免征收土地增值税。（属于土地增值税征税范围，但给予免征待遇） 总结：投资方和被投资方任何一方是房地产企业，则该房地产投资行为，均缴纳土地增值税
合作建房	对于一方出地，一方出资金，双方合作建房，建成后按比例分房自用的，暂免征收土地增值税；建成后转让的，应征收土地增值税
企业兼并转让房地产	暂免
房地产的重新评估增值	不发生房地产权属的转移，房产产权、土地使用人也未取得收入，不属于土地增值税的征税范围
国家收回国有土地使用权、征用地上建筑物及附着物	国家收回或征用，虽然发生了权属的变更，原房地产所有人也取得了收入，但按照《土增值税暂行条例》有关规定，免征土地增值税

【例题6-21·单选题】下列各项应计算征收土地增值税的是（ ）。

A.以房地产出租的

B.以房地产抵押贷款而房地产尚在抵押期间的

C.被兼并企业的房地产在企业兼并中转让给兼并方的

D.一方出地一方出资金，双方合作建房，建成后转让的

E.将房产赠与直系亲属的

【答案】D

【解析】对于一方出地，一方出资金，双方合作建房，建成后分房自用的，暂免征收土地增值税。但是，房屋建成后转让的行为，属于征收土地增值税的范围。

（三）企业改制重组土地增值税政策

（1）按照《中华人民共和国公司法》的规定，非公司制企业整体改建为有限责任公司或者股份有限公司，有限责任公司（股份有限公司）整体改建为股份有限公司（有限责任公司）。对改建前的企业将国有土地、房屋权属转移、变更到改建后的企业，暂不征土地增值税。

整体改建是指不改变原企业的投资主体，并承继原企业权利和义务的行为。

（2）按照法律规定或者合同约定，两个或两个以上企业合并为一个企业，且原企业投资主体存续的，对原企业将国有土地、房屋权属转移、变更到合并后的企业，暂不征土地增值税。

（3）按照法律规定或者合同约定，企业分设为两个或两个以上与原企业投资主体相同的企业，对原企业将国有土地、房屋权属转移、变更到分立后的企业，暂不征土地增值税。

（4）单位、个人在改制重组时以国有土地、房屋进行投资，对其将国有土地、房屋权属转移、变更到被投资的企业，暂不征土地增值税。

（5）上述改制重组有关土地增值税政策不适用于房地产开发企业。

（6）企业改制重组后再转让国有土地使用权并申报缴纳土地增值税时，"取得土地使用权所支付的金额"的扣除：

①国有土地使用权原取得方式为出让或转让的，扣除金额为改制前取得该宗国有土地使用权所支付的地价款和按国家统一规定缴纳的有关费用。

②国有土地使用权原取得方式为国家作价出资入股的，扣除金额为该宗土地作价入股时省级以上（含省级）国土管理部门批准的评估价格；如果不能提供作价入股时省级以上（含省级）国土管理部门批准文件和批准的评估价格的，不得扣除。

（7）企业按本通知有关规定享受相关土地增值税优惠政策的，应及时向主管税务机关提交相关房产、国有土地权证、价值证明等书面材料。

【例题6-22•单选题】下列情形中，应当计算缴纳土地增值税的是（　　）。
A.工业企业向房地产开发企业转让国有土地使用权
B.房产所有人通过希望工程基金会将房屋产权赠与西部教育事业
C.甲企业出资金、乙企业出土地，双方合作建房，建成后按比例分房自用
D.房地产开发企业代客户进行房地产开发，开发完成后向客户收取代建收入
【答案】A

四、土地增值税的计税依据

土地增值税的计税依据是纳税人转让房地产所取得的增值额。

土地增值额＝转让房地产取得的收入－规定的扣除项目金额

（一）应税收入的确定

纳税人转让房地产取得的收入为不含增值税收入。从形式上看包括货币收入、实物收入和其他收入。非货币收入要折合金额计入收入总额。

（二）房地产开发企业扣除项目的确定

《中华人民共和国土地增值税暂行条例》等规定的土地增值税扣除项目涉及的增值税进项税额，允许在销项税额中计算抵扣的，不计入扣除项目，不允许在销项税额中计算抵扣的，可以计入扣除项目。扣除项目具体内容如下。

1. 取得土地使用权所支付的金额

取得土地使用权所支付的金额指纳税人为取得土地使用权所支付的地价款和在取得土地使用权时按国家统一规定交纳的有关费用。

（1）以出让方式取得土地使用权，为支付的土地出让金；

（2）以行政划拨方式取得土地使用权的，为转让土地使用权时按规定补交的土地出让金；

（3）以转让方式取得土地使用权的，为支付的地价款。

2. 房地产开发成本

房地产开发成本是指纳税人开发房地产项目实际发生的成本。包括土地的征用及拆迁补偿费、前期工程费、建筑安装费、基础设施费、公共配套设施费、开发间接费用等。

3. 房地产开发费用

房地产开发费用是指与房地产开发项目有关的销售费用、管理费用和财务费用。

财务费用中的利息支出，凡能够按转让房地产项目计算分摊并提供金融机构证明的，允许据实扣除，但最高不能超过按商业银行同类同期贷款利率计算的金额。其他房地产开发费用，则按取得土地使用权所支付的金额和房地产开发成本的金额之和的5%以内计算扣除。凡不能按转让房地产项目计算分摊利息支出或不能提供金融机构证明的，房地产开发费用则按取得土地使用权所支付的金额和房地产开发成本的金额之和的10%以内计算扣除。计算扣除的具体比例，由各省、自治区、直辖市人民政府规定。

纳税人能够按转让房地产项目计算分摊利息支出，并能提供金融机构的贷款证明的，其允许扣除的房产地开发费用为利息＋（取得土地使用权所支付的金额＋房地产开发成本）×5%以内。

纳税人不能够按转让房地产项目计算分摊利息支出，或不能提供金融机构的贷款证明的，其允许扣除的房地产开发费用为（取得土地使用权所支付的金额＋房地产开发成本）×10%以内。

此外，财政部、国家税务总局还对扣除项目金额中利息支出的计算问题做了两点专门规定：一是利息的上浮幅度按国家的有关规定执行，超过上浮幅度的部分不允许扣除；二是对超过贷款期限的利息部分和加罚的利息不允许扣除。

4. 与转让房地产有关的税金

转让房地产缴纳的增值税是价外税，不能扣除。本项目是指在转让房地产时缴纳的城市维护建设税，因转让房地产交纳的教育费附加也可视同税金予以扣除。对于印花税等税金，如果企业将其记入"管理费用"账户，应在"房地产开发费用"项目中扣除，不在本项目扣除；如果"房地产开发费用"项目中没有包括，应在本项目扣除。

5. 财政部规定的其他扣除项目

对从事房地产开发的纳税人可按取得土地使用权所支付的金额与房地产开发成本

金额之和,加计20%的扣除。

加计扣除费用=(取得土地使用权支付的金额+房地产开发成本)×20%

(三)旧房及建筑物的转让可扣除项目

(1)房屋及建筑物的评估价格。房屋及建筑物的评估价格指在转让已使用的房屋及建筑物时,由政府批准设立的房地产评估机构评定的重置成本价乘以成新度折扣率后的价格。评估价格经当地税务机关确认。

评估价格=重置成本价×成新度折扣率

房地产重置成本价的含义是,对旧房及建筑物,按转让时的建材价格及人工费用计算,建造同样面积、同样层次、同样结构、同样建设标准的新房及建筑物所需花费的成本费用。(1984年办公楼300万元盖的,2014年6成新,2014年建设同样的需要3000万元,所以2014年转让时的评估价格=3000×60%)

特殊强调:纳税人转让旧房,凡不能取得评估价格,但能提供购房发票的,经当地税务部门确认,取得土地使用权所支付的金额、旧房及建筑物的评估价格,可按发票所载金额并从购买年度起至转让年度止每年加计5%计算扣除。计算扣除项目时"每年"按购房发票所载日期起至售房发票开具之日止,每满12个月计一年;超过一年,未满12个月但超过6个月的,可以视同为一年(实际的一年)。

(2)取得土地使用权所支付的地价款和按国家统一规定交纳的有关费用。

(3)转让环节缴纳的税金。

(4)纳税人转让旧房及建筑物时因计算纳税的需要而对房地产进行评估,其支付的评估费用允许在计算增值额时予以扣除。对纳税人隐瞒、虚报房地产成交价格等情形而按房地产评估价格计算征收土地增值税所发生的评估费用,不允许在计算土地增值税时予以扣除。

(5)对纳税人购房时缴纳的契税,凡能提供契税完税凭证的,准予作为"与转让房地产有关的税金"予以扣除,但不作为加计5%的基数。契税扣除的基本规则:凡是计入土地成本和房产成本中,即已经资本化,不能再做税金扣除;如果没有计入相关成本,则可以作为税金扣除,但不能作为加计扣除5%基数。

【例题6-23·计算题】某企业开发房地产取得土地使用权所支付的金额1000万元;房地产开发成本6000万元;向金融机构借入资金利息支出400万元(能提供贷款证明),其中超过国家规定上浮幅度的金额为100万元;该企业所在省份规定能提供贷款证明的其他房地产开发费用为5%。求该企业允许扣除的房地产开发费用。

【答案】该企业允许扣除的房地产开发费用为(400-100)+(1000+6000)×5%=650(万元)。

【例题6-24·计算题】某房地产开发公司整体出售了其新建的商品房,与商品房相关的土地使用权支付额和开发成本共计10000万元;该公司没有按房地产项目计算分摊银行借款利息;该项目所在省政府规定计征土地增值税时房地产开发费用扣除比例按国家规定允许的最高比例执行;该项目转让的有关税金为200万元。要求计算确认该商品房项目缴纳土地增值税时,应扣除的房地产开发费用和"其他扣除项目"的合计金额。

【答案】应扣除的房地产开发费用和"其他扣除项目"的合计金额为10000×(10%+20%)=3000(万元)。

【例题6-25·单选题】某国有企业2011年7月在市区购置一栋办公楼,支付价款8000万元。2016年7月,该企业将办公楼转让,取得收入10000万元,签订产权转移书据。办公楼经税务机关认定的重置成本价为12000万元,成新率70%。该企业在缴纳土地增值税时计算的增值额为( )。

A.400万元　　　　B.1485万元　　　　C.1490万元　　　　D.200万元

【答案】B

【解析】评估价格 = 12000 × 70% = 8400(万元)

增值税 = (10000 - 8000) ÷ (1 + 5%) × 5% = 95.24(万元)

有关的税金 = (10000 - 8000) ÷ (1 + 5%) × 5% × (1 + 7% + 3%) + 10000 × 0.5‰ = 109.76(万元)

增值额 = 10000 - 95.24 - 8400 - 109.76 = 1395(万元)

【例题6-26·判断题】转让旧房的,应按房屋的净值、取得土地使用权所支付的地价款和按国家统一规定缴纳的有关费用及在转让环节缴纳的税金作为扣除项目金额计征土地增值税。( )

【答案】错误

【解析】转让旧房的不会涉及房屋的净值,仅涉及房屋评估值。

五、土地增值税的税率和应纳税额的计算

(一)税率

土地增值税实行四级超率累进税率:

(1)增值额未超过扣除项目金额50%的部分,税率为30%。

(2)增值额超过扣除项目金额50%、未超过扣除项目金额100%的部分,税率为40%。

(3)增值额超过扣除项目金额100%、未超过扣除项目金额200%的部分,税率为50%。

(4)增值额超过扣除项目金额200%的部分,税率为60%。

上述所列四级超率累进税率,每级"增值额未超过扣除项目金额"的比例,均包括本比例数。

表6-4　土地增值税四级超率累进税率表

级数	增值额与扣除项目金额的比率	税率(%)	速算扣除系数(%)
1	不超过50%的部分	30	0
2	超过50%至100%的部分	40	5
3	超过100%至200%的部分	50	15
4	超过200%的部分	60	35

土地增值税采用四级超率累进税率。与超额累进税率相比,超额累进税率累进依据为绝对数;超率累进税率累进依据为相对数,本税种的累进依据为增值额与扣除项目金额之间的比率。

（二）应纳税额的计算

（1）土地增值税按照纳税人转让房地产所取得的增值额和规定的税率计算征收。土地增值税的计算公式如下：

应纳税额 = ∑（每级距的增值额 × 适用税率）

（2）简便方法。

①增值额未超过扣除项目金额50%。

土地增值税税额 = 增值额 × 30%

②增值额超过扣除项目金额50%，未超过100%。

土地增值税税额 = 增值额 × 40% − 扣除项目金额 × 5%

③增值额超过扣除项目金额100%，未超过200%。

土地增值税税额 = 增值额 × 50% − 扣除项目金额 × 15%

④增值额超过扣除项目金额200%。

土地增值税税额 = 增值额 × 60% − 扣除项目金额 × 35%

（3）土地增值税的计算步骤。

第一步，计算收入总额；

第二步，计算扣除项目金额；

第三步，用收入总额减除扣除项目金额计算增值额。

土地增值额 = 转让房地产收入 − 规定扣除项目金额

第四步，计算增值额与扣除项目之间的比例，以确定使用税率的档次和速算扣除系数。

第五步，套用公式计算税额。应纳税额公式如下：

应纳税额 = 增值额 × 税率 − 扣除项目金额 × 速算扣除系数

【例题6−27·计算题】某市某餐饮有限公司（增值税小规模纳税人）2017年3月销售一套门市房，取得销售额200万元，该办公楼购于2013年2月，当时购买价120万元，公司提供了购房发票。购买时缴纳契税3.6万元（能提供完税凭证）。该房产账面原始价值123.6万元，累计折旧24.72万元。公司转让该房产时未取得评估价格。

（1）增值税：（200−120）/（1+5%）× 5% = 3.81（万元）

转让收入 = 200 − 3.81 = 196.19（万元）

（2）城建税和教育费附加：3.81 ×（7%+3%）= 0.38（万元）

（3）土地增值税。

因为无法取得评估价格，所以按照购房发票所载金额从购买年度起至转让年度止每年加计5%扣除，120 ×（1+5%×4）= 144（万元）

可以扣除的项目金额合计数为144 + 0.38 + 3.6 = 147.98（万元）

增值额 = 196.19 − 147.98 = 48.21（万元）

增值率 = 48.21/147.98 = 32.58%，适用税率30%

应纳土地增值税 = 48.21 × 30% = 14.46（万元）

【例题6−28·计算题】某市某房地产开发有限公司（一般纳税人）2017年6月对外转让于2015年10月份开发的甲写字楼（采用简易方法计税），取得转让收入14000万元，已知该公司为取得土地使用权向政府支付的地价款3200万元；投入房地产开发成本为4300万元；房地产开发费用为750万元。

（1）增值税 = 14000/（1 + 5%）× 5% = 666.67（万元）

转让收入 = 14000 - 666.67 = 13333.33（万元）

（2）城建税和教育费附加：666.67 ×（7% + 3%）= 66.67（万元）

（3）土地增值税。

①转让房地产的扣除项目金额：

取得土地使用权所支付的金额为3200万元；

房地产开发成本为4300万元；

房地产开发费用为750万元。

与转让房地产有关的税金：66.67万元。

从事房地产开发的加计扣除：（3200 + 4300）× 20% = 1500（万元）

转让房地产的扣除项目金额：3200 + 4300 + 66.67 + 1500 = 9066.67（万元）

②转让房地产的增值额：13333.33 - 9066.67 = 4266.67（万元）

增值额与扣除项目金额的比率：4266.67 ÷ 9066.67 = 47.06%，适用税率30%。

③应纳土地增值税税额：4266.67 × 30% = 1280.00（万元）

【例题6-29·计算题】某市某房地产开发公司为增值税一般纳税人，2018年6月对外转让于2016年6月份开发的乙写字楼取得转让收入含税价41000万元，已知该公司为取得土地使用权向政府支付的地价款为8000万元；房地产开发成本支出总额11000万元，其中可确认增值税进项税额900万元；房地产开发费用支出总额为1900万元，其中可确认增值税进项税额100万元。

（1）增值税。

销项税额 =（41000 - 8000）/（1 + 11%）× 11% = 3270.27（万元）

转让收入 = 41000 - 3270.27 = 37729.73（万元）

进项税额 = 900 + 100 = 1000（万元）

应交增值税 = 3270.27 - 1000 = 2270.27（万元）

（2）城建税和教育费附加：2270.27 ×（7% + 3%）= 227.03（万元）

（3）土地增值税。

①转让房地产的扣除项目金额：

取得土地使用权所支付的金额为8000万元

房地产开发成本：11000 - 900 = 10100（万元）

房地产开发费用：1900 - 100 = 1800（万元）

与转让房地产有关的税金为227.03万元

从事房地产开发的加计扣除：（10100 + 8000）× 20% = 3620（万元）

转让房地产的扣除项目金额：8000 + 10100 + 1800 + 227.03 + 3620 = 23747.03（万元）

②转让房地产的增值额：37729.73 - 23747.03 = 13982.7（万元）

增值额与扣除项目金额的比率：13982.7 ÷ 23747.03 = 58.88%

适用税率40%，速算扣除系数为5%。

③应纳土地增值税税额：13982.7 × 40% - 23747.03 × 5% = 4405.73（万元）

六、土地增值税的税收优惠

（1）纳税人建造普通标准住宅出售，增值额未超过扣除项目金额20%的，免征土地增值税；如果超过20%的，应就其全部增值额按规定计税。这里增值率20%是起征点，19.99%都不纳税，20.01%应就其全部增值额按规定计税。

普通标准住宅应同时满足下列条件：住宅小区建筑容积率在1.0以上；单套建筑面积在120平方米以下；实际成交价格低于同级别土地上住房平均交易价格1.2倍以下。各省、自治区、直辖市对普通住房的具体标准可以适当上浮，但不超过上述标准的20%。

对于纳税人既建普通标准住宅又搞其他房地产开发的，应分别核算增值额。不分别核算增值额或不能准确核算增值额的，其建造的普通标准住宅不能适用这一免税规定。

（2）因国家建设需要依法征用、收回的房地产，免征土地增值税。

（3）对居民个人转让住房一律免征土地增值税。

（4）企事业单位、社会团体以及其他组织转让旧房作为廉租住房、经济适用住房房源且增值额未超过扣除项目金额20%的，免征土地增值税。

七、土地增值税的征收管理

（一）房地产开发企业土地增值税征管的规定

1. 房地产开发企业纳税申报

纳税人应当在签订房地产转让合同、发生纳税义务后7日内或在税务机关核定的期限内，按照税法规定，向主管税务机关办理纳税申报，并同时提供下列证件和资料。

（1）房屋产权证、土地使用权证书。

（2）土地转让、房产买卖合同。

（3）与转让房地产有关的资料。

（4）根据税务机关的要求提供房地产评估报告。

2. 房地产开发企业纳税时间

（1）以一次交割、付清价款方式转让房地产的。

对于这种情况，主管税务机关可在纳税人办理纳税申报后，根据其应纳税额的大小及向有关部门办理过户、登记手续的期限等，规定其在办理过户、登记手续前数日内一次性缴纳全部土地增值税。

（2）以分期收款方式转让房地产的。

对于以分期收款方式转让房地产的，主管税务机关可根据合同规定的收款日期来确定具体的纳税期限。先计算出应缴纳的全部土地增值税税额，再按总税额除以转让房地产的总收入，求得应纳税额占总收入的比例。然后，在每次收到价款时，按收到价款的数额乘以这个比例来确定每次应纳的税额，并规定其应在每次收款后数日内缴纳土地增值税。

3. 房地产开发企业土地增值税的清算

（1）土地增值税的清算条件。

符合下列情形之一的，纳税人必须进行土地增值税的清算：

①房地产开发项目全部竣工、完成销售的；
②整体转让未竣工决算房地产开发项目的；
③直接转让土地使用权的。

符合下列情形之一的，主管税务机关可以要求纳税人进行土地增值税清算：
①已竣工验收的房地产开发项目，已转让的房地产建筑面积占整个项目可售建筑面积的比例在85%以上，或该比例虽未超过85%，但剩余的可售建筑面积已经出租或自用的；
②取得销售（预售）许可证满三年仍未销售完毕的；
③纳税人申请注销税务登记但未办理土地增值税清算手续的；
④省税务机关规定的其他情况。

(2) 土地增值税的扣除项目的特殊规定。

房地产开发企业办理土地增值税清算所附送的前期工程费、建筑安装工程费、基础设施费、开发间接费用的凭证或资料不符合清算要求或不实的，地方税务机关可参照当地建设工程造价管理部门公布的建安造价定额资料，结合房屋结构、用途、区位等因素，核定上述四项开发成本的单位面积金额标准，并据以计算扣除。其具体核定方法由省税务机关确定。

房地产开发企业开发建造的与清算项目配套的居委会和派出所用房、会所、停车场（库）、物业管理场所、变电站、热力站、水厂、文体场馆、学校、幼儿园、托儿所、医院、邮电通信等公共设施，按以下原则处理：
①建成后产权属于全体业主所有的，其成本、费用可以扣除；
②建成后无偿移交给政府、公用事业单位用于非营利性社会公共事业的，其成本、费用可以扣除；
③建成后有偿转让的，应计算收入，并准予扣除成本、费用。

房地产开发企业销售已装修的房屋，其装修费用可以计入房地产开发成本。房地产开发企业的预提费用，除另有规定外，不得扣除。

属于多个房地产项目共同的成本费用，应按清算项目可售建筑面积占多个项目可售总建筑面积的比例或其他合理的方法，计算确定清算项目的扣除金额。

(3) 土地增值税的核定征收。

房地产开发企业有下列情形之一的，税务机关可以参照与其开发规模和收入水平相近的当地企业的土地增值税税负情况，按不低于预征率的征收率核定征收土地增值税：
①依照法律、行政法规的规定应当设置但未设置账簿的；
②擅自销毁账簿或者拒不提供纳税资料的；
③虽设置账簿，但账目混乱或者成本资料、收入凭证、费用凭证残缺不全，难以确定转让收入或扣除项目金额的；
④符合土地增值税清算条件，未按照规定的期限办理清算手续，经税务机关责令限期清算，逾期仍不清算的；
⑤申报的计税依据明显偏低，又无正当理由的。

● (二) 纳税地点及纳税申报

纳税人应在转让房地产合同签订后7日内向房地产所在地主管税务机关申报纳税，并向税务机关提供相关合同资料。纳税人转让的房地产坐落在两个或两个以上地区的，应按房地产所在地分别申报纳税。

（1）纳税人是法人的。当转让的房地产坐落地与其机构所在地或经营所在地一致时，则在办理税务登记的原管辖税务机关申报纳税即可；如果转让的房地产坐落地与其机构所在地或经营所在地不一致时，则应在房地产坐落地所管辖的税务机关申报纳税。

（2）纳税人是自然人的。当转让的房地产坐落地与其居住所在地一致时，则在住所所在地税务机关申报纳税；当转让的房地产坐落地与其居住所在地不一致时，在办理过户手续所在地的税务机关申报纳税。

八、土地增值税会计核算与税收筹划

（一）土地增值税会计核算

土地增值税的会计核算通过"应交税费—应交土地增值税"科目进行。房地产开发企业应缴纳的土地增值税，记入"税金及附加"账户；其他企业销售已使用过的房地产应缴纳的土地增值税，记入"固定资产清理"账户。

【例题6-30·会计核算题】位于某市市区的某商贸公司（增值税一般纳税人）2016年12月销售一栋旧办公楼（选择按简易计税方法），取得转让价款1000万元，缴纳印花税0.5万元，因无法取得评估价格，公司提供了购房发票，该办公楼购于2013年1月，购价为600万元，缴纳契税18万元（能提供完税凭证）。该房产原值618万元，累计折旧60万元。该公司销售办公楼应缴纳土地增值税是多少？如何进行会计核算？

【答案及解析】增值税＝（1000－600）/（1＋5%）×5%＝19.05（万元）

销售收入＝1000－19.05＝980.95（万元）

销售旧的办公楼需要缴纳的城建税、教育费附加及地方教育费附加合计＝（1000－600）/（1＋5%）×5%×（7%＋3%＋2%）＝2.29（万元）

因为无法取得评估价格，所以按照购房发票所载金额从购买年度起至转让年度止每年加计5%扣除，600×（1＋5%×4）＝720（万元）

可以扣除的项目金额合计数为720＋2.29＋18＋0.5＝740.79（万元）

增值额＝980.95－740.79＝240.16（万元）

增值率＝240.16/740.79＝32.42%

应纳土地增值税＝240.16×30%＝72.05（万元）

清理收入：980.95－（618－60）－2.29－0.5－72.05＝348.11

(1) 借：固定资产清理　　　　　　　　　　558
　　　　累计折旧　　　　　　　　　　　　 60
　　　贷：固定资产　　　　　　　　　　　　　　618
(2) 借：银行存款　　　　　　　　　　　　1000
　　　贷：固定资产清理　　　　　　　　　　　 980.95
　　　　　应交税费——简易计税　　　　　　　 19.05
(3) 借：固定资产清理　　　　　　　　　　2.79
　　　贷：应交税费——应交城建税　　　　　　　1.33
　　　　　　　　——应交教育费附加　　　　　　0.96
　　　　　银行存款　　　　　　　　　　　　　　0.5

(4) 借：固定资产清理　　　　　　　　　　　　72.05
　　　贷：应交税费——应交土地增值税　　　　　72.05
(5) 借：固定资产清理　　　　　　　　　　　　348.11
　　　贷：营业外收入　　　　　　　　　　　　348.11

（二）土地增值税税务筹划

土地增值税的税务筹划主要包括利用税收优惠政策筹划，通过控制增值额筹划和利用房地产转移方式进行筹划等。

1.利用税收优惠进行税务筹划

【例题6-31·分析题】 某房地产开发企业于2017年出资开发了一个商品房工程，预计不含增值税收入为12亿元，该项目包括两个部分，一部分为豪华住宅，预计不含税销售价格为4亿元，另一部分为不含税价值8亿元的普通商品房。经过初步测算，整个工程中按照税法规定的可扣除项目金额为8.8亿元，其中：普通住宅的可扣除项目金额为6.4亿元，豪华住宅的可扣除项目金额为2.4亿元。根据当地主管税务机关的规定，该工程的两种商品房可以分开核算，也可以合并核算。

对于这个工程，在投资核算方法上，公司内部管理人员发生了分歧。总经理认为应将两个工程项目合并在一起管理，实行统一核算。财务处长建议应将两个工程项目分开进行核算。财务总监从税务筹划的角度出发，认为应该在分开进行工程核算的基础上，将普通住宅的增资率控制在20%以下。哪一种意见最有利呢？

【答案及解析】 在现有条件下，不同的操作方式影响投资活动的最重要因素是税收，尤其是土地增值税对土地开发项目的获利成果影响最大。只要土地增值税额是最低的，方案就是最优的。

方案一，两个工程项目统一管理，统一进行会计核算。
当两个项目不分开核算时，该企业应缴土地增值税的计算如下：
增值额与扣除项目金额比例 =（120000 - 88000）÷ 88000 × 100% = 36%
因此，适用30%的税率。
应缴土地增值税 =（120000 - 88000）× 30% = 9600（万元）
方案二，两个项目分开管理，分别进行会计核算。
当两个不同性质的开发项目分开进行会计核算，分别计算开发成本和开发成果时，应缴土地增值税的计算如下：
普通住宅增值率 =（80000 - 64000）÷ 64000 × 100% = 25%
因此，适用30%的税率。
普通住宅应缴土地增值税 =（80000 - 64000）× 30% = 4800（万元）
豪华住宅增值率 =（40000 - 24000）÷ 24000 × 100% = 67%
因此，适用40%的税率。
豪华住宅应缴土地增值税 =（40000 - 24000）× 40% - 24000 × 5% = 5200（万元）
合计应缴土地增值税10000万元，分开核算比不分开核算多支出税金400万元。
方案三，在将两个项目分开管理，分别进行会计核算的基础上，对普通住宅的支出项目进行筹划和控制，使普通住宅的增值率控制在20%以下。
普通住宅：对普通住宅的可扣除项目金额做适当的控制，使普通住宅的增值率控制在20%以下。这可以通过增加公共生活设施，改善住房的设计或条件等方法来实现，通过计算，在可扣除项目为66666万元的条件下，普通住宅免征土地增值税。

豪华住宅增值率＝（40000－24000）÷24000×100%＝67%

因此，适用40%的税率。

豪华住宅应缴土地增值税＝（40000－24000）×40%－24000×5%＝5200（万元）

此时，该企业应缴纳的土地增值税仅为豪华住宅应缴纳的5200（万元）。

筹划结论：方案一下应缴纳土地增值税9600万元；方案二下应缴纳土地增值税10000万元。通过筹划，方案三下土地增值税实际支出5200万元，增加支出2666（即66666－64000）万元，共计7866万元。

通过计算和分析发现，进行系统的税务筹划比不分开核算少支出1734万元，比分开核算少缴纳税额2134万元。

2.通过控制增值额进行税务筹划

土地增值税实行以增值额为基础的超率累进税率，土地增值税筹划的关键就是合理合法地控制，降低增值额。增值额是纳税人转让房地产所得的收入，减去允许扣除项目金额后的余额。控制增值额的方法主要有两个：一是增加扣除项目，二是降低商品房的销售价格。

【例题6－32·分析题】 2017年7月某房地产开发有限责任公司在中等城市按当地一般民用住宅标准建造了一栋住宅楼，目前工程已经完工，准备以6000万元左右的不含税市场价格销售。该住宅楼共发生如下支出：取得土地使用权支付2400万元，房地产开发成本1500万元，其他扣除额为970万元。公司财务人员对主要税收情况进行了测算。

应缴纳增值税＝（6000－2400）×11%＝396（万元）

城建税及教育费附加＝396×（7%＋3%＋2%）＝47.52（万元）

印花税＝6000×0.05%＝3（万元）

应缴纳的土地增值税：

允许扣除金额＝2400＋1500＋970＋47.52＋3＝4920.52（万元）

增值额＝6000－4920.52＝1079.48（万元）

增值率＝1079.48÷4920.52＝21.94%

应纳土地增值税额＝1079.48×30%＝323.84（万元）

对于这笔转让房地产业务，该公司如何进行税务筹划？

【解析】《土地增值税暂行条例》规定，纳税人建造普通标准住宅出售，增值额未超过扣除项目金额20%的，免征土地增值税。案例中，该房地产公司建造的是普通标准住宅，增值率为21.94%，超过20%，应按全部增值额缴纳增值税。如果将增值额控制在984.10（4920.52×20%）万元，就可以免交土地增值税了。实际增值额仅仅超过了98.38万元，如果按照上述方案销售，该公司应缴纳土地增值税323.84万元。也就是说，销售收入增加98.38万元，多支付土地增值税323.84万元，这对于企业来说，实际上是不划算的。

此时的筹划方案，就是要降低近100万元的销售价格，公司会多盈利约230万元（这里面还有一个问题，价格降低了，允许扣除的税金附加也会相应少了，这里就不细算了）

通过上述分析可以发现，在销售收入处于政策平台的转换点附近时，应该充分考虑商品价格对税收档次爬升的影响。

第三节 城镇土地使用税法律制度与会计核算

一、城镇土地使用税的概念

城镇土地使用税是国家在城市、县城、建制镇、工矿区范围内,对使用土地的单位和个人,以其实际占用的土地面积为计税依据,按照规定的税额计算征收的一种税。

开征城镇土地使用税的主要目的之一,是调节土地的级差收入。城镇土地使用税实行差别幅度税额,不同城镇适用不同税额,对同一城镇的不同地段,根据市政建设状况和经济繁荣程度,也确定不等的负担水平。

二、纳税义务人、征收范围和适用税额

(一)纳税义务人

城镇土地使用税的纳税人,是指在税法规定的征税范围内使用土地的单位和个人。其具体包括国有企业、集体企业、私营企业、股份制企业、外商投资企业、外国企业、社会团体、国家机关、军队、个体工商户以及其他个人。城镇土地使用税的具体规定如下:

(1)拥有土地使用权的单位和个人是纳税人。纳税人包括外商投资企业、外国企业及外籍人员;拥有土地使用权的单位和个人不在土地所在地的,实际使用人和代管人为纳税人。

(2)土地使用权未确定的或权属纠纷未解决的,其实际使用人为纳税人。

(3)土地使用权共有的,共有各方都是纳税人,各方按各自占用的土地面积纳税。

(二)征收范围

征收范围为城市、县城、建制镇和工矿区的国家所有、集体所有的土地。但征税范围不包括农村。在开征此税地区范围内使用国家和集体所有土地的单位和个人,都是该税的纳税人。城市、县城、建制镇、工矿区以外的企业不缴纳城镇土地使用税。

其中,城市的征税范围包括市区和郊区,县城的征税范围为县人民政府所在地的城镇,建制镇的征税范围一般为镇人民政府所在地。

(三)适用税额

城镇土地使用税适用四档地区幅度差别定额税率,每档最高税率与最低税率相差20倍。具体标准如下:

大城市1.5元至30元;

中等城市1.2元至24元;

小城市0.9元至18元;

县城、建制镇、工矿区0.6元至12元。

对于经济落后地区,税额可适当降低,但降低额不得超过税率表中规定的最低税

额的30%。经济发达地区的适用税额可适当提高,但需报财政部批准。

三、计税依据及应纳税额的计算

(一)计税依据

计税依据为纳税人实际使用的土地面积,纳税人实际占用的土地面积按下列办法确定:

(1)凡由省、自治区、直辖市人民政府确定的单位组织测定土地面积的,以测定的面积为准;

(2)尚未组织测量,但纳税人持有政府部分核发的土地使用证书的,以证书确认的土地面积为准;

(3)尚未核发出土地使用证书的,应由纳税人申报土地面积,据以纳税,待核发土地使用证以后再做调整。

(二)应纳税额的计算

计算公式:

全年应纳税额=实际占用土地面积(平方米)×适用税额

若分季或月缴纳时:

季度应纳税额=年应纳税额÷4

月应纳税额=年应纳税额÷12

【例题6-33·单选题】根据我国税收法律制度的规定,下列税种中实行从量计征的是( )。

A.契税　　　B.车辆购置税　　　C.房产税　　　D.城镇土地使用税

【答案】D

四、城镇土地使用税税收优惠

(一)减免税优惠的基本规定

(1)国家机关、人民团体、军队自用的土地。

(2)由国家财政部门拨付事业经费的单位自用的土地。企业办的学校、医院、托儿所、幼儿园,其自用的土地也照此项目免征城镇土地使用税。

(3)宗教寺庙、公园、名胜古迹自用的土地。

(4)市政街道、广场、绿化地带等公共用地。

(5)直接用于农、林、牧、渔业的生产用地。

农、林、牧、渔业的生产用地指直接从事种植、养殖、饲养的专业用地。农副产品加工厂占地和从事农、林、牧、渔业生产单位的生活、办公用地不包括在内。

(6)开山填海整治的土地。

自行开山填海整治的土地和改造的废弃土地,从使用的月份起免缴城镇土地使用税5年至10年。开山填海整治的土地是指纳税人经有关部门批准后自行填海整治的土地，不包括纳税人通过出让、转让、划拨等方式取得的已填海整治的土地。

（7）由财政部另行规定免税的能源、交通、水利用地和其他用地。

（8）以下项目是否免税由各省、自治区、直辖市税务局确定。

①个人所有的居住房屋及院落用地。

②免税单位职工家属宿舍用地。

③民政部门举办的安置残疾人占一定比例的福利工厂用地。

④集体和个人举办学校、医院、托儿所、幼儿园用地。

● **（二）特殊优惠规定**

（1）城镇土地使用税与耕地占用税的征税范围衔接：为避免对一块土地同时征收耕地占用税和城镇土地使用税，税法规定，凡是缴纳了耕地占用税的，从批准征用之日起满1年后征收城镇土地使用税；征用非耕地因不需要缴纳耕地占用税，应从批准征用之次月起征收城镇土地使用税。

【例题6－34·单选题】2014年度甲企业与乙企业共同使用面积为8000平方米的土地，该土地上共有建筑物建筑面积15000平方米，甲企业使用其中的4/5，乙企业使用其中的1/5。除此之外，经有关部门批准，乙企业在2014年1月份新征用耕地6000平方米。甲乙企业共同使用土地所处地段的城镇土地使用税年税额为4元/平方米，乙企业新征耕地所处地段的年税额为2元/平方米。下列关于甲乙企业2014年度缴纳城镇土地使用税的说法正确的是（　　）。

A.甲企业纳税25600元，乙企业纳税18400元

B.甲企业纳税25600元，乙企业纳税6400元

C.甲企业纳税4800元，乙企业纳税24002元

D.甲企业纳税48000元，乙企业纳税12000元

【答案】B

【解析】土地使用权由几方共有的，由共有各方按照各自实际使用的土地面积占总面积的比例，分别计算缴纳城镇土地使用税；纳税人新征用的耕地，自批准征用之日起满一年时开始缴纳城镇土地使用税。

甲企业应缴纳城镇土地使用税 = 8000×4÷5×4 = 25600（元）

乙企业应缴纳城镇土地使用税 = 8000×1÷5×4 = 6400（元）

（2）免税单位与纳税单位之间无偿使用的土地。

对免税单位无偿使用纳税单位的土地，免征城镇土地使用税；对纳税单位无偿使用免税单位的土地，纳税单位应照章缴纳城镇土地使用税。

（3）房地产开发公司开发建造商品房的用地。

房地产开发公司开发建造商品房的用地，除经批准开发建设经济适用房的用地外，对各类房地产开发用地一律不得减免城镇土地使用税。

（4）城镇内的集贸市场用地。

对专门经营农产品的农产品批发市场、农贸市场使用的房产、土地，免征房产税和城镇土地使用税，而对于同时经营其他产品的农产品批发市场和农贸市场使用的房产、土地，按其他产品与农产品交易场地面积的比例确定征免。

（5）防火、防爆、防毒等安全防范用地，由省、自治区、直辖市税务局确定，可以

暂免征收城镇土地使用税；对仓库库区、厂房本身用地，应依法征收城镇土地使用税。

（6）搬迁企业的用地，不使用的，免税。

（7）企业的铁路专用线、公路等用地。对企业的铁路专用线、公路等用地，除另有规定者外，在企业厂区（包括生产区、办公区及生活区）以内的，应照章征收城镇土地使用税；在厂区以外、与社会公用地段未加隔离的，暂免征收城镇土地使用税。

（8）企业的绿化用地。对企业厂区（包括生产区、办公区及生活区）以内的绿化用地，应照章征收城镇土地使用税，厂区以外的公共绿化用地和向社会开放的公园用地，暂免征收土地使用税。

（9）水利设施用地。水利设施及其管护用地（如水库库区、大坝、堤防、灌渠、泵站等用地），免征城镇土地使用税；其他用地，如生产、办公、生活用地，应照章征税。

（10）民航机场用地。

①机场飞行区用地、场内外通信导航设施用地和飞行区四周排水防洪设施用地，免征城镇土地使用税。

②在机场道路中，场外道路用地免征城镇土地使用税；场内道路用地依照规定征收城镇土地使用税。

③机场工作区（包括办公、生产和维修用地及候机楼、停车场）用地、生活区用地、绿化用地，均须依照规定征收城镇土地使用税。

（11）供热企业自用土地。

对向居民供热而收取采暖费的供热企业，为居民供热所使用的土地继续免征城镇土地使用税。既向居民供热，又向单位供热或者兼营其他生产经营活动的供热企业，按其向居民供热而取得的采暖费收入占企业总收入的比例划分征免界限。供热企业，是指热力产品生产企业和热力产品经营企业。热力产品生产企业包括专业供热企业、兼营供热企业和自供热单位。

（12）核电站和廉租住房用地。

①对核电站的核岛、常规岛、辅助厂房和通信设施用地，生活、办公用地按规定征收城镇土地使用税，其他用地免征城镇土地使用税。对核电站应税土地在基建期内减半征收城镇土地使用税。

②对廉租住房、经济适用住房建设用地以及廉租住房经营管理单位按照政府规定价格、向规定保障对象出租的廉租住房用地，免征城镇土地使用税。

开发商在经济适用住房、商品住房项目中配套建造廉租住房、在商品住房项目中配套建造经济适用住房，如能提供政府部门出具的相关材料，可按廉租住房、经济适用住房建筑面积占总建筑面积的比例免征开发商应缴纳的城镇土地使用税。

（13）盐场、盐矿用地。

①对盐场、盐矿的生产厂房、办公、生活区用地，应照章征收城镇土地使用税。

②盐场的盐滩、盐矿的矿井用地，暂免征收城镇土地使用税。

③对盐场、盐矿的其他用地，由各省、自治区、直辖市税务局根据实际情况，确定征收城镇土地使用税或给予定期减征、免征的照顾。

（14）电力行业用地。

①火电厂厂区围墙内的用地，均应征收城镇土地使用税。对厂区围墙外的灰场、输灰管、输油管道、铁路专用线用地，免征城镇土地使用税；厂区围墙外的其他用

地，应照章征税。

②水电站的发电厂房用地（包括坝内、坝外式厂房），生产、办公、生活用地，应征收城镇土地使用税；对其他用地给予免税照顾。

③对供电部门的输电线路用地、变电站用地，免征城镇土地使用税。

(15) 城市公交站场、道路客运站场用地。

对城市公交站场、道路客运站场的运营用地，免征城镇土地使用税。城市公交站场运营用地包括城市公交首末车站、停车场、保养场、站场办公用地、生产辅助用地，道路客运站场运营用地包括站前广场、停车场、发车位、站务用地、站场办公用地、生产辅助用地。

减免税的基本原则：区分经营（包括办公、生活）和非经营用地，预算单位用地还是出租用地，社会用地还是企业用地。

【例题6-35·多选题】以下土地中，可以免征城镇土地使用税的有（　　）。

A.盐场的生产厂房用地　　　　B.港口的码头用地
C.机场飞行区用地　　　　　　D.房地产开发公司建造商品房的用地
E.企业厂区内的铁路专用线、公路等用地

【答案】BC

【解析】选项A：对盐场的盐滩、盐矿的矿井用地，暂免征收城镇土地使用税，对盐场的生产厂房用地要缴纳城镇土地使用税。选项D：房地产开发公司建造的商品房用地，除经批准开发建设经济适用房的用地外，需要缴纳城镇土地使用税。选项E：对企业的铁路专用线、公路等用地，除另有规定外，在企业厂区以内的，应照章征收城镇土地使用税，在厂区以外、与社会公用地段未加隔离的，暂免征收城镇土地使用税。

【例题6-36·单选题】某市肉制品加工企业2013年占地60000平方米，其中办公占地5000平方米，生猪养殖基地占地28000平方米，肉制品加工车间占地16000平方米，企业内部道路及绿化占地11000平方米。企业所在地城镇土地使用税单位税额每平方米0.8元。该企业全年应缴纳城镇土地使用税（　　）。

A.16800元　　　　B.25600元　　　　C.39200元　　　　D.48000元

【答案】B

【解析】本题考查土地使用税的免税规定。直接用于农、林、牧、渔业的生产用地免征土地使用税，但不包括农副产品加工场地和生活办公用地；对企业厂区以外的公共绿化用地暂免征收土地使用税，企业厂区以内的照章征税。

应纳土地使用税 = (60000 - 28000) × 0.8 = 25600（元）

【例题6-37·单选题】某国家机关有A、B两栋办公楼，A栋占地3000平方米，B栋占地1000平方米。2014年3月30日至12月31日该机关将B栋出租。当地城镇土地使用税的税率为每平方米15元，该团体2014年应缴纳城镇土地使用税（　　）

A.3750元　　　　B.11250元　　　　C.12500元　　　　D.15000元

【答案】B

【解析】应纳城镇土地使用税 = 1000 × 15 × 9 ÷ 12 = 11250（元）

五、城镇土地使用税会计核算

城镇土地使用税的会计核算通过"应交税费——应交土地使用税"科目进行。企业缴纳的城镇土地使用税作为企业日常生产经营过程中的一项税金记入"税金及附加"账户。

【例题6-38·会计核算题】某公司实际占用土地40000平方米,其中,企业自办的托儿所用地500平方米,企业自办的医院用地2000平方米。该公司所处地段土地使用税适用税额为10元/平方米。计算该公司全年应交城镇土地使用税。

【答案与解析】
按照规定,企业自办托儿所、医院占用的土地,可以免征城镇土地使用税,则
应交城镇土地使用税=(40000-500-2000)×10=375000(元)
　　借:税金及附加　　　　　　　　　　　　　375000
　　　贷:应交税费——应交城镇土地使用税　　　375000

第四节 耕地占用税法律制度与会计核算

一、耕地占用税的概念及特点

(一)耕地占用税的概念

所谓"耕地"是指种植农业作物的土地。如种植粮食作物、经济作物的农田,还包括种植蔬菜和果树的菜地、园地。耕地还包括其附属的土地,如田间道路等。

耕地占用税是对占用耕地建房或从事其他非农业建设的单位和个人,就其实际占用的耕地按面积征收的一种税,它属于对特定土地资源占用课税。

(二)耕地占用税的特点

(1)兼具资源税与特定行为税的性质;
(2)采用地区差别税率;
(3)在占用耕地环节一次性课征。

【例题6-47·多选题】耕地占用税是对占用耕地建房或从事其他非农业建设的单位和个人征收的一种税。其特点表述正确的有(　　)。
A.属于对特定土地资源占用课税,具有资源税性质
B.具有特定行为税的特征
C.在占用耕地环节一次性课征
D.采用了地区差别比例税率
E.在耕地占用后按年征收

【答案】ABC
【解析】耕地占用税采用的是地区差别定额税率,不是比例税率。

二、纳税义务人和征税范围

耕地占用税的纳税义务人,是占用耕地建房或从事非农业建设的单位和个人。

耕地占用税的征税范围包括用于建房或从事其他非农业建设征(占)用的国家所有和集体所有的耕地。

占用鱼塘及其他农用土地建房或从事其他非农业建设,也视同占用耕地,必须依法征收耕地占用税。

占用林地、牧草地、农田水利用地、养殖水面以及渔业水域滩涂等其他农用地建房或者从事非农业建设的,适用税额可以适当低于当地占用耕地的适用税额,具体适用税额按照各省、自治区、直辖市人民政府的规定执行。

需要注意的是,农田水利不论是否包含建筑物、构筑物占用耕地,均不属于耕地占用税征税范围,不征收耕地占用税。

【例题6-48·单选题】纳税人为建房或者从事非农业建设占用国家或集体所有的耕地应征收耕地占用税,但不包括( )。

A.占用菜地建房

B.占用苗圃从事非农业建设

C.占用花圃建房

D.占用苗圃从事农田水利建设

【答案】D

三、应纳税额的计算

(一)计税依据

耕地占用税的计税依据:耕地占用税以纳税人实际占用的耕地面积为计税依据,以每平方米为计量单位。

(二)税率

我国耕地占用税实行地区差别幅度定额税率。人均耕地面积越少,单位税额越高,具体规定如下:

(1)人均耕地不超过1亩的地区(以县级行政区域为单位,下同),每平方米为10元至50元;

(2)人均耕地超过1亩但不超过2亩的地区,每平方米为8元至40元;

(3)人均耕地超过2亩但不超过3亩的地区,每平方米为6元至30元;

(4)人均耕地超过3亩的地区,每平方米为5元至25元。

经济特区、经济技术开发区和经济发达、人均耕地特别少的地区,适用税额可以适当提高,但是最多不得超过规定税额标准的50%。

国务院财政、税务主管部门根据人均耕地面积和经济发展情况确定各省、自治区、直辖市的平均税额具体内容见表6-5。

表6-5 各省、自治区、直辖市耕地占用税平均税额表

地区	每平方米平均税额（元）
上海	45
北京	40
天津	35
江苏、浙江、福建、广东	30
辽宁、湖北、湖南	25
河北、安徽、江西、山东、河南、重庆、四川	22.5
广西、海南、贵州、云南、陕西	20
山西、吉林、黑龙江	17.5
内蒙古、西藏、甘肃、青海、宁夏、新疆	12.5

（三）应纳税额

应纳税额 = 纳税人实际占用的耕地面积 × 适用定额税率

四、税收优惠

（一）免征耕地占用税的情形

（1）军事设施占用耕地。
①地上、地下的军事指挥、作战工程。
②军事机场、港口、码头。
③营区、训练场、试验场。
④军用洞库、仓库。
⑤军用通信、侦察、导航、观测台站和测量、导航、助航标志。
⑥军用公路、铁路专用线，军用通信、输电线路，军用输油、输水管道。
⑦其他直接用于军事用途的设施。
（2）学校、幼儿园、养老院、医院占用耕地。
学校内经营性场所和教职工住房占用耕地的，按照当地适用税额缴纳耕地占用税。
医院内职工住房占用耕地的，按照当地适用税额缴纳耕地占用税。

（二）减征耕地占用税的情形

（1）铁路线路、公路线路、飞机场跑道、停机坪、港口、航道占用耕地，减按每平方米2元的税额征收耕地占用税。
（2）农村居民占用耕地新建住宅，按照当地适用税额减半征收耕地占用税。
免征或减征耕地占用税后，纳税人改变原占地用途，不再属于免征或者减征耕地占用税情形的，应当按照当地适用税额补缴耕地占用税。
农村居民占用耕地新建住宅，是指农村居民经批准在户口所在地按照规定标准占用耕地建设自用住宅。
农村居民经批准搬迁，原宅基地恢复耕种，凡新建住宅占用耕地不超过原宅基地面积的，不征收耕地占用税；超过原宅基地面积的，对超过部分按照当地适用税额减半征收耕地占用税。

五、征收管理

经批准占用耕地的,耕地占用税纳税义务发生时间为纳税人收到土地管理部门办理占用农用地手续通知的当天。

未经批准占用耕地的,耕地占用税纳税义务发生时间为纳税人实际占用耕地的当天。

纳税人占用耕地或其他农用地,应当在耕地或其他农用地所在地申报纳税。

临时占用耕地先纳税,在规定期限内恢复原状后再退税。

【例题6-49·单选题】下列选项中,应免征耕地占用税的是( )。
A.农村烈士家属占用耕地新建住宅　　B.农村居民占用耕地新建住宅
C.国家机关占用耕地新建办公楼　　　D.医院占用耕地新建病房
【答案】D
【解析】军事设施、学校、幼儿园、养老院和医院占用耕地免征耕地占用税。

六、耕地占用税会计核算

耕地占用税的会计核算一般通过"应交税费—应交耕地占用税"账户进行,企业的耕地占用税如果不需要实现预计,也可以不通过该账户,在缴纳时直接通过银行存款账户核算。企业缴纳的耕地占用税应记入在建工程或无形资产账户。耕地占用税的会计核算账户对应关系如下:

借:在建工程(无形资产—土地使用权)
　　贷:应交税费—应交耕地占用税(银行存款)

练习题

一、单项选择题

1. 下列各项中,属于资源税纳税人的是( )。
   A. 在我国境内开采固体盐销售的企业　B. 在我国境内收购未税矿产品的独立矿山
   C. 进口天然原油的外贸企业　　　　　D. 进口铁矿石的钢铁企业

2. 下列各项不属于资源税征税范围的是( )。
   A. 卤水　　　　　　　　　　　　　　B. 太阳能
   C. 与原油同时开采的天然气　　　　　D. 石灰石

3. 根据资源税的有关规定,下列表述不正确的是( )。
   A. 伴生矿以主产品的矿石名称作为应税品目
   B. 伴采矿量大的,由各省、自治区、直辖市人民政府根据规定对其核定资源税单位税额标准
   C. 伴采矿量小的,不征收资源税
   D. 岩金矿选冶后形成的尾矿,如果与原矿不能划分清楚的,应按原矿计征资源税

第六章 自然资源税会计核算与筹划

4. 某省煤炭资源税税率为8%，某煤田2016年12月销售自采原煤300万元（不含增值税，下同），用自采未税原煤连续加工成洗选煤1000吨，销售600吨，每吨售价900元，移送自用洗选煤50吨用于办公楼采暖。该煤矿洗选煤折算率为80%，该煤矿当月应纳资源税为（　　）万元。
   A. 40   B. 36   C. 65.6   D. 60

5. 某油田为增值税一般纳税人，2014年8月开采原油15万吨，当月销售12万吨，取得不含税销售额42000万元；开采原油过程中用于加热、修井的原油为1万吨，剩余2吨库存待售；与原油同时开采的天然气700万立方米，当月销售600万立方米，取得不含税销售额850万元，剩余100万立方米无偿赠送给大客户。原油、天然气适用的资源税税率均为5%，下列说法正确的是（　　）。
   A. 加热、修井耗用的原油免征资源税，但应征收增值税
   B. 该油田当月对于原油应缴纳资源税2275万元
   C. 该油田当月对于天然气应缴纳资源税49.58万元
   D. 该油田当月增值税销项税额为7308.58万元

6. 下列行为中，属于土地增值税征税范围的是（　　）。
   A. 房地产的继承   B. 国有土地使用权出让
   C. 房地产的转让   D. 房地产出租

7. 下列各项中，在计算土地增值税时，允许按取得土地使用权所支付的金额和房地产开发成本之和加计20%扣除的是（　　）。
   A. 房地产开发企业销售新建商品房
   B. 某商业零售企业转让自己使用过的办公大楼
   C. 房地产开发企业转让未经开发的土地使用权
   D. 某工业企业转让新建的厂房

8. 根据土地增值税的有关规定，纳税人建造普通标准住宅出售的，其增值额未超过扣除项目金额之和（　　）的，予以免征土地增值税；超过的，应就其全部增值额按规定计算缴纳土地增值税。
   A. 10%   B. 20%   C. 30%   D. 50%

9. 某企业2014年年初占用土地1000平方米，其中企业厂区以外的公共绿化用地600平方米；3月份新征用耕地2000平方米用于建造仓库，8月份，企业新征用非耕地3000平方米。已知当地城镇土地使用税年税额为每平方米20元。则该企业2014年应缴纳城镇土地使用税（　　）元。
   A. 28000   B. 32000   C. 33000   D. 40000

10. 某公园2016年共占地30000平方米，其中管理单位的办公用地2000平方米，影剧院占地4000平方米，饮食部占地3000平方米、茶社占地2000平方米、照相馆占地5000平方米，其余土地均为公共参观游览用地。已知当地城镇土地使用税年税额为每平方米3元，则该公园全年应缴纳城镇土地使用税（　　）元。
    A. 27000   B. 30000   C. 42000   D. 48000

11. 经济特区、经济技术开发区和经济发达、人均耕地特别少的地区，耕地占用税的适用税额可以适当提高，但最多不得超过规定税额的（　　）。
   A. 50%　　　　　　　　　　　　B. 60%
   C. 70%　　　　　　　　　　　　D. 80%

12. 下列关于耕地占用税的征收管理，说法正确的是（　　）。
   A. 经批准占用耕地的，耕地占用税纳税义务发生时间为纳税人实际占用耕地的当天
   B. 未经批准占用耕地的，耕地占用税纳税义务发生时间为纳税人收到土地管理部门办理占用农用地手续通知的当天
   C. 纳税人占用耕地或其他农用地，应当在耕地或其他农用地所在地申报纳税
   D. 纳税人临时占用耕地的，暂不缴纳耕地占用税

13. 下列耕地中，属于免征耕地占用税的是（　　）。
   A. 停机坪占用耕地
   B. 军事训练场占用耕地
   C. 医院内职工住房占用耕地
   D. 学校内经营性场所和教职工住房占用耕地

二、多项选择题

1. 下列各项中，不属于资源税征税范围的有（　　）。
   A. 太阳能　　　　　　　　　　　B. 人造石油
   C. 新鲜空气　　　　　　　　　　D. 湖盐原盐

2. 下列关于资源税扣缴义务人的表述，不正确的有（　　）。
   A. 扣缴义务人代扣代缴资源税以收购的未税矿产品数量作为课税数量
   B. 扣缴义务人收购所有未税矿产品均需要代扣代缴资源税
   C. 扣缴义务人代扣代缴的资源税，其纳税义务发生时间为货款全额支付完成的当天
   D. 资源税的扣缴义务人包括收购未税矿产品的独立矿山、联合企业、其他单位和个人
   E. 扣缴义务人代扣代缴的资源税，应当向扣缴义务人机构所在地主管税务机关缴纳

3. 根据资源税的有关规定，下列表述正确的有（　　）。
   A. 原油中的稠油、高凝油与稀油划分不清或不易划分的，一律按原油的数量课税
   B. 纳税人的减税、免税项目，应当单独核算销售额或者销售数量；未单独核算的，由主管税务机关核定免税销售额或者销售数量
   C. 纳税人不能准确提供应税产品销售数量的，以应税产品的产量或者主管税务机关确定的折算比换算成的数量为计征资源税的销售数量
   D. 纳税人将其开采的应税产品直接出口的，免征资源税
   E. 开采原油过程中用于加热、修井的原油，免征资源税

4. 下列关于资源税的纳税地点和纳税期限的表述中，说法正确的有（　　）。
   A. 纳税人在本省、自治区、直辖市范围内开采或者生产应税产品，其纳税地点需要调整的，由省、自治区、直辖市人民政府决定
   B. 纳税人跨省开采资源税应税产品，其下属生产单位与核算单位不在同一省、自治区、直辖市的，对其开采或者生产的应税产品，一律在开采地或者生产地纳税
   C. 扣缴义务人代扣代缴的资源税，应当向收购地主管税务机关缴纳
   D. 确定资源税纳税人的纳税期限时，一般情况是应纳税额数额越大、纳税期限越短；反之则越长
   E. 纳税人以1个月为一期纳税的，自期满之日起15日内申报纳税

5. 下列行为中，免征或不征土地增值税的有（　　）。
   A. 房地产开发企业将开发的商品房对外投资
   B. 甲乙双方合作建房，建成后分房自用
   C. 被兼并企业将房地产转让到兼并企业中
   D. 房地产评估增值

6. 根据土地增值税的相关规定，下列各项中，纳税人应进行土地增值税清算的有（　　）。
   A. 房地产开发项目全部竣工、完成销售的
   B. 整体转让未竣工决算房地产开发项目的
   C. 取得销售（预售）许可证满3年仍未销售完毕的
   D. 直接转让土地使用权的
   E. 纳税人申请注销税务登记但未办理土地增值税清算手续的

7. 下列关于城镇土地使用税特点的说法中，正确的有（　　）。
   A. 属于财产税
   B. 征税对象是土地
   C. 实行差别幅度税额
   D. 征税范围中包括农村
   E. 实质上是对占用土地资源或行为的课税

8. 下列各项中，免征城镇土地使用税的有（　　）。
   A. 盐场的盐滩
   B. 港口的码头用地
   C. 国家机关本身的办公用地
   D. 宗教寺庙内的宗教人员生活用地

9. 下列占用耕地行为中，征收耕地占用税的有（　　）。
   A. 占用菜地建房
   B. 占用花圃建房
   C. 占用茶园建房
   D. 占用鱼塘从事非农业建设
   E. 占用果园建设直接为农业生产服务的生产设施

三、实训项目

项目一

甲油田为增值税一般纳税人,主要从事原油的开采和销售,在开采原油过程中,伴采天然气。2017年1月、2月甲油田发生下列业务。

(1) 1月份。

采用分期收款方式向乙企业(增值税一般纳税人)销售自行开采的原油1200吨,不含税销售额540000元,合同规定,货款分两个月支付,本月支付货款的70%,其余货款于2月15日前支付。由于购货方资金紧张,1月份实际支付给甲油田价税合计金额315900元。

采用预收货款方式向丙企业销售原油1000吨,价税合计526500元,根据合同规定,当月已预收货款526500元,甲油田于2月20日发货并开具增值税专用发票。

开采原油过程中加热、修井使用原油300吨。

销售与原油同时开采的天然气80000立方米,取得不含税销售额34400元。

(2) 2月份。

2月15日,乙企业向甲油田支付了剩余款项315900元,并按合同约定支付给甲油田延期付款利息1287元。

2月20日,甲油田向丙企业发出原油1000吨,并开具了增值税专用发票。

当月采取直接收款方式对外零售原油500吨,取得零售收入263250元;对外零售天然气50000立方米,取得零售收入25155元。

其他相关资料:已知原油和天然气适用的资源税税率为5%。

根据上述资料回答下列问题:

(1) 计算2017年1月甲油田应缴纳的资源税;

(2) 计算2017年2月甲油田应缴纳的资源税。

项目二

某市长城房地产开发公司2016年6月对外转让于2015年4月份开发的某写字楼取得含增值税转让款15000万元,已知该公司为取得土地使用权向政府支付的地价款为3000万元;投入房地产开发成本为4000万元;房地产开发费用为700万元。采用简易方法计算增值税。

根据上述资料回答下列问题:

(1) 计算该项目应交增值税;

(2) 计算应交城建税和教育费附加;

(3) 计算应交土地增值税;

(4) 编制确认转让收入和应交增值税、计提应交城建税和教育费附加、计提应交土地增值税的会计分录。

第七章

财产、行为税会计核算与筹划

本章知识结构

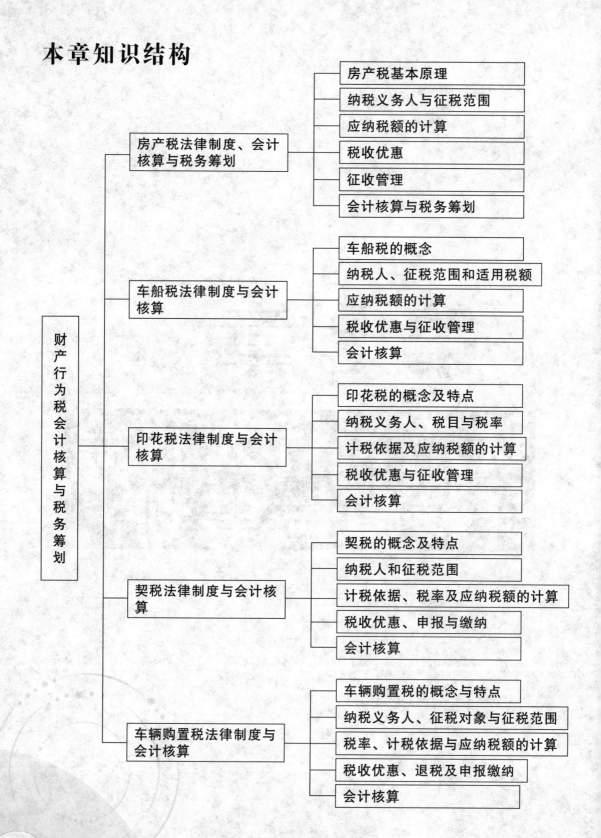

第七章　财产、行为税会计核算与筹划

> **学习目标**
> 1. 了解财产税类和行为税类各税种概念及特点。
> 2. 掌握计税的基本规定和征收管理方法。
> 3. 能完成财产税类和行为税类各税种应纳税额计算。
> 4. 能对财产税类和行为税类各税种相关业务进行会计核算。
> 5. 能对房产税相关业务进行税收筹划。

案例导入

张先生于2016年4月3日购买轿车一辆。支付含增值税的价款230000元，另支付车辆装饰费4000元，由销售公司开具统一发票。该型号小轿车车船税额720元。则其应纳车辆购置税和当年应纳车船税分别是多少？

这里车辆购置税的课税对象为纳税人购置车辆这一行为，属于行为税类；车船税的课税对象为纳税人拥有的车辆，属于财产税类。

第一节 房产税法律制度、会计核算与税务筹划

一、房产税的概念及特点

（一）房产税的概念

房产税是以房屋为征税对象，按照房屋的计税余值或租金收入，向产权所有人征收的一种财产税。

（二）房产税的特点

1. 房产税属于财产税中的个别财产税

按征税对象的范围不同，财产税可以分为一般财产税与个别财产税两类。房产税属于个别财产税，其征税对象只是房屋。

2. 征税范围限于城镇的经营性房屋

房产税在城市、县城、建制镇和工矿区范围内征收，不涉及农村。对国家拨付行政经费、事业经费和国防经费的单位自用的房产，税法也通过免税的方式将这类房屋

排除在征税范围之外。

3. 区别房屋的经营使用方式规定征税办法

拥有房屋的单位和个人,既可以将房屋用于经营自用,又可以把房屋用于出租、出典。房产税根据纳税人经营形式不同,对前一类房产按房产计税余值征收,对后一类房屋按租金收入征税。

二、房产税的纳税义务人与征税范围

(一) 纳税义务人

房产税的纳税义务人是指房屋的产权所有人。其具体包括产权所有人、房产承典人、房产代管人或使用人。

(1) 产权属于国家所有的,由经营管理单位缴纳;产权属于集体和个人所有的,由集体单位和个人纳税;

(2) 产权出典的由承典人缴纳;

(3) 产权所有人、承典人不在房产所在地的,由房产代管人或者使用人纳税;

(4) 产权未确定及租典纠纷未解决的,由房产代管人或使用人缴纳;

(5) 纳税单位和个人无租使用房管部门、免税单位、纳税单位的房产,由使用人代为缴纳房产税;

(6) 自2009年1月1日起,废止《中华人民共和国城市房地产税暂行条例》,外商投资企业、外国企业和组织以及外籍个人(包括港澳台资企业和组织以及华侨、港澳台同胞,以下统称外资企业及外籍个人)依照《中华人民共和国房产税暂行条例》(国发[1986]90号)缴纳房产税。

【例题7-1·多选题】下列各项中,符合《房产税暂行条例》规定的有(   )。

A.将房屋产权出典的,承典人为纳税人
B.将房屋产权出典的,产权所有人为纳税人
C.房屋产权未确定的,房产代管人或使用人为纳税人
D.产权所有人不在房产所在地的,房产代管人或使用人为纳税人

【答案】ACD

(二) 征税范围

房产税的征税范围为城市、县城、建制镇和工矿区的房屋。注意不包括农村的房屋。

房产税的征税对象是房产。所谓房产,是指有屋面和围护结构(有墙或两边有柱),能够遮风避雨,可供人们在其中生产、学习、工作、娱乐、居住或储藏物资的场所。但独立于房屋之外的建筑物,如围墙、烟囱、水塔、变电塔、油池油柜、酒窖菜窖、酒精池、糖蜜池、室外游泳池、玻璃暖房、砖瓦石灰窑以及各种油气罐等,不属于房产。

【例题7-2·判断题】房产税的征税对象是房屋,由于房屋属于不动产,所以与房屋不可分割的各种附属设备也应作为房屋一并征税。上述的"各种附属设备"包括独立于房屋之外的建筑物,如水塔、烟囱等。(   )

【答案】错误

【解析】独立于房屋之外的建筑物不符合房产的特征,对其不征收房产税。

【例题7-3·判断题】农民王某,2016年将他位于农村的价值20万元的楼房出租,取得租金收入3000元,王某当年应从租计算缴纳房产税。( )

【答案】错误

【解析】农村不在房产税开征范围之内。

三、房产税应纳税额的计算

(一)计税依据

房产税的计税依据有从价计征和从租计征两种。

1. 从价计征

《房产税暂行条例》规定,房产税依照房产原值一次减除10%~30%后的余值作为计税依据计算缴纳。各地扣除比例由省、自治区、直辖市人民政府在税法规定的减除幅度内自行确定。

(1)房产原值是指纳税人按照会计制度的规定,在账簿"固定资产"科目中记载的房屋原价。依照房产原值计税的房产,不论是否记载在会计账簿固定资产科目中,均应按照房屋原价计算缴纳房产税。

(2)房产原值应包括与房屋不可分割的各种附属设备或一般不单独计算价值的配套设施,主要有暖气、卫生、通风、照明、煤气等设备;各种管线,如蒸气、压缩空气、石油、给水排水等管道及电力、电讯、电缆导线;电梯、升降机、过道、晒台等。

属于房屋附属设备的水管、下水道、暖气管、煤气管等从最近的探视井或三通管算起,电灯网、照明线从进线盒连接管算起,计算原值。

(3)纳税人对原有房屋进行改建、扩建的,要相应增加房屋的原值。

(4)为了维持和增加房屋的使用功能或使房屋满足设计要求,凡以房屋为载体,不可随意移动的附属设备和配套设施,如给排水、采暖、消防、中央空调、电气及智能化楼宇设备等,不论在会计核算中是否单独记账与核算,都应计入房产原值,计征房产税。

对于更换房屋附属设备和配套设施的,在将其价值计入房产原值时,可扣减原来相应设备和设施的价值;对附属设备和配套设施中易损坏、需要经常更换的零配件,更新后不再计入房产原值。

(5)凡在房产税征收范围内的具备房屋功能的地下建筑,包括与地上房屋相连的地下建筑以及完全建在地面以下的建筑、地下人防设施等,均应当依照有关规定征收房产税。对于与地上房屋相连的地下建筑,如房屋的地下室、地下停车场、商场的地下部分等,将地下部分与地上房屋视为一个整体,按照地上房屋建筑的有关规定计算征收房产税。

(6)对投资联营的房产,在计征房产税时应予以区别对待。对于以房产投资联营,投资者参与投资利润分红,共担风险的,按房产余值作为计税依据,计征房产税;对以房产投资,收取固定收入,应由出租方按租金收入计缴房产税。对融资租赁房屋的情况,在计征房产税时应以房产余值计算征收,至于租赁期内房产税的纳税人,由当地税务机关根据实际情况确定。

（7）对居民住宅内业主共有的经营性房产，由实际经营（包括自营和出租）的代缴人或使用人缴纳房产税。其中自营的，依照房产原值减除10%至30%后的余值计征，没有房产原值或不能将业主共有房产与其他房产的原值准确划分的，由房产所在地地方税务机关参照同类房产核定房产原值；出租的，依照租金收入计征。

2.从租计征

房产出租的，以不含增值税的租金收入为房产税的计税依据。房屋的租金收入，是房屋产权所有人出租房屋使用权所取得的报酬，包括货币收入和实物收入两种。对以劳务或其他形式作为报酬抵付房租收入的，应根据当地同类房屋的租金水平和租金标准，依率计征。

●（二）税率

（1）按房产原值一次减除10%～30%后的余值计征的，年税率为1.2%。

（2）按房产出租的租金收入计征的，税率为12%。但对个人按市场价格出租的居民住房，可暂减按4%的税率征收房产税。

【例题7-4·判断题】房产出租时，如果以劳务为报酬抵付房租收入的，应根据当地同类劳务的平均价格折算为房租收入，据此计征房产税。（　　）

【答案】错误

【解析】以劳务为报酬抵付房租收入的，根据当地同类房产租金水平计征房产税。

●（三）应纳税额的计算

从价计税的计税公式：

$$应纳税额 = 应税房产原值 \times （1 - 扣除比例） \times 1.2\%$$

从租计税的计税公式：

$$应纳税额 = 租金收入 \times 12\% 或 4\%$$

【例题7-5·计算题】某企业有原值为2500万元的房产，当年1月1日将其中的30%用于对外投资联营，投资期限10年，每年固定利润分红50万元，不承担投资风险。已知当地政府规定的扣除比例为20%，该企业当年应纳房产税：

未参与联营部分的房产原值 = 2500 × （1 - 30%） = 1750（万元）

则两部分房产税之和 = 1750 × （1 - 20%） × 1.2% + 50/(1 + 11%) × 12% = 22.21（万元）

四、房产税税收优惠

●（一）减免税基本规定

（1）国家机关、人民团体、军队自用的房产，对其免征房产税。出租房产以及非自身业务使用的生产、营业用房，不属于免税范围。

（2）由国家财政部门拨付事业经费的单位（全额或差额预算管理的事业单位），本身业务范围内使用的房产免征房产税。对于其所属的附属工厂、商店、招待所等不属单位公务、业务范围的用房，应照章纳税。由国家财政部门拨付事业经费的单位，其经费来源实行自收自支后，照章缴纳房产税。

（3）宗教寺庙、公园、名胜古迹自用的房产免征房产税。但宗教寺庙、公园、名胜古迹中附设的营业单位,如影剧院、饮食部、茶社、照相馆等所使用的房产及出租的房产,不属于免税范围,应照章纳税。

(4) 个人所有非营业用的房产免征房产税。对个人拥有的营业用房或者出租的房产,不属于免税房产,应照章纳税。

(二) 减免税特殊规定

(1) 企业办的各类学校、医院、托儿所、幼儿园自用的房产,免征房产税。

(2) 经有关部门鉴定,对毁损不堪居住的房屋和危险房屋,在停止使用后,可免征房产税。

(3) 自2004年8月1日起,对军队空余房产租赁收入暂免征收房产税。

(4) 凡是在基建工地为基建工地服务的各种工棚、材料棚和办公室、食堂、茶炉房、汽车房等临时性房屋,在施工期间,一律免征房产税。但是,如果在基建工程结束以后,施工企业将这种临时性房屋交还或者估价转让给基建单位的,应当从基建单位接收的次月起,依照规定征收房产税。

(5) 纳税人因房屋大修导致连续停用半年以上的,在房屋大修期间免征房产税。

(6) 老年服务机构自用的房产暂免征收房产税。

(7) 按政府规定价格出租的公有住房和廉租住房,暂免征收房产税。

(8) 对于邮政部门坐落在城市、县城、建制镇、工矿区范围内的房产,应当依法征收房产税。

(9) 行使国家行政管理职能的中国人民银行总行所属分支机构自用的房产,免征房产税。

(10) 2011年1月1日至2020年12月31日,对天然林资源保护工程的房产继续免征房产税。

(11) 对经营公租房所取得的租金收入,免征房产税。公租房租金收入与其他住房经营收入应单独核算,未单独核算的,不得享受免征房产税优惠政策。

(12) 对为农村居民提供生活用水而建设的为饮水工程运营管理单位自用的生产、办公用房产、土地,免征房产税、城镇土地使用税。

对于既向城镇居民供水,又向农村居民供水的饮水工程运营管理单位,依据向农村居民供水量占总供水量的比例免征房产税和城镇土地使用税。

【例题7-6·单选题】下列各项中,应当征收房产税的是( )。

A.行政机关所属招待所使用的房产

B.居民个人自住用房

C.施工期间施工企业在基建工地搭建的临时办公用房

D.农村经营用房

【答案】A

【例题7-7·多选题】下列各项中,关于房产税的免税规定表述正确的有( )。

A.对高校教学用房免征房产税

B.对非营利性医疗机构的房产免征房产税

C.房管部门向居民出租的公有住房免征房产税

D.应税房产大修停用三个月以上的,在大修期间可免征房产税

【答案】AC

【解析】对非营利性医疗机构的自用房产免征房产税；应税房产大修停用半年以上的，在大修期间可免征房产税。

【例题7-8·单选题】某企业拥有A,B两栋房产，A栋自用，B栋出租。A,B两栋房产在2017年1月1日时的原值分别为1200万元和1000万元，2017年4月底B栋房产租赁到期。自2017年5月1日起，该企业由A栋搬至B栋办公，同时对A栋房产开始进行大修至年底完工。企业出租B栋房产共收取租金44.4万元，开具的增值税专用发票中载明价款40万元，增值税款4.4万元，地方政府确定按房产原值减除20%的余值计税。该企业当年应缴纳房产税（　　）。

A.15.04万元　　　　B.16.32万元　　　　C.18.24万元　　　　D.22.72万元

【答案】A

【解析】44.4/（1＋11%）×12%＋1200×（1－20%）×1.2%×4/12＋1000×（1－20%）×1.2%×8/12＝4.8＋3.84＋6.4＝15.04（万元）

【例题7-9·单选题】王某自有一处平房，共16间，其中用于个人开餐馆的7间（房屋原值为200万元）。2017年1月1日，王某将4间出典给李某，取得出典价款收入120万元，将剩余的5间出租给某公司，每月收取租金1万元。已知该地区规定按照房产原值一次扣除20%后的余值计税，则王某2017年应纳房产税额为（　　）。

A.3.29万元　　　　B.8.16万元　　　　C.5.16万元　　　　D.1.652万元

【答案】A

【解析】①开餐馆的房产应纳房产税＝200×（1－20%）×1.2%＝1.92（万元）；②房屋产权出典的，承典人为纳税人，王某作为出典人无须缴纳房产税；③出租房屋应纳房产税＝1×12/（1＋5%）×12%＝1.37（万元）；④合计应纳房产税＝1.92＋1.37＝3.29（万元）。

五、房产税征收管理

（一）纳税义务发生时间

（1）纳税人将原有房产用于生产经营，从生产经营之月起，缴纳房产税。

（2）纳税人自行新建房屋用于生产经营，从建成之日的次月起，缴纳房产税。

（3）纳税人委托施工企业建设的房屋，从办理验收手续的次月起，缴纳房产税。

（4）纳税人购置新建商品房，自房屋交付使用之次月起，缴纳房产税。

（5）纳税人购置存量房，自办理房屋权属转移、变更登记手续，房地产权属登记机关签发房屋权属证书之次月起，缴纳房产税。

（6）纳税人出租、出借房产，自交付出租、出借房产之次月起，缴纳房产税。

（7）房地产开发企业自用、出租、出借本企业建造的商品房，自房屋使用或交付之次月起，缴纳房产税。

（8）纳税人因房产的实物或权利状态发生变化而依法终止房产税的纳税义务的，其应纳税款的计算应截止到房产的实物或权利发生变化的当月末，即次月起免除纳税义务。

（二）纳税期限、纳税地点和征收机关

房产税实行按年计算、分期缴纳的征收办法。具体纳税期限由省、自治区、直辖市人民政府规定。房产税在房产所在地缴纳。对房产不在同一地方的纳税人，应按房产的坐落地点分别向房产所在地的税务机关缴纳房产税。

六、房产税会计核算与筹划

（一）房产税会计核算

房产税的会计核算通过"应交税费－应交房产税"科目进行，企业自有的生产经营用房的房产税和出租房产的房产税，都与日常经营活动密切相关，计入"税金及附加"科目。

【例题7-10·会计核算题】上文例7-8中，该企业当年应纳房产税15.04万元，其中出租房产应纳房产税4.8万元，自用房产应纳房产税10.24万元，该企业计提房产税的会计分录如下（单位：万元）：

借：税金及附加　　　　　　　　　　　　15.04
　　贷：应交税费——应交房产税　　　　　　15.04

（二）房产税税务筹划

房产税的税务筹划主要从作为计税依据的房产原值入手。房产原值指房屋的造价，包括与房屋不可分割的各种附属设备或一般不单独计价的配套设施。可见，合理地减少房产原值是房产税筹划的关键。

【例题7-11·分析题】某集团于2016年年初计划兴建一处花园式厂区，工程分两部分：一部分为办公用房以及辅助设施，包括厂区围墙、水塔、变电塔、停车场、露天凉亭、游泳池、喷泉设施等建筑物，总计造价为2亿元，另一部分为厂房。

这里需要考虑房产原值的确认问题。如果2亿元都作为房产原值，那么该企业自工厂建成的次月起就应缴纳房产税，若当地规定的扣除比例为20%，则每年应交房产税为192万元[20000万元×（1-20%）×1.2%]。以20年计算，该企业需缴纳房产税3840万元。因此，企业感到税收负担太重，希望寻找节税的方法和途径。

【解析】

税务专家指出：税法规定，房产税的征税对象是房产。企业自用房产依照房产原值一次减除10%～30%后的余值，按1.2%的税率计算缴纳。房产原值是指纳税人按照会计制度规定，在"固定资产"科目中记载的房屋原价。因此，对于自用房产应交房产税的筹划应当紧密围绕房产原值的会计核算进行。

税务专家建议除厂房、办公用房外的建筑物，把停车场、游泳池也都建成露天的，并且将这些独立建筑物的造价同厂房、办公用房的造价分开，在会计账簿中单独记载，则这部分建筑的造价不计入房产原值，不缴纳房产税。该企业经过估算，除厂房、办公用房外的建筑物的造价为2000万元左右，独立出来以后，每年可少交房产税19.2万元[2000万元×（1-20%）×1.2%]，以20年计算，就是384万元。

第二节 车船税法律制度与会计核算

一、车船税的概念

车船税是对在中华人民共和国境内车辆、船舶（以下简称车船）的所有人或者管理人所征收的一种税。车船征税具有征税面广、税源流动性强、纳税人多为个人等特点。

《中华人民共和国车船税法》（以下简称《车船税法》）由中华人民共和国第十一届全国人民代表大会常务委员会第十九次会议于2011年2月25日通过，自2012年1月1日起实施，《车船税法》的出台，对于统一税制、公平税负、拓宽税基，增加地方财政收入，支持交通运输事业发展；加强对车船使用的管理，促进车船的合理配置；调节财富分配，体现社会公平等都具有重要的意义。

二、车船税纳税人、征税范围和适用税额

（一）纳税义务人

车船税的纳税义务人，是指在中华人民共和国境内，车辆、船舶（以下简称车船）的所有人或者管理人（对车船具有管理使用权，不具有所有权的单位和个人）为车船税的纳税人。纳税人包括在我国境内拥有车船的单位和个人。单位是指行政机关、事业单位、社会团体以及中外各类企业。个人是指我国境内的居民和外籍个人。

车船的所有人或者管理人未缴纳车船税的，使用人应当代为缴纳车船税。

从事机动车交通事故责任强制保险业务的保险机构为机动车车船税的扣缴义务人，应当依法代收代缴车船税。上述机动车车船税的扣缴义务人依法代收代缴车船税时，纳税人不得拒绝。

（二）征税范围

车船税的征税范围是指在中华人民共和国境内属于《车船税法》所附《车船税税目税额表》规定的车辆、船舶。车辆和船舶包括依法应当在车船管理部门登记的机动车辆和船舶，依法不需要在车船管理部门登记、在单位内部场所行驶或者作业的机动车辆和船舶。

（三）车船税的税目和适用税额

车船税的征税范围是指依法应当在车船管理部门登记的车船。车船管理部门是指公安、交通、农业、渔业、军事等依法具有车船管理职能的部门。车辆和船舶的具体内容如下。

（1）车辆，指依靠燃油、电力等能源作为动力运行的机动车辆。其包括载客汽车、载货汽车、三轮汽车、低速货车、摩托车、专项作业车及轮式专用机械车。

①三轮汽车，是指在车辆管理部门登记为三轮汽车或者三轮农用运输车的机动车。

②低速货车，是指在车辆管理部门登记为低速货车或者四轮农用运输车的机动车。

③专项作业车，是指装置有专用设备或者器具，用于专项作业的机动车；轮式专用机械车是指具有装卸、挖掘、平整等设备的轮式自行机械。

（2）船舶，包括机动船舶和非机动驳船两类。

①拖船，是指专门用于拖（推）动运输船舶的专业作业船舶。拖船按照发动机功率每1千瓦折合净吨位0.67吨计算征收车船税。

②非机动驳船，其自身没有动力装置，需要依靠外力驱动，属于非机动船。非机动驳船与载货汽车挂车类似，都需要与拖船或牵引车等其他车船连接，才能发挥运输功能。公安交通管理部门对载货汽车挂车是按照机动车管理的，需要进行登记并核发单独的牌照，按照《车船税法》的规定，需要缴纳车船税。因此，为了公平税负，非机动驳船也应缴纳车船税。

在机场、港口以及其他企业内部场所行驶或者作业，并在车船管理部门登记的车船，应当缴纳车船税。

表7-1 车船税税目税率表

税目		计税单位	年基准税额	备注
乘用车[按发动机汽缸容量（排气量）分档]	1.0升（含）以下的	每辆	60元至360元	核定载客人数9人（含）以下
	1.0升以上至1.6升（含）的		300元至540元	
	1.6升以上至2.0升（含）的		360元至660元	
	2.0升以上至2.5升（含）的		660元至1200元	
	2.5升以上至3.0升（含）的		1200元至2400元	
	3.0升以上至4.0升（含）的		2400元至3600元	
	4.0升以上的		3600元至5400元	
商用车	客车		480元至1440元	核定载客人数9人以上，包括电车
	货车	整备质量每吨	16元至120元	包括半挂牵引车、三轮汽车和低速载货汽车等
挂车			按照货车税额的50%计算	
其他车辆	专用作业车	整备质量每吨	16元至120元	不包括拖拉机
	轮式专用机械车		16元至120元	
船舶	机动船舶	净吨位每吨	36元至180元 3元至6元	拖船、非机动驳船分别按照机动船舶税额的50%计算
	游艇	艇身长度每米	600元至2000元	

车船税法和实施条例所涉及的排气量、整备质量、核定载客人数、净吨位、功率（千瓦或马力）、艇身长度，以车船管理部门核发的车船登记证书或者行驶证相应项目所载数据为准。

依法不需要办理登记的车船和依法应当登记而未办理登记或者不能提供车船登记证书、行驶证的车船，以车船出厂合格证明或者进口凭证相应项目标注的技术参数、所载数据为准；不能提供车船出厂合格证明或者进口凭证的，由主管税务机关参照国家相关标准核定，没有国家相关标准的参照同类车船核定。

三、应纳税额的计算

（1）应纳税额的计算公式：应纳税额＝计税依据×适用单位税额；

【例题7－12·计算题】 某运输公司2014年年初拥有载货汽车15辆（货车整备质量均为10吨），大客车20辆，小客车10辆。计算该公司应缴纳的车船税（注：载货汽车整备质量每吨年税额90元，大客车每辆年税额1200元，小客车每辆年税额800元）。

【答案及解析】

（1）载货汽车应纳车船税税额＝90×15×10＝13500（元）

（2）大客车应纳车船税税额＝1200×20＝24000（元）

（3）小客车应纳车船税税额＝800×10＝8000（元）

全年应纳车船税税额＝13500＋24000＋8000＝45500（元）

【例题7－13·计算题】 某船运公司2015年拥有机动船4艘，每艘净吨位为3000吨；拖船1艘，发动机功率为1500千瓦。当地政府规定机动船舶车船税年单位税额为，净吨位201吨至2000吨的，每吨4元；净吨位2001吨至10000吨的，每吨5元。该船运公司2015年应缴纳车船税。

【答案及解析】 应纳车船税＝3000×4×5＋1500×0.67×4×50%＝62010（元）。

【例题7－14·计算题】 某机械制造厂2016年拥有货车3辆，每辆货车的整备质量均为1.5吨；挂车1部，其整备质量为1.2吨；小汽车2辆。已知货车车船税税率为整备质量每吨年基准税额16元，小汽车车船税税率为每辆年基准税额360元。求该厂2016年度应纳车船税。

【答案及解析】 该厂当年度应纳的车船税＝1.5×3×16＋1.2×16×50%＋2×360＝801.6（元）

（2）购置的新车船应纳税额。

购置当年的应纳税额自纳税义务发生的当月起按月计算。其计算公式如下：

$$应纳税额＝（年应纳税额/12）×应纳税月份数$$

【例题7－15·计算题】 某人于2016年4月3日购买奇瑞轿车一辆。该型号小轿车每辆年税额为360元，则这辆轿车当年应纳税为360/12×9＝270（元）。

（3）被盗抢车船的完税：在一个纳税年度内，已完税的车船被盗抢、报废、灭失的，纳税人可以凭有关管理机关出具的证明和完税证明，向纳税所在地的主管地方税务机关申请退还自被盗抢、报废、灭失月份起至该纳税年度终了期间的税款。已办理退税的被盗抢车船，失而复得的，纳税人应当从公安机关出具相关证明的当月起计算缴纳车船税。

（4）在一个纳税年度内，纳税人在非车辆登记地由保险机构代收代缴机动车车船税，且能够提供合法有效完税证明的，纳税人不再向车辆登记地的地方税务机关缴纳车辆车船税。

（5）已缴纳车船税的车船在同一纳税年度内办理转让过户的，不另纳税，也不退税。

四、车船税税收优惠

（一）法定减免

（1）捕捞、养殖渔船。其是指在渔业船舶管理部门登记为捕捞船或者养殖的船舶。

（2）军队、武装警察部队专用的车船。其是指按照规定在军队、武装警察部队车船管理部门登记，并领取军队、武警牌照的车船。

（3）警用车船。其是指公安机关、国家安全机关、监狱、劳动教养管理机关和人民法院、人民检察院领取警用牌照的车辆和执行警务的专用船舶。

（4）依照法律规定应当予以免税的外国驻华使领馆、国际组织驻华代表机构及其有关人员的车船。

（5）对节约能源的减半征收车船税、对使用新能源的车船免征车船税；对受严重自然灾害影响纳税困难以及有其他特殊原因确需减税、免税的，可以减征或者免征车船税。

节约能源、使用新能源的车辆包括纯电动汽车、燃料电池汽车和混合动力汽车。纯电动汽车、燃料电池汽车和插电式混合动力汽车免征车船税，其他混合动力汽车按照同类车辆适用税额减半征税。

（6）省、自治区、直辖市人民政府根据当地实际情况，可以对公共交通车船，农村居民拥有并主要在农村地区使用的摩托车、三轮汽车和低速载货汽车定期减征或者免征车船税。

（二）特定减免

（1）经批准临时入境的外国车船和香港特别行政区、澳门特别行政区、台湾地区的车船，不征收车船税。

（2）按照规定缴纳船舶吨税的机动船舶，自《车船税法》实施之日起5年内免征车船税。

（3）机场、港口内部行驶或作业的车船，自《车船税法》实施之日起5年内免征车船税。

【例题7－16·多选题】下列在用车船中，一定可以免征车船税的有（　　）。

A.公安机关办案专用的车辆

B.军队用于出租的富余小汽车

C.农村的公共交通车辆

D.在渔船管理部门登记的净吨位1.5吨的捕捞渔船

E.邮政快递车

【答案】AD

五、车船税征收管理

（一）车船税的纳税期限

车船税纳税义务发生时间为取得车船所有权或者管理权的当月，即为购买车船的发票或者其他证明文件所载日期的当月。对于在国内购买的机动车，购买日期以"机动车销售统一发票"所载日期为准；对于进口机动车，购买日期以"海关关税专用缴款书"所载日期为准；对于购买的船舶，以购买船舶的发票或者其他证明文件所载日期的当月为准。

(二) 车船税的纳税地点

车船税的纳税地点为车船的登记地或者车船税扣缴义务人所在地。依法不需要办理登记的车船，车船税的纳税地点为车船的所有人或者管理人所在地。

(三) 车船税的申报缴纳

车船税按年申报，分月计算，一次性缴纳。纳税年度为公历1月1日至12月31日。车船税按年申报缴纳。具体纳税申报期限由省、自治区、直辖市人民政府规定。

车船税的会计核算通过"应交税费——应交车船税"科目进行。企业缴纳的车船税与企业的生产经营活动密切相关，故车船税记入"税金及附加"账户。

【例题7-17·会计核算题】本节例7-13中该公司计算全年应缴纳的车船税的会计分录为应纳车船税 = $3000 \times 4 \times 5 + 1500 \times 0.67 \times 4 \times 50\% = 62010$（元）

借：税金及附加　　　　　　　　　　　62010
　　贷：应交税费——应交车船税　　　　62010

实际缴纳时：
借：应交税费——应交车船税　　　　　62010
　　贷：银行存款　　　　　　　　　　　62010

第三节 印花税法律制度与会计核算

一、印花税的概念及特点

(一) 印花税的概念

印花税，是对经济活动和经济交往中书立、领受、使用税法规定应税凭证的单位和个人征收的一种行为税。

(二) 印花税的特点

（1）兼有凭证税和行为税性质。

印花税是对单位和个人书立、领受的应税凭证征收的一种税，具有凭证税性质。另外，任何一种应税经济凭证反映的都是某种特定的经济行为，因此，对凭证征税，实质上是对经济行为的课税。

（2）征税范围广泛。

（3）税收负担比较轻。

（4）由纳税人自行完成纳税义务。

纳税人通过自行计算、购买并粘贴印花税票的方法完成纳税义务，并在印花税票和凭证骑缝处自行盖戳注销或画销。

二、印花税纳税义务人

在中华人民共和国境内书立、领受本条例所列举凭证的单位和个人,都是印花税的纳税义务人。"单位和个人"包括中国的企事业单位和个人,也包括涉外企业、机构和外国公民。

(1)立合同人。立合同人指合同的当事人,不包括保人、证人、鉴定人。如果一份合同由两方或两方以上的当事人共同签订,那么签订合同的各方都是纳税人。

(2)立账簿人。立账簿人是指开立并使用营业账簿的单位和个人。

(3)立据人。立据人是指书立产权转移书据的单位和个人,如果书据由两方或两方以上的当事人共同书立的,则各方都是纳税人。

(4)领受人。领受人是指领取并持有权利许可证照的单位和个人。

(5)使用人。在国外书立、领受,但在国内使用的应税凭证,其纳税人是使用人。

如果应税凭证是由当事人的代理人代为书立的,则由代理人代为承担纳税义务。

【例题7-18·单选题】根据印花税法律制度的规定,下列各项中,属于印花税纳税人的是( )。

A.合同的双方当事人　　　　B.合同的担保人
C.合同的证人　　　　　　　D.合同的鉴定人

【答案】A

【解析】本题考查印花税的纳税人。印花税的纳税人主要包括立合同人、立账簿人、立据人、领受人和使用人。其中立合同人是指合同的当事人,即对凭证有直接权利和义务关系的单位和个人,但不包括合同的担保人、证人、鉴定人。

三、印花税税目与税率

(一)税目

印花税共13个税目,这里所说的合同不仅指具有正规格式的合同,也包括具有合同性质的单据、凭证。这里还要细致地分辨不同合同、凭证的项目范围的差异。

(1)购销合同。购销合同包括供应、预购、采购、购销结合及协作、调剂、补偿、贸易等合同。此外,它还包括出版单位与发行单位之间订立的图书、报纸、期刊和音像制品的应税凭证,例如订购单、订数单等。购销合同还包括发电厂与电网之间、电网与电网之间(国家电网公司系统、南方电网公司系统内部各级电网互供电量除外)签订的购售电合同。但是,电网与用户之间签订的供用电合同不属于印花税列举征税的凭证,不征收印花税。

(2)加工承揽合同。加工承揽合同包括加工、定做、修缮、修理、印刷、广告、测绘、测试等合同。

(3)建设工程勘察设计合同。建设工程勘察设计合同包括勘察、设计合同。

(4)建筑安装工程承包合同。建筑安装工程承包合同包括建筑、安装工程承包合同。承包合同包括总承包合同、分包合同和转包合同三类。

(5)财产租赁合同。财产租赁合同包括租赁房屋、船舶、飞机、机动车辆、机械、器具、设备等合同,还包括企业、个人出租门店、柜台等签订的合同。

（6）货物运输合同。货物运输合同包括民用航空、铁路运输、海上运输、公路运输和联运合同，以及作为合同使用的单据。

（7）仓储保管合同。仓储保管合同包括仓储、保管合同，以及作为合同使用的仓单、栈单等。

（8）借款合同。借款合同银行及其他金融组织与借款人（不包括银行同业拆借）所签订的合同。融资租赁合同也属于借款合同。

（9）财产保险合同。财产保险合同包括财产、责任、保证、信用保险合同，以及作为合同使用的单据。

（10）技术合同。技术合同包括技术开发、转让、咨询、服务等合同，以及作为合同使用的单据。技术转让合同包括专利申请权转让、专利实施许可和非专利技术转让三类。一般的法律、会计、审计等方面的咨询不属于技术咨询，其所立合同不贴印花。

（11）产权转移书据。产权转移书据包括财产所有权和版权、商标专用权、专利权、专有技术使用权等转移书据和土地使用权出让合同、土地使用权转让合同、商品房销售合同等权力转移合同，以及个人无偿赠送不动产所签订的"个人无偿赠与不动产登记表"。

（12）营业账簿。营业账簿指单位或者个人记载生产经营活动的财务会计核算账簿。营业账簿按其反映内容的不同，分为记载资金的账簿和其他账簿两种。银行根据业务管理需要设置的各种登记簿，如空白重要凭证登记簿、有价单证登记簿、现金收付登记簿等，其记载的内容与资金活动无关，仅用于内部备查，属于非营业账簿，均不征收印花税。

（13）权利、许可证照。权利、许可证照包括政府部门发给的房屋产权证、工商营业执照、商标注册证、专利证、土地使用证。

【例题7-19·多选题】根据印花税法律制度的规定，下列各项中，属于印花税征税范围的有（　　）。

A.土地使用权出让合同　　B.土地使用权转让合同
C.商品房销售合同　　　　D.房屋产权证

【答案】ABCD

【解析】本题考核印花税的征税范围。A、B、C、D四项均属于印花税征税范围。土地使用权的出让和转让合同按照"产权转移书据"贴花。

【例题7-20·单选题】下列应缴纳印花税的凭证是（　　）。

A.房屋产权证、工商营业执照、税务登记证、营运许可证
B.土地使用证、专利证、特殊行业经营许可证、房屋产权证
C.商标注册证、卫生许可证、土地使用证、营运许可证
D.房屋产权证、工商营业执照、商标注册证、专利证、土地使用证

【答案】D

【解析】本题考查印花税的征税范围。应缴纳印花税的证照仅限于房屋产权证、工商营业执照、商标注册证、专利证、土地使用证五种。

（二）税率

印花税税率分为比例税率和定额税率两类。除权利许可证照及营业账簿中的其他账簿使用定额税率（按件贴花5元）之外，其他征税项目使用比例税率。最高税率为千

分之一（股权转让书据等），最低税率为万分之零点五（借款合同）。最高税率是最低税率的20倍。

印花税的比例税率分为4个档次，分别是0.05‰、0.3‰、0.5‰、1‰。

（1）适用0.05‰税率的为"借款合同"；

（2）适用0.3‰税率的为"购销合同""建筑安装工程承包合同""技术合同"；

（3）适用0.5‰税率的是"加工承揽合同""建筑工程勘察设计合同""货物运输合同""产权转移书据""营业账簿"税目中记载资金的账簿；

（4）适用1‰税率的为"财产租赁合同""仓储保管合同""财产保险合同""股权转让手续"。

【例题7-21·多选题】根据税收法律制度的规定，下列各项中，规定了比例税率和定额税率两种税率形式的税种有（　　）。

A.印花税　　　B.消费税　　　C.土地增值税　　　D.房产税

【答案】AB

【解析】印花税和消费税规定了比例税率和定额税率。

【例题7-22·多选题】下列各项中，按件贴花、税额为每件5元的印花税应税凭证有（　　）。

A.权利、许可证照　　　　　　B.营业账簿中的记载资金的账簿
C.营业账簿中的其他账簿　　　D.合同类凭证

【答案】AC

【解析】权利、许可证照，营业账簿中的其他账簿，均为按件贴花，税额为每件5元。

四、印花税计税依据和应纳税额的计算

（一）计税依据

1. 计税依据的一般规定

（1）购销合同的计税依据为购销金额。

在商品购销活动中，采用以货换货方式进行商品交易签订的合同，是反映既购又销双重经济行为的合同，应看成签订了两份合同。对此，应按合同所载的购、销金额合计数计税贴花。合同未列明金额的，应按合同所载购、销数量，依照国家牌价或市场价格计算应纳税额。

（2）加工承揽合同的计税依据为加工或承揽收入的金额。

这里的加工或承揽收入额是指合同中规定的受托方的加工费收入和提供的辅助材料金额之和。

由受托方提供原材料的加工、定做合同，即平常所说的假委托加工。凡在合同中分别记载加工费金额与原材料金额的，加工费金额按"加工承揽合同"计税，原材料金额按"购销合同"计税，两项税额相加数，即为合同应贴印花；合同中不划分加工费金额与原材料金额的，应按全部金额，依照"加工承揽合同"计税贴花。

【例题7-23·计算题】某企业接受甲委托加工制作服装，双方签订的加工承揽合同中分别注明加工费40000元，委托方提供价值60000元的主要材料，受托方提供价值2000

元的辅助材料。接受乙企业委托加工一批衬衫，乙企业提供样式，支付加工费30000元，主辅料由本企业提供价值80000元。计算该公司两项合同应缴纳的印花税。

【答案】（40000 + 2000）× 0.5‰ + 80000 × 0.3‰ + 30000 × 0.5‰ = 60（元）

（3）建设工程勘察设计合同的计税依据为收取的费用。

（4）建筑安装工程承包合同的计税依据为承包金额。

施工单位将自己承包的建设项目分包或者转包给其他施工单位所签订的分包或者转包合同，应按新的分包合同或转包合同所载金额计算应纳税额。

（5）财产租赁合同的计税依据为租赁金额（租金收入）。

（6）货物运输合同的计税依据为运输费金额（运费收入），但不包括所运货物的金额、装卸费、保险费用。

（7）仓储保管合同的计税依据为仓储保管费用。

（8）借款合同的计税依据为借款金额。

①凡是一项信贷业务既签订借款合同，又一次或分次填开借据的，只以借款合同所载金额为计税依据。

②金额为计税依据计税贴花；凡是只填开借据并作为合同使用的，应以借据所载金额为计税规定的最高额为计税依据，在签订时贴花一次，在限额内随借随还不签订新合同的，不再另贴印花。

③对借款方以财产做抵押，从贷款方取得一定数量抵押贷款的合同，应按借款合同贴花；在借款方因无力偿还借款而将抵押财产转移给贷款方时，应再就双方书立的产权书据，按产权转移书据的有关规定计税贴花。

④银行及其他金融组织的融资租赁业务签订的融资租赁合同，应根据合同所载租金总额，暂按借款合同计税。

⑤在贷款业务中，如果贷方系由若干银行组成的银团，银团各方均承担一定的贷款数额，借款合同由借款方与银团各方共同书立，各执一份合同正本，对这类合同，借款方与贷款银团各方应分别在所执的合同正本上，按各自的借款金额计税贴花。

⑥在基本建设贷款中，如果按年度用款计划分年签订借款合同，在最后一年按总概算签订借款总合同，且总合同的借款金额包括各个分合同的借款金额的，对这类基建借款合同，应按分合同分别贴花，最后签订的总合同，只就借款总额扣除分合同借款金额后的余额计税贴花。

（9）财产保险合同的计税依据为支付（收取）的保险费金额，不包括所保财产的金额。

（10）技术合同的计税依据为合同所载金额。

（11）产权转移书据的计税依据为所载金额。

（12）营业账簿税目中记载资金的账簿的计税依据为"实收资本"与"资本公积"两项的合计金额。

（13）其他账簿的计税依据为应税凭证件数。

对跨地区经营的分支机构的营业账簿在计税贴花时，为了避免对同一资金重复计税，规定上级单位记载资金的账簿，应按扣除拨给下属机构资金数额后的其余部分计算贴花。

外国银行在我国境内设立的分行，其境外总行须拨付规定数额的"营运资金"，分行在账户设置上不设"实收资本"和"资本公积"账户。根据《印花税暂行条例》的规定，外国银行分行记载由其境外总行拨付的"营运资金"账簿，应按核拨的账面资金数额计税贴花。

企业按《企业会计准则》及其他财会法规规定启用新账簿后，其实收资本和资本公积两项的合计金额大于原已贴花资金的，就增加部分补贴印花。凡"资金账簿"在次年度的实收资本和资本公积未增加的，对其不再计算贴花。

（14）权利、许可证照的计税依据为应税凭证件数。

2.计税依据的特殊规定

（1）同一凭证，载有两个或两个以上经济事项而适用不同税目税率，如分别记载金额的，应分别计算应纳税额，相加后按合计税额贴花；如未分别记载金额的，按税率高的计税贴花。

（2）有些合同，在签订时无法确定计税金额，如技术转让合同中的转让收入，是按销售收入的一定比例收取或者按实现利润分成的；财产租赁合同，只是规定了月（天）租金标准而却无租赁期限的。对这类合同，可在签订时先按定额5元贴花，以后结算时再按实际金额计税，补贴印花。

（3）对已履行并贴花的合同，所载金额与合同履行后实际结算金额不一致的，只要双方未修改合同金额，一般不再办理完税手续。

（二）应纳税额的计算

适用比例税率的应税凭证，计税依据为凭证上所记载的金额，计税公式为

$$应纳税额 = 计税金额 \times 比例税率$$

按比例税率计算应纳税额不足1角的免税；应纳税额在1角以上的其税额尾数不满5分的不计，满5分的按1角计算贴花。

适用定额税率的应税凭证，计税依据为凭证件数，计税公式为

$$应纳税额 = 凭证件数 \times 固定税额（5元）$$

【例题7-24·多选题】根据印花税法律制度的规定，下列各项中，以所载金额作为计税依据缴纳印花税的有（　　）。

A.产权转移书据　　　　B.借款合同
C.财产租赁合同　　　　D.工商营业执照

【答案】ABC

【解析】本题考查印花税的计税依据。合同类凭证、产权转移书据、记载金额的营业账簿，以凭证所载金额作为计税依据；不记载金额的营业账簿、权利许可证照（房屋产权证、工商营业执照、专利证），以凭证件数作为计税依据。

【例题7-25·计算题】某公司2014年8月开业，领受房屋产权证、工商营业执照、商标注册证、土地使用证各一件；与其他企业订立加工承揽合同一份，合同载明W公司提供的原材料金额300万元，需要支付的加工承揽费为20万元；另订立财产保险合同一份，保险金额为1000万元，保险费12万元。计算该公司2014年8月份应纳印花税税额。

【解析】根据印花税法律制度的规定，该公司应区分不同性质的凭证，分别计算缴纳印花税。其中，加工承揽合同的计税依据是加工或承揽收入，财产保险合同的计税依据为支付（收取）的保险费，不记载金额的房屋产权证、工商营业执照等权利、许可证照的计税依据为凭证的件数。因此，该公司应缴纳的印花税如下：

(1) 有关合同应缴纳的印花税税额 200000×0.5‰+120000×1‰=220（元）
(2) 有关权利、许可证照应缴纳的印花税税额=5×4=20（元）
(3) 该公司2014年8月实际应缴纳的印花税税额=220+20=240（元）。

【例题7-26•单选题】 某企业于2014年实收资本为500万元，资本公积为400万元。该企业2013年资金账簿上已按规定贴印花2500元，税率万分之五。该企业2014年应纳印花税为（　　）

A.500元　　　　　B.750元　　　　　C.2000元　　　　　D.4500元

【答案】 C

【解析】 本题考查印花税税额的计算。营业账簿税目中记载资金的账簿的计税依据为"实收资本"与"资本公积"两项的合计金额。该企业2014年应纳印花税=（5000000+4000000）×0.5‰−2500=2000（元）。

【例题7-27•单选题】 3月，甲企业注册了新商标，领取了一份商标注册证；与某外商投资企业签订了一份货物买卖合同，合同标的额600000元，另外签订运输合同，支付货物运输费50000元；与工商银行某分行签订借款合同，借款金额1000000元。已知商标注册证按件贴花5元，买卖合同、运输合同、借款合同适用的印花税率分别为0.3‰、0.5‰、0.05‰。甲企业3月份应缴纳的印花税税额为（　　）元。

A.250　　　　　B.255　　　　　C.260　　　　　D.265

【答案】 C

【解析】 甲企业3月份应缴纳印花税税额=5+600000×0.3‰+50000×0.5‰+1000000×0.05‰=260（元）。

五、印花税税收优惠

（一）基本优惠

下列凭证免纳印花税：
(1) 已缴纳印花税的凭证的副本或者抄本。
(2) 财产所有人将财产赠给政府、社会福利单位、学校所立的书据。
(3) 国家指定的收购部门与村民委员会、农民个人书立的农业产品收购合同。
(4) 无息、贴息贷款合同。
(5) 外国政府或者国际金融组织向我国政府及国家金融机构提供的优惠贷款所书立的合同。

（二）其他优惠

(1) 房地产管理部门与个人签订的租房合同，凡房屋属于用于生活居住的，暂免贴花。
(2) 对县级以上人民政府及企业主管部门批准改制的企业因改制签订的产权转移书据免予贴花。
(3) 对投资者（包括个人和机构）买卖封闭式证券投资基金免征印花税。
(4) 对商品储备管理公司及其直属库资金账簿免征印花税；对其承担商品储备业务过程中书立的购销合同免征印花税，对合同其他各方当事人应缴纳的印花税照章征收。

(5) 对廉租住房、经济适用住房经营管理单位与廉租住房、经济适用住房相关的印花税以及廉租住房承租人、经济适用住房购买人涉及的印花税予以免征。

(6) 2004年7月1日起，对经国务院和省级人民政府决定或批准进行的国有（含国有控股）企业改组改制而发生的上市公司国有股权无偿转让行为，暂不征收证券（股票）交易印花税。对不属于上述情况的上市公司国有股权无偿转让行为，仍应收证券（股票）交易印花税。

(7) 企业改制前签订但尚未履行完的各类应税合同，改制后需要变更执行主体的，对仅改变执行主体、其余条款未做变动且改制前已贴花的，不再贴花。

(8) 企业因改制签订的产权转移书据免予贴花。

(9) 对投资者（包括个人和机构）买卖封闭式证券投资基金免征印花税。

(10) 对国家石油储备基地第一期项目建设过程中涉及的印花税予以免征。

(11) 证券投资者保护基金有限责任公司发生的下列凭证和产权转移书据享受印花税的优惠政策。

①新设立的资金账簿免征印花税。

②与中国人民银行签订的再贷款合同、与证券公司行政清算机构签订的借款合同，免征印花税。

③接收被处置证券公司财产签订的产权转移书据，免征印花税。

④以保护基金自有财产和接收的受偿资产与保险公司签订的财产保险合同，免征印花税。值得注意的是，与保护基金有限责任公司签订上述应税合同或产权转移书据，只是对保护基金有限责任公司免征印花税，对应税合同或产权转移书据相关的其他当事人应照章征收印花税。

六、印花税征收管理

(一) 纳税方法

1. 自行贴花

印花税常用的方法是自行贴花完税，即由纳税人自行计算应纳税额，自行向税务机关购买印花税票，自行在应税凭证上一次贴足印花，自行画线或盖章加以注销。这是使用范围较广泛的纳税办法，一般适于应税凭证少或同一凭证纳税次数少的纳税人。

2. 汇贴汇缴

如果一份凭证的应纳税额数量较大，超过500元，贴用印花税票不方便的，可向当地税务机关申请填写缴款书或者完税证，将其中一联粘贴在凭证上或者由税务机关在凭证上加注完税标记，代替贴花。同一种类应纳税凭证若需要频繁贴花的，纳税人可向当地税务机关申请按期汇总缴纳印花税。

3. 纳税贴花的其他具体规定

(1) 在应纳税凭证书立或领受时即行贴花完税，不得延至凭证生效日期贴花。

(2) 印花税票应粘贴在应纳税凭证上，并由纳税人在每枚税票的骑缝处盖戳注销或画销，严禁揭下重用。

(3) 已经贴花的凭证，凡修改后所载金额增加的部分，应补贴印花。

(4) 对已贴花的各类应纳税凭证,纳税人须按规定期限保管,不得私自销毁,以备纳税检查。

(5) 凡多贴印花税票者,不得申请退税或者抵扣。

(6) 纳税人对凭证不能确定是否应当纳税的,应及时携带凭证,到当地税务机关鉴别。

(7) 纳税人同税务机关对凭证的性质发生争议的,应检附该凭证报请上一级税务机关核定。

(8) 纳税人对纳税凭证应妥善保存。凭证的保存期限,凡国家已有明确规定的,按规定办理;其他凭证均应在履行纳税义务完毕后保存10年。

【例题7-28·单选题】对一份凭证应纳税额超过（　　）的,纳税人可向主管税务机关申请,用填开完税证或缴款书的办法纳税,不再贴花。

　　A.100元　　　　B.200元　　　　C.500元　　　　D.1000元

【答案】C

【例题7-29·多选题】甲公司于2014年8月与乙公司签订了数份以货易货合同,以共计750000元的钢材换取650000元的水泥,甲公司取得差价100000元。下列各项中表述正确的有（　　）。

　　A.甲公司8月应缴纳的印花税为225元
　　B.甲公司8月应缴纳的印花税为420元
　　C.甲公司可对易货合同采用汇总方式缴纳印花税
　　D.甲公司可对易货合同采用汇贴方式缴纳印花税

【答案】BC

【解析】商品购销活动中,采用以货换货方式进行商品交易签订的合同,是反映既购又销双重经济行为的合同,应按合同所载的购、销合计金额计税贴花。甲公司8月应缴纳的印花税 = (750000 + 650000) × 0.03% = 420(元)。同一种类应纳税凭证,需频繁贴花的,纳税人可以根据实际情况自行决定是否采用按期汇总缴纳印花税的方式,汇总缴纳的期限为1个月。

(二) 纳税环节

印花税应在应税凭证书立或领受时贴花,具体是在合同签订时、账簿启用时、证照领受时贴花。如果合同在国外签订的,并且不便在国外贴花,应在将合同带入境时办理贴花手续。

(三) 纳税地点

印花税一般就地纳税。对于全国性商品物资订货会(包括展销会、交易会等)上所签订合同应纳的印花税,由纳税人回其所在地后及时办理贴花完税手续;对地方主办、不涉及省际关系的订货会、展销会上所签合同的印花税,其纳税地点由各省、自治区、直辖市人民政府自行确定。

(四) 违规处理

印花税的纳税人有下列行为之一的,由税务机关根据情节轻重予以处罚:

(1) 已贴用的印花税票揭下重用造成未缴或少缴印花说的,由税务机关追缴其不缴或者少缴税款、滞纳金,并处不缴或者少缴的税款50%以上5倍以下的罚款;构成犯罪的,依法追究刑事责任。

(2) 在应纳税凭证上未贴或者少贴印花税票的,或者已粘贴在应税凭证上的印花税票未注销或未划销的,由税务机关追缴其不缴或者少缴的税款、滞纳金,并处不缴或者少缴的税款50%以上5倍以下的罚款。

(3) 伪造印花税票的,由税务机关责令改正,处以2000元以上1万元以下的罚款;情节严重的,处以1万元以上5万元以下的罚款;构成犯罪的,依法追究刑事责任。

七、印花税会计核算

企业缴纳的印花税,一般是自行计算、自行购买、自行贴花、自行注销,不会形成税款债务。为了简化会计处理,印花税可以不通过"应交税费"账户核算,而是通过"银行存款"或"库存现金"账户直接付款。企业缴纳的印花税与企业的生产经营活动紧密相连,故印花税计入"税金及附加"。

【例题7-30·会计核算题】本节例7-27中,该企业3月份应缴纳印花税税额260元,实际用现金缴纳时:

借:税金及附加 　　　　　　　260
　　贷:库存现金 　　　　　　　　260

第四节 契税法律制度与会计核算

一、契税的概念与特点

(一) 契税的概念

契税,是指国家在土地、房屋权属转移时,按照当事人双方签订的合同(契约),以及所确定价格的一定比例,向权属承受人征收的一种税。

产权是否发生转移是判断是否缴纳契税的重要标准,也就是通常说的是否"过户"。

(二) 契税的特点

1.契税属于财产转移税

契税以发生转移的不动产,即土地和房屋为征税对象,具有财产转移课税性质。土地、房产未发生转移的,不征契税。

2.契税由财产承受人缴纳

一般税种都确定销售者为纳税人,即卖方纳税。契税则属于土地、房屋产权发生交易过程中的财产税,由承受人纳税,即买方纳税。对买方征税的主要目的,在于承认不动产转移生效,承受人纳税以后,便可拥有转移过来的不动产产权或使用权,法律保护纳税人的合法权益。

【例题7-31·判断题】契税的纳税人是在我国境内转让土地、房屋权属的单位和个人。（ ）

【答案】错误

【解析】本题考核契税的纳税人。契税的纳税人，是指在我国境内承受土地、房屋权属转移的单位和个人，即由承受方缴纳契税，而不是转让方缴纳契税。

【例题7-32·判断题】境内承受转移土地、房屋权属的单位和个人为契税的纳税人，但不包括外商投资企业和外国企业。（ ）

【答案】错误

【解析】契税纳税人包括外商投资企业、外国企业、外籍人员。

【例题7-33·单选题】下列属于契税纳税义务人的有（ ）。

A.土地、房屋抵债的抵债方　　B.房屋赠与中的受赠方
C.房屋赠与中的赠与方　　　　D.土地、房屋投资的投资方

【答案】B

【解析】本题考查契税的纳税人。契税纳税人是在我国境内承受土地、房屋权属转移的承受单位和个人。选项ACD均为转让方。

二、契税纳税人和征税范围

（一）纳税义务人

契税的纳税义务人是境内转移土地、房屋权属承受的单位和个人。

土地、房屋权属是指土地使用权和房屋所有权。单位包括：企事业单位、国家机关、军事单位和社会团体及其他组织。个人指个体经营者及其他个人，包括中国公民和外籍人员。

契税的征税对象为发生土地使用权和房屋所有权权属转移的土地和房屋。

（二）征税范围

契税的征税对象是境内转移土地、房屋权属。其具体包括土地使用权的出让、转让及房屋的买卖、赠与、交换。

以某些特殊方式转移土地、房屋权属也视为土地使用权转让、房屋买卖或赠与缴纳契税：

（1）以房屋抵债或实物交换房屋，视同房屋买卖，由产权承受人按房屋现值缴纳契税。以房产抵债的，过户时按照折价款缴纳契税。

（2）以自有房产作股投入本人独资经营企业，因未发生权属变化，不需办理房产变更手续，故免纳契税。

（3）买房者不论其购买目的是拆用材料还是得到旧房后翻建成新房，都要涉及办理产权转移手续，只要发生房屋权属变化，就要照章缴纳契税。

（4）对以国家作价出资（入股）方式转移国有土地使用权的行为，应视同土地使用权转让，由土地使用权的承受方按规定缴纳契税。

某些视同土地使用权转让、房屋买卖或赠与而交纳契税的特殊规定还有：以土地房

屋权属作价投资、入股；以土地房屋权属抵债；以获奖方式承受土地、房屋权属；以预购方式或者预付集资建房款方式承受土地、房屋权属。这些情况均发生了土地、房屋权属的变化。但是，自然人与其个人独资企业、一人有限责任公司之间土地、房屋权属的无偿划转属于同一投资主体内部土地、房屋权属的无偿划转，按规定不征收契税。

企业破产清算期间，债权人破产企业土地、房屋权属的，免征契税；承受对非债权人承受破产企业土地、房屋权属的，征收契税。

土地、房屋权属的典当、出租、抵押，不属于契税的征税范围。

按《中华人民共和国继承法》规定的法定继承人（包括配偶、子女、父母、兄弟姐妹、祖父母、外祖父母）继承土地、房屋权属，不征契税。而按照《中华人民共和国继承法》规定的非法定继承人根据遗嘱承受死者生前的土地、房屋权属，属于赠予行为，应征收契税。

【例题7-34·多选题】根据《契税暂行条例》的规定，下列各项中，属于契税征税对象的有（　　）。

A.房屋买卖　　　　　　　　B.国有土地使用权出让
C.房屋赠与　　　　　　　　D.农村集体土地承包经营权转移

【答案】ABC

【解析】农村集体土地承包经营权转移不属于契税征税对象。

【例题7-35·多选题】下列各项中，属于契税征收范围的有（　　）。

A.国有土地使用权出租　　　B.将自有房屋抵押
C.接受他人赠与的房屋　　　D.接受他人房屋作价投资入股

【答案】CD

三、契税计税依据、税率及应纳税额的计算

（一）计税依据

契税的计税依据为不含增值税的不动产的价格。由于土地、房屋权属转移方式不同，定价方法不同，因而具体计税依据视不同情况而决定。

（1）土地使用权出售、房屋买卖，以成交价格为计税依据。

成交价格是指土地、房屋权属转移合同确定的价格，包括承受者应交付的货币、实物、无形资产或者其他经济利益。

（2）土地使用权赠与、房屋赠与，由征收机关参照土地使用权出售、房屋买卖的市场价格核定。

（3）土地使用权交换、房屋交换，为所交换的土地使用权、房屋的价格差额。

交换价格相等时，免征契税；交换价格不等时，由多交付的货币、实物、无形资产或者其他经济利益的一方交纳契税。

（4）出让国有土地使用权的，其契税计税价格为承受人为取得该土地使用权而支付的全部经济利益。

①以协议方式出让的，其契税计税价格为成交价格。成交价格包括土地出让金、土地补偿费、安置补助费、地上附着物和青苗补偿费、拆迁补偿费、市政建设配套费等承受者应支付的货币、实物、无形资产及其他经济利益。

没有成交价格或者成交价格明显偏低的,征收机关可依次按下列两种方式确定。

第一,评估价格:由政府批准设立的房地产评估机构根据相同地段、同类房地产进行综合评定,并经当地税务机关确认的价格。

第二,土地基准地价:由县以上人民政府公示的土地基准地价。

②以竞价方式出让的,其契税计税价格,一般应确定为竞价的成交价格,土地出让金、市政建设配套费以及各种补偿费用应包括在内。

③先以划拨方式取得土地使用权,后经批准改为出让方式取得该土地使用权的,应依法缴纳契税,其计税依据为应补缴的土地出让金和其他出让费用。

④已购公有住房经补缴土地出让金和其他出让费用成为完全产权住房的,免征土地权属转移的契税。

● (二) 税率及应纳税额的计算

契税采用幅度比例税率3%~5%,具体执行税率由各省(市、自治区)政府在上述幅度内确定。按照《财政部、国家税务总局、住房和城乡建设部关于调整房地产交易环节契税个人所得税优惠政策的通知》(财税〔2010〕94号)等的规定,对个人购买90平方米及以下普通住房,且该住房属于家庭(成员范围包括购房人、配偶以及未成年子女,下同)唯一住房的,减按1%税率征收契税;对于人购买90平方米以上144平米以下的普通住房,且该住房属于家庭唯一住房的,减按1.5%税率征收契税;对个人购买家庭第二套改善性住房,面积为90平方米及以下的,减按1%的税率征收契税;面积为90平方米以上的,减按2%的税率征收契税。北上广深不实行这条优惠,即北上广深第二套及以上住房,一律按契税正常税率纳税,北京契税3%。其他住房则一律按照3%计算缴纳契税。

契税采用比例税率,当计税依据确定以后,应纳税额的计算按下面公式计算:

应纳税额 = 计税依据 × 税率

【例题7-36·多选题】下列以成交价格为依据计算契税的有( )。
A.土地使用权赠与　　　　　　B.土地使用权出让
C.土地使用权交换　　　　　　D.土地使用权转让
【答案】BD

【例题7-37·多选题】李某于2005年3月以60万元的价格购买了两套公寓作为投资,2015年5月以50万元的价格将其中一套公寓出售给郑某。郑某在此次房屋交易中应缴纳的税种有( )。
A.印花税　　　B.契税　　　C.增值税　　　D.土地增值税
【答案】AB
【解析】本题考查房产交易所涉及的税种。郑某在此次房屋交易中,是房产的承受方,应缴纳契税;签订产权转移书据,要缴印花税。

【例题7-38·计算题】张某于2016年12月购入住房一套,购房发票上载明价款1428571.43元,增值税款71428.57元。适用契税税率2%,则张某应纳契税:

1428571.43 × 2% = 28571.43(元)

【例题7-39·单选题】万某有面积为140平方米的住宅一套,价值96万元。黄某有面积为120平方米的住宅一套,价值72万元。两人进行房屋交换,差价部分黄某以现金补偿万某。已知契税适用税率为3%，黄某应缴纳的契税税额为（   ）万元。
A.4.8　　　　B.2.88　　　　C.2.16　　　　D.0.72

【答案】D

【解析】本题考查契税应纳税额的计算。土地使用权交换、房屋交换，为所交换土地使用权、房屋的"价格差额"；交换价格不相等的，由多交付货币的一方缴纳契税。黄某应缴纳的契税＝（96－72）×3%＝0.72（万元）。

四、契税税收优惠

（一）契税减免的基本规定

（1）国家机关、事业单位、社会团体、军事单位承受土地、房屋用于办公、教学、医疗、科研和军事设施的，免征契税。

（2）城镇职工按规定第一次购买公有住房，免征契税。

（3）因不可抗力丧失住房而重新购买住房的，酌情减免。

（4）土地、房屋被县级以上人民政府征用、占用后，重新承受土地、房屋权属的，由省级人民政府确定是否减免。

（5）承受荒山、荒沟、荒丘、荒滩土地使用权，并用于农、林、牧、渔业生产的，免征契税。

（6）经外交部确认，依照我国有关法律规定以及我国缔结和参加的双边和多边条约或协定，应当予以免税的外国驻华使馆、领事馆、联合国驻华机构及其外交代表、领事官员和其他外交人员承受土地、房屋权属。

（二）财政部规定的其他减免契税项目

（1）售后回租及相关事项的契税政策。

①对金融租赁公司开展售后回租业务，承受承租人房屋、土地权属的，照章征税。对售后回租合同期满，承租人回购原房屋、土地权属的，免征契税。

②个体工商户的经营者将其个人名下的房屋、土地权属转移至个体工商户名下，或个体工商户将其名下的房屋、土地权属转回原经营者个人名下，免征契税；合伙企业的合伙人将其名下的房屋、土地权属转移至合伙企业名下，或合伙企业将其名下的房屋、土地权属转回原合伙人名下，免征契税。

（2）对国家石油储备基地第一期项目建设过程中涉及的契税予以免征。

（3）对廉租住房经营管理单位购买住房作为廉租住房、经济适用住房经营管理单位回购经济适用住房继续作为经济适用住房房源的，免征契税。

（4）对已缴纳契税的购房单位和个人，在未办理房屋权属变更登记前退房的，退还已纳契税；在办理房屋权属变更登记后退房的，不予退还已纳契税。

（5）对公租房经营管理单位购买住房作为公租房，免征契税。

（6）自2011年8月31日起，婚姻关系存续期间，房屋、土地权属原归夫妻一方所有，变更为夫妻双方共有的，免征契税。

五、申报和缴纳

（1）契税的纳税义务发生时间为纳税人签订土地、房屋权属转移合同的当天，或者纳税人取得其他具有土地、房屋转移合同性质凭证的当天。

（2）纳税人应当自纳税义务发生之日起10日内，向土地、房屋所在地的契税征收机关办理纳税申报，并在契税征收机关核定的期限内缴纳税款，索取完税凭证。

（3）纳税人出具契税完税凭证，土地管理部门、房产管理部门才能办理变更登记手续。即先税后证

六、契税会计核算

契税是在土地、房屋权属转让过程中，由取得土地、房屋的承受人缴纳的税种；契税是土地、房屋成本的构成部分，缴纳契税应计入土地、房屋的成本中。只有当契税完税后，纳税人才可正式取得土地、房屋权属，所以契税一般不需要事先预计，不需通过"应交税费"账户核算，而是在缴纳时直接计入固定资产（房屋）和无形资产（土地使用权）的成本。

（1）取得房屋权属缴纳契税。
　　借：固定资产
　　　贷：银行存款

（2）取得土地权属缴纳契税。
　　借：无形资产
　　　贷：银行存款

第五节 车辆购置税法律制度与会计核算

一、车辆购置税的概念与特点

（一）车辆购置税的概念

车辆购置税是以在中国境内购置规定的车辆为课税对象、在特定的环节向车辆购置者征收的一种税。就其性质而言，属于直接税的范畴。

（二）车辆购置税的特点

（1）征收范围单一：对特定财产征税。

（2）征收环节单一：在最终消费环节，由购置者交纳。一次课征，交过车辆购置税的已税旧车在转卖的不再缴纳车购税。

（3）征收方法单一：从价定率。

(4) 征税具有特定目的：专税专用。

(5) 价外征收，不转嫁税负。

【例题7-40·多选题】以下关于车辆购置税的说法正确的有（　　）。

A.在特定的环节向车辆购置者征收

B.以在中国境内外购置规定的车辆为课税对象

C.征税具有特定目的

D.价外征收，转嫁税负

E.就其性质而言，属于间接税的范畴

【答案】AC

二、纳税义务人

车辆购置税的纳税义务人为境内购置应税车辆的（各类性质的）单位和个人。个人包括个体工商户及其他个人。

车辆购置税的应税行为，是指在中华人民共和国境内购置应税车辆的行为。具体来讲，这种应税行为包括购买使用行为、进口使用行为、受赠使用行为、自产自用行为、获奖使用行为，以及以拍卖、抵债、走私、罚没等方式取得并使用的行为。

【例题7-41·多选题】根据《车辆购置税暂行条例》规定，下列行为属于车辆购置税应税行为的有（　　）。

A.应税车辆的购买使用行为　　B.应税车辆的销售行为

C.自产自用应税车辆的行为　　D.以获奖方式取得并自用应税车辆的行为

【答案】ACD

【例题7-42·单选题】下列各项行为需要缴纳车辆购置税的是（　　）。

A.汽车4S店经销的车辆　　B.进口销售的车辆

C.购置已征车辆购置税的车辆　　D.自产自用的车辆

【答案】D

三、征税对象与征税范围

车辆购置税的征收范围包括汽车、摩托车、电车、挂车、农用运输车，自2004年10月1日起农用三轮运输车免税。具体征收范围依照本条例所附"车辆购置税征收范围表"执行。车辆购置税征收范围的调整，由国务院决定并公布。

表7-2 车辆购置税征收范围

应税车辆	具体范围	注释
汽车	各类汽车	
摩托车	轻便摩托车	最高设计时速不大于50km/h，发动机汽缸总排量不大于50cm³的两个或三个车轮的机动车
	二轮摩托车	最高设计时速大于50km/h，或者发动机汽缸总排量大于50cm³的两个车轮的机动车
	三轮摩托车	最高设计车速大于50km/h，或者发动机汽缸总排量大于50cm³，空车重量不大于400kg的三个车轮的机动车
电车	无轨电车	以电能为动力，由专用输电电缆线供电的轮式公共车辆
	有轨电车	以电能为动力，在轨道上行驶的公共车辆
挂车	全挂车	无动力设备，独立承载，由牵引车辆牵引行驶的车辆
	半挂车	无动力设备，与牵引车辆共同承载，由牵引车辆牵引行驶的车辆
农用运输车	四轮农用运输车	柴油发动机，功率不大于28KW，载重量不大于1500kg，最高车速不大于50km/h的四个车轮的机动车

（注：表中50cm³=50立方厘米）

四、税率与计税依据

我国车辆购置税实行统一比例税率（指一个税种只设计一个比例的税率），税率为10%。

车辆购置税实行从价定率、价外征收的方法计算应纳税额，应税车辆的价格即计税价格就成为车辆购置税的计税依据。但是，由于应税车辆购置的来源不同，应税行为的发生不同，计税价格的组成也就不一样。因此，车辆购置税计税依据的构成也就不同。

（一）计税依据的基本规定

（1）购买自用应税车辆。

  计税价格＝（含增值税的全部价款＋价外费用）÷（1＋增值税税率或征收率）

（2）进口自用应税车辆。

  计税价格＝关税完税价格＋关税＋消费税

进口自用应税车辆计征车辆购置税的计税依据，与进口方计算增值税的计税依据一致。也可以用以下公式计算：

  计税价格＝（关税完税价格＋关税）÷（1－消费税税率）

如果进口车辆是不属于消费税征税范围的大卡车、大客车，则组成计税价格公式简化为

  计税价格＝关税完税价格＋关税

（二）以最低计税价格为计税依据的确定

（1）纳税人自产自用、受赠使用、获奖使用和以其他方式取得并自用的应税车辆的计税价格，主管税务机关参照国家税务总局规定的最低计税价格核定。

【例题7-43·多选题】以下由主管税务机关参照国家税务总局规定的最低计税价格

核定计税价格的有（　　）。

A.甲汽车制造厂自产自用大卡车　　B.乙运输企业受赠使用小货车
C.丙运动员获奖使用小轿车　　　　D.丁外贸企业进口自用中型客车

【答案】ABC
【提示】自产自用不用同类销售价格，而用最低计税价格。

（2）国家税务总局未核定最低计税价格的车辆，计税依据为纳税人提供的有效价格证明注明的价格。有效价格证明注明的价格明显偏低的，主管税务机关有权核定应税车辆的计税价格。

【例题7-44·单选题】最低计税价格是指国家税务总局依据机动车生产企业或者经销商提供的车辆价格信息，参照一定的价格核定的车辆购置税计税价格，所参照的价格是（　　）。

A.市场最高交易价格　　　　B.市场最低交易价格
C.市场平均交易价格　　　　D.组成交易价格

【答案】C
最低计税价格是指国家税务总局依据机动车生产企业或者经销商提供的车辆价格信息，参照市场平均交易价格核定的车辆购置税计税价格。最低计税价格是不含税价格。

（3）下列车辆的计税价格为纳税人提供的有效价格证明注明的价格。纳税人无法提供有效价格证明的，主管税务机关有权核定应税车辆的计税价格。

①进口旧车；
②因不可抗力因素导致受损的车辆；
③库存超过3年的车辆；
④行驶8万公里以上的试验车辆；
⑤国家税务总局规定的其他车辆。

（4）免税条件消失的车辆，自初次办理纳税申报之日起，使用年限未满10年的，计税价格以免税车辆初次办理纳税申报时确定的计税价格为基准，每满1年扣减10%；未满1年的，计税价格为免税车辆的原计税价格；使用年限10年（含）以上的，计税价格为0。

最低计税价格＝同类型新车最低计税价格×［1－（已使用年限÷规定使用年限）］×100%

（5）底盘（车架）发生更换的车辆计税依据为最新核发的同类型车辆最低计税价格的70%。

五、应纳税额的计算

（一）购买自用应税车辆应纳税额的计算

纳税人购买自用的应税车辆，其计税价格由纳税人支付给销售者的全部价款（不包括增值税税款）和价外费用组成。还要注意购买自用的应税车辆包括购买国产车、购买进口车，这里所谓购买进口车并不是指自行进口车辆，而是指购买别人进口的车辆。不论是购买国产车还是进口车，都需要注意需要并入计税价格的项目具体内容见表7-3。

表7-3 并入计税价格的使用和不并入计税价格的项目

并入计税价格的项目	不并入计税价格的项目
（1）购买者随购买车辆支付的工具件和零部件价款； （2）支付的车辆装饰费； （3）销售单位开展优质销售活动所开票收取的有关费用； （4）凡使用代收单位（受托方）票据收取的款项，应视作代收单位价外收费，应并入计税价格中一并征税	（1）支付的控购费； （2）销售单位开给购买者的各种发票金额中包含增值税税款； （3）凡使用委托方票据收取，受托方只履行代收义务和收取代收手续费的款项（应按其他税收政策规定征税）

【例题7-45·单选题】2014年7月，张某从某销售公司购买轿车一辆供自己使用，支付含增值税的价款221000元，另支付购置工具件和零配件价款1000元，车辆装饰费4000元，销售公司代收保险费等8000元，支付的各项价款均由销售公司开具统一发票。则李某应纳车辆购置税税额（　　）元。

A.20000　　　　B.18694　　　　C.22100　　　　D.19083

【答案】A

【解析】应纳车辆购置税 = (221000 + 1000 + 4000 + 8000) ÷ 1.17 × 10% = 20000（元）

● **（二）进口自用应税车辆应纳税额的计算**

这里所谓进口自用车辆，指的是纳税人报关进口车辆并自用，不是指购买别的单位进口的车辆。进口自用应税车辆计征车辆购置税的计税依据，与进口环节计算增值税的计税依据一致。

【例题7-46·单选题】某汽车贸易公司2014年6月进口11辆小轿车，海关审定的关税完税价格为25万元/辆，当月销售8辆，取得含税销售收入240万元；2辆企业自用，1辆用于抵偿债务。合同约定的含税价格为30万元。该公司应纳车辆购置税（　　）万元。（小轿车关税税率28%，消费税税率为9%）

A.7.03　　　　B.5.00　　　　C.7.50　　　　D.10.55

【答案】A

【解析】该汽车贸易公司应缴纳车辆购置税 = 2 × (25 + 25 × 28%) ÷ (1 - 9%) × 10% = 7.03（万元）

● **（三）其他自用应税车辆应纳税额的计算**

纳税人自产自用、受赠使用、获奖使用和以其他如拍卖、抵债、走私、罚没等方式取得并自用应税车辆的，凡不能取得该型车辆的购置价格，或者低于最低计税价格的，以国家税务总局核定的最低计税价格为计税依据计算征收车辆购置税。

【例题7-47·单选题】某汽车制造厂将自产的一辆某种型号的轻型卡车用于本厂后勤服务，该厂在办理车辆上牌落籍前，出具该车的发票，注明金额65000元，并按此金额向主管税务机关申报纳税。经审核，国家税务总局对该车同类型车辆核定的最低计税价格为80000元。计算该车应纳车辆购置税。

应纳车辆购置税税额 = 80000 × 10% = 8000（元）

● **（四）特殊情形下自用应税车辆应纳税额的计算**

减税、免税条件消失车辆应纳税额的计算：

对减税、免税条件消失的车辆，纳税人应按现行规定，在办理车辆过户手续前或者办理变更车辆登记注册手续前向主管税务机关缴纳车辆购置税。

车辆购置税税额计算：

应纳税额＝同类型新车最低计税价格×［1－（已使用年限÷规定使用年限）］×100%×税率

其中，规定使用年限按10年计算；超过使用年限的车辆，不再征收车辆购置税。

【例题7－48·计算题】解放军某部将一辆免税购入使用五年的国产汽车改变用途，转让给我国公民张某使用，该车同类型新车最低计税价格12万元，张某应补交车辆购置税计税价格如下：

该车最低计税价格为12×（1－5/10）＝6（万元）

（五）未按规定缴税车辆应补税额的计算

（1）纳税人未按规定缴税的，应按现行政策规定的计税价格区分情况，分别确定征税。不能提供购车发票和有关购车证明资料的，检查地税务机关应按同类型应税车辆的最低计税价格征税；如果纳税人回落籍地后提供的购车发票金额与支付的价外费用之和高于核定的最低计税价格的，落籍地主管税务机关还应对其差额计算补税。

（2）检查地税务机关对未按规定缴税车辆补征税款后，应向纳税人开具完税凭证；落籍地主管税务机关凭纳税人提供的完税凭证核发完税证明，并建立车辆购置税档案。

检查地税务机关补征车辆购置税计算：应纳税额＝最低计税价格×税率

六、税收优惠及退税

（一）减免税规定

我国车辆购置税实行法定减免税。其具体规定如下。

（1）外国驻华使馆、领事馆和国际组织驻华机构及其外交人员自用车辆免税。

（2）中国人民解放军和中国人民武装警察部队列入军队武器装备订货计划的车辆免税。

（3）设有固定装置的非运输车辆免税。

（4）防汛部门和森林消防等部门购置的由指定厂家生产的指定型号的用于指挥、检查、调度、报汛（警）、联络的专用车辆。

（5）回国服务的留学人员用现汇购买1辆个人自用国产小汽车。

留学回国人员提供中华人民共和国驻留学生学习所在国的大使馆或领事馆（中央人民政府驻香港联络办公室教育科技部、中央人民政府驻澳门联络办公室宣传文化部）出具的留学证明；公安部门出具的境内居住证明、个人护照；海关核发的"回国人员购买国产小汽车准购单"。

（6）长期来华定居专家1辆自用小汽车。

来华专家提供国家外国专家局或授权单位核发的专家证；公安部门出具的境内居住证明。

（7）三轮农用运输车免征车辆购置税。

（8）有国务院规定予以免税或者减税的其他情形的，按照规定免税或者减税。

2014年8月1日,财政部、国家税务总局和工信部联合下发《关于免征新能源汽车车辆购置税的公告》,规定自2014年9月1日至2017年12月31日,新能源汽车免征车辆购置税。2014年8月27日,国家税务总局和工信部公告了第一批《免征车辆购置税的新能源汽车车型目录》,纯电动汽车共有17款乘用车车型和75款客车车型以及5款专用车车型入选;插电式混合动力汽车共有6款乘用车车型和10款客车车型入选。

【例题7-49·单选题】按照《车辆购置税暂行条例》的规定,下列车辆不缴纳车辆购置税的是（　　）。

A.挂车　　　B.电车　　　C.农用运输车　　　D.防汛部门专用车

【答案】D

【例题7-50·单选题】依据车辆购置税的有关规定,下列车辆中可以享受法定减免的是（　　）。

A.国家机关购买的小汽车　　　　B.留学人员购买的小汽车
C.有突出贡献专家购买的小汽车　　D.国际组织驻华机构购买的自用小汽车

【答案】D

【例题7-51·单选题】回国服务留学人员赵某于2012年1月10日用现汇购买了一辆个人自用国产小汽车,机动车销售统一发票注明金额为235800元。2014年1月,赵某将该车转让给宋某,转让价为138000元,并于1月10日办理了车辆过户手续。国家税务总局最新核定该型车辆的车辆购置税最低计税价格为180000元。宋某应纳车辆购置税（　　）元。

A.11794.87　　　B.14400　　　C.18000　　　D.20153.85

【答案】B

【解析】宋某应纳车辆购置税 = 180000 × (1 - 2 × 10%) × 10% = 14400（元）。

● (二) 车辆购置税的退税

(1) 已经缴纳车辆购置税的车辆,发生下列情形之一的,纳税人应到车购办申请退税:①因质量原因,车辆被退回生产企业或者经销商的;②应当办理车辆登记注册的车辆,公安机关车辆管理机构不予办理车辆登记注册的。

(2) 退税款的计算:①因质量原因,车辆被退回生产企业或者经销商的,自纳税人办理纳税申报之日起,按已缴税款每满1年扣减10%计算退税额;未满1年的按已缴税款额退税。②对公安机关车辆管理机构不予办理车辆登记注册手续的车辆,退还全部已缴税款。

七、申报缴纳

(1) 车辆购置税实行一车一申报制度。

纳税人办理纳税申报时应如实填写"车辆购置税纳税申报表"(以下简称纳税申报表),同时提供以下资料的原件和复印件,原件经车购办审核后退还纳税人,复印件和"机动车销售统一发票"的报税联由主管税务机关留存。

提供以下资料的原件和复印件:一是车主身份证明,二是车辆价格证明,三是车辆合格证明,四是税务机关要求提供的其他资料。

此外，主管税务机关对固定装置的非运输车辆应实地验车。

（2）车辆购置税是在应税车辆上牌登记注册前的使用环节征收。

（3）购置的已征车辆购置税的车辆，不再征收车辆购置税。但减税、免税条件下消失的车辆，应按规定缴纳车辆购置税。

购买二手车申报规定：

①购买完税车——索要完税证明；

②购买免税车——购买者应到税务机关重新办理申报缴税或免税手续。

（4）应向车辆登记注册地的主管税务机关申报纳税。

纳税人购置应税车辆，应当向车辆登记注册地的主管税务机关申报纳税；购置不需办理车辆登记注册手续的应税车辆应当向纳税人所在地的主管税务机关申报纳税。车辆登记注册地是指车辆的上牌落籍地或落户地。

（5）纳税期限为60日内。

纳税人购买自用的应税车辆，自购买之日起60日内申报纳税；进口自用的应税车辆，应当自进口之日起60日内申报纳税；自产、受赠、获奖和以其他方式取得并自用应税车辆的，应当自取得之日起60日内申报纳税。

车辆购置税税款于纳税人办理纳税申报时一次缴清。

（6）车辆购置税的缴纳方法包括：第一，自报核销；第二，集中征收缴纳；第三，代征、代扣、代收。

【例题7-52·单选题】车辆购置税的纳税环节是（　　）。

A.销售和使用环节　　　　　　B.生产环节

C.销售环节　　　　　　　　　D.登记注册前的使用环节

【答案】D

【例题7-53·多选题】关于车辆购置税的纳税地点，下列说法中正确的有（　　）。

A.购置需要办理车辆登记注册手续的应税车辆，纳税地点是纳税人所在地

B.购置需要办理车辆登记注册手续的应税车辆，应当向购买地主管税务机关申报纳税

C.购置需要办理车辆登记注册手续的应税车辆，纳税地点是车辆上牌落籍地

D.购置不需要办理登记注册手续的应税车辆，应当向纳税人所在地主管税务机关申报纳税

【答案】CD

【例题7-54·多选题】关于车辆购置税的申报与缴纳，下列说法正确的有（　　）。

A.底盘（车架）发生改变的车辆，纳税人不用重新办理纳税申报

B.车辆购置税在应税车辆上牌登记注册前的使用环节征收

C.车辆购置税的纳税地点为应税车辆登记注册地或居住地

D.纳税人购买自用的应税车辆，自购买之日起30天内申报纳税

【答案】BC

八、车辆购置税会计核算

车辆购置税应纳税额不需要事先预计，所以不需要通过应交税费账户核算。一般在缴纳时直接记入"固定资产"账户，构成车辆的原始价值。企业在缴纳车辆购置税

后，编制会计分录账户对应关系如下：
  借：固定资产
    贷：银行存款

【例题7-55·会计核算题】某汽车制造厂（一般纳税人）将自产的小轿车4辆转为自用。该轿车不含税售价为180000元／辆，成本120000元／辆，消费税税率为9%。计算应缴纳的增值税、消费税和车辆购置税。

【答案及解析】应纳增值税（销项税额）＝ 4×180000×17% ＝ 122400（元）
      应纳消费税 ＝ 4×180000×9% ＝ 64800（元）
      应纳车辆购置税 ＝ 4×180000×10% ＝ 72000（元）

会计处理如下：
移送使用时
  借：固定资产：   544800
    应交税费——应交增值税（进项税额） 122400
    贷：库存商品：   480000
      应交税费——应交增值税（销项税额） 122400
        ——应交消费税   64800

缴纳车辆购置税后
  借：固定资产   72000
    贷：银行存款   72000

练 习 题

一、单项选择题

1. 下列各项中，属于房产税征税范围的是（　　）。
 A. 烟囱   B. 室外游泳池   C. 玻璃暖房   D. 生产车间

2. 甲企业拥有一栋房产原值为1600万元的办公楼，2016年5月31日开始将该办公楼对外出租给乙企业，合同约定免收6月和7月份两个月的租金，以后每月收取租金价款10万元，增值税0.5万元，租赁期限为1年。已知：房产所在地政府规定计算房产余值的扣除比例为20%。则2014年甲企业就上述房产年应缴纳房产税（　　）万元。
 A. 15.36   B. 14.96   C. 16.32   D. 12.4

3. 某企业2017年年初拥有商用客车8辆，核定载客人数均为9人以上；当年4月，3辆商用客车被盗，已按照相关规定办理退税。通过公安机关的侦查，9月份被盗车辆失而复得，并取得公安机关出具的相关证明。已知当地商用客车车船税年税额为500元／辆，该企业2017年实际应缴纳的车船税为（　　）元。
 A. 2875   B. 3125   C. 3375   D. 4000

4. 依法需要办理登记的车船，由纳税人自行申报缴纳车船税的，其纳税地点是（　　）。
   A. 车船登记地　　　　　　　　B. 车船的购买地
   C. 纳税人经常居住地　　　　　D. 纳税人机构所在地

5. 某运输公司2016年9月购置客车2辆，客货两用车3辆，每辆整备质量7.6吨，挂车4辆，每辆整备质量5.4吨。上述车辆均在购置当月取得所有权。已知当地客车车船税年税额600元/辆，货车车船税年税额50元/吨。则该运输公司当年应缴纳车船税（　　）元。
   A. 720　　　　B. 960　　　　C. 1140　　　　D. 2880

6. 纳税人发生的下列行为中，免征契税的是（　　）。
   A. 买房拆料
   B. 实物交换房屋
   C. 以获奖方式取得房屋产权
   D. 对承受县级以上人民政府或国有资产管理部门按规定进行行政性调整、划转国有土地、房屋权属的单位

7. 居民甲某共有三套房产，2013年将第一套市价为100万元的房产折价抵偿乙某的债务；将第二套市价为120万元的房产与丙某进行房屋交换，并支付丙某20万元的差价；将第三套市价为150万元的房产作股投入本人独资经营的企业。已知当地政府规定的契税税率为4%，则甲某应缴纳契税（　　）万元。
   A. 0.8　　　　B. 4　　　　C. 5.6　　　　D. 6.8

8. 从2010年10月1日起，对个人购买90平方米及以下且属家庭唯一住房的普通住房，关于契税的处理，下列说法正确的是（　　）。
   A. 免征契税
   B. 减半征收契税
   C. 减按1%税率征收契税
   D. 按照当地政府规定的契税税率计征契税

9. 契税的纳税人应当自纳税义务发生之日起（　　）日内，向土地、房屋所在地的契税征收机关办理纳税申报，并在契税征收机关核定的期限内缴纳税款。
   A. 10　　　　B. 15　　　　C. 30　　　　D. 60

10. 下列各项中，不属于车辆购置税应税行为的是（　　）。
    A. 进口自用应税车辆的行为　　　　B. 受赠使用应税车辆的行为
    C. 自产自用应税车辆的行为　　　　D. 将自产应税车辆抵债的行为

11. 2016年10月，张某从某汽车经销商（增值税一般纳税人）处购买一辆小汽车使用，支付了含增值税的汽车价款200000元，另支付购置工具件和零配件含税价款3000元，支付汽车经销商代收的保险费3000元，支付的款项均由汽车经销商开具发票，则张某应缴纳车辆购置税（　　）元。
    A. 19708.74　　　　B. 17350.43　　　　C. 17606.84　　　　D. 20000

12. 某公司于2016年10月接受捐赠小汽车10辆自用，取得捐赠方按市场不含增值税售价140000元/辆开具的机动车销售统一发票，国家税务总局核定的同类型应税车辆的最低计税价格为130000元/辆。该公司应缴纳车辆购置税（　　）元。
    A. 108000　　　　B. 130000　　　　C. 140000　　　　D. 163800

13. 11月甲企业和乙企业签订一份以货易货合同，合同注明甲企业用货款为300000元的货物换取乙企业货款为400000元的货物，甲企业另用银行存款支付乙企业100000元的差价款。已知购销合同印花税税率为0.3‰，则甲企业11月针对该合同应缴纳印花税（　　）元。

　　A. 120　　　　　　B. 210　　　　　　C. 160　　　　　　D. 30

14. 某工厂委托一服装加工企业为其定做一批工作服，合同载明80万元的原材料由服装加工企业提供，工厂另支付加工费40万元。已知购销合同印花税税率为0.3‰，加工承揽合同印花税税率为0.5‰。服装加工企业该项业务应缴纳印花税（　　）元。

　　A. 200　　　　　　B. 240　　　　　　C. 440　　　　　　D. 600

15. 某企业与运输公司签订一份运输保管合同，合同载明所运货物价值为200万元，装卸费3万元，运输费用40万元，保管费10万元。已知货物运输合同印花税税率为0.5‰，仓储保管合同印花税税率为1‰。则该企业就该项合同应缴纳印花税（　　）元。

　　A. 200　　　　　　B. 250　　　　　　C. 300　　　　　　D. 500

16. 2013年1月，甲公司成立，当月领取了工商营业执照、税务登记证、房屋产权证各一件。甲公司记载资金的账簿注明实收资本100万元，资本公积80万元。当月新启用其他营业账簿4本。已知记载资金的营业账簿的印花税税率为0.5‰，甲公司2013年1月应缴纳印花税（　　）元。

　　A. 900　　　　　　B. 910　　　　　　C. 930　　　　　　D. 920

二、多项选择题

1. 下列各项中，应按权利、许可证照计算缴纳印花税的有（　　）。
　　A. 房屋产权证　　　　　　B. 工商营业执照
　　C. 商标注册证　　　　　　D. 专利证
　　E. 税务登记证

2. 下列各项中，属于印花税纳税人的有（　　）。
　　A. 应税合同的担保人　　　　　　B. 营业账簿的立账簿人
　　C. 经济合同的鉴定人
　　D. 在国外书立在国内使用应税凭证的使用人
　　E. 产权转移书据的立据人

3. 下列关于房产税纳税人的表述中，不正确的有（　　）。
　　A. 房屋产权属于国家所有的，由经营管理单位纳税
　　B. 房屋产权出典的，由出典人纳税
　　C. 产权所有人不在房屋所在地的，由房产代管人或者使用人纳税
　　D. 纳税单位无租使用免税单位的房产，免予缴纳房产税
　　E. 房屋产权未确定及租典纠纷未解决的，由房产代管人或使用人纳税

4. 下列关于房产税纳税义务发生时间的说法中，不正确的有（   ）。
   A. 将原有房产用于生产经营的，从生产经营次月起，计征房产税
   B. 自建的房屋用于生产经营的，从建成之日的当月起计征房产税
   C. 购置新建商品房，自房屋交付使用之月起计征房产税
   D. 出租房产，自交付出租房产之次月起计征房产税
   E. 房地产开发企业自用本企业建造的商品房，自房屋使用之次月起计征房产税

5. 下列房产中，免征房产税的有（   ）。
   A. 宗教寺庙自用的房产   B. 公园内附设的影剧院用房
   C. 军队自用的房产   D. 国家机关对外出租的房产
   E. 个人所有的用于居住的住房

6. 下列房产中，经财政部和国家税务总局批准，可免征房产税的有（   ）。
   A. 企业办的学校自用的房产   B. 军队对外出租的空余房产
   C. 施工期间在基建工地为基建工地服务的材料棚
   D. 老年服务机构自用的房产
   E. 房地产开发企业对外出租的房产

7. 下列车船中，属于车船税征税范围的有（   ）。
   A. 电车   B. 拖船
   C. 游艇   D. 自行车
   E. 非机动驳船

8. 根据车船税的相关规定，下列表述正确的有（   ）。
   A. 警用车船免征车船税   B. 纯电动汽车免征车船税
   C. 捕捞渔船按照同类车辆适用税额减半征税
   D. 燃料电池汽车和插电式混合动力汽车按照同类车辆适用税额减半征税
   E. 经批准临时入境的外国车船，自《车船税法》实施之日起5年内免征车船税

9. 某企业2013年年初拥有发动机功率为4千瓦的拖船1艘，当年9月1日购置游艇3艘，艇身长度均为12米，购置当月取得游艇所有权。已知当地规定的车船税计税标准为，机动船舶净吨位小于或者等于200吨的，车船税年税额为每吨3元；游艇艇身长度超过10米但不超过18米的，车船税年税额为每米900元。下列关于该企业当年车船税的税务处理，说法正确的有（   ）。
   A. 该企业当年拥有的拖船应缴纳车船税8.04元
   B. 该企业当年购置的游艇应缴纳车船税10800元
   C. 该企业当年应向地方税务机关缴纳车船税10804.02元
   D. 该企业当年应向地方税务机关缴纳车船税10808.04元
   E. 该企业当年应向国家税务机关缴纳车船税10808.04元

10. 下列关于契税计税依据的说法中，正确的有（   ）。
   A. 房屋买卖，其计税依据为成交价格
   B. 买卖装修的房屋，装修费用不计入契税计税依据
   C. 以协议方式出让国有土地使用权的，其计税依据为成交价格
   D. 非等价交换房屋的，其计税依据由征收机关参照房屋买卖的市场价格核定
   E. 已购公有住房经补缴土地出让金和其他出让费用成为完全产权住房的，免征土地权属转移的契税

11. 下列关于契税减免的基本规定中，说法正确的有（   ）。
   A. 城镇职工按规定第一次购买公有住房的，减半征收契税
   B. 因不可抗力丧失住房而重新购买住房的，酌情准予减征或免征契税
   C. 土地、房屋被县级以上人民政府征用、占用后，重新承受土地、房屋权属的，由市级人民政府确定是否减免
   D. 婚姻关系存续期间，房屋、土地权属原归夫妻一方所有，变更为夫妻双方共有的，免征契税
   E. 对已缴纳契税的购房单位和个人，在办理房屋权属变更登记后退房的，可以退还已纳契税

12. 下列关于契税的纳税义务发生时间的说法中，正确的有（   ）。
   A. 契税的纳税义务发生时间为纳税人签订土地、房屋权属转移合同的当天
   B. 契税的纳税义务发生时间为纳税人签订土地、房屋权属转移合同的次日
   C. 契税的纳税义务发生时间为纳税人取得其他具有土地、房屋权属转移合同性质凭证的当天
   D. 契税的纳税义务发生时间为纳税人取得其他具有土地、房屋权属转移合同性质凭证的次日
   E. 契税的纳税义务发生时间为纳税人取得其他具有土地、房屋权属转移合同性质凭证的当月月末

13. 下列各项属于车辆购置税征税范围的有（   ）。
   A. 小汽车   B. 摩托车
   C. 自行车   D. 有轨电车
   E. 三轮农用运输车

14. 美国驻我国某外交官2011年9月购买我国生产的小汽车自用，支付价款20万元、支付保险费800元，支付购买工具件和零部件价款2500元、车辆装饰费5000元。2013年9月该外交官将该小汽车转让给我国公民李某，成交价11万元，该型号小汽车最新核定的同类型新车最低计税价格为24万元，规定使用年限为10年。则对上述业务的税务处理，正确的有（   ）。
   A. 2011年购买小汽车时免予缴纳车辆购置税
   B. 2011年购买小汽车时应缴纳车辆购置税2万元
   C. 2011年购买小汽车时应缴纳车辆购置税2.03万元
   D. 2013年李某免予缴纳车辆购置税
   E. 2013年李某应缴纳车辆购置税1.92万元

15. 下列应税车辆中，免征车辆购置税的有（　　）。
   A. 回国服务的留学人员用现金购买一辆自用的国产小汽车
   B. 三轮农用运输车
   C. 设有固定装置的非运输车辆
   D. 长期来华定居专家在国内购买的一辆自用小汽车
   E. 城市公交企业购置的公共汽电车辆

三、实训项目

项目一

甲企业（增值税一般纳税人）2017年房产的使用情况如下。

业务一：3月1日对一栋原值为660万元的厂房进行大修理，10月底大修理完工；修理后该房产原值上升为880万元，11月1日开始投入本企业使用。

业务二：5月1日开始将原来作为办公楼的一栋楼房对外出租，月租金2万元，增值税0.1万元。该办公楼原值为700万元。

业务三：6月30日将原值为1000万元的厂房作价对外投资，不承担联营风险，每年收取固定收入50万元。

该企业对房产出租的租金收入采用简易方法计算增值税，征收率5%。当地政府规定计算房产余值的扣除比例为30%，计算结果保留两位小数。

根据上述资料，回答下列问题：

（1）计算甲企业业务一涉及的房产当年应纳房产税；
（2）计算甲企业业务二涉及的房产当年应纳房产税；
（3）计算甲企业业务三涉及的房产当年应纳房产税。

项目二

某汽车经销商为增值税一般纳税人，2016年11月发生如下业务：

业务一：进口一辆旧车自用，提供的有效证明上注明的计税价格为8万元，国家税务总局规定的同类型车辆最低计税价格为10万元。

业务二：进口10辆小汽车，成交价格折合人民币为30万元/辆，共计支付给自己的采购代理人劳务费2万元，支付给中介的佣金为3万元，运抵我国境内输入地点起卸前发生运费和保险费等相关费用5万元，从海关运往企业所在地支付运费等相关费用1万元。进口以后，其中2辆作为本企业固定资产，给销售部门使用；1辆用于抵债；剩余7辆库存待售。

业务三：接受某汽车制造厂赠送新产的小汽车1辆，无法取得该型车辆的购置价格，国家税务总局规定的同类型车辆的最低计税价格为12万元。由于境内甲企业拖欠该汽车经销商货款15万元，当月甲企业以自用过的旧卡车1辆冲抵债务（可以取得甲企业对该卡车缴纳车辆购置税的完税证明）。

已知：进口小汽车适用的关税税率为20%，消费税税率为9%。

根据上述资料，回答下列问题：

（1）该汽车经销商业务一应缴纳车辆购置税；
（2）该汽车经销商业务二应缴纳进口环节关税；
（3）该汽车经销商业务二应缴纳车辆购置税；
（4）该汽车经销商业务三应缴纳车辆购置税。

项目三

甲公司于2016年1月开业，注册资本500万元，新启用其他营业账簿6本，当年发生经营活动如下。

（1）将闲置仓库出租给乙公司，租赁合同约定每月租金5000元，租期未定，签订合同时预收租金10000元，双方已按定额贴花。4月底合同解除，甲公司收到乙公司补交的租金10000元。

（2）签订以物易物合同一份，用库存7000元的A材料换取对方同等金额的B材料。

（3）签订技术开发合同一份，合同约定技术开发费金额共计800万元，其中研究开发费用和报酬金额之比为3∶1。

（4）签订建筑安装工程承包合同一份，承包总金额200万元，另将其中的50万元分包给其他单位，并签订分包合同。

（5）签订采购合同一份，合同所载金额为6万元，但因故合同未能兑现。

按顺序回答下列问题，每问均需计算出合计金额，计算结果用元表示。

（1）计算设置营业账簿应缴纳的印花税；
（2）计算签订财产租赁合同应补缴的印花税；
（3）计算签订的以物易物合同应缴纳的印花税；
（4）计算签订技术开发合同应缴纳的印花税；
（5）计算业务（4）应缴纳的印花税；
（6）计算业务（5）应缴纳的印花税。

第八章

企业所得税会计核算与筹划

本章知识结构

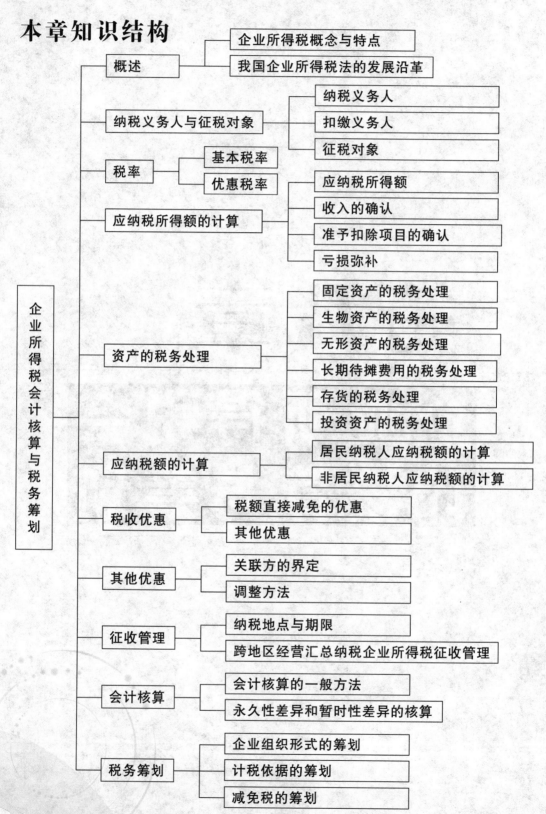

第八章　企业所得税会计核算与筹划

学习目标
1. 了解企业所得税的概念及特点。
2. 掌握纳税义务人、税率应纳税所得额的计算等法律规定。
3. 掌握税收优惠政策。
4. 能计算应纳税所得额和应纳税额。
5. 能对企业所得税相关业务进行税收筹划。

案例导入

某公司为境内高新技术企业，2016年取得境内应纳税所得额2000万元，境外应纳税所得额折合人民币500万元，在境外已缴纳企业所得税折合人民币70万元。该企业2016年汇总纳税时实际应缴纳企业所得税多少万元。

第一节　企业所得税概述

一、企业所得税的概念和特点

企业所得税指国家对境内企业生产、经营所得和其他所得依法征收的一种税。它具有如下三个特点。

第一，通常以纯所得为征税对象。

第二，通常以经过计算得出的应纳税所得额为计税依据。（不是直接意义的会计利润，也不是收入总额）

第三，纳税人和实际负担人通常是一致的，因而可以直接调节纳税人的收入。

二、我国企业所得税法的发展沿革

长期以来，我国企业所得税按内资、外资企业分别立法，外资企业适用1991年4月9日，第七届全国人民代表大会第四次会议通过并于当年7月1日起施行的《中华人民共和国外商投资企业和外国企业所得税法》；内资企业适用1993年国务院发布并于1994年1月1日起施行的《中华人民共和国企业所得税暂行条例》。

在2007年3月召开的第十届全国人民代表大会第五次会议通过了《中华人民共和国

企业所得税法》（以下简称《企业所得税法》），自2008年1月1日起施行。《中华人民共和国外商投资企业和外国企业所得税法》和《中华人民共和国企业所得税暂行条例》同时废止。这是中国企业所得税发展史上的一个新的、具有伟大历史意义的里程碑。

《企业所得税法》是适应我国社会主义市场经济发展新阶段的一项制度创新。统一内外资企业所得税，具有重要的现实意义和深远的历史意义。它按照"简税制、宽税基、低税率、严征管"的税制改革原则，借鉴国际经验，建立了各类企业统一适用的科学、规范的企业所得税制度，为各类企业创造了公平的市场竞争环境。

第二节 纳税义务人与征税对象

一、纳税义务人

在中华人民共和国境内，企业和其他取得收入的组织（以下统称企业）为企业所得税的纳税人。个人独资企业、合伙企业不是企业所得税的纳税人。

缴纳企业所得税的企业分为居民企业和非居民企业两种，分别承担不同的纳税责任。

我国新企业所得税法采用了"登记注册地标准"和"实际管理机构地标准"两个衡量标准，对居民企业和非居民企业做了明确界定。

居民企业是指依法在中国境内成立，或者依照外国（地区）法律成立但实际管理机构在中国境内的企业。居民企业包括除个人独资企业和合伙企业以外的公司、企业、事业单位、社会团体、民办非企业单位、基金会、外国商会、农民专业合作社以及取得收入的其他组织。

非居民企业，是指依照外国（地区）法律成立且实际管理机构不在中国境内，但在中国境内设立机构、场所的，或者在中国境内未设立机构、场所，但有来源于中国境内所得的企业。所谓机构场所是指在中国境内从事生产经营活动的机构、场所，具体包括以下内容：

（1）管理机构、营业机构、办事机构；
（2）工厂、农场、开采自然资源的场所；
（3）提供劳务的场所；
（4）从事建筑、安装、装配、修理、勘探等工程作业的场所；
（5）其他从事生产经营活动的机构、场所。

非居民企业委托营业代理人在中国境内从事生产经营活动的，包括委托单位或者个人经常代其签订合同，或者储存、交付货物等，该营业代理人视为非居民企业在中国境内设立的机构、场所。

【例题8-1•多选题】依据《企业所得税法》的规定，判定居民企业的标准有（　　）。
　　A.登记注册地标准　　　　　　B.所得来源地标准
　　C.经营行为实际发生地标准　　D.实际管理机构所在地标准
【答案】AD

【解析】
(1) 纳税人包括内、外资企业和组织,不包括个人独资企业和合伙企业(适用个人所得税)。
(2) 以企业法人为单位,法人下设的分支机构、营业机构不是纳税人。
(3) 企业分为居民企业和非居民企业两类。划分标准二选一:注册地、实际管理机构所在地。
(4) 居民企业无限纳税义务,非居民企业有限纳税义务。

二、扣缴义务人

扣缴义务人的设置主要是针对非居民企业的。
(1) 非居民企业在中国境内未设立机构、场所的,或者虽然设立机构、场所但取得的所得与其所设机构、场所没有实际联系的,其来源于中国境内的所得缴纳企业所得税,实行源泉扣缴,以支付人为扣缴义务人。税款由扣缴义务人在每次支付或者到期应支付时,从支付或者到期应支付的款项中扣缴。
(2) 对非居民企业在中国境内取得工程作业和劳务所得应缴纳的所得税,税务机关可以指定工程价款或者劳务费的支付人为扣缴义务人。

三、征税对象

企业所得税的征税对象从内容上看包括生产经营所得、其他所得和清算所得,从空间范围上看包括来源于中国境内、境外的所得。
(1) 居民企业的征税对象:来源于中国境内、境外的所得。
(2) 非居民企业的征税对象:来源于境内,及发生在境外但与境内机构场所有联系的所得。

非居民企业在中国境内未设立机构、场所的,或者虽设立机构、场所但取得的所得与其所设机构、场所没有实际联系的,应当就其来源于中国境内的所得缴纳企业所得税。

居民与非居民纳税人对比表见表8-1。

表8-1 居民与非居民纳税人对比表

纳税人	判定标准	注释	征税对象
居民企业	(1) 境内注册的企业; (2) 境外注册、境内实际管理的企业	包括各类企业、有生产经营所得和其他所得的其他组织	境内外全球所得(无限纳税义务)
非居民企业	(1) 境外注册、境内设立机构(非实际管理机构)的企业; (2) 境外注册、境内无机构,但有来源中国境内所得的企业	在中国境内从事生产经营活动的机构、场所,还包括非居民企业在境内的代理人	(1) 非居民企业在中国境内设立机构、场所的:有实际联系的境内所得、无实际联系的境内所得、有实际联系的境外所得; (2) 非居民企业在中国境内未设立机构、场所的:境内所得

【例题8-2·单选题】以下符合《企业所得税法》规定的是（   ）。
A.居民企业应当只就其来源于中国境内的所得缴纳企业所得税
B.居民企业应当就其来源于中国境内、境外的所得缴纳企业所得税
C.非居民企业就其来源于中国境内、境外的所得缴纳企业所得税
D.非居民企业发生在我国境外的所得一律不在我国缴纳企业所得税
【答案】B

（3）所得来源地的确定。

销售货物所得，按照交易活动发生地确定；提供劳务所得，按照劳务发生地确定；不动产转让所得，按照不动产所在地确定；动产转让所得，按照转让动产的企业或者机构、场所所在地确定；权益性投资资产转让所得，按照被投资企业所在地确定；股息、红利等权益性投资所得，按照分配所得的企业所在地确定；利息所得、租金所得、特许权使用费所得，按照负担、支付所得的企业或者机构、场所所在地确定，或者按照负担、支付所得的个人的住所地确定。

【例题8-3·单选题】依据《企业所得税法》的规定，下列各项中按负担所得的所在地确定所得来源地的是（   ）。
A.销售货物所得   B.权益性投资所得
C.动产转让所得   D.特许权使用费所得
【答案】D

【例题8-4·多选题】依据《企业所得税法》的规定，下列所得来源地规定正确的有（   ）。
A.销售货物所得按照交易活动发生地确定
B.提供劳务所得按照提供劳务的企业或者机构、场所所在地确定
C.不动产转让所得按照转让不动产的企业或者机构、场所所在地确定
D.权益性投资资产转让所得按照被投资企业所在地确定
【答案】AD

第三节 企业所得税税率

企业所得税税率是正确处理国家与企业分配关系的核心问题。税率设计要兼顾国家、企业、职工个人三者间的利益，既要保证财政收入的稳定增长，又要使企业在发展生产、经营方面有财力保证；既要考虑到企业的实际情况和负担能力，又要维护税率的统一性，适当简化，避免繁琐。

一、企业所得税税率

我国企业所得税采用比例税率，基本税率为25%。纳税人不同，使用的税率也不同，具体见表8-2。

表8-2　企业所得税税率表

纳税人		税收管辖权	征税对象	税率
居民企业		居民管辖权，就其世界范围所得征税	居民企业、非居民企业在华机构的生产经营所得和其他所得（包括非居民企业发生在中国境外但与其所设机构、场所有实际联系的所得）	基本税率25%
非居民企业	未在我国境内设立机构场所，却有来源于我国的所得			
	取得所得与设立机构、场所有联系的	地域管辖权，就来源于我国的所得		
	取得所得与设立机构、场所没有实际联系的	地域管辖权，就来源于我国的所得	来源于我国的所得以及发生在中国境外但与其所设机构、场所有实际联系的所得征税	低税率20%（实际减按10%的税率征收）
	未在我国境内设立机构场所，却有来源于我国的所得			
在中国境内未设立机构、场所的，或者虽设立机构、场所但取得的所得与其所设机构、场所没有实际联系的非居民企业名义税率为20%。但实际征收时，减按10%的税率征收				

【例题8-5·单选题】某日本企业（实际管理机构不在中国境内）在中国境内设立分支机构，2016年该机构在中国境内取得咨询收入500万元，在中国境内培训技术人员，取得日方支付的培训收入200万元，在日本取得与该分支机构无实际联系的所得70万元。2016年度企业的应纳企业所得税收入总额为（　　）万元。

A.500　　B.580　　C.700　　D.770

【答案】D

【解析】企业的应纳企业所得税收入总额=500+200=700（万元）

二、小型微利企业税率

居民企业中符合条件的小型微利企业减按20%的税率征收所得税。

小型微利企业的条件如下。

（1）工业企业，年度应纳税所得额不超过50万元，从业人数不超过100人，资产总额不超过3000万元。

（2）其他企业，年度应纳税所得额不超过50万元，从业人数不超过80人，资产总额不超过1000万元。

对年应纳税所得额低于50万元（含50万元）的小型微利企业，其所得按50%计入应纳税所得额，按20%的税率缴纳企业所得税。

三、高新技术企业适用税率

国家重点扶持的高新技术企业减按15%税率征税。

国家需要重点扶持的高新技术企业，是指拥有核心自主知识产权，并同时符合下列条件的企业：

（1）产品（服务）属于《国家重点支持的高新技术领域》规定的范围；

（2）研究、开发费用占销售收入的比例不低于规定比例；

（3）高新技术产品（服务）收入占企业总收入的比例不低于规定比例；

（4）科技人员占企业职工总数的比例不低于规定比例；

(5)《高新技术企业认定管理办法》规定的其他条件。

【例题8-6·单选题】 某小型微利企业经主管税务机关核定，2017年度亏损20万元，2018年度盈利35万元。该企业2018年度应缴纳的企业所得税为（　　）万元。

A.1.5　　　　B.2.25　　　　C.3　　　　D.3.75

【答案】A

【解析】本题考查企业所得税税率和亏损弥补的规定。如果上一年度发生亏损，可用当年应纳税所得额进行弥补，一年弥补不完的，可连续弥补5年，按弥补亏损后的应纳税所得额和适用税率计算税额；符合条件的小型微利企业所得按50%计入应纳税所得额，按20%的税率缴纳企业所得税。2018年应纳企业所得税＝（35－20）×50%×20%＝1.5（万元）

第四节 应纳税所得额的计算

一、应纳税所得额

应纳税所得额是企业每一纳税年度的收入总额，减除不征税收入、免税收入、各项扣除以及允许弥补的以前年度亏损后的余额。

利润是会计上的概念，是按会计口径计算的，公式为，利润＝会计口径收入－会计口径的成本扣除应纳税所得额是税法上的概念，是按税法口径计算的，公式为，应纳税所得额＝应税收入－税法认可的扣除；也可写成：

应纳税所得额＝（收入总额－不征税收入－免税收入）－各项扣除金额－以前年度亏损

直接计算法的应纳税所得额计算公式：

应纳税所得额＝收入总额－不征税收入－免税收入－各项扣除金额－弥补亏损

间接计算法的应纳税所得额计算公式：

应纳税所得额＝利润总额±纳税调整项目金额

二、收入总额

企业以货币形式和非货币形式从各种来源取得的收入，为收入总额。

货币形式的收入包括现金、存款、应收账款、应收票据、准备持有至到期的债券投资、债务的豁免等。

非货币形式包括固定资产、生物资产、无形资产、股权投资、存货、不准备持有至到期的债券投资、劳务以及有关权益等。企业以非货币形式取得的收入，应当按照公允价值确定收入额，即按照市场价格确定的价值。

【例题8-7·多选题】 企业按照公允价值确定收入的收入形式包括（　　）。

A.债务的豁免　　　　　　B.股权投资
C.劳务　　　　　　　　　D.不准备持有到期的债券投资

【答案】BCD

由于企业的收入纷繁复杂，在学习和实际操作中，可分三个要点掌握，即一般收入的确认、特殊收入的确认和处置财产收入的确认。

（一）一般收入的确认

除《企业所得税法》及实施条例另有规定外，企业销售收入的确认，必须遵循权责发生制原则和实质重于形式原则。

（1）销售货物收入确认的一般规定。

企业销售商品同时满足下列条件的，应确认收入的实现：①商品销售合同已经签订，企业已将商品所有权相关的主要风险和报酬转移给购货方；②企业对已售出的商品既没有保留通常与所有权相联系的继续管理权，也没有实施有效控制；③收入的金额能够可靠地计量；④已发生或将发生的销售方的成本能够可靠地核算。

（2）提供劳务收入是指企业从事建筑安装、修理修配、交通运输、仓储租赁、金融保险、邮电通信、咨询经纪、文化体育、科学研究、技术服务、教育培训、餐饮住宿、中介代理、卫生保健、社区服务、旅游、娱乐、加工以及其他劳务服务活动取得的收入提供劳务收入确认的一般规定：企业在各个纳税期末，提供劳务交易的结果能够可靠估计的，应采用完工百分比法确认提供劳务收入。

提供劳务交易的结果能够可靠估计，是指同时满足下列条件：①收入的金额能够可靠地计量；②交易的完工进度能够可靠地确定；③交易中已发生和将发生的成本能够可靠地核算。

企业提供劳务完工进度的确定，可选用下列方法：①已完工作的测量；②已提供劳务占劳务总量的比例；③发生成本占总成本的比例。

企业应按照从接受劳务方已收或应收的合同或协议价款确定劳务收入总额，根据纳税期末提供劳务收入总额乘以完工进度扣除以前纳税年度累计已确认提供劳务收入后的金额，确认为当期劳务收入；同时，按照提供劳务估计总成本乘以完工进度扣除以前纳税期间累计已确认劳务成本后的金额，结转为当期劳务成本。

【例题8-8·多选题】企业提供劳务完工进度的确定，可选用的方法有（　　）。

A.发生收入占总收入的比例　　　B.已提供劳务占劳务总量的比例
C.发生成本占总成本的比例　　　D.已完工作的测量

【答案】BCD

（3）一般收入的确认时间。

①销售货物收入确认时间

销售商品采用托收承付方式的，在办妥托收手续时确认收入。

销售商品采取预收款方式的，在发出商品时确认收入。

销售商品需要安装和检验的，在购买方接受商品以及安装和检验完毕时确认收入。如果安装程序比较简单，可在发出商品时确认收入。

销售商品采用支付手续费方式委托代销的，在收到代销清单时确认收入。

②提供劳务收入确认时间。

安装费。应根据安装完工进度确认收入。安装工作是商品销售附带条件的，安装费在确认商品销售实现时确认收入。

宣传媒介的收费在相关的广告或商业行为出现于公众面前时确认收入。广告的制作费根据制作广告的完工进度确认收入。

软件费。为特定客户开发软件的收费，应根据开发的完工进度确认收入。

服务费。包含在商品售价内可区分的服务费，在提供服务的期间分期确认收入。

艺术表演、招待宴会和其他特殊活动的收费，在相关活动发生时确认收入。收费涉及几项活动的，预收的款项应合理分配给每项活动，分别确认收入。

会员费。入会会员只允许取得会籍，所有其他服务或商品都要另行收费，在取得该会员费时确认收入。申请入会或加入会员后，会员在会员期内不再付费就可得到各种服务或商品，或者以低于非会员的价格销售商品或提供服务的，该会员费应在整个受益期内分期确认收入。

特许权费。属于提供设备和其他有形资产的特许权费，在交付资产或转移资产所有权时确认收入；属于提供初始及后续服务的特许权费，在提供服务时确认收入。

劳务费。长期为客户提供重复的劳务收取的劳务费，在相关劳务活动发生时确认收入。

● **（二）特殊收入的确认**

（1）采用分期收款方式销售货物，按照合同约定的收款日期确认收入的实现。

（2）采用售后回购方式销售商品，销售的商品按售价确认收入，回购的商品作为购进商品处理。有证据表明不符合销售收入确认条件的，如以销售商品方式进行融资，收到的款项应确认为负债，回购价格大于原售价的，差额应在回购期间确认为利息费用。

（3）采用以旧换新方式销售商品，销售商品应当按照销售商品收入确认条件确认收入，回收的商品作为购进商品处理。

（4）商业折扣条件销售，企业为促进商品销售而在商品价格上给予的价格扣除属于商业折扣，商品销售涉及商业折扣的，应当按照扣除商业折扣后的金额确定销售商品收入金额。

（5）现金折扣条件销售，债权人为鼓励债务人在规定的期限内付款而向债务人提供的债务扣除属于现金折扣，销售商品涉及现金折扣的，应当按扣除现金折扣前的金额确定销售商品收入金额，现金折扣在实际发生时作为财务费用扣除。

（6）采用折让方式销售，企业因售出商品的质量不合格等原因而在售价上给予减让属于销售折让；企业因售出商品质量、品种不符合要求等原因而发生的退货属于销售退回。企业已经确认销售收入的售出商品发生销售折让和销售退回，应当在发生当期冲减当期销售商品收入。

（7）采用买一赠一等方式组合销售本企业商品的，不属于捐赠，应将总的销售金额按各项商品的公允价值的比例来分摊确认各项的销售收入。

（8）持续时间超过12个月的劳务，企业受托加工制造大型机械设备、船舶、飞机等，以及从事建筑、安装、装配工程业务或者提供劳务等，持续时间超过12个月的，按照纳税年度内完工进度或者完成的工作量确认收入的实现。

（9）采取产品分成方式取得收入，以企业分得产品的时间确认收入的实现，其收入额按照产品的公允价值确定。

（10）非货币性资产交换及货物劳务流出企业，企业发生非货币性资产交换，以及将货物、财产、劳务用于捐赠、偿债、赞助、集资、广告、样品、职工福利和进行利润分配等用途，应当视同销售货物、转让财产和提供劳务。

(11) 债务重组，债务重组中债权人往往对债务人的偿债义务作出一定程度的让步，因此这部分让步的金额应当作为债务人的收入。如果是用货物抵债，货物还要视同销售。

(12) 股息、红利等权益性投资收益，以被投资方作出利润分配决定的日期确认收入的实现。

(13) 利息，按照合同约定的债务人应付利息的日期确认收入的实现。

(14) 租金，按照合同约定的承租人应付租金的日期确认收入的实现。

(15) 特许权使用费，按照合同约定的特许权使用人应付特许权使用费的日期确认收入的实现。

(16) 接受捐赠，在实际收到捐赠资产时确认收入的实现。

(17) 其他方式是指企业取得的上述规定收入外的其他收入，包括企业资产溢余收入、逾期未退包装物押金收入、确实无法偿付的应付款项、已做坏账损失处理后又收回的应收款项、债务重组收入、补贴收入、违约金收入、汇兑收益等。

【例题8-9·多选题】 下列属于《企业所得税法》规定的"其他收入"的项目有（   ）。

A. 债务重组收入　　　　　　B. 补贴收入
C. 违约金收入　　　　　　　D. 视同销售收入

【答案】ABC

【例题8-10·多选题】 以下关于企业所得税收入确认时间的正确表述有（   ）。

A. 股息、红利等权益性投资收益，以投资方收到分配金额作为收入的实现
B. 利息收入，按照合同约定的债务人应付利息的日期确认收入的实现
C. 租金收入，在实际收到租金收入时确认收入的实现
D. 接受捐赠收入，在实际收到捐赠资产时确认收入的实现

【答案】BD

【例题8-11·多选题】 纳税人下列行为应视同销售确认所得税收入的有（   ）。

A. 将货物用于投资　　　　　B. 将商品用于捐赠
C. 将产品作为福利发给职工　D. 将产品用于在建工程

【答案】ABC

【例题8-12·多选题】 下列正确的商品销售方式确认收入实现时间有（   ）。

A. 销售商品采用托收承付方式的，在办妥托收手续时确认收入
B. 销售商品采取预收款方式的，在发出商品时确认收入
C. 销售商品采用支付手续费方式委托代销的，在收到手续费时确认收入
D. 采用售后回购方式销售商品的，销售的商品按售价确认收入，回购的商品作为购进商品处理

【答案】ABD

【例题8-13·计算题】 某服装企业用买一赠一的方式销售本企业商品，规定以每套1500元（不含增值税价，下同）购买A西服的客户可获赠一条B领带，A西服正常出厂价格1500元，B领带正常出厂价格200元，当期该服装企业销售组合西服领带收入150000

元，则A西服销售收入为

150000×1500/（1500+200）=132352.94（元）

【解析】企业以买一赠一等方式组合销售本企业商品的，不属于捐赠，应将总的销售金额按各项商品的公允价值的比例来分摊确认各项的销售收入：

分摊到A西服上的收入＝买一赠一整体收入×A/（A+B）

分摊到B领带上的收入＝买一赠一整体收入×B/（A+B）

【例题8-14·计算题】某企业接受一批材料捐赠，捐赠方无偿提供市场价格的增值税发票注明价款10万元，增值税1.7万元；受赠方自行支付运费取得增值税专用发票载明价款0.3万元，增值税款0.033万元，则：

该批材料入账时接受捐赠收入金额＝10+1.7=11.7（万元）

该批材料可抵扣进项税＝1.7+0.033=1.733（万元）

该批材料账面成本＝10+0.3=10.3（万元）

【解析】企业受赠的捐赠收入和赠出的捐赠支出，都会涉及收入问题。企业接受的捐赠，不论接受的是货币捐赠还是实物捐赠，须按接受捐赠时资产的入账价值确认捐赠收入，通过营业外收入账户计入当期损益，从而并入应纳税所得额，依法计算缴纳企业所得税。受赠非货币资产计入应纳税所得额的内容包括受赠资产的价值和由捐赠企业代为支付的增值税，但不包括由受赠企业另外支付的相关税费。

【例题8-15·计算题】甲公司于2016年3月将自产一批库存商品对外捐赠（该笔业务为符合税法规定的公益救济性捐赠，且金额在该企业应纳税所得额的12%以内），捐赠的商品成本为80000元，当期同种商品的出厂价为100000元，该公司为增值税一般纳税人，该种商品的适用增值税率为17%。甲公司对该项捐赠业务会计处理如下：

按《企业所得税法》规定，在该笔业务中，企业对外捐赠支出97000元（商品成本80000+增值税销项税额17000），企业视同销售商品一批，售价100000元，该批商品成本为80000元，视同转让所得20000元，所以应调增应纳税所得额20000元

【例题8-16·计算题】甲企业于2016年12月与乙公司达成债务重组协议，甲以一批库存商品抵偿所欠乙公司一年前发生的债务25.4万元，该批库存商品的账面成本为16万元，市场不含税销售价为20万元，该批商品的增值税税率为17%，该企业适用25%的企业所得税税率。假定城市维护建设税和教育费附加不予考虑。甲企业的该项重组业务应纳企业所得税是多少？乙企业的债务重组损失是多少？

【答案及解析】

债务重组是指在债务人发生财务困难的情况下，债权人按照其与债务人达成的协议或者法院的裁定作出让步的事项。债务重组的方式主要包括以非现金资产清偿债务、低于债务成本的金额清偿债务、将债务转为资本、修改其他债务条件，以及以上方式的组合等。债务重组中债权人往往对债务人的偿债义务作出一定程度的让步，因此这部分让步的金额应当作为债务人的收入。如果是用货物抵债，货物还要视同销售。

①甲企业作为债务人应先按公允价值转让非现金财产计算货物转让所得的所得税。计算转让所得时可以扣除该货物的成本和缴纳的增值税金。

该重组事项应确认应纳税所得额＝20-16+2=6（万元）

或甲企业债务重组业务整体收益＝25.4-20×（1+17%）+（20-16）=6（万元）

（6万元含两方面的所得：此项债务重组利得2万元和货物销售所得4万元）

②甲企业此项业务应纳企业所得税 = 6×25% = 1.5（万元）
③乙企业有债务重组损失 = 25.4 - 20×（1 + 17%）= 2（万元）

（三）处置资产收入的确认

资产处置分为内部处置资产和外部处置资产两种情况，具体见表8-3。

表8-3 内部处置资产与外部处置资产对比表

分类	具体处置资产行为	计量
内部处置资产——所有权在形式和内容上均不变，不视同销售确认收入（将资产移至境外的除外）	（1）将资产用于生产、制造、加工另一产品； （2）改变资产形状、结构或性能； （3）改变资产用途（如，自建商品房转为自用或经营）； （4）将资产在总机构及其分支机构之间转移； （5）上述两种或两种以上情形的混合； （6）其他不改变资产所有权属的用途	相关资产的计税基础延续计算
资产移送他人——所有权属已发生改变，按视同销售确定收入	（1）用于市场推广或销售； （2）用于交际应酬； （3）用于职工奖励或福利； （4）用于股息分配； （5）用于对外捐赠； （6）其他改变资产所有权属的用途	属于自制的资产，按同类资产同期对外售价确定销售收入；属于外购的资产，可按购入时的价格确定销售收入

【例题8-17·多选题】下列情况属于内部处置资产，不需缴纳企业所得税的有（　　）。

A.将资产用于市场推广　　　　　　B.将资产用于对外赠送
C.将资产在总机构及其分支机构之间转移　　D.将自建商品房转为自用

【例题8-18·单选题】2016年12月甲饮料厂给职工发放自制果汁和当月外购的取暖器作为福利，其中果汁的成本为20万元，同期对外销售价格为25万元；取暖器的购进价格为10万元。根据企业所得税相关规定，该厂发放上述福利应确认的收入是（　　）万元。

A.10　　　　B.20　　　　C.30　　　　D.35

【答案】D
【解析】上述福利应确认收入 = 25 + 10 = 35（万元）

三、不征税收入和免税收入

（一）不征税收入

1.财政拨款

财政拨款，是指各级人民政府对纳入预算管理的事业单位、社会团体等组织拨付的财政资金，但国务院和国务院财政、税务主管部门另有规定的除外。

2.依法收取并纳入财政管理的行政事业性收费、政府性基金

（1）企业按照规定缴纳的、主管部门批准设立的行政事业性收费，准予在计算应纳税所得额时扣除。企业缴纳的不符合前述审批管理权限设立的基金、收费，不得在计算应纳税所得额时扣除。

（2）企业收取的各种基金、收费，应计入企业当年收入总额。

（3）企业依照法律、法规及国务院有关规定收取并上缴财政的政府性基金和行政事业性收费，准予作为不征税收入，于上缴财政的当年在计算应纳税所得额时从收入总额中减除；未上缴财政的部分，不得从收入总额中减除。

3.国务院规定的其他不征税收入

国务院规定的其他不征税收入，是指企业取得的，由国务院财政、税务主管部门规定专项用途并经国务院批准的财政性资金。

（1）企业取得的各类财政性资金，除属于国家投资和资金使用后要求归还本金的以外，均应计入企业当年收入总额。

（2）企业取得的由国务院财政、税务主管部门规定专项用途并经国务院批准的财政性资金，准予作为不征税收入，在计算应纳税所得额时从收入总额中减除。

（3）纳入预算管理的事业单位、社会团体等组织按照核定的预算和经费报领关系收到的由财政部门或上级单位拨入的财政补助收入，准予作为不征税收入，在计算应纳税所得额时从收入总额中减除，但国务院和国务院财政、税务主管部门另有规定的除外。

（4）财政性资金作为不征税收入的条件。

①对企业从县级以上各级人民政府取得的财政性资金，凡同时符合以下条件的，可以作为不征税收入：

a.企业能够提供资金拨付文件，且文件中规定该资金的专项用途；

b.财政部门或其他拨付资金的政府部门对该资金有专门的资金管理办法或具体管理要求；

c.企业对该资金以及以该资金发生的支出单独进行核算。

②企业将符合条件的财政性资金做不征税收入处理后，在5年（60个月）内未发生支出且未缴回财政或其他拨付资金的政府部门的部分，应重新计入取得该资金第六年的收入总额；重新计入收入总额的财政性资金发生的支出，允许在计算应纳税所得额时扣除。

企业取得的不征税收入，应按照财税[2011]70号文件的规定进行处理。凡未按照该文件规定进行管理的，应作为企业应税收入计入应纳税所得额。

4.不征税收入解析

（1）企业的不征税收入用于支出所形成的费用，不得在计算应纳税所得额时扣除；企业的不征税收入用于支出所形成的资产，其计算的折旧、摊销不得在计算应纳税所得额时扣除。

（2）财政性资金，是指企业取得的来源于政府及其有关部门的财政补助、补贴、贷款贴息，以及其他各类财政专项资金，包括直接减免的增值税和即征即退、先征后退、先征后返的各种税收，但不包括企业按照规定取得的出口退税款。

（3）出口退税款不属于财政性资金，不征收企业所得税。

（4）其他的除出口退税款以外的财政性资金，是否属于不征税收入，取决于该笔资金是否有专项用途。例如，软件生产企业实行增值税即征即退政策所退还的税款，由企业用于研究开发软件产品和扩大再生产，不作为企业所得税应税收入，不征收企业所得税。

(二) 免税收入

(1) 国债利息收入；国债持有期间的利息持有收入，免税；国债转让的价差收入，应税。企业取得的2009年及以后年度发行的地方政府债券利息所得，免征企业所得税。

(2) 符合条件的居民企业之间的股息、红利等权益性投资收益。

"符合条件"包括一下几层含义：

①居民企业之间——不包括投资到"独资企业、合伙企业、非居民企业"；

②直接投资——不包括"间接投资"；

③连续持有居民企业公开发行并上市流通的股票在一年（12个月）以上取得的投资收益；

④权益性投资，非债权性投资。

(3) 在中国境内设立机构、场所的非居民企业从居民企业取得与该机构、场所有实际联系的股息、红利等权益性投资收益。

居民企业或有机构非居民企业取得的免税投资收益不包括连续持有居民企业公开发行并上市流通的不足12个月股票取得的投资收益。

(4) 符合条件的非营利组织下列收入为免税收入：

①接受其他单位或者个人捐赠的收入；

②除《中华人民共和国企业所得税法》第七条规定的财政拨款以外的其他政府补助收入，但不包括因政府购买服务取得的收入；

③按照省级以上民政、财政部门规定收取的会费；

④不征税收入和免税收入孳生的银行存款利息收入；

⑤财政部、国家税务总局规定的其他收入。

非营利组织的盈利性收入，应该纳税。

免税收入形成的费用、折旧可以税前扣除。例如国债利息收入用来买汽车的折旧，可以税前扣除；用财政拨款买来的卡车，不能提折旧税前扣除。

【例题8-19·多选题】以下属于企业所得税收入不征税的项目有（ ）。

A.企业根据法律、行政法规等有关规定，代政府收取的具有专项用途的财政资金

B.居民企业直接投资于其他居民企业取得的投资收益

C.企业取得的，经国务院批准的国务院财政、税务主管部门规定专项用途的财政性资金

D.国债利息收入

【答案】AC

四、准予扣除项目的基本范围

(一) 税前扣除项目的原则

(1) 权责发生制原则。纳税人应在费用发生时而不是实际支付时确认扣除。

(2) 配比原则。纳税人发生的费用应当与收入配比。纳税人某一纳税年度应申报的可扣除费用不得提前或滞后申报扣除。

（3）相关性原则。纳税人可扣除的费用从性质和根源上必须与取得应税收入直接相关。

（4）确定性原则。纳税人可扣除的费用不论何时支付，其金额必须是确定的。

（5）合理性原则。纳税人可扣除费用的计算和分配方法应符合一般的经营常规和会计惯例。

（6）划分收益性支出与资本性支出原则。收益性支出在发生当期直接扣除；资本性支出应当分期扣除或者计入有关资产成本，不得在发生当期直接扣除。

● **（二）扣除项目的范围**

企业实际发生的与取得收入有关的、合理的支出，包括成本、费用、税金、损失和其他支出，准予在计算应纳税所得额时扣除。

在实际中，计算应纳税所得额时还应注意三方面的内容，①企业发生的支出应当区分收益性支出和资本性支出。收益性支出在发生当期直接扣除；资本性支出应当分期扣除或者计入有关资产成本，不得在发生当期直接扣除。②企业的不征税收入用于支出所形成的费用或者财产，不得扣除或者计算对应的折旧、摊销扣除。③除《企业所得税法》和本条例另有规定外，企业实际发生的成本、费用、税金、损失和其他支出，不得重复扣除。

（1）成本，是指企业销售商品（产品、材料、下脚料、废料、废旧物资等）、提供劳务、转让固定资产、无形资产（包括技术转让）的成本。

（2）费用，可扣除的费用，是指企业在生产产品及提供劳务等过程中发生的销售费用、管理费用和财务费用，已计入成本的有关费用除外。

①销售费用：包括广告费、运输费、装卸费、包装费、展览费、保险费、业务宣传费、销售佣金、代销手续费、经营性租赁费及销售部门发生的差旅费、工资、福利费等费用。

②管理费用：包括由纳税人统一负担的总部（公司）经费（包括总部行政管理人员的工资薪金、福利费、差旅费、办公费、折旧费、修理费、物料消耗、低值易耗品摊销等）、研究开发费（技术开发费）、劳动保护费、业务招待费、工会经费、职工教育经费、股东大会或董事会费、开办费摊销、无形资产摊销（含土地使用费、土地损失补偿费）、坏账损失、印花税等税金、消防费、排污费、绿化费、外事费和法律、财务、资料处理及会计事务方面的成本（咨询费、诉讼费、聘请中介机构费、商标注册费等）。

③财务费用：包括利息净支出、汇兑净损失、金融机构手续费以及其他非资本化支出等。

（3）税金，可扣除的税金，是指企业发生的除企业所得税和允许抵扣的增值税以外的企业缴纳的各项税基及附加。

①在发生当期扣除。通过计入税金及附加在当期扣除，包括消费税、城市维护建设税、关税、资源税、土地增值税、教育费附加、房产税、车船税、土地使用税、印花税等。

②在发生当期计入相关资产的成本，在以后各期分摊扣除，包括车辆购置税、契税、购置商品不得抵扣的增值税等。

第八章　企业所得税会计核算与筹划

【例题8-20·判断题】所得税前准予扣除的税金有两种方式：一是在发生当期扣除；二是在发生当期计入相关资产的成本，在以后各期分摊扣除。（　　）

【答案】正确

【例题8-21·多选题】可以当期直接或分期间接分摊在所得税前扣除的税金包括（　　）。

A．购买材料允许抵扣的增值税　　　　B．购置小轿车不得抵扣的增值税
C．出口关税　　　　　　　　　　　　D．企业所得税

【答案】BC

【例题8-22·计算】某卷烟企业为增值税一般纳税人，2014年全年取得产品销售收入总额1000万元，应扣除的产品销售成本500万元。企业当年还将自制的卷烟（成本50万元）对外赠送，市场公允价值80万元。该企业2014年度：

产品销售收入总额：1000＋80＝1080（万元）

可扣除的产品销售成本：500＋50＝550（万元）

【例题8-23·计算题】某企业当期销售货物实际交纳增值税20万元、消费税15万元、城建税2.45万元、教育费附加1.05万元，还交纳房产税1万元、城镇土地使用税0.5万元、印花税0.6万元，企业当期所得税前可扣除的税金合计如下：

15＋2.45＋1.05＋1＋0.5＋0.6＝20.6（万元）

（4）损失。损失是指企业在生产经营活动中发生的固定资产和存货的盘亏、毁损、报废损失，转让财产损失，呆账损失，坏账损失，自然灾害等不可抗力因素造成的损失以及其他损失。

企业发生的损失，减除责任人赔偿和保险赔款后的余额，依照国务院财政、税务主管部门的规定扣除。企业已经作为损失处理的资产，在以后纳税年度又全部收回或者部分收回时，应当计入当期收入。

（5）其他支出。其他支出是指除成本、费用、税金、损失外，企业在生产经营活动中发生的与生产经营活动有关的、合理的支出。

（三）扣除项目及其标准

1.工资薪金支出

工资薪金，是指企业每一纳税年度支付给在本企业任职或者受雇的员工的所有现金形式或者非现金形式的劳动报酬，包括基本工资、奖金、津贴、补贴、年终加薪、加班工资，以及与员工任职或者受雇有关的其他支出。

《企业所得税法》规定，企业发生的合理的工资薪金支出准予据实扣除。

"合理工资薪金"，是指企业按照股东大会、董事会、薪酬委员会或相关管理机构制定的工资薪金制度规定实际发放给员工的工资薪金。

"工资薪金总额"不包括企业的职工福利费、职工教育经费、工会经费以及养老保险费、医疗保险费、失业保险费、工伤保险费、生育保险费等社会保险费和住房公积金，也不包括职工福利费、职工工会经费、职工教育经费这三项费用。

例如：某企业当年分配工资600万元，即应付职工薪酬——工资账户贷方发生额600万元；实际发放500万元，即该账户借方发生额500万元，企业所得税前只能扣除500万元，而不是600万元。

属于国有性质的企业,其工资薪金,不得超过政府有关部门给予的限定数额;超过部分,不得计入企业工资薪金总额,也不得在计算企业应纳税所得额时扣除。

2.职工福利费、职工工会经费、职工教育经费

(1)企业发生的职工福利费支出,不超过工资薪金总额14%的部分,准予扣除。

包括内、外资企业在内的所有纳税人的职工福利费支出,不超过工资、薪金总额14%的部分,准予扣除。虽然扣除比例与原内、外资税法一致,但作为扣除基准的"计税工资"已改为"工资、薪金总额",实际上已经提高了扣除限额。

职工福利费的支出范围,包括以下内容。

①尚未实行分离办社会职能的企业,其内设福利部门所发生的设备、设施和人员费用,包括职工食堂、职工浴室、理发室、医务所、托儿所、疗养院等集体福利部门的设备、设施及维修保养费用和福利部门工作人员的工资薪金、社会保险费、住房公积金、劳务费等。

②为职工卫生保健、生活、住房、交通等所发放的各项补贴和非货币性福利,包括企业向职工发放的因公外地就医费用、未实行医疗统筹企业职工医疗费用、职工供养直系亲属医疗补贴、供暖费补贴、职工防暑降温费、职工困难补贴、救济费、职工食堂经费补贴、职工交通补贴等。

③按照其他规定发放的其他职工福利费,包括丧葬补助费、抚恤费、安家费、探亲假路费等。

(2)企业拨缴的工会经费,不超过工资、薪金总额2%的部分,准予扣除。

《工会法》规定建立工会组织的企业、事业单位、机关按每月全部职工工资总额的2%向工会拨缴的经费;工会所属的企业、事业单位上缴的收入;人民政府的补助;其他收入。其中,对于企业、事业单位按每月全部职工工资总额的2%向工会拨缴的经费,在税前列支。《企业所得税法》规定的扣除基准是职工工资、薪金总额,与《工会法》表述的实际内容是一致的。

(3)除国务院财政、税务主管部门另有规定外,企业发生的职工教育经费支出,不超过工资薪金总额2.5%的部分,准予扣除;超过工资薪金总额2.5%的部分,准予在以后纳税年度结转扣除。

《国家中长期科技规划》规定,企业实际发生的职工教育经费支出,按照职工工资总额2.5%计入企业的成本费用。企业所得税与《国家中长期科技规划》有关规定保持一致,在"据实工资"的基础上,将职工教育经费的当期税前扣除标准提高到2.5%,且对于超过标准的部分,允许无限制地往以后的纳税年度结转,并将其扩大统一适用于所有纳税人,包括内资企业和外资企业。

对于特定情形下的企业,国务院财政、税务主管部门也可以根据本条的授权,规定当期扣除比例低于工资、薪金总额的2.5%,或者规定超过标准的部分,不允许往以后纳税年度结转。

【例题8-24·多选题】 以下属于职工福利费范围的项目有( )。

A.内设职工食堂的设施维修费 B.福利人员的工资
C.福利人员的社会保险费 D.职工交通补贴

【答案】 ABCD

【例题8-25·计算题】 某企业2016年为本企业雇员支付工资300万元、奖金40万元、地区补贴20万元，家庭财产保险10万元，假定该企业工资薪金支出符合合理标准，当年职工福利费、工会经费和职工教育经费可在所得税前列支的限额是多少？

【答案及解析】其当年工资总额为300＋40＋20＝360（万元）
其当年可在所得税前列支的职工福利费限额为360×14%＝50.4（万元）
其当年可在所得税前列支的职工工会经费限额为360×2%＝7.2（万元）
其当年可在所得税前列支的职工教育经费限额为360×2.5%＝9（万元）

3.社会保险费

企业依照国务院有关主管部门或者省级人民政府规定的范围和标准为职工缴纳的基本养老保险费、基本医疗保险费、失业保险费、工伤保险费、生育保险费等基本社会保险费和住房公积金，准予扣除。

除企业依照国家有关规定为特殊工种职工支付的人身安全保险费和国务院财政、税务主管部门规定可以扣除的其他商业保险费外，企业为投资者或者职工支付的商业保险费，不得扣除。所谓特殊工种，是指空中作业、水下作业、井下作业等。

企业为投资者或者职工支付的补充养老保险费、补充医疗保险费，在国务院财政、税务主管部门规定的范围和标准内，准予扣除。

（1）根据《企业所得税法》的规定，准予在税前扣除的补充养老保险费和补充医疗保险费，限于在国务院财政、税务主管部门规定的标准和范围内，超过规定的标准和范围的部分，将不允许税前扣除，以防止企业借这部分开支逃避国家税收。

（2）纳税人为其投资者或雇员个人向商业保险机构投保的人寿保险或财产保险，不得税前扣除。而且，在支付时应缴纳个人所得税。

【例题8-26·多选题】依据企业所得税相关规定，准予在税前扣除的保险费用有（　　）。

A.参加运输保险支付的保险费
B.按规定上交劳动保障部门的职工养老保险费
C.为员工个人投保的家庭财产保险
D.按国家规定为特殊工种职工支付的法定人身安全保险费
E.按省级人民政府规定的比例为雇员缴纳的补充养老保险和医疗保险费

【答案】ABDE

【解析】根据《企业所得税法》的规定，企业依照国务院有关主管部门或者省级人民政府规定的范围和标准为职工缴纳的"五险一金"、补充养老保险、补充失业保险，准许扣除。企业为职工个人投保的家庭财产保险，不得扣除。

【例题8-27·多选题】企业发生的下列保险费用，准予在企业所得税税前扣除的有（　　）。

A.纳税人按规定上交劳动保险部门的职工养老保险和待业保险
B.纳税人参加财产保险、运输保险，按照规定交纳的保险费用
C.纳税人为其投资者向商业保险机构投保的人寿保险或财产保险
D.纳税人为其雇员个人向商业保险机构投保的人寿保险或财产保险
E.纳税人按国家规定为特殊工种职工按规定支付的法定人身安全保险费

【答案】ABE

【解析】根据《企业所得税法》的规定，企业依照国务院有关主管部门或者省级人

民政府规定的范围和标准为职工缴纳的"五险一金"、补充养老保险、补充失业保险，准许扣除。

【例题8-28·计算题】某企业实际支付合理的工资总额1000万元，发生职工福利费支出130万元、工会经费20万元、职工教育经费26万元，为职工支付商业保险费20万元。计算职工福利费、工会经费、职工教育经费的纳税调整金额。

【答案及解析】福利费限额=1000×14%=140（万元），按实际发生额130万元扣除，不需纳税调整。

工会经费扣除限额=1000×2%=20（万元），据实扣除，不需纳税调整。

职工教育经费=1000×2.5%=25（万元），企业发生了26万元，纳税调整增加1万元，且结转至以后年度扣除。

商业保险费20万元也要纳税调增。

错误做法：三项经费扣除标准合计：1000×18.5%=185（万元），企业实际发生的三项经费合计130+20+20=176（万元），所以不需要做纳税调整。不能把三项经费限额放到一起和企业实际发生的三项经费总额进行比较。一定要分别比较，分别调整。

4.利息费用

企业在生产经营活动中发生的下列利息支出，准予扣除：

（1）非金融企业向金融企业借款的利息支出、金融企业的各项存款利息支出和同业拆借利息支出、企业经批准发行债券的利息支出；

（2）非金融企业向非金融企业借款的利息支出，不超过按照金融企业同期同类贷款利率计算的数额的部分。

【例题8-29·单选题】某公司2016年度实现会计利润总额25.36万元。经某注册税务师审核，"财务费用"账户中列支有两笔利息费用：向银行借入生产用资金200万元，借用期限6个月，支付借款利息5万元；经过批准向本企业职工借入生产用资金60万元，借用期限10个月，支付借款利息3.5万元。该公司2016年度的应纳税所得额为（   ）万元。

A.21.86   B.26.36   C.30.36   D.33.36

【答案】B

【解析】根据《企业所得税法》的规定，银行借款利率=5×2÷200=5%；向本企业职工借入生产用资金60万元，允许扣除的借款利息费用限额=60×5%×10÷12=2.5（万元），而实际支付借款利息3.5万元，可以扣除2.5万元；应纳税所得额=25.36+3.5-2.5=26.36（万元）。

【例题8-30·计算题】某公司2016年度"财务费用"账户中利息，含有以年利率8%向银行借入的9个月期的生产用300万元贷款的借款利息；也包括10.5万元的向本企业职工借入与银行同期的生产用100万元资金的借款利息。该公司2016年度可在计算应纳税所得额时扣除的利息费用是多少？

【答案及解析】可在计算应纳税所得额时扣除的银行利息费用=300×8%÷12×9=18（万元）；向本企业职工借入款项可扣除的利息费用限额=100×8%÷12×9=6（万元），该企业支付职工的利息超过同类同期银行贷款利率，只可按照限额扣除。

该公司2016年度可在计算应纳税所得额时扣除的利息费用是18+6=24（万元）

5.借款费用

企业在生产经营活动中发生的合理的不需要资本化的借款费用，准予扣除。

第八章 企业所得税会计核算与筹划

企业为购置、建造固定资产、无形资产和经过12个月以上的建造才能达到预定可销售状态的存货发生借款的，在有关资产购置、建造期间发生的合理的借款费用，应当作为资本性支出计入有关资产的成本，并依照税法的规定扣除。

借款费用应否资本化与借款期间长短无直接关系。如果某纳税年度企业发生长期借款，并且没有指定用途，当期也没有发生购置固定资产支出，则其借款费用可直接全部扣除。

但是，从事房地产开发业务的企业为开发房地产而借入资金所发生的借款费用，在房地产完工前，应计入有关房地产的开发成本。

所谓借款费用，是指企业因借款而发生的利息及其他相关成本，包括借款利息、折价或者溢价的摊销、辅助费用以及因外币借款而发生的汇兑差额。其中，借款利息，是指企业向其他组织、个人借用资金而支付的利息，包括企业向银行或者其他金融机构等借入资金发生的利息、发行公司债券发生的利息等。因借款而发生的折价或者溢价主要是指发行企业债券等所发生的折价或者溢价，因为企业发行债券，往往不是按照其票面价值对外发售，而需要对票面价值进行一定幅度的调整后，才可能顺利筹款，达到目的，发行债券中的折价或者溢价，其实质是对债券票面利息的调整（即将债券票面利率调整为实际利率），属于借款费用的范畴。

【例题8-31·计算题】某企业向银行借款400万元用于建造厂房，借款期从2014年1月1日至12月30日，支付当年全年借款利息32万元，该厂房于2014年10月31日达到可使用状态交付使用，11月30日做完完工结算，该企业当年税前可扣除的利息费用是多少？

【答案及解析】固定资产购建期间的合理的利息费用应予以资本化，交付使用后发生的利息，可在发生当期扣除。

该企业当年税前可扣除的利息费用 = $32 \div 12 \times 2 = 5.33$（万元）

6. 业务招待费

企业发生的与生产经营活动有关的业务招待费支出，按照发生额的60%扣除，但最高不得超过当年销售（营业）收入的5‰。

销售（营业）收入净额，是指年销售（营业）收入减除销货退回、销售折让和销项税额等各项支出后的收入。销售（营业）收入应当包括主营业务收入、其他业务收入和视同销售收入，不包括营业外收入、税收上应确认的其他收入（因债权人原因确实无法支付的应付款项、债务重组收益、接受捐赠的资产、资产评估增值）。

【例题8-32·计算题】某企业2014年销售货物收入3000万元，让渡专利使用权收入300万元，包装物出租收入100万元，视同销售货物收入600万元，转让商标所有权收入200万元，捐赠收入20万元，债务重组收益10万元，当年实际发生业务招待费30万元，该企业当年可在所得税前列支的业务招待费金额是多少？

【答案及解析】确定计算招待费的基数 = $3000 + 300 + 100 + 600 = 4000$（万元）

转让商标所有权、捐赠收入、债务重组收益均属于营业外收入范畴，不能作为计算业务招待费的收入基数。

第一标准为发生额6折：$30 \times 60\% = 18$（万元）

第二标准为限度计算：$4000 \times 5‰ = 20$（万元）

两数据比大小后择其小者：其当年可在所得税前列支的业务招待费金额是18万元。

业务招待费双限额，两者相比取其轻。

【例题8-33·计算题】 某企业2014年销售货物收入2000万元,出租固定资产取租金100万元,提供劳务收入300万元,视同销售货物收入600万元,转让固定资产收入200万元,投资收益80万元,当年实际发生业务招待费30万元,该企业当年可在所得税前列支的业务招待费金额是多少?

【答案及解析】 确定计算招待费的收入基数 = 2000 + 100 + 300 + 600 = 3000(万元)
第一标准为发生额6折:30 × 60% = 18(万元)
第二标准为限度计算:3000 × 5‰ = 15(万元)
两数据比大小后择其小者:其当年可在所得税前列支的业务招待费金15万元。

7.广告费和业务宣传费支出

企业发生的符合条件的广告费和业务宣传费支出,除国务院财政、税务主管部门另有规定外,不超过当年销售(营业)收入15%的部分,准予扣除;超过部分,准予在以后纳税年度结转扣除。

广告费必须同时具备以下三个条件:
(1) 广告是通过工商部门批准的专门机构制作的。
(2) 已实际支付费用,并取得相应发票。
(3) 通过一定媒体传播。

广告费支出一次投入大,受益期长是其特点。广告支出的均衡摊销是基于广告费用性质确定的,不能在企业所得税前一次性扣除。

"销售(营业)收入"具体内容如下。

① 主营业务收入:含让渡无形资产使用权,如商标权、专利权、专有技术使用权、版权、专营权等而取得的使用费收入以及以租赁业务为基本业务的出租固定资产取得的租金收入;不含转让无形资产所有权收入,其属于"营业外收入",这点与以前政策不同,考生应当注意这种变化。

② 其他业务收入:材料销售收入、代购代销手续费收入、包装物出租收入、其他;

③ 视同销售收入:自产、委托加工产品视同销售的收入(用于在建工程、管理部门、非生产机构的除外),处置非货币性资产视同销售的收入(将非货币性资产用于投资、分配、捐赠、抵偿债务等方面,按照税收规定应视同销售确认收入的金额)。

但是,转让处置固定资产、出售无形资产(所有权的让渡)属于"营业外收入",不属于"销售(营业)收入"。

广告费、业务宣传费不再区分扣除标准,统一计算扣除标准。可以结转以后年度扣除,要注意上一年是否有结转的余额。计算广告费、宣传费、招待费扣除限额的计算基数为销售(营业)收入合计=主营业务收入+其他业务收入+视同销售收入。区分广告性支出和非广告性赞助支出的区别:广告性支出一般通过平面媒体,非广告性赞助支出则一般不通过媒体。非广告性赞助支出不得税前扣除。烟草企业的广告费和业务宣传费,一律不得税前扣除。

【例题8-34·单选题】 下列各项中收入中,能作为业务招待费、广告费和业务宣传费税前扣除限额计算依据的是( )。

A.让渡无形资产使用权的收入 B.让渡商标权所有权的收入
C.转让固定资产的收入   D.接受捐赠的收入

【答案】 A

【解析】A选项属于其他业务收入，可作为招待费等的计算基数；BCD选项属于营业外收入，不可作为招待费等的计算基数。

8. 环境保护专项基金

企业依照法律、行政法规有关规定提取的用于环境保护、生态恢复等方面的专项资金，准予扣除；上述专项资金提取后改变用途的，不得扣除。

只有实际提取且实际用于专项目的的资金，才允许税前扣除，如果企业将提取的专项资金用于其他用途的，则不得扣除，已经扣除的，则应计入企业的当期应纳税所得额，缴纳企业所得税。

9. 保险费

企业参加财产保险，按照规定缴纳的保险费，准予扣除。企业按政府规定标准为职工缴纳的"五险一金"准予扣除。

10. 租赁费

企业根据生产经营活动的需要租入固定资产支付的租赁费，按照以下方法扣除：

（1）以经营租赁方式租入固定资产发生的租赁费支出，按照租赁期限均匀扣除；

（2）以融资租赁方式租入固定资产发生的租赁费支出，按照规定构成融资租入固定资产价值的部分应当提取折旧费用，分期扣除。

【例题8-35·计算题】某企业自2016年5月1日起租入一幢门面房用作产品展示厅，一次支付1年租金24万元，则计入2016年成本费用的租金额是多少？

【答案及解析】按照受益期，2016年有8个月租用该房屋，则计入2016年成本费用的租金额是24万元÷12个月×8个月＝16（万元）。

11. 劳动保护费

企业发生的合理的劳动保护支出，准予扣除。

企业只有实际发生的劳动保护费支出，才准予税前扣除。劳动保护支出，是指确因工作需要为雇员配备或提供工作服、手套、安全保护用品、防暑降温用品等所发生的支出。其需要满足以下条件，一是必须是确因工作需要；二是为其雇员配备或提供，而不是给其他与其没有任何劳动关系的人配备或提供；三是限于工作服、手套、安全保护用品、防暑降温品等，如高温冶炼企业职工、道路施工企业的防暑降温品，采煤工人的手套、头盔等用品。

12. 公益救济性捐赠支出

公益性捐赠，是指企业通过公益性社会团体或者县级以上人民政府及其部门，用于《中华人民共和国公益事业捐赠法》规定的公益事业的捐赠。

企业通过公益性社会团体或者县级以上人民政府及其部门，用于公益事业的捐赠支出，在年度利润总额12%以内的部分，准予在计算应纳税所得额时扣除。年度利润总额，是指企业依照国家统一会计制度的规定计算的大于零的数额。

企业对外捐赠，除符合税收法律法规规定的公益救济性捐赠外，一律不得在税前扣除。

当年准予扣除的公益性捐赠支出，是指企业在一个纳税年度内实际已将捐赠资产交到接受捐赠的中间对象，为其所控制。最高扣除比例为年度利润总额的12%，包括12%本身。捐赠扣除基数的年度利润总额，是指企业按照国家统一会计制度的规定计算的年度会计利润总额。

【例题8-36·计算题】 某企业按照政府统一会计政策计算出利润总额300万元,当年通过政府机关对受灾地区捐赠50万元,其当年公益性捐赠的调整金额是多少?

【答案及解析】

其当年可在所得税前列支的公益救济性捐赠限额为 $300 \times 12\% = 36$(万元)

该企业当年公益救济性捐赠超支额为 $50 - 36 = 14$(万元)

【例题8-37·计算题】 某企业按照政府统一会计政策计算出利润总额300万元,当年直接给受灾灾民发放慰问金10万元,通过政府机关对受灾地区捐赠30万元,其当年公益性捐赠的调整金额是多少?

【答案及解析】

其当年可在所得税前列支的公益救济性捐赠限额为 $300 \times 12\% = 36$(万元)

直接对受赠人的捐赠不能扣除。

该企业当年公益救济性捐赠超支额为10万元。

13.有关资产的费用

企业转让各类固定资产发生的费用,允许扣除。企业按规定计算的固定资产折旧费、无形资产和递延资产的摊销费,准予扣除。本项目包括转售固定资产的净值、清理费用和城市维护建设税、教育费附加、土地增值税、印花税等税金。企业转售固定资产,应缴纳增值税;企业转售固定资产的收益,应缴纳企业所得税。

14.总机构分摊的费用

非居民企业在中国境内设立的机构、场所,就其中国境外总机构发生的与该机构、场所生产经营有关的费用,能够提供总机构出具的费用汇集范围、定额、分配依据和方法等证明文件,并合理分摊的,准予扣除。

15.资产损失

企业在当期发生的固定资产和存货的盘亏、毁损净损失,由其提供清查盘存资料经主管税务机关审核后,准予扣除;企业因存货盘亏、毁损、报废等原因不得从销项税额中抵扣的进项税金,应视同企业财产损失,准予与存货一起在所得税前按规定扣除。

【例题8-38·单选题】 某企业2016年毁损一批库存材料,账面成本101400元(含运费1400元),保险公司审理后同意赔付80000元,该企业的损失得到税务机关的审核和确认,在所得税前可扣除的损失金额为( )。

A.3855.4元   B.3850元   C.2863.22元   D.2900元

【答案】 A

【解析】 不得从销项税额中抵扣的进项税额,应视同企业财产损失,准予与存货损失一起在所得税前按规定扣除。

不得抵扣的进项税 $= (101400 - 1400) \times 17\% + 1400 \times 11\% = 17154$(元)

在所得税前可扣除的损失金额为 $101400 + 17154 - 80000 = 38554$(元)

16.其他准予扣除项目

准予扣除的其他费用包括会员费、合理的会议费、差旅费、违约金、诉讼费用等。

五、不得扣除的项目

企业在计算应纳税所得额时,下列支出不得扣除。

(1)向投资者支付的股息、红利等权益性投资收益款项。

(2) 企业所得税税款。

(3) 税收滞纳金，但不包括逾期归还银行贷款而支付的罚息及违约金。

(4) 罚金、罚款和被没收财物的损失，指纳税人支付的，被执法部门处以的行政性罚款；但不包括经营性罚款。

(5) 超过规定标准的捐赠支出。

(6) 赞助支出。

赞助支出，是指企业发生的与生产经营活动无关的各种非广告性质支出。不允许扣除赞助支出主要是赞助支出本身并不是与取得收入有关正常、必要的支出，不符合税前扣除的基本原则；如果允许赞助支出在税前扣除，纳税人往往会以赞助支出的名义开支不合理甚至非法的支出，容易导致纳税人借此逃税，侵害国家的税收利益，不利于加强税收征管。

赞助支出与公益性捐赠和广告支出是有区别的，不能相互混淆。

(7) 未经核定的准备金支出，是指不符合国务院财政、税务主管部门规定的各项资产减值准备、风险准备等准备金支出。

(8) 企业之间支付的管理费、企业内营业机构之间支付的租金和特许权使用费，以及非银行企业内营业机构之间支付的利息，不得扣除。

(9) 与取得收入无关的其他支出。

【例题8-39·判断题】在计算企业的纳税所得额时，企业的不征税收入用于支出所形成的费用或者财产，不得扣除。（　　）

【答案】正确

【例题8-40·多选题】在计算应纳税所得额时不得扣除的项目是（　　）。
A.为企业子女入托支付给幼儿园的赞助支出
B.利润分红支出
C.企业违反销售协议被采购方索取的罚款（违约金）
D.违反《食品卫生法》被政府处以的罚款

【答案】ABD

六、亏损弥补

《企业所得税法》规定，纳税人发生年度亏损的，可以用下一纳税年度的所得弥补；下一纳税年度的所得不足弥补的，可以逐年延续弥补，但是延续弥补期最长不得超过5年。5年内不论是盈利或亏损，都作为实际弥补期限计算。

《企业所得税法》所称亏损，是指企业依照《企业所得税法》和本条例的规定将每一纳税年度的收入总额减除不征税收入、免税收入和各项扣除后小于零的数额。

5年税前补亏期，是从亏损年度的次年算起连续计算，企业连续亏损的，每一个年度亏损均有5年补亏期；先亏先补，后亏后补。

企业在汇总计算缴纳企业所得税时，其境外营业机构的亏损不得抵减境内营业机构的盈利。

【例题8-41·计算题】下表为经税务机关审定的某国有企业8年应纳税所得额情况，假设该企业一直执行5年亏损弥补规定，则该企业8年间须缴纳企业所得税是多少？

年度	2012	2013	2014	2015	2016	2017	2018	2019
应纳税所得额（万元）	-100	20	-40	20	20	30	-20	95

【答案及解析】2013-2017年，所得弥补2012年亏损，未弥补完但已到5年抵亏期满；2018年亏损，不纳税；2019年所得弥补2014年和2018年亏损后还有余额35万元，要计算纳税，应纳税额 = 35×25% = 8.75（万元）

第五节 资产的税务处理

企业的各项资产，包括固定资产、生物资产、无形资产、长期待摊费用、投资资产、存货等，均以历史成本为计税基础。所称历史成本，是指企业取得该项资产时实际发生的支出。

企业持有各项资产期间资产增值或者减值，除国务院财政、税务主管部门规定可以确认损益外，不得调整该资产的计税基础。

一、固定资产的税务处理

(一) 固定资产计税基础

（1）外购的固定资产，以购买价款和支付的相关税费以及直接归属于使该资产达到预定用途发生的其他支出为计税基础。

（2）自行建造的固定资产，以竣工结算前发生的支出为计税基础。

（3）融资租入的固定资产，以租赁合同约定的付款总额和承租人在签订租赁合同过程中发生的相关费用为计税基础，租赁合同未约定付款总额的，以该资产的公允价值和承租人在签订租赁合同过程中发生的相关费用为计税基础。

（4）盘盈的固定资产，以同类固定资产的重置完全价值为计税基础。

（5）通过捐赠、投资、非货币性资产交换、债务重组等方式取得的固定资产，以该资产的公允价值和支付的相关税费为计税基础。

（6）改建的固定资产，除已足额提取折旧的固定资产和租入的固定资产以外的其他固定资产，以改建过程中发生的改建支出增加计税基础。

(二) 固定资产折旧范围

下列固定资产不得计算折旧扣除：
（1）房屋、建筑物以外未投入使用的固定资产；
（2）以经营租赁方式租入的固定资产；
（3）以融资租赁方式租出的固定资产；
（4）已足额提取折旧仍继续使用的固定资产；
（5）与经营活动无关的固定资产；

(6) 单独估价作为固定资产入账的土地；
(7) 其他不得计算折旧扣除的固定资产。

【例题8-42·多选题】下列固定资产不得计算折旧扣除的有（　　）。
A.企业正在建设中的厂房
B.以融资租赁方式租入的固定资产
C.已足额提取折旧仍继续使用的固定资产
D.以经营租赁方式租入的固定资产
【答案】ACD

（三）固定资产折旧的计提方法

(1) 企业应当自固定资产投入使用月份的次月起计算折旧；停止使用的固定资产，应当自停止月份的次月起停止计算折旧。

(2) 企业应当根据固定资产的性质和使用情况，合理确定固定资产的预计净残值。固定资产的预计净残值一经确定，不得变更。

(3) 固定资产按照直线法计算的折旧，准予扣除。

年折旧率＝（1－残值率）÷预计使用年限

【例题8-43·计算题】某企业为增值税一般纳税人，2016年2月购入一台不需要安装的生产设备，取得增值税发票注明价款40万元，增值税6.8万元，购入设备发生设备运费2万元，增值税0.22万元，当月投入使用，假定该企业生产设备采用10年折旧年限，预计净残值率5%，则在所得税前扣除的该设备的月折旧额是多少？

【答案及解析】该设备计入固定资产账面原值的数额＝40＋2＝42（万元）
该设备可提折旧金额＝42×（1－5%）＝39.9（万元）
该设备月折旧＝39.9/（10×12）＝0.3325（万元）

（四）固定资产折旧的计提年限

除国务院财政、税务主管部门另有规定外，固定资产计算折旧的最低年限如下：
(1) 房屋、建筑物，为20年；
(2) 飞机、火车、轮船、机器、机械和其他生产设备，为10年；
(3) 与生产经营活动有关的器具、工具、家具等，为5年；
(4) 飞机、火车、轮船以外的运输工具，为4年；
(5) 电子设备，为3年。

【例题8-44·单选】以下各项中，最低折旧年限为5年的固定资产是（　　）
A.建筑物　　　　B.生产设备　　　　C.家具　　　　D.电子设备
【答案】C

二、生物资产的税务处理

生产性生物资产，是指企业为产出农产品、提供劳务或者出租等而持有的生物资产，包括经济林、薪炭林、产畜和役畜等。

1.生物资产的计税基础

生产性生物资产按照以下方法确定计税基础：

(1) 外购的生产性生物资产,以购买价款和支付的相关税费为计税基础;

(2) 通过捐赠、投资、非货币性资产交换、债务重组等方式取得的生产性生物资产,以该资产的公允价值和支付的相关税费为计税基础。

2. 生物资产的折旧

生产性生物资产按照直线法计算的折旧,准予扣除。企业应当根据生产性生物资产的性质和使用情况,合理确定生产性生物资产的预计净残值。生产性生物资产的预计净残值一经确定,不得变更。

企业应当自生产性生物资产投入使用月份的次月起计算折旧;停止使用的生产性生物资产,应当自停止使用月份的次月起停止计算折旧。

生产性生物资产计算折旧的最低年限如下:

(1) 林木类生产性生物资产,为10年;

(2) 畜类生产性生物资产,为3年。

三、无形资产的税务处理

1. 无形资产的计税基础

自行开发的无形资产,以开发过程中该资产符合资本化条件后至达到预定用途前发生的支出为计税基础。

2. 无形资产摊销的范围

下列无形资产不得计算摊销费用扣除:

(1) 自行开发的支出已在计算应纳税所得额时扣除的无形资产;

(2) 自创商誉;

(3) 与经营活动无关的无形资产;

(4) 其他不得计算摊销费用扣除的无形资产。

3. 无形资产的摊销方法及年限

无形资产的摊销采取直线法计算,无形资产的摊销不得低于10年。

外购商誉,在企业整体转让或者清算时准予扣除。

四、长期待摊费用的税务处理

长期待摊费用,是指企业发生的应在一个年度以上或几个年度进行摊销的费用。在计算应纳税所得额时,企业发生的下列支出作为长期待摊费用,按照规定摊销的,准予扣除。

(1) 已足额提取折旧的固定资产的改建支出。

(2) 租入固定资产的改建支出。

(3) 固定资产的大修理支出。

固定资产的修理支出不等同于固定资产的大修理支出。固定资产的修理支出可在发生当期直接扣除;固定资产的大修理支出,则要按照固定资产尚可使用年限分期摊销。

《企业所得税法》所指固定资产的大修理支出,是指同时符合下列条件的支出:

①修理支出达到取得固定资产时的计税基础50%以上。

②修理后固定资产的使用年限延长2年以上。
（4）其他应当作为长期待摊费用的支出。

其他应当作为长期待摊费用的支出，自支出发生月份的次月起，分期摊销，摊销年限不得低于3年。

五、存货的税务处理

存货是指企业持有以备出售的产品或者商品、处在生产过程中的在产品、在生产或者提供劳务过程中耗用的材料和物料等。

（一）存货的计税基础

存货按照以下方法确定成本：
（1）通过支付现金方式取得的存货，以购买价款和支付的相关税费为成本；
（2）通过支付现金以外的方式取得的存货，以该存货的公允价值和支付的相关税费为成本；
（3）生产性生物资产收获的农产品，以产出或者采收过程中发生的材料费、人工费和分摊的间接费用等必要支出为成本。

（二）存货的成本计算方法

企业使用或者销售的存货的成本计算方法，可以在先进先出法、加权平均法、个别计价法中选用一种。计价方法一经选用，不得随意变更。

企业转让以上资产，在计算应纳税所得额时，资产的净值允许扣除。其中，资产的净值是指有关资产、财产的计税基础减除已经按照规定扣除的折旧、折耗、摊销、准备金等后的余额。

六、投资资产的税务处理

投资资产，是指企业对外进行权益性投资和债权性投资形成的资产。

（一）投资资产按照以下方法确定成本

（1）通过支付现金方式取得的投资资产，以购买价款为成本；
（2）通过支付现金以外的方式取得的投资资产，以该资产的公允价值和支付的相关税费为成本。

（二）投资资产成本的扣除方法

企业对外投资期间，投资资产的成本在计算应纳税所得额时不得扣除。企业在转让或者处置投资资产时，投资资产的成本，准予扣除。

（三）投资企业撤回或减少投资的税务处理

自2011年7月1日起，投资企业从被投资企业撤回或减少投资，其取得的资产中，相当于初始出资的部分，应确认为投资收回；相当于被投资企业累计未分配利润和累计盈余公积按减少实收资本比例计算的部分，应确认为股息所得；其余部分确认为投资资产转让所得。

被投资企业发生的经营亏损，由被投资企业按规定结转弥补；投资企业不得调整减低其投资成本，也不得将其确认为投资损失。

【例题8-45·计算题】A公司于2012年7月以1000万元投资M公司，取得M公司30%股权。2017年7月经股东会批准，A公司将其持有的30%股份撤资，撤资时M公司累计盈余公积和未分配利润为4000万元，A公司撤资分得银行存款2400万元。则A公司分得的2400万元中：

1000万元为投资资本的收回（原投资就是1000万元），不交税；

4000×30%＝1200（万元），确认为股息所得，免税；

2400－1000－1200＝200（万元），剩余部分200万元确认为股权转让所得缴纳企业所得税。

第六节 应纳税额的计算

一、居民纳税人应纳税额的计算

核算征收应纳所得税的计税公式如下：

应纳税额＝应纳税所得额×适用税率－减免税额－抵免税额

公式中应纳税所得额的计算一般有直接计算法和间接计算法两种方法。

（一）直接计算法的应纳税所得额计算公式

应纳税所得额＝收入总额－不征税收入－免税收入－各项扣除金额－弥补亏损

上述公式中的数据均为税法规定口径的数据。税法规定的收入总额不同于会计规定的收入总额，税法规定的准予扣除项目金额也不同于会计成本、费用、税金和损失。上述公式能从理论上展示应纳税所得额的计算因素。

（二）间接计算法的应纳税所得额计算公式

间接法实质上是在税前会计利润的基础上，对按照会计准则计算的所得税前会计利润和按照税法计算的应纳税所得额之间产生的差异进行调整，计算出应纳税所得额。

会计和税收分别遵循不同的原则，规范不同的对象，服务于不同的目的。因而导致同一家企业在同一会计期间，按照会计准则计算的所得税前会计利润和按照税法计算的应纳税所得额之间常常产生差异。因计算口径不同与确认时间不同将这种差异主要有两类，即永久性差异与暂时性差异。这里主要介绍对永久性差异的调整，对暂时性差异调整的内容在本章第十节。

（1）永久性差异的概念及分类。

永久性差异是指某一会计期间，由于会计准则和税法在计算收益、费用或损失时的口径不同而产生。这种差异在本期发生，并不在以后各期转回。永久性差异主要有以下几种类型：

第一，会计准则确认为收益，而税法不确认为应税收益。如我国税法规定，企业购买国债的利息收入不计入应纳税所得额，不缴纳所得税；但按会计准则规定企业购买国债的利息收入计入收益。

第二，会计准则不确认为收益，而税法确认为应税收益。如企业将自己的产品用于对外捐赠，税法上规定按产品的售价与成本的差额计入应纳税所得额；但会计准则规定按成本转账，不产生利润。

第三，会计准则确认为费用，而税法不确认为费用。如非公益性捐赠，按会计准则规定计入当期损益，减少当期利润；但在计算应纳税所得额不允许扣除。

第四，会计准则不确认为费用，而税法确认为费用。如可加计50%扣除的"新产品、新工艺、新技术"研发费用。

上述第二、第三项为纳税调整增加项目，第一、第四项为纳税调整减少项目。

（2）永久性差异的处理方法。

对于永久性差异，在计算交纳所得税时均应按税法规定将其调整为应纳税所得额，再按应纳税所得额计算出本期应交的所得税，作为本期所得税费用，即本期所得税费用等于本期应交所得税。

$$应纳税所得额 = 会计利润总额 + 纳税调整增加项目金额 - 纳税调整减少项目金额$$
$$应纳税所得额 \times 所得税率 = 应交所得税$$

上述分类中第二、第三项为纳税调整增加项目，第一、第四项为纳税调整减少项目。

【例题8-46·计算题】某公司2016年发生下列业务。

（1）销售产品收入2000万元。

（2）接受捐赠材料一批，取得赠出方开具的增值税发票，注明价款10万元，增值税1.7万元；企业找一运输公司将该批材料运回企业，支付运费0.3万元，增值税0.033万元。

（3）转让一项商标所有权，取得营业外收入60万元。

（4）出租库房，取得其他业务收入20万元。

（5）取得国债利息10万元。

（6）全年销售成本1000万元；销售税金及附加100万元。

（7）全年销售费用500万元，含广告费400万元；全年管理费用200万元，含招待费80万元；全年财务费用50万元。

（8）全年营业外支出40万元，含通过政府部门对灾区捐款20万元；直接对私立小学捐款10万元；违反政府规定被工商局罚款2万元。

计算：

（1）该企业的会计利润总额；

（2）该企业对收入的纳税调整额；

（3）该企业对广告费用的纳税调整额；

（4）该企业对招待费的纳税调整额；

（5）该企业对营业外支出的纳税调整额；

（6）该企业应纳税所得额；

（7）该企业应纳所得税额；

（8）假设该企业2016年度累计预缴企业所得税72万元，汇算清缴时应补缴多少，填制企业所得税纳税申报表

【答案及解析】

(1) 该企业的会计利润总额。

企业账面利润 = 2000 + 20 + 1.7 + 60 + 10 + 10 − 1000 − 100 − 500 − 200 − 50 − 40 = 211.7（万元）

(2) 该企业对收入的纳税调整额。

10万元国债利息属于免税收入。

(3) 该企业对广告费用的纳税调整额。

以销售营业收入（2000 + 20）万元为基数，不能包括营业外收入。

广告费限额 =（2000 + 20）× 15% = 303（万元）；广告费超支 400 − 303 = 97（万元）调增应纳税所得额97万元。

(4) 该企业对招待费的纳税调整额。

招待费限额计算：①80 × 60% = 48（万元）；②（2000 + 20）× 5‰ = 10.1（万元）

招待费限额为10.1万元，超支69.9万元。

(5) 该企业对营业外支出的纳税调整额。

捐赠限额 = 211.7 × 12% = 25.404（万元）

该企业20万元公益性捐赠可以扣除，直接对私立小学的捐赠不得扣除，行政罚款不得扣除，对营业外支出的纳税调整额12万元。

(6) 该企业应纳税所得额。

211.7 − 10 + 97 + 69.9 + 12 = 380.6（万元）

(7) 该企业应纳所得税额。

380.6 × 25% = 95.15（万元）

(8) 应补缴税款：95.15 − 72 = 23.15（万元）

第八章 企业所得税会计核算与筹划

中华人民共和国企业所得税年度纳税申报表（A类）

税款所属期间：2016年1月1日至2016年12月31日

纳税人名称：宏远公司

纳税人识别号：□□□□□□□□□□□□□□□□□□ 金额单位：元（列至角分）

类别	行次	项目	金额
利润总额计算	1	一、营业收入（填附表一）	20200000.00
	2	减：营业成本（填附表二）	10000000.00
	3	营业税金及附加	1000000.00
	4	销售费用（填附表二）	5000000.00
	5	管理费用（填附表二）	2000000.00
	6	财务费用（填附表二）	50000.00
	7	资产减值损失	
	8	加：公允价值变动收益	
	9	投资收益	100000.00
	10	二、营业利润	1800000.00
	11	加：营业外收入（填附表一）	717000.00
	12	减：营业外支出（填附表二）	400000.00
	13	三、利润总额（10+11-12）	2117000.00
应纳税所得额计算	14	加：纳税调整增加额（填附表三）	1789000.00
	15	减：纳税调整减少额（填附表三）	100000.00
	16	其中：不征税收入	
	17	免税收入	100000.00
	18	减计收入	
	19	减、免税项目所得	
	20	加计扣除	
	21	抵扣应纳税所得额	
	22	加：境外应税所得弥补境内亏损	
	23	纳税调整后所得（13+14-15+22）	
	24	减：弥补以前年度亏损（填附表四）	
	25	应纳税所得额（23-24）	3806000.00
应纳税额计算	26	税率（25%）	
	27	应纳所得税额（25×26）	951500.00
	28	减：减免所得税额（填附表五）	
	29	减：抵免所得税额（填附表五）	
	30	应纳税额（27-28-29）	951500.00
	31	加：境外所得应纳所得税额（填附表六）	
	32	减：境外所得抵免所得税额（填附表六）	
	33	实际应纳所得税额（30+31-32）	951500.00
	34	减：本年累计实际已预缴的所得税额	720000.00
	35	其中：汇总纳税的总机构分摊预缴的税额	
	36	汇总纳税的总机构财政调库预缴的税额	
	37	汇总纳税的总机构所属分支机构分摊的预缴税额	
	38	合并纳税（母子体制）成员企业就地预缴比例	
	39	合并纳税企业就地预缴的所得税额	
	40	本年应补（退）的所得税额（33-34）	231500.00

【例题8-47•计算题】 某外商投资企业2016年全年实现营业收入860万元,营业成本320万元,营业税金及附加35万元,投资收益6万元(其中国债利息收入4万元,企业债券利息收入2万元),营业外收入20万元,营业外支出85万元(包括非公益性捐赠80万元,因未代扣代缴个人所得税而被税务机关罚款3万元),管理费用280万元,财务费用150万元。该企业自行申报当年企业所得税如下:

应纳税所得额 = 860 − 320 − 35 + 6 + 20 − 85 − 280 − 150 = 16(万元)

应纳企业所得税 = 16 × 25% = 4(万元)

根据上述资料以及所得税法律制度的有关规定,回答下列问题:

(1) 请分析该公司计算的当年应纳企业所得税是否正确;

(2) 如当年应纳企业所得税计算不正确请指出错误之处,并正确计算应纳企业所得税。

【答案】

(1) 该公司计算缴纳的企业所得税税额不正确,其错误如下:

①投资收益6万元中,购买国债利息收入4万元可不计入应纳税所得额;

②非公益性捐赠80万元不得从应纳税所得额中扣除;

③被税务机关罚款的3万元不得从应纳税所得额中扣除。

(2) 应纳企业所得税:

①应纳税所得额 = 860 − 320 − 35 + (6 − 4) + 20 − (85 − 80 − 3) − 280 − 150 = 95(万元)

②应纳企业所得税 = 95 × 25% = 23.75(万元)

二、境外所得抵扣税额的计算

(一) 限额抵免法

企业取得的下列所得已在境外缴纳的所得税税额,可以从其当期应纳税额中抵免,抵免限额为该项所得依照《企业所得税法》规定计算的应纳税额;超过抵免限额的部分,可以在以后5个年度内,用每年度抵免限额抵免当年应抵税额后的余额进行抵补。

(1) 居民企业来源于中国境外的应税所得;

(2) 非居民企业在中国境内设立机构、场所,取得发生在中国境外但与该机构、场所有实际联系的应税所得。

居民企业从其直接或者间接控制的外国企业分得的来源于中国境外的股息、红利等权益性投资收益,外国企业在境外实际缴纳的所得税税额中属于该项所得负担的部分,可以作为该居民企业的可抵免境外所得税税额,在税法规定的抵免限额内抵免。

直接控制,是指居民企业直接持有外国企业20%以上股份。

间接控制,是指居民企业以间接持股方式持有外国企业20%以上股份,具体认定办法由国务院财政、税务主管部门另行制定。

(二) 抵免限额的计算

我国税法规定对境外已纳税款实行限额扣除。抵免限额采用分国不分项的计算原则。

所谓"分国不分项",指的是算抵免限额的时候,境外所得要按不同国家分别计算限额。美国算美国的,英国算英国的,这是分国;但境外的所得不需要区分销售货物收入和财产转让收入等具体的项目,这是不分项。

境外所得税税款扣除限额公式:

抵免限额=境内、境外所得按税法计算的应纳税总额×来源于某国(地区)的应纳税所得额÷境内、境外应纳税所得总额。

公式中的所得是税前所得(含税所得)。注意区分境外分回所得是税前所得还是税后所得,如果分回的是税后所得,可选用以下两种方法还原成税前所得:①用分回的税后所得除以(1-境外税率)还原;②用境外已纳税额加分回税后收益还原。

该公式可以简化成:抵免限额=来源于某国的(税前)应纳税所得额×我国法定税率

(三)抵免限额的具体应用

理论应用——用抵免限额与境外实纳税额比大小,择其小者在境内外合计应纳税额中抵扣。

(1)如果纳税人来源于境外的所得在境外实际缴纳的税款低于扣除限额,可从应纳税额中据实扣除。

(2)如果超过扣除限额,其超过部分不得从本年度应纳税额中扣除,也不得列为本年度费用支出,但可以用以后年度抵免限额抵免当年应抵税额后的余额进行抵补,补扣期限最长不能超过5年。

【例题8-48·计算题】某企业2013年来自境外A国的已纳所得税因超过抵免限额尚未扣除的余额为1万元,2014年在我国境内所得160万元,来自A国税后所得20万元,在A国已纳所得税额5万元,其在我国汇总缴纳多少所得税?

【答案及解析】
2014年境内外所得总额=160+20+5=185(万元)
境内外总税额=185×25%=46.25(万元)
2014年A国扣除限额=46.25×(20+5)/185=6.25(万元)
或扣除限额=(20+5)×25%=6.25(万元)
当年境外实纳税额5万元<6.25万元
在我国汇总纳税=46.25-5-1=40.25(万元)

三、居民纳税人核定征收应纳税额的计算

核定征收办法仅适用于账簿不全、核算不清、逾期不申报、申报不正常的居民纳税人,具体分为定率(核定应税所得率)和定额(核定应纳所得税额)两种方法。

(1)税务机关采用下列方法核定征收企业所得税:

①参照当地同类行业或者类似行业中经营规模和收入水平相近的纳税人的税负水平核定;

②按照应税收入额或成本费用支出额定率核定;

③按照耗用的原材料、燃料、动力等推算或测算核定;

④按照其他合理方法核定。

采用上述所列一种方法不足以正确核定应纳税所得额或应纳税额的,可以同时采用两种以上的方法核定。采用两种以上方法测算的应纳税额不一致时,可按测算的应

纳税额从高核定。

（2）采用应税所得率方式核定征收企业所得税的，应纳所得税额计算公式如下：

应纳所得税额 = 应纳税所得额 × 适用税率

应纳税所得额 = 应税收入额 × 应税所得率

或：应纳税所得额 = 成本（费用）支出额 /（1 - 应税所得率）× 应税所得率

实行应税所得率方式核定征收企业所得税的纳税人，经营多业的，不论其经营项目是否单独核算，均由税务机关根据其主营项目确定适用的应税所得率。

【例题8-49·多选题】居民纳税人在计算企业所得税时，应核定其应税所得率的情形是（　　）。

A.能正确核算（查实）收入总额，但不能正确核算（查实）成本费用总额的
B.能正确核算（查实）成本费用总额，但不能正确核算（查实）收入总额的
C.通过合理方法，能计算和推定纳税人收入总额或成本费用总额的
D.无法计算和推定纳税人收入总额和成本费用总额的

【答案】ABC

【例题8-50·计算题】某私营企业，注册资金300万元，从业人员20人，2014年2月10日向其主管税务机关申报2013年度取得收入总额146万元，发生的直接成本120万元、其他费用33万元，全年应纳税所得额 -7万元。后经税务机关审核，其成本、费用无误，但收入总额不能准确核算。假定应税所得率为15%，按照核定征收企业所得税的办法，该企业2013年度还应缴企业所得税多少？

【答案及解析】

该企业按成本费用推算应纳税所得额 =（120 + 33）÷（1 - 15%）× 15% = 27（万元）

按照《企业所得税法》，采用核定纳税的企业，即使符合小型微利企业的标准，也不能使用小型微利企业的优惠税率。

该企业应纳税额 = 27 × 25% = 6.75（万元）

四、非居民企业应纳税额的计算

非居民企业在中国境内未设立机构、场所的，或者虽设立机构、场所但取得的所得与其所设机构、场所没有实际联系的，应当就其来源于中国境内的所得缴纳企业所得税。

其应纳税所得额按照下列方法计算：

（1）股息、红利等权益性投资收益和利息、租金、特许权使用费所得，以收入全额为应纳税所得额；

（2）转让财产所得，以收入全额减除财产净值后的余额为应纳税所得额；

（3）其他所得，参照前两项规定的方法计算应纳税所得额。

【例题8-51·多选题】在中国境内未设立机构、场所的非居民企业从中国境内取得的下列所得，应按收入全额计算征收企业所得税的有（　　）。

A.股息　　　　　　　B.转让财产所得
C.租金　　　　　　　D.特许权使用费

【答案】ACD

五、房地产开发企业所得税预缴税款的处理

在未完工前采取预售方式销售取得的预售收入,按照规定的预计利润率计算预激利润,计入利润总额预缴所得税,待完工结算实际成本后,按照实际利润再调整。

预计利润率标准见表8-4。

表8-4 预计利润率标准

房屋状况	位置	预计利润率标准
非经济适用房	省、自治区、直辖市和计划单列市政府所在地城区和郊区	不得低于20%
	地级市、地区、盟、州城区和郊区	不得低于15%
	其他地区	不得低于10%
经济适用房		不得低于3%

本表规定适用于从事房地产开发经营的居民纳税人。

第七节 税收优惠

《企业所得税法》的税收优惠方式包括免税、减税、加计扣除、加速折旧、减计收入、税额抵免等,具体优惠政策如下。

一、免征企业所得税

企业从事下列项目的所得,免征企业所得税:
(1)蔬菜、谷物、薯类、油料、豆类、棉花、麻类、糖料、水果、坚果的种植;
(2)农作物新品种的选育;
(3)中药材的种植;
(4)林木的培育和种植;
(5)牲畜、家禽的饲养;
(6)林产品的采集;
(7)灌溉、农产品初加工、兽医、农技推广、农机作业和维修等农、林、牧、渔服务业项目;
(8)远洋捕捞。

二、减半征收企业所得税

企业从事下列项目的所得,减半征收企业所得税:
(1)花卉、茶以及其他饮料作物和香料作物的种植;
(2)海水养殖、内陆养殖。

三、国家重点扶持的公共基础设施项目的税收优惠

国家重点扶持的公共基础设施项目,是指《公共基础设施项目企业所得税优惠目录》规定的港口码头、机场、铁路、公路、城市公共交通、电力、水利等项目。

企业从事国家重点扶持的公共基础设施项目的投资经营的所得,自项目取得第一笔生产经营收入所属纳税年度起,第一年至第三年免征企业所得税,第四年至第六年减半征收企业所得税。

四、环境保护、节能节水项目的税收优惠

企业从事符合条件的环境保护、节能节水项目的所得,自项目取得第一笔生产经营收入所属纳税年度起,第一年至第三年免征企业所得税,第四年至第六年按照25%的法定税率减半征收企业所得税。

五、高新技术企业税收优惠

国家需要重点扶持的高新技术企业,减按15%的税率征收企业所得税。

国家需要重点扶持的高新技术企业,是指拥有核心自主知识产权,并同时符合下列条件的企业:

(1)产品(服务)属于《国家重点支持的高新技术领域》规定的范围;
(2)研究开发费用占销售收入的比例不低于规定比例;
(3)高新技术产品(服务)收入占企业总收入的比例不低于规定比例;
(4)科技人员占企业职工总数的比例不低于规定比例;
(5)《高新技术企业认定管理办法》规定的其他条件。

六、加速折旧优惠

企业的固定资产由于技术进步等原因,确需加速折旧的,可以缩短折旧年限或者采取加速折旧的方法。

(一)适用所有企业的加速折旧规定

(1)2014年1月1日后新购进的专门用于研发的仪器、设备,单位价值不超过100万元的,允许一次性计入当期成本费用在计算应纳税所得额时扣除,不再分年度计算折旧;单位价值超过100万元的,可缩短折旧年限或采取加速折旧的方法。

(2)单位价值不超过5000元的固定资产,允许一次性计入当期成本费用在计算应纳税所得额时扣除,不再分年度计算折旧。

(二)生物药品制造等6行业加速折旧规定

适用行业:①生物药品制造业;②专用设备制造业;③铁路、船舶、航空航天和其他运输设备制造业;④计算机、通信和其他电子设备制造业;⑤仪器仪表制造业;

⑥信息传输、软件和信息技术服务业。

加速折旧方法：2014年1月1日后新购进的固定资产，可缩短折旧年限或采取加速折旧的方法；新购进的研发和生产经营共用的仪器、设备，单位价值不超过100万元的，允许一次性计入当期成本费用在计算应纳税所得额时扣除，不再分年度计算折旧；单位价值超过100万元的，可缩短折旧年限或采取加速折旧的方法。

限制性规定：企业按规定缩短折旧年限的，对其购置的新固定资产，最低折旧年限不得低于《企业所得税法实施条例》规定的折旧年限的60%；企业购置已使用过的固定资产，其最低折旧年限不得低于《企业所得税法实施条例》规定的最低折旧年限减去已使用年限后剩余年限的60%。采取加速折旧方法的，可采取双倍余额递减法或者年数总和法。上述规定之外的企业固定资产加速折旧所得税处理规定，继续按照《企业所得税法》及其实施条例和现行税收政策规定执行。

● **（三）轻工、纺织、机械、汽车四个领域重点行业加速折旧规定**

（1）对轻工、纺织、机械、汽车四个领域重点行业（以下简称四个领域重点行业）企业2015年1月1日后新购进的固定资产（包括自行建造，下同），允许缩短折旧年限或采取加速折旧方法。

（2）对四个领域重点行业小型微利企业2015年1月1日后新购进的研发和生产经营共用的仪器、设备，单位价值不超过100万元（含）的，允许在计算应纳税所得额时一次性全额扣除；单位价值超过100万元的，允许缩短折旧年限或采取加速折旧方法。

（3）企业按第1、2条规定缩短折旧年限的，对其购置的新固定资产，最低折旧年限不得低于规定的折旧年限的60%；对其购置的已使用过的固定资产，最低折旧年限不得低于规定的最低折旧年限减去已使用年限后剩余年限的60%。最低折旧年限一经确定，不得改变。

（4）企业第1、2条规定采取加速折旧方法的，可以采用双倍余额递减法或者年数总和法。加速折旧方法一经确定，不得改变。

【例题8-52·计算题】甲制药企业外购一台乙企业使用过3年的生产设备，采用缩短折旧年限的方式计提折旧，甲企业对该设备的最短折旧年限是多少年？

【答案及解析】

甲企业对该设备的最短折旧年限 =（10-3）×60% = 4.2（年）

企业购置已使用过的固定资产，其最低折旧年限不得低于《企业所得税法实施条例》规定的最低折旧年限减去已使用年限后剩余年限的60%。

七、小型微利企业税收优惠

符合条件的小型微利企业，减按20%的税率征收企业所得税。

小型微利企业，是指从事国家非限制和禁止行业，并符合下列条件的企业：

（1）工业企业，年度应纳税所得额不超过50万元，从业人数不超过100人，资产总额不超过3000万元；

（2）其他企业，年度应纳税所得额不超过50万元，从业人数不超过80人，资产总额不超过1000万元。

对年应纳税所得额低于50万元（含50万元）的小型微利企业，其所得税按50%计入应纳税所得额，按20%的税率缴纳企业所得税。

八、加计费用的扣除的优惠政策

（1）研究开发费用的加计扣除。研究开发费用的加计扣除，是指企业为开发新技术、新产品、新工艺发生的研究开发费用，未形成无形资产计入当期损益的，在按照规定据实扣除的基础上，按照研究开发费用的50%加计扣除；形成无形资产的，按照无形资产成本的150%摊销。

（2）企业安置残疾人员所支付的工资的加计扣除。其是指企业安置残疾人员的，在按照支付给残疾职工工资据实扣除的基础上，按照支付给残疾职工工资的100%加计扣除。残疾人员的范围适用《中华人民共和国残疾人保障法》的有关规定。

（3）中小科技企业研发费用加计扣除的比例从50%提高到75%。

九、创业投资企业税收优惠政策

抵扣应纳税所得额，是指创业投资企业采取股权投资方式投资于未上市的中小高新技术企业2年以上的，可以按照其投资额的70%在股权持有满2年的当年抵扣该创业投资企业的应纳税所得额；当年不足抵扣的，可以在以后纳税年度结转抵扣。

【例题8-53·单选题】甲企业2014年1月1日向乙企业（未上市的中小高新技术企业）投资200万元，股权持有到2015年12月31日。甲企业2015年度经营所得500万元，则应纳税所得额为（　　）万元。

A.500　　　　B.360　　　　C.350　　　　D.300

【答案】B

【解析】该企业可抵扣的应纳税所得额为200×70%＝140（万元），则应纳税所得额为500－140＝360（万元）。

十、减计收入税收优惠政策

企业综合利用资源，生产符合国家产业政策规定的产品所取得的收入，可以在计算应纳税所得额时减按90%计入收入总额。

十一、税额抵免的优惠政策

税额抵免，是指企业购置并实际使用《环境保护专用设备企业所得税优惠目录》《节能节水专用设备企业所得税优惠目录》和《安全生产专用设备企业所得税优惠目录》规定的环境保护、节能节水、安全生产等专用设备的，该专用设备的投资额的10%可以从企业当年的应纳税额中抵免；当年不足抵免的，可以在以后5个纳税年度结转抵免。

享受前款规定的企业所得税优惠的企业，应当实际购置并自身实际投入使用前款规定的专用设备；企业购置上述专用设备在5年内转让、出租的，应当停止享受企业所得税优惠，并补缴已经抵免的企业所得税税款。

【例题8-54·多选题】关于企业所得税的优惠政策下列说法错误的有（   ）。

A.企业综合利用资源，生产符合国家产业政策规定的产品所取得的收入，可以在计算应纳税所得额时减按90%计入收入总额

B.创投企业从事国家需要扶持和鼓励的创业投资，可按投资额的70%在当年及以后应纳税额中抵免

C.企业购置用于环境保护、节能节水、安全生产等专用设备的投资额，可以按设备投资额10%抵免当年及以后年度的应纳税所得额

D.企业安置残疾人员所支付的工资，按照支付给残疾人工资的50%加计扣除

【答案】BCD

十二、技术转让所得优惠政策

一个纳税年度内，居民企业技术转让所得不超过500万元的部分，免征企业所得税；超过500万元的部分，减半征收企业所得税。

【例题8-55·计算题】甲公司于2016年将自行开发的一项专利权转让，取得转让收入900万元，与该项技术转让有关的成本和费用为300万元。在本题中，技术转让所得为600万元，其中500万元以内的部分免征企业所得税，超过500万元的部分，减半征收企业所得税，甲公司应纳多少企业所得税？

【答案】收入900万元，成本300万元，所得600万元，其中500万元免税，100万元减半征收。

甲公司应纳企业所得税＝（900－300－500）×25%×50%＝12.50（万元）

十三、关于鼓励软件产业和集成电路产业发展的优惠政策

（1）国家规划布局内的重点软件企业和集成电路设计企业，如当年未享受免税优惠的可减按10%的税率征收企业所得税。

（2）集成电路线宽小于0.8微米（含）的集成电路生产企业、境内新办的集成电路设计企业和符合条件的软件企业，2017年年底前，自获利年度起第一年至第二年免征企业所得税，第三年至第五年减半征收企业所得税，减半是按照25%的法定税率减半（即12.5%）征收企业所得税。

（3）集成电路线宽小于0.25微米或投资额超过80亿元的集成电路生产企业，减按15%的税率征收企业所得税，其中经营期在15年以上的，2017年年底前，自获利年度起第一年至第五年免征企业所得税，第六年至第十年减半征收企业所得税，减半是按照25%的法定税率减半（即12.5%）征收企业所得税。

十四、关于鼓励证券投资基金发展的优惠政策

（1）对证券投资基金从证券市场中取得的收入，包括买卖股票、债券的差价收

入,股权的股息、红利收入,债券的利息收入及其他收入,暂不征收企业所得税。

(2) 对投资者从证券投资基金分配中取得的收入,暂不征收企业所得税。

【例题8-56·计算题】 位于我国境内某市的一家电子产品生产企业,为增值税一般纳税人,拥有自己的核心自主知识产权,2014年至2019年经相关机构认定为高新技术企业,2017年度有关经营情况如下。

(1) 全年取得销售电子产品的不含税收入7000万元,取得房屋租金不含税收入200万元,房租按简易方式计增值税。

(2) 全年购进与生产电子产品相关的原材料取得增值税专用发票,注明价款3200万元、进项税额544万元,并通过主管税务机关认证;购进安全生产专用设备(属于企业所得税优惠目录规定)取得增值税专用发票,注明价款50万元、进项税额8.5万元,并通过主管税务机关认证。

(3) 全年与销售电子产品相关的销售成本4150万元;全年发生销售费用1400万元,其中含广告费1100万元;全年发生管理费用600万元,其中含新技术研究开发费320万元、业务招待费75万元。

(4) 计入成本、费用中的实发工资400万元、发生的工会经费支出9万元、职工福利费支出70万元、教育经费支出13万元。

(5) 全年营业外支出300万元,其中支付合同违约金6万元。

(注:该企业适用增值税税率17%,房租简易计税征收率5%,城市维护建设税税率7%,教育费附加征收率3%,企业所得税税率15%,不考虑其他税费)

计算:

(1) 2017年度该企业应缴纳的增值税、营业税、城市维护建设税、教育费附加。

应缴纳的增值税 = 7000×17% − (544+8.5) + 200×5% = 637.5(万元)

应缴纳的城市维护建设税和教育费附加 = (637.5+10)×(7%+3%) = 64.75(万元)

(2) 2017年度该企业实现的会计利润。

该企业实现的会计利润 = 7000+200−4150−1400−600−300−10−64.75 = 675.25(万元)

(3) 2017年度应纳税所得额时,职工福利费、职工工会经费、职工教育经费应调整的金额。

税前允许扣除的职工福利费 = 400×14% = 56(万元)<实际发生额70万元,应调增应纳税所得额 = 70−56 = 14(万元)

税前允许扣除的职工工会经费 = 400×2% = 8(万元)<实际发生额9万元,应调增应纳税所得额 = 9−8 = 1(万元)

税前允许扣除的职工教育经费 = 400×2.5% = 10(万元)<实际发生额13万元,应调增应纳税所得额 = 13−10 = 3(万元)

职工福利费、职工工会经费、职工教育经费共计应调增应纳税所得额 = 14+1+3 = 18(万元)

(4) 2017年度应纳税所得额时,广告费、业务招待费和新技术研究开发费用应调整的金额。

税前允许扣除的广告费 = (7000+200)×15% = 1080(万元)<实际发生额1100万元,应调增应纳税所得额 = 1100−1080 = 20(万元)

业务招待费的扣除限额 =（7000 + 200）× 5‰ = 36（万元）< 实际发生额的60% = 75 × 60% = 45（万元），应调增应纳税所得额 = 75 − 36 = 39（万元）

新技术研究开发费用可以加计扣除50%，所以应调减应纳税所得额 = 320 × 50% = 160（万元）

（5）2017年度该企业应纳税所得额。

该企业应纳税所得额 = 675.25 + 18 + 20 + 39 − 160 = 592.25（万元）

（6）2017年度该企业应纳所得税额。

该企业应缴纳企业所得税 = 592.25 × 15% − 50 × 10% = 83.84（万元）

第八节 特别纳税调整

企业与其关联方之间的业务往来，应按照独立交易原则收取或支付价款。凡不符合独立交易原则而减少企业或者其关联方应纳税收入或者所得额的，税务机关有权按照合理方法调整。

一、关联方的界定

关联方是指与企业有下列关联关系之一的企业、其他组织或者个人。
（1）在资金、经营、购销等等方面存在直接或者间接的控制关系。
（2）直接或者间接地同为第三者控制。
（3）在利益上具有相关联的其他关系。

二、调整方法

税法规定对关联企业不符合独立交易原则而减少企业或者其关联方应纳税收入或者所得额的，调整方法如下。

（1）可比非受控价格法，是指按照没有关联关系的交易各方进行相同或者类似业务往来的价格进行定价的方法。

（2）再销售价格法，是指按照从关联方购进商品再销售给没有关联关系的交易方的价格，减除相同或者类似业务的销售毛利进行定价的方法。

（3）成本加成法，是指按照成本加合理的费用和利润进行定价的方法。

（4）交易净利润法，是指按照没有关联关系的交易各方进行相同或者类似业务往来取得的净利润水平确定利润的方法。

（5）利润分割法，是指将企业与其关联方的合并利润或者亏损在各方之间采用合理标准进行分配的方法。

（6）其他符合独立交易原则的方法。

三、核定征收

企业不提供与其关联方之间业务往来资料,或者提供虚假、不完整资料,未能真实反映其关联业务往来情况的,税务机关有权依法核定其应纳税所得额。核定方法如下:
(1)参照同类或者类似企业的利润率水平核定;
(2)按照企业成本加合理的费用和利润的方法核定;
(3)按照关联企业集团整体利润的合理比例核定;
(4)按照其他合理方法核定。

企业对税务机关按照前款规定的方法核定的应纳税所得额有异议的,应当提供相关证据,经税务机关认定后,调整核定的应纳税所得额。

四、加收利息

企业实施其他不具有合理商业目的的安排而减少其应纳税收入或者所得额的,税务机关有权按照合理方法调整。不具有合理商业目的,是指以减少、免除或者推迟缴纳税款为主要目的。

税务机关依照规定进行特别纳税调整后,除了应当补征税款外,并按照国务院规定加收利息。

应当对补征的税款,自税款所属纳税年度的次年6月1日起至补缴税款之日止的期间,按日加收利息。加收的利息不得在计算应纳税所得额时扣除。

利息,应当按照税款所属纳税年度中国人民银行公布的与补税期间同期的人民币贷款基准利率加5个百分点计算。

企业依照《企业所得税法》规定,在报送年度企业所得税纳税申报表时,附送了年度关联业务往来报告表的,可以只按规定的人民币贷款基准利率计算利息。

企业与其关联方之间的业务往来,不符合独立交易原则,或者企业实施其他不具有合理商业目的安排的,税务机关有权在该业务发生的纳税年度起10年内,进行纳税调整。

【例题8-57·多选题】《企业所得税法》所说的关联企业,是指与企业有特殊经济关系的公司、企业和其他经济组织。特殊经济关系包括(   )。
A.在资金方面存在直接或间接的拥有或者控制
B.在经营方面存在直接或间接的拥有或者控制
C.在购销方面存在直接或间接的拥有或者控制
D.直接或间接地同为第三者所拥有或者控制
【答案】ABCD

【例题8-58·单选题】新《企业所得税法》规定,企业与其关联方之间的业务往来,不符合独立交易原则,或者企业实施其他不具有合理商业目的安排的,税务机关有权在该业务发生的纳税年度起(   )内,进行纳税调整。
A.3年 B.5年 C.8年 D.10年
【答案】D

第九节 征收管理

一、纳税地点

（1）除税收法律、行政法规另有规定外，居民企业以企业登记注册地为纳税地点；但登记注册地在境外的，以实际管理机构所在地为纳税地点。企业注册登记地，是指企业依照国家有关规定登记注册的住所地。

（2）居民企业在中国境内设立不具有法人资格的营业机构的，应当汇总计算并缴纳企业所得税。企业汇总计算并缴纳企业所得税时，应当统一核算应纳税所得额，具体办法由国务院财政、税务主管部门另行制定。

（3）非居民企业在中国境内设立机构、场所的，应当就其所设机构、场所取得的来源于中国境内的所得，以及发生在中国境外但与其所设机构、场所有实际联系的所得，以机构、场所所在地为纳税地点。

（4）非居民企业在中国境内未设立机构、场所的，或者虽设立机构、场所但取得的所得与其所设机构、场所没有实际联系的所得，以扣缴义务人所在地为纳税地点。

（5）除国务院另有规定外，企业之间不得合并缴纳企业所得税。

二、纳税期限

企业所得税按年计征，分月或者分季预缴，年终汇算清缴，多退少补。

企业所得税的纳税年度，自公历每年1月1日起至12月31日止。企业在一个纳税年度的中间开业，或者由于合并、关闭等原因终止经营活动，使该纳税年度的实际经营期不足12个月的，应当以其实际经营期为一个纳税年度。企业清算时，应当以清算期间作为一个纳税年度。

自年度终了之日起5个月内，向税务机关报送年度企业所得税纳税申报表，并汇算清缴，结清应缴应退税款。

企业在年度中间终止经营活动的，应当自实际经营终止之日起60日内，向税务机关办理当期企业所得税汇算清缴。

三、纳税申报

按月或按季预缴的，应当自月份或者季度终了之日起15日内，向税务机关报送预缴企业所得税纳税申报表，预缴税款。

四、跨地区经营汇总纳税企业所得税征收管理

（1）居民企业在中国境内跨地区（指跨省、自治区、直辖市和计划单列市，下同）设立不具有法人资格的营业机构、场所（以下称分支机构）的，该居民企业为汇

总纳税企业（另有规定者除外）。

居民企业在同一省、自治区、直辖市和计划单列市内跨地、市（区、县）设立不具有法人资格营业机构、场所的，由各省、自治区、直辖市和计划单列市国家税务局、地方税务局参照本办法联合制定征管办法。

缴纳所得税未纳入中央和地方分享范围的企业，不适用汇总纳税办法。

（2）企业实行"统一计算、分级管理、就地预缴、汇总清算、财政调库"的企业所得税征收管理办法。

（3）企业应根据当期实际利润额，按照规定的预缴分摊方法计算总机构和分支机构的企业所得税预缴额，分别由总机构和分支机构分月或者分季就地预缴。

在规定期限内按实际利润额预缴有困难的，经总机构所在地主管税务机关认可，可以按照上一年度应纳税所得额的1/12或1/4，由总机构、分支机构就地预缴企业所得税。预缴方式一经确定，当年度不得变更。

（4）分支机构分摊税款比例。

总机构应按照以前年度（1~6月份按上上年度，7~12月份按上年度）分支机构的经营收入、职工工资和资产总额三个因素计算各分支机构应分摊所得税款的比例，三因素的权重依次为0.35、0.35、0.30，计算公式如下：

某分支机构分摊比例=0.35×（该分支机构营业收入/各分支机构营业收入之和）+0.35×（该分支机构工资总额/各分支机构工资总额之和）+0.30×（该分支机构资产总额/各分支机构资产总额之和）

以上公式中分支机构仅指需要就地预缴的分支机构，该税款分摊比例按上述方法一经确定后，当年不做调整。

（5）上年度认定为小型微利企业的，其分支机构不就地预缴企业所得税。

（6）新设立的分支机构，设立当年不就地预缴企业所得税。撤销的分支机构，撤销当年剩余期限内应分摊的企业所得税税款由总机构缴入中央国库。

（7）企业在中国境外设立的不具有法人资格的营业机构，不就地预缴企业所得税。企业计算分期预缴的所得税时，其实际利润额、应纳税额及分摊因素数额，均不包括其在中国境外设立的营业机构。

【例题8-59·多选题】以下说法正确的有（　　）

A.铁路运输、国有邮政等缴纳所得税未纳入中央和地方分享范围的企业，不用汇总纳税办法

B.上年度认定为小型微利企业的，其分支机构不就地预缴企业所得税

C.新设立的分支机构，设立当年起就地预缴企业所得税

D.企业在中国境外设立的不具有法人资格的营业机构，不就地预缴企业所得税

【答案】ABD

（8）总机构和分支机构应分期预缴的企业所得税，50%在各分支机构间分摊预缴，50%由总机构预缴。总机构预缴的部分，其中25%就地入库，25%预缴中央国库。

五、新开办企业的所得税征管机关

自2009年1月1日起，新增企业所得税纳税人中，应缴纳增值税的企业，其企业所

得税由国税局管理；应缴纳营业税的企业，其企业所得税由地税局管理。以2008年为基年，2008年年底之前国税局、地税局各自管理的企业所得税纳税人不做调整。

第十节 企业所得税的会计核算

一、企业所得税核算的一般方法

（一）设置的账户

（1）"所得税费用"账户。所得税作为企业取得可供分配的净收益（即税后利润）所必须花费的代价，是企业的一项费用，而不是收益的分配。该账户用来核算企业按规定从当期损益中扣除的所得税费用，借方反映当期所得税费用，贷方反映当期结转的所得税费及当期确认法下亏损当年确认的尚可抵扣亏损结转后期抵减所得税的利益。结转后期末无余额。

（2）"应交税费——应交所得税"账户。"应交税费——应交所得税"账户用来核算企业按税法规定计算应缴所得税。贷方反映实际应纳所得税，借方反映实际缴纳所得税，余额反映欠缴所得税。

（3）"递延所得税资产"账户。"递延所得税资产"账户用来核算企业由于可抵扣暂时性差异确认的递延所得税资产，以及按能够结转后期的尚可抵扣的亏损和税款抵减的未来应税利润确认的递延所得税资产。借方反映确认的各类递延所得税资产，贷方反映当企业确认递延所得税资产的可抵扣暂时性差异情况发生回转时转回的所得税影响额，以及税率变动或开征新税调整的递延所得税资产。余额反映尚未转回的递延所得税资产。

（4）"递延所得税负债"账户。"递延所得税负债"账户用来核算企业由于应税暂时性差异确认的递延所得税负债。贷方反映确认的各类递延所得税负债，借方反映当企业确认递延所得税负债的应税暂时性差异情况发生回转时转回的所得税影响额，以及税率变动或开征新税调整的递延所得税负债。余额反映尚未转回的递延所得税负债。

（二）核算方法

（1）企业按照税法规定计算应交的所得税，借记"所得税费用"账户，贷记"应交税费——应交所得税"账户。

（2）交纳的所得税，借记"应交税费——应交所得税"账户，贷记"银行存款"等账户。

【例题8-60·会计核算题】2016年某公司每月预缴企业所得税2.5万元，全年累计预缴30万元，年度终了汇算企业2016年度应纳企业所得税40万元。企业会计处理如下：

每月预缴所得税：

  借：应交税费——应交所得税 2.5
    贷：银行存款   2.5

年度终了汇算清缴,计算全年应缴企业所得税40万元,
  借:所得税费用   40
    贷:应交税费——应交所得税 40
补缴10万元
  借:应交税费——应交所得税 10
    贷:银行存款   10

二、永久性差异和暂时性差异的核算

会计和税收分别遵循不同的原则,规范不同的对象,服务于不同的目的。因而导致同一家企业在同一会计期间,按照会计准则计算的所得税前会计利润和按照税法计算的应纳税所得额之间常常产生差异。

税前会计利润与应纳税所得额之间的差异有很多,但归纳起来,主要有两类:计算口径不同与确认时间不同,即永久性差异与暂时性差异。

(一)永久性差异和暂时性差异概述

1.永久性差异

(1)永久性差异的概念及分类。

永久性差异是指某一会计期间,由于会计准则和税法在计算收益、费用或损失时的口径不同而产生。这种差异在本期发生,并不在以后各期转回。永久性差异主要有以下几种类型。

第一,会计准则确认为收益,而税法不确认为应税收益。如我国税法规定,企业购买国债的利息收入不计入应纳税所得额,不缴纳所得税;但按会计准则规定企业购买国债的利息收入计入收益。

第二,会计准则不确认为收益,而税法确认为应税收益。如企业将自己的产品用于在建工程,税法上规定按产品的售价与成本的差额计入应纳税所得额;但会计准则规定按成本转账,不产生利润。

第三,会计准则确认为费用,而税法不确认为费用。如非公益性捐赠,按会计准则规定计入当期损益,减少当期利润;但在计算应纳税所得额时不允许扣除。

第四,会计准则不确认为费用,而税法确认为费用。如可加计50%扣除的"新产品、新工艺、新技术"研发费用。

(2)永久性差异的处理方法。

对于永久性差异,在计算交纳所得税时均应按税法规定将其调整为应纳税所得额,再按应纳税所得额计算出本期应交的所得税,作为本期所得税费用,即本期所得税费用等于本期应交所得税。

  会计利润+(第二、第三)-(第一、第四)=应纳税所得额
    应纳税所得额×所得税率=应交所得税

如果不存在暂时性差异,应交所得税和所得税费用的金额一致。

2.暂时性差异

要理解暂时性差异,需理解如下概念。

(1) 资产的计税基础。

资产的计税基础为某一项资产在未来期间计税时可以税前扣除的金额。从税收的角度考虑，资产的计税基础是假定企业按照税法规定进行核算所提供的资产的应有金额。

如以各种方式取得的固定资产，初始确认时入账价值基本上是被税法认可的，即取得时其账面价值一般等于计税基础。

固定资产在持有期间进行后续计量时，会计上的基本计量模式是"成本－累计折旧－固定资产减值准备"。会计与税收处理的差异主要来自折旧方法、折旧年限的不同以及固定资产减值准备的提取。

账面价值＝实际成本－会计累计折旧－固定资产减值准备

计税基础＝实际成本－税收累计折旧

【例题8-61·计算题】甲企业于2012年12月20日购入某固定资产并投入使用，原值为600万元，使用年限为10年，会计上采用直线法计提折旧，净残值为零。假定税法规定该类固定资产采用加速折旧法计提的折旧可税前扣除，该企业在计税时采用双倍余额递减法计列折旧，净残值为零。2014年12月31日，企业估计该项固定资产的可收回金额为460万元。

2014年12月31日，该项固定资产的账面价值＝600－600/10×2－20＝460（万元）

该项固定资产的计税基础＝600－600×20%－（600－600×20%）×20%＝384（万元）

(2) 负债的计税基础。

从税收的角度考虑，负债的计税基础是假定企业按照税法规定进行核算所提供的负债的应有金额。

一般负债的确认和清偿不影响所得税的计算，差异主要来自费用中提取的负债。如企业因销售商品提供售后服务等原因确认的预计负债。

【例题8-62·计算题】乙企业2006年因销售产品承诺提供3年的保修服务，在当年度利润表中确认了200万元的销售费用，同时确认为预计负债，当年度未发生任何保修支出。按照税法规定，与产品售后服务相关的费用在实际发生时允许税前扣除。

该项预计负债在甲企业2006年12月31日资产负债表中的账面价值为200万元。按税法规定，与产品保修相关的费用在未来期间实际发生时才允许税前扣除，税法并不认可预计的保修费用，也不认可这200万元的预计负债，该项负债的计税基础为0。

(3) 暂时性差异。

暂时性差异，是指资产或负债的账面价值与其计税基础之间的差额。根据暂时性差异对未来期间应税金额影响的不同，将其分为应纳税暂时性差异和可抵扣暂时性差异两种形式。

①应纳税暂时性差异。

应纳税暂时性差异，是指在确定未来收回资产或清偿负债期间的应纳税所得额时，将导致产生应税金额的暂时性差异。

应纳税暂时性差异通常产生于两种情况：资产的账面价值大于其计税基础或负债的账面价值小于其计税基础。

如【例题8-57】中，该项固定资产账面价值460万元与其计税基础384万元之间产生的差额76万元，意味着企业未来期间核算应纳税所得时，确认的折旧费将会比核算会计利润时确认的折旧费少76万元，将于未来期间增加应纳税所得额和应交所得税，属于应纳税暂时性差异,应确认相应的递延所得税负债。

②可抵扣暂时性差异。

可抵扣暂时性差异,是指在确定未来收回资产或清偿负债期间的应纳税所得额时,将导致产生可抵扣金额的暂时性差异。

可抵扣暂时性差异通常也产生于两种情况:资产的账面价值小于其计税基础或负债的账面价值大于其计税基础。

如【例题8-58】中,该预计负债的账面价值200万元与其计税基础零之间形成暂时性差异200万元,在未来期间保修费实际发生时,按税法规定核算应纳税所得时,会确认保修费,会减少企业的应纳税所得额,使企业于未来期间以应交所得税的方式流出的经济利益减少,为可抵扣暂时性差异,在其产生期间,符合有关确认条件时,应确认相关的递延所得税资产。

● (二) 永久性差异的核算

按照会计准则及相关准则,企业以货币资金对外捐赠,直接将捐赠金额作为营业外支出处理;企业将自产、委托加工的产成品和外购的商品、原材料、固定资产、无形资产和有价证券等用于捐赠,应将捐赠资产的账面价值及应交纳的流转税等相关税费,作为营业外支出处理。按照税法规定,企业将自产、委托加工的产成品和外购的商品、原材料、固定资产、无形资产和有价证券等用于捐赠,应分解为按公允价值视同对外销售和捐赠两项业务进行所得税处理,即税法规定企业对外捐赠资产应视同销售计算交纳流转税及所得税;另外,捐赠支出若为符合税法规定的公益救济性捐赠,可按应纳税所得额的一定比例12%在税前扣除,超过比例部分和其他捐赠支出一律不得在税前扣除。

1. 以货币资金对外捐赠业务的所得税会计核算

企业以货币资金对外捐赠,所形成的税前会计利润与应纳税所得额之间的差异为前文所述的第三种永久性差异,企业在计算缴纳所得税时须据此对当期的税前会计利润进行调整,即调增应纳税所得额。

【例题8-63·会计核算题】甲公司于2015年9月以银行存款对外捐赠50000元(非公益救济性捐赠),甲公司对该项业务会计处理如下:

借:营业外支出　　　　　　　50000
　　贷:银行存款　　　　　　　　　50000

按《企业所得税法》规定,该笔捐赠为非公益救济性捐赠,捐赠支出不得在税前扣除所以应调增应纳税所得额50000元。若当年甲公司税前会计利润为1500000元,无其他差异项,则应纳税所得额为1 550000元(1500000+50000),若适用所得税率为25%,则甲公司会计处理如下:

借:所得税费用　　　　　　　387500(1550000×25%)
　　贷:应交税费——应交所得税　　387500(1550000×25%)

2. 以非货币性资产对外捐赠业务的所得税会计核算

按照会计准则及相关准则,企业以非货币性资产对外捐赠,应将捐赠资产的账面价值及应交纳的流转税等相关税费,作为营业外支出处理;按照税法规定,企业以非货币性资产对外捐赠,应分解为按公允价值视同对外销售和捐赠两项业务进行所得税处理，即税法规定企业对外捐赠资产应视同销售计算交纳流转税及所得税。若捐赠支出为符合税法规定的公益性捐赠，且金额在当年会计利润的12%以内，可在税前扣除。则在此情况下，分解后形成的按公允价值视同对外销售业务中确认的资产转让所得或损失应作为永久性差异对当期的税前会计利润进行调整。

【例题8－64·会计核算题】甲公司于2015年3月以一批库存商品对外捐赠（该笔业务为符合税法规定的公益救济性捐赠，且金额在该企业应纳税所得额的12%以内），捐赠的商品成本为80000元，当期同种商品的出厂价为100000元，该公司为增值税一般纳税人，该种商品的适用增值税率为17%。甲公司对该项捐赠业务会计处理如下：

借：营业外支出　　　　　　　　　97000
　　贷：库存商品　　　　　　　　　　80000
　　　　应交税费——应交增值税（销项）　17000

按《企业所得税法》规定，在该笔业务中，企业视同销售商品一批，售价10 000元，该批商品成本为80000元，转让所得20000元，所以应调增应纳税所得额20000元。若当年甲公司税前会计利润为4500000元，无其他差异项，则应纳税所得额为4520000元（4500 000＋20000），若适用所得税率为25%，则甲公司会计处理为：

借：所得税费用　　　　　　　1130000（4520000×25%）
　　贷：应交税费——应交所得税　1130000（4520000×25%）

接上文，若捐赠支出为符合税法规定的公益救济性捐赠，但金额超过了税法规定的应纳税所得额的一定比例，或为其他捐赠支出，则超过比例部分和其他捐赠支出一律不得在税前扣除，由此形成前文所述的第三种永久性差异，企业在计算缴纳所得税时须据此对当期的税前会计利润进行调整，即调增应纳税所得额。同时，在此情况下，分解后形成的按公允价值视同对外销售业务中确认的资产转让所得或损失应作为永久性差异对当期的税前会计利润进行调整。若上例中该笔捐赠业务为非公益救济性捐赠，其他条件不变，则甲公司当年应纳税所得额为4617000元（4500000＋20000＋97000），若适用所得税率为25%，会计处理如下：

借：所得税费用　　　　　　　1154250（4617000×25%）
　　贷：应交税费——应交所得税　1154250（4617000×25%）

【例题8－65·会计核算题】某家电经销企业（增值税一般纳税人）用买一赠一的方式销售本企业商品，规定以每台3000元（不含增值税价格，下同）购买A型号彩电的客户可获赠一台B型号豆浆机，A彩电正常销售价格3000元，B豆浆机正常出厂价格400元，彩电单位成本1600元/台，豆浆机单位成本200元/台。当期该企业销售组合家电50套，收入150000元，则A彩电所得税申报销售收入为

150000×3000/（3000＋400）＝132352.94（元）

B豆浆机所得税申报销售收入为

300000×400/（3000＋400）＝17647.06（元）

企业以买一赠一等方式组合销售本企业商品的，不属于捐赠，应将总的销售金额按各项商品的公允价值的比例来分摊确认各项的销售收入：

分摊到A彩电上的收入＝买一赠一整体收入×A/（A＋B）

分摊到B豆浆机上的收入＝买一赠一整体收入×B/（A＋B）

有时增值税与企业所得税买一赠一的税务处理方式不一定相同。

假定一：买一赠一是税务机关认可的降价销售或捆绑销售（在发票上有体现），增值税和企业所得税确认收入金额一致，则

	所得税、增值税确认收入（与会计规定一致）	增值税销项税
彩电	132352.94	132352.94×17%=22500
豆浆机	17647.06	17647.06×17%=3000
合计	150000	25500

会计处理：

借：银行存款　　　　　　　　　　　175500　[150000×（1+17%）]
　　贷：主营业务收入——彩电　　　132352.94
　　　　　　　　　　——豆浆机　　17647.06
　　　　应交税费——应交增值税（销项税额）　25500　（150000×17%）

假定二：税务机关认定该买一赠一业务中的增值税计税价格明显偏低且无正当理由，则

	所得税确认收入（与会计规定一致）	增值税确认收入	增值税销项税
西服	132352.94	150000	150000×17%=25500
领带	17647.06	20000	20000×17%=3400
合计	150000	170000	28900

由于买一赠一的增值税不能向受赠方收回，故计入企业的销售费用（有学者认为属于营业外支出）。

会计处理：

借：银行存款　　　　　　　　　　　175500　[150000×（1+17%）]
　　销售费用（或营业外支出）　　　3400
　　贷：主营业务收入——彩电　　　132352.94
　　　　　　　　　　——豆浆机　　17647.06
　　　　应交税费——应交增值税（销项税额）　28900　（170000×17%）

（三）暂时性差异的核算

资产负债表日，企业应当按照暂时性差异与适用所得税税率计算的结果，确认递延所得税负债、递延所得税资产以及相应的递延所得税费用或收益。

1.递延所得税资产的确认和计量

（1）确认递延所得税资产的一般原则。

资产、负债的账面价值与其计税基础不同产生可抵扣暂时性差异的，在估计未来期间能够取得足够的应纳税所得额用以利用该可抵扣暂时性差异时，应当以很可能取得用来抵扣可抵扣暂时性差异的应纳税所得额为限，确认相关的递延所得税资产。

①递延所得税资产的确认应以未来期间可能取得的应纳税所得额为限。

②按照税法规定可以结转以后年度的未弥补亏损和税款抵减，应视同可抵扣暂时性差异处理。在预计可利用可弥补亏损或税款抵减的未来期间内能够取得足够的应纳税所得额时，应当以很可能取得的应纳税所得额为限，确认相应的递延所得税资产，同时减少确认当期的所得税费用。

③与直接计入所有者权益的交易或事项相关的可抵扣暂时性差异，相应的递延所

得税资产应计入所有者权益。如因可供出售金融资产公允价值下降而应确认的递延所得税资产。

【例题8-66·会计核算题】某企业期末预计负债在资产负债表中列示的账面价值200万元与计税基础0之间产生的200万元为可抵扣暂时性差异,假定该企业适用的所得税税率为25%;除该差异外,不存在其他会计和税法之间的差异;其估计于未来期间能够产生足够的应纳税所得额以利用该可抵扣暂时性差异。企业应确认相关的递延所得税资产:

借:递延所得税资产　　　　　500000
　　贷:所得税费用　　　　　　　　　500000

(2)递延所得税资产的计量。

①适用税率的确定。确认递延所得税资产时,应估计相关可抵扣暂时性差异的转回时间,采用转回期间适用的所得税税率为基础计算确定。不论相关的可抵扣暂时性差异转回期间如何,递延所得税资产均不予折现。

②递延所得税资产的减值。资产负债表日,企业应当对递延所得税资产的账面价值进行复核。如果未来期间很可能无法取得足够的应纳税所得额用以利用递延所得税资产的利益,应当减记递延所得税资产的账面价值(对应的是所得税费用,而不是资产减值损失)。递延所得税资产的账面价值减记以后,以后期间根据新的环境和情况判断能够产生足够的应纳税所得额利用可抵扣暂时性差异,使得递延所得税资产包含的经济利益能够实现的,应相应恢复递延所得税资产的账面价值。

2.递延所得税负债的确认和计量

(1)确认递延所得税负债的一般原则。

企业在确认因应纳税暂时性差异产生的递延所得税负债时,应遵循以下原则:

除企业会计准则中明确规定可不确认递延所得税负债的情况以外,企业对于所有的应纳税暂时性差异均应确认相关的递延所得税负债。除直接计入所有者权益的交易或事项以及企业合并外,在确认递延所得税负债的同时,应增加利润表中的所得税费用。

【例题8-67·会计核算题】丁公司持有的某项交易性金融资产,成本为200万元,会计期末,其公允价值为220万元,该企业适用的所得税税率为25%。

会计期末在确认20万元的公允价值变动时:

借:交易性金融资产　　　　　200000
　　贷:公允价值变动损益　　　　　　200000

交易性金融资产公允价值的变动导致其账面价值变动,但其计税基础一般不会随着公允价值的变动而变动,在计税基础不变的情况下,两者之间的差额20万元会增加企业在未来期间的应纳税所得额和应交所得税,属于应纳税暂时性差异,应确认相关的递延所得税负债:

借:所得税费用　　　　　　　50000
　　贷:递延所得税负债　　　　　　　50000

(2)递延所得税负债的计量。

递延所得税负债应以相关应纳税暂时性差异转回期间适用的所得税税率计量。在我国,除享受优惠政策的情况以外,企业适用的所得税税率在不同年度之间一般不会发生变化,企业在确认递延所得税负债时,可以现行适用税率为基础计算确定,递延所得税负债的确认不要求折现。

【例题8-68•会计核算题】 戊公司于2017年12月31日购入某项机器设备,会计上采用直线法计提折旧,税法规定允许采用加速折旧,其取得成本为100万元,使用年限为10年,净残值为零,计税时按双倍余额递减法计列折旧。不考虑中期报告的影响。该企业适用的所得税税率为25%。2019年应确认的递延所得税负债的发生额如下:

2018年12月31日:

  资产的账面价值 = 100 - 10 = 90(万元)

  计税基础 = 100 - 20 = 80(万元)

  应纳税暂时性差异余额 = 90 - 80 = 10(万元)

  应确认递延所得税负债余额 = 10 × 25% = 2.5(万元)

2019年12月31日:

  资产的账面价值 = 100 - 10 - 10 = 80(万元)

  计税基础 = 100 - 20 - 16 = 64(万元)

  应纳税暂时性差异余额 = 80 - 64 = 16(万元)

  应确认递延所得税负债余额 = 16 × 25% = 4(万元)

递延所得税负债期初余额为2.5万元,2019年递延所得税负债的发生额 = 4 - 2.5 = 1.5(万元)(贷方)。

3.所得税费用的确认和计量

采用资产负债表债务法核算所得税的情况下,利润表中的所得税费用由两个部分组成:当期所得税和递延所得税。

(1)当期所得税确认和计量。

  应交所得税 = 应纳税所得额 × 所得税税率

  应纳税所得额 = 税前会计利润 + 纳税调整增加额 - 纳税调整减少额

(2)递延所得税确认和计量。

递延所得税,是指按照企业会计准则规定应予确认的递延所得税资产和递延所得税负债在期末应有的金额相对于原已确认金额之间的差额,即递延所得税资产及递延所得税负债的当期发生额,但不包括直接计入所有者权益的交易或事项及企业合并的所得税影响。

  递延所得税 = (期末递延所得税负债 - 期初递延所得税负债) - (期末递延所得税资产 - 期初递延所得税资产)

值得注意的是,如果某项交易或事项按照企业会计准则规定应计入所有者权益,由该交易或事项产生的递延所得税资产或递延所得税负债及其变化亦应计入所有者权益,不构成利润表中的递延所得税费用(或收益)。

  递延所得税 = 当期递延所得税负债的增加 + 当期递延所得税资产的减少 - 当期递延所得税负债的减少 - 当期递延所得税资产的增加

(3)所得税费用确认和计量。

利润表中的所得税费用由两个部分组成:当期所得税和递延所得税。

  所得税费用 = 当期所得税 + 递延所得税

     = 当期所得税 + 当期"递延所得税资产"和"递延所得税负债"贷方发生额 - 当期"递延所得税资产"和"递延所得税负债"借方发生额

计入当期损益的所得税费用或收益不包括企业合并和直接在所有者权益中确认的交易或事项产生的所得税影响。与直接计入所有者权益的交易或者事项相关的当期所得税和递延所得税,应当计入所有者权益。

【例题8-69·会计核算题】某公司持有的某项可供出售金融资产,成本为300万元,会计期末,其公允价值为260万元,该企业适用的所得税税率为25%。

会计期末在确认40万元的公允价值变动时:

  借:资产减值损失   400000

    贷:可供出售金融资产——公允价值变动 400000

可供出售金融资产公允价值的变动导致其账面价值变动,但其计税基础不会随着公允价值的变动而变动,在计税基础不变的情况下,两者之间的差额40万元会减少企业在未来期间的应纳税所得额和应交所得税,属于可抵扣暂时性差异,应确认相关的递延所得税资产:

递延所得税资产 = 400000 × 25% = 100000(元)

  借:递延所得税资产   100000

    贷:所得税费用   100000

第十一节 企业所得税税务筹划

企业所得税的税务筹划主要包括企业组织形式的税务筹划、企业所得税计税依据的筹划和企业所得税减免税的筹划等内容。

一、企业组织形式的税务筹划

(一)设立分支机构的所得税筹划

由于经营管理的需要,企业设立分支机构时,应考虑以下几个方面的内容。

(1)设立的难易程度。设立子公司程序比较麻烦,条件及要求比较高。分公司设立程序相对简单,条件及要求比较低。

(2)纳税义务是否有限。子公司是独立的法人,要承担全面纳税义务。分公司不是独立的法人,只承担有限纳税义务。

(3)公司间亏损能否冲抵。子公司的亏损不能冲抵母公司的利润。分公司的亏损可以冲抵总公司的利润,减轻税收负担。

(4)纳税筹划难易程度。分公司是母公司的一部分,且其与总公司之间的资本转移,因不涉及所有权变动,不必缴纳税款等政策的存在,使分公司进行纳税筹划相对容易。子公司进行纳税筹划相对较难。

(5)承受的经营风险。分公司不能独立承担民事责任,只能以总公司的名义对外从事活动。如果分公司管理不善,经营风险要由总公司来承担。子公司能独立承担民事责任，经营风险相对较小。

(6) 国家税制、纳税人经营状况及企业内部利润分配政策等多重因素。

在进行纳税筹划时，企业可以通过分公司与子公司相互转换来达到减轻企业税负的目的。一般来说，当外地的营业活动处于初始阶段时，母公司可在外地设立一个分支机构（分公司），使外地的开业亏损能在汇总纳税时减少母公司的应纳税款。当外地的营业活动开始盈利，此时就有必要建立一个子公司，以保证享受外地利润仅缴纳低于母公司所在地税款的益处。

【例题8-70·计算题】假设A集团由B母公司和两家子公司甲与乙组成。2016年总公司本部实现利润500万元，子公司甲实现利润100万元，子公司乙亏损80万元，所得税税率为25%。计算该公司应交企业所得税。

【答案及解析】

公司本部应交所得税：500×25%＝125（万元）

甲子公司应交所得税：100×25%＝25（万元）

乙子公司由于当年亏损，该年度无须缴纳所得税。

公司整体税负：125＋25＝150（万元）

如果甲和乙不是子公司，而是分公司，则整体税负为

（500＋100－80）×25%＝130（万元）

低于母子公司的整体税负20万元。

【例题8-71·计算题】某公司是机械生产企业，2016年销售收入10000万元，发生广告费1800万元，发生招待费100万元，实现税前利润120万元，适用企业所得税税率为25%。公司为加强销售队伍建设，欲设立销售公司。现有以下两个方案可以选择。

一个方案是设立非独立核算的销售公司，即设立分公司；另一个方案是设立独立的法人销售公司，即设立子公司。此种情况下，生产公司将所有产品以8000万元的价格卖给销售公司，生产公司发生招待费50万元，广告费1200万元，获得利润80万元。销售公司再以10000万元价格对外销售，发生招待费50万元，广告费600万元，获利40万元。

【答案及解析】

方案1：设立非独立核算的销售公司。该公司作为法人企业，汇总缴纳所得税，依法在所得税税前扣除各项费用。

招待费标准：10000×0.5%＝50（万元），100×60%＝60（万元）

实际发生100万元，允许扣除50万元，调增所得税额＝100－50＝50（万元）

广告费标准＝10000×15%＝1500（万元），实际发生广告费1800万元，允许税前扣除1500万元，超标准300万元，应调增应纳税所得额。

应交所得税＝（120＋50＋300）×25%＝117.5（万元）

税后利润＝120－117.5＝2.5（万元）

方案2：设立独立法人的销售公司。生产公司将所有产品以8000万元的价格卖给销售公司，生产公司发生招待费50万元，广告费1200万元，获得利润80万元。生产公司作为法人企业，所得税汇算时，依法在所得税税前扣除各项费用。

招待费标准：8000×0.5%＝40（万元），50×60%＝30（万元）

实际发生50万元，允许扣除30万元，调增所得额＝50－30＝20（万元）

广告费标准＝8000×15%＝1200（万元），实际发生广告费1200万元，可以在税前全额扣除。

应交所得税=（80+20）×25%=25（万元）

税后利润=80-25=55（万元）

销售公司再以10000万元价格对外销售，发生招待费50万元，广告费600万元，获利40万元。

销售公司作为独立法人，所得税汇算时，依法在所得税税前扣除各项费用。

招待费标准：10000×0.5%=50（万元），50×60%=30（万元）

实际发生50万元，允许扣除30万元，调增所得额=50-30=20（万元）

广告费标准=10000×15%=1500（万元），实际发生广告费500万元，可以税前全额扣除。

应交所得税=（40+20）×25%=15（万元）

税后利润=40-15=25（万元）

方案2中两个公司总体所得税负40（25+15）万元，比方案1少纳税77.5（117.5-40）万元。

方案2中税后总收益80（55+25）万元，比方案1多77.5（80-2.5）万元。

【例题8-72·计算题】A公司为高新技术企业，适用所得税率为15%，除了总部在北京之外，在长沙设立子公司E公司，在杭州成立子公司F公司，适用所得税率都为25%。根据公司实际业务情况，2013-2015年期间A公司的年应税所得额分别为600万元、850万元、1050万元；E公司的应纳税所得额分别为580万元、360万元、210万元。F公司应纳税所得额为-350万元、-210万元、-105万元，则三年内集团公司整体纳税情况见表8-5。

表8-5 2013年—2015年集团纳税整体纳税情况

单位：万元

年份	北京总公司（A）	长沙子公司（E）	杭州子公司（F）	合计
2013	90	145	0	235
2014	127.5	90	0	217.5
2015	157.5	52.5	0	210
总计	375	287.5	0	662.5

从以上缴纳税情况看出，集团公司近三年共计662.5万元。

筹划方案一：

如果将F公司作为总公司的一家分公司，则集团公司三年内的整体纳税情况见表8-6。

表8-6 2013年—2015年集团纳税整体纳税情况

单位：万元

年份	北京总公司（A）	长沙子公司（E）	合计
2013	37.5	145	182.5
2014	96	90	186
2015	141.75	52.5	194.25
总计	275.25	287.5	562.75

从上述筹划方案看出，将F公司作为A公司分公司，则分支结构与总公司实现的利润可以合并纳税。则三年内共计缴纳税为562.75万元。

筹划方案二：

如果将F公司作为长沙子公司的一家分公司，则集团公司三年内的整体纳税情况见

表8-7。

表8-7　2013年—2015年集团纳税整体纳税情况

单位：万元

年份	北京总公司（A）	长沙子公司（E）	合计
2013	90	57.5	147.5
2014	127.5	37.5	165
2015	157.5	26.25	183.75
总计	375	121.25	496.25

从上述筹划方案看出，将F公司作为长沙子公司的分公司，则分支结构与总公司实现的利润可以合并纳税，即E公司与F公司可以合并纳税，则三年内共计缴纳税为496.25万元。各方案交纳税额的比较见表8-8。

表8-8　各方案交纳税额的比较

单位：万元

方案	原有方案	筹划方案1	筹划方案2
缴纳税额（万元）	662.5	562.75	496.25

总之，集团公司在确定分支机构组织形式时，应该统筹进行规划，因为从以上筹划方案来看，不同的组织形式对集团公司整体纳税情况影响较大。

二、企业所得税计税依据的税务筹划

企业所得税的计税依据是应纳税所得额，而应纳税所得额的大小取决于收入和扣除项目两个因素，因此，计税依据的筹划主要从收入和扣除项目两个方面进行。

在收入筹划过程中，可以通过推迟计税依据实现和设法压缩计税依据来进行筹划，如采取分期收款销售、推迟获利年度、合理分摊汇兑收益；通过企业的兼并、合并，使成员企业之间的利润和亏损互相抵冲等。在收入总额既定的前提下，扣除项目的筹划空间比较大，可以通过增加准予扣除项目的金额，达到减少应纳税所得额的目的，进而减少应交所得税。

1.固定资产折旧方式的税务筹划

固定资产的折旧方法有直线折旧法和加速折旧法两种。不同的折旧方法计算出来的各期的折旧额不一致，从而影响到企业的应税所得额。加速折旧使企业前期的折旧费用大，应纳所得税减少，能充分享受货币时间价值所带来的税收利益。折旧方式选择的筹划应立足于使折旧费用的抵税效应得到最充分发挥。企业应在税法允许的范围内选择不同的折旧方法，使企业的所得税税负降低。

对盈利企业，由于折旧费用都能从当年的所得额中税前扣除，即折旧费用的抵税效应能够完全发挥，因此，在选择折旧方法时，应着眼于使折旧费用的抵税效应尽可能早地发挥作用。在享受所得税优惠政策的企业中，由于减免税期限内折旧费用的抵税效应会全部或部分地被减免优惠所抵消，所以应选择减免税期折旧少、非减免税期折旧多的折旧方法。企业在盈利前期享受免税、减税待遇时，固定资产折旧速度越快，企业所得税税负越重。企业在享受减免税期内，应尽可能降低费用，加大利润，把费用尽可能安排在正常纳税年度摊销，以减少正常纳税年度的应税所得，降低所得税负担。

企业还可以利用折旧年限进行税务筹划。缩短折旧年限，有利于加速成本回收，可以使后期成本费用前移,从而使前期会计利润后移。在税率稳定或降低的情况下,所得税的递延缴纳,相当于从国家获得了一笔无息贷款。

在盈利企业,选择最低的折旧年限,有利于加速固定资产投资的回收,使计入成本的折旧费用前移、应纳税所得额尽可能地后移,这相当于获得了一笔无息贷款,从而相对降低纳税人的所得税税负。

在享受所得税税收优惠政策的企业,选择较长的折旧年限,有利于企业充分享受税收优惠政策,把税收优惠政策对折旧费用抵税效应的抵消作用降到最低,从而达到降低企业所得税税负的目的。

在亏损企业,选择折旧方法和折旧年限应同企业的亏损弥补情况相结合,保证折旧费用的抵税效应得到最大限度的发挥。

【例题8-73·计算题】某公司为高新技术企业,适用税率15%,享受企业所得税两免三减半的优惠政策,2013年至2014年为免税期,2015年至2017年为减半期。公司购置某大型设备原始价值600万元,预计净残值30万元,采用平均年限法从2015年开始计提折旧。按税法规定该类设备折旧年限为3~5年(法定折旧年限5年,最低折旧年限为3年,折旧年限不低于税法规定折旧年限的60%)。假定该公司未购置该设备时2015-2019年每年应纳税所得额为300万元,折旧年限为3年或5年对公司所得税影响分别见表8-9和表8-10。

表8-9 折旧年限3年的情况

单位:万元

年限	设备原值	净残值	折旧年限	折旧额	应纳税所得额(考虑折旧)	应纳税额	期间
2015	600	30	3	190	110	8.25	减半期
2016	600	30	3	190	110	8.25	减半期
2017	600	30	3	190	110	8.25	减半期
2018					300	45	无优惠
2019					300	45	无优惠
合计				570		114.75	

表8-10 折旧年限5年的情况

单位:万元

年限	设备原值	净残值	折旧年限	折旧额	应纳税所得额(考虑折旧)	应纳税额	期间
2015	600	30	5	114	186	13.95	减半期
2016	600	30	5	114	186	13.95	减半期
2017	600	30	5	114	186	13.95	减半期
2018	600	30	5	114	186	27.9	无优惠
2019	600	30	5	114	186	27.9	无优惠
合计				570		97.65	

从上述两表可知:折旧额为570万元,但折旧期是3年和5年情况下对应纳税额的影响是不同的。

2.选择合理的筹资方式和筹资费用处理方式

筹资活动不可避免地要涉及还本付息的问题。利用利息摊入成本的不同方法和资金往来双方的关系,以及企业在经济活动中所处的不同地位,往往是实现节税的关键所在。

筹资作为一种相对独立的行为,其对企业经营理财业绩的影响主要是通过资本结构的变动引发效应的,因此,在进行筹资的税务筹划时,应着重考虑三个方面:一是资本结构的变动是如何对企业业绩和税负产生影响的,二是企业应当怎样组织资本结构的配置,三是筹资费用的处理方式。这样才能在有效降低税负的同时,实现投资者税后收益最大化的目标。资本结构的构成与变动主要取决于负债与资本金的比例。负债与资本金的比例越高,意味着企业的税前扣除额越大,节税效果也就越明显,但同时企业的经营风险也就越大。因此,在利用筹资方式进行纳税筹划时,不能仅从税收上考虑,还要注意筹资风险,要充分考虑企业自身的特点以及抗风险能力。

【例题8-74·计算题】甲公司(适用税率25%)目前的融资方式主要有两种,分别为银行贷款和政府补贴。公司在进行银行贷款的时候,没有系统考虑借款用途不同,借款费用对当年的应纳税所得额影响额也不同。现状为2014年和2015年借款用途为工程建设。政府补贴项目资金全部用于补充日常生产经营活动。2013年-2015年甲公司融资情况见表8-11。

表8-11 甲公司2013年-2015年融资情况表

单位:万元

年度	融资方式		利息成本 (资本化)	应纳税所得额	应交所得税
	借款	政府补贴			
2013	0	800	0	1500	375
2014	5000	2000	300	2000	500
2015	8000	3500	480	2500	625
合计	13000	6300	780	6000	1500

筹划方案:在办理银行借款时,考虑资金用途,即借款用于生产经营活动,政府补贴款用于工程建设,将借款费用费用化。具体方案见表8-12。

表8-12 甲公司2013年-2015年融资情况表

单位:万元

年度	融资方式		利息成本 (费用化)	应纳税所得额	应交所得税
	借款	政府补贴			
2013	0	800	0	1500	375
2014	5000	2000	300	1700	425
2015	8000	3500	480	2020	505
合计	13000	6300	780	5220	1305

从上述可以看出,筹划后跟筹划前相比,甲公司所得税额减少195(1500-1305)万元。

三、企业所得税减免税的税务筹划

企业所得税的优惠政策多种多样,企业应当充分了解各项减免税政策的法律规定,注意税收减税和免税规定的界限,在组建、注册、经营方式上充分利用所得税的优惠政策,以降低税负。

●(一)正确把握亏损弥补期限

税法规定，纳税人发生年度亏损，可以用下一纳税年度的所得弥补；下一纳税年度的所得不足弥补的，可以逐年延续弥补，但是延续弥补期最长不超过5年。弥补亏损对企业来说非常重要，因为企业发生亏损后，是否可以在以后的5年内将全部亏损弥补完，将直接影响到企业的经济效益。纳税人发生年度亏损，必须在年度终了后5个月内，将"本年度纳税申报表"和"企业税前弥补亏损申报表"报送当地税务机关审核。因此，纳税人在进行亏损弥补时，应最大限度地进行弥补，以免丧失亏损抵税的利益。

（二）正确选择投资项目

投资项目是多种多样的，不同项目所享受的税收待遇也不相同，企业可以根据自身的具体情况，根据税法的规定，选择国家鼓励发展的投资项目，在获得更多收益的同时，又能减轻自身的税收负担。如企业可以选择免征、减征企业所得税的农、林、牧、渔业项目进行投资。"三免三减半"的公共基础设施项目和环保、节能节水项目、软件项目和集成电路项目，都是自项目取得第一笔生产经营收入所属纳税年度起，第1~3年免征企业所得税，第4~6年减半征收企业所得税，因此，企业在可能的情况下，尽量控制收入的取得时间。

（三）正确表述享受优惠政策的经营行为

税收优惠政策的要求比较严格，企业在实际运用中有时可能会由于语言表述不确切，而使本应享受优惠政策的免税合同变为征税合同。

《企业所得税法》规定：在一个纳税年度内，居民企业技术转让所得不超过500万元的部分，免征企业所得税；超过500万元的部分，减半征收企业所得税。这个税收优惠政策要求技术转让要"符合条件"。企业所签订的技术转让合同必须先经过技术部门认定，然后才能到税务机关办理有关减免税手续。

税务机关在进行认定时，关键要审核合同中表述的有关内容是否符合税法的要求。如果企业在实际运用这项政策时，未将相应的商品销售收入与技术转让收入分开表述，则会被税务机关认定为不能享受该项政策，变免税合同为征税合同。

练习题

一、单项选择题

1. 根据《企业所得税法》的有关规定，下列有关确定所得来源地的说法中，不正确的是（　　）。
   A. 销售货物所得，按照交易活动发生地确定
   B. 提供劳务所得，按照劳务发生地确定
   C. 权益性投资资产转让所得按照投资企业所在地确定
   D. 不动产转让所得按照不动产所在地确定

2. 根据企业所得税法律制度的规定，下列收入中，属于企业应税收入的是（　　）。
   A. 财政拨款　　　　　　　　　　B. 国债利息收入
   C. 物资及现金溢余　　　　　　　D. 非营利组织接受其他单位捐赠的收入

3. 某商场采用买一赠一的方式销售商品，规定以1500元（不含增值税，下同）购买手机的客户可获赠一个价值200元的电饭锅；2017年该商场一共销售了100部手机，取得收入150000元。则该商场在计算2017年企业所得税时，应确认手机的销售收入为（　　）元。
   A. 132352.94　　B. 150000　　C. 170000　　D. 17647.06

4. 某地板厂（增值税一般纳税人）2017年由于管理不善造成一批外购的原材料丢失（已抵扣过进项税），账面成本24.65万元（含运费4.65万元），取得直接负责人赔偿金额5万元，该企业的损失已经得到税务机关的审核和确认，该企业在计算企业所得税应纳税所得额时可以扣除的损失为（　　）万元。
   A. 20　　B. 23.4　　C. 28.4　　D. 28.84

5. 某公司为我国居民企业，适用的企业所得税税率为25%，2017年度实现利润总额255万元，其中含境外某国投资收益45万元。该国与我国签订了税收协定，该国企业所得税税率为20%，由于享受了5%的优惠政策，实际在该国缴纳了15%的企业所得税税款，假定无其他纳税调整事项，则该公司2017年度在我国应缴纳的企业所得税为（　　）万元。
   A. 54.5　　B. 55.15　　C. 57.8　　D. 61.5

6. 某塑料厂2017年销售塑料取得收入2600万元，通过公益性组织对灾区重建捐赠自产产品一批，该批产品市场不含税价款为200万元，收取某项专利技术使用费收入200万元，对外投资获得投资收益200万元。该塑料厂当年发生符合条件的广告费支出300万元，业务宣传费支出340万元，那么广告费和业务宣传费在计算2017年企业所得税应纳税所得额时应调整的金额为（　　）万元。
   A. 0　　B. 160　　C. 190　　D. 220

7. 根据企业所得税法律制度的规定，下列关于收入的确认，说法不正确的是（　　）。
   A. 纳税人取得股息、红利等权益性投资收益，按照投资方实际取得分配利润的日期确认收入的实现
   B. 纳税人取得利息收入，按照合同约定的债务人应付利息的日期确认收入的实现

C. 纳税人取得租金收入，按照合同约定的承租人应付租金的日期确认收入的实现

D. 纳税人取得特许权使用费收入，按照合同约定的特许权使用人应付特许权使用费的日期确认收入的实现

8. 根据企业所得税法律制度的规定，除另有规定外，下列固定资产中，计算折旧最低年限为4年的是（　　）。

A. 房屋　　　　B. 卡车　　　　C. 电子设备　　　　D. 飞机

9. 2016年某居民企业向主管税务机关申报收入总额200万元，成本费用支出总额210.5万元，全年亏损10.5万元，经税务机关检查，该企业申报的成本费用支出总额核算准确，但申报的收入总额不能确定。税务机关对该企业采取核定征收的办法，应税所得率为15%。2016年度该企业应缴纳企业所得税（　　）万元。

A. 9.29　　　B. 8.82　　　C. 15.48　　　D. 10.52

10. 根据《企业所得税法》的规定，企业从事下列项目取得的所得，免征企业所得税的是（　　）。

A. 远洋捕捞　　B. 香料作物的种植　　C. 海水养殖　　D. 内陆养殖

11. 在中国境内未设立机构、场所的非居民企业A从中国境内B居民企业取得特许权使用费所得20万元，并向B企业转让位于我国境内的一处房产，取得转让收入200万元，该房产净值为120万元。假设不考虑其他税费，B企业应扣缴A企业的企业所得税为（　　）万元。

A. 44　　　B. 10　　　C. 20　　　D. 22

二、多项选择题

1. 根据企业所得税法律制度的相关规定，纳税人在计算企业所得税应纳税所得额时，下列支出不得在税前扣除的有（　　）。

A. 企业之间支付的管理费　　　　B. 企业内营业机构之间支付的租金

C. 企业内营业机构之间支付的特许权使用费

D. 银行企业内营业机构之间支付的利息

E. 未经核定的准备金支出

2. 根据企业所得税法律制度的相关规定，企业将资产处置或移送他人的下列情形，应按规定视同销售确认收入的有（　　）。

A. 用于生产、制造、加工另一产品　　B. 用于市场推广或销售

C. 用于股息分配　　　D. 用于对外捐赠　　　E. 用于交际应酬

3. 根据企业所得税法律制度的相关规定，纳税人在计算企业所得税应纳税所得额时，下列固定资产不得计算折旧扣除的有（　　）。

A. 以经营租赁方式租出的固定资产

B. 以融资租赁方式租入的固定资产

C. 已足额提取折旧仍继续使用的固定资产

D. 单独估价作为固定资产入账的土地

E. 与经营活动无关的固定资产

4. 根据《企业所得税资产损失税前扣除管理办法》的相关规定，下列属于企业应当以清单申报的方式向税务机关申报扣除的资产损失有（　　）。
　　A. 企业在正常经营管理活动中，按照公允价值销售存货发生的损失
　　B. 企业各项存货发生的正常损耗
　　C. 企业固定资产达到使用年限而正常报废清理的损失
　　D. 债务人经营状况恶化导致的应收账款损失
　　E. 企业按照市场公平交易原则，通过证券交易场所买卖股票发生的损失

5. 根据《企业所得税法》的有关规定，下列关于所得来源地确定的说法中正确的有（　　）。
　　A. 销售货物所得按照企业或机构、场所所在地确定
　　B. 提供劳务所得按照劳务发生地确定
　　C. 权益性投资资产转让所得按照投资企业所在地确定
　　D. 不动产转让所得按照不动产所在地确定
　　E. 股息、红利等权益性投资所得，按照分配所得的企业所在地确定

6. 根据《企业所得税法》的有关规定，企业在各个纳税期末，提供劳务交易的结果能够可靠估计的，应采用完工进度法（完工百分比法）确认提供劳务收入。企业提供劳务完工进度的确定，可选用的方法有（　　）。
　　A. 已完工作的测量
　　B. 发生成本占总成本的比例
　　C. 已取得收入占总收入的比例
　　D. 已提供劳务占劳务总量的比例
　　E. 已提供劳务发生的时间占预计总时间的比例

7. 根据企业所得税法律制度的规定，企业发生下列情形的处置资产，可作为内部资产处置，不视同销售确认收入，相关资产的计税基础延续计算的有（　　）。
　　A. 企业将自产的商品用于对外投资
　　B. 企业将自产的原材料用于本企业的办公楼的装修
　　C. 企业将自建的商品房作为本企业的生产车间
　　D. 企业将自产的白酒用于职工奖励
　　E. 企业将自产的小汽车改装成救护车

8. 下列支出中，在符合真实性原则的前提下，可以从企业所得税应纳税所得额中直接据实扣除的有（　　）。
　　A. 合同的违约金　　　　　　　　　B. 诉讼费用
　　C. 提取未付的职工工资　　　　　　D. 实际发生的业务招待费
　　E. 购建固定资产的银行借款资本化利息支出

9. 企业取得的下列收入，属于企业所得税免税收入的有（　　）。
　　A. 国债利息收入　　　　　　　　　B. 金融债券利息收入
　　C. 符合条件的居民企业之间的红利、股息等权益性投资收益
　　D. 居民企业从在中国境内设立机构、场所的非居民企业取得的股息等权益性投资收益

E. 在中国境内设立机构、场所的非居民企业连续持有居民企业公开发行并上市流通的股票1年以上取得的投资收益

10. 根据《企业所得税法》的规定，下列关于固定资产的计税基础判断正确的有（　　）。
A. 外购的固定资产，以购买价款为计税基础
B. 自行建造的固定资产，以竣工结算前发生的支出为计税基础
C. 融资租入的固定资产，租赁合同未约定付款总额的，以该资产的公允价值和承租人在签订租赁合同过程中发生的相关费用为计税基础
D. 盘盈的固定资产，以该固定资产的市场价值为计税基础
E. 通过捐赠、投资、非货币性资产交换、债务重组等方式取得的固定资产，以该资产的公允价值和支付的相关税费为计税基础

11. 下列各项中，应该计入企业职工福利费支出，在不超过工资、薪金总额14%的部分准予在企业所得税税前扣除的有（　　）。
A. 职工供养直系亲属医疗补贴　　B. 员工的加班费
C. 离休人员的医疗费　　D. 丧葬补助费
E. 职工异地安家费

三、实训项目

项目一

某居民企业（增值税一般纳税人）2017年取得商品销售收入3000万元，转让固定资产的净收益30万元，投资收益50万元；发生商品销售成本1200万元，税金及附加120万元，销售费用700万元，管理费用560万元，财务费用120万元，营业外支出80万元，实现利润总额300万元。经注册税务师审核，发现如下问题。

（1）销售费用中含广告费400万元（其中80万元没有取得合法、有效票据），业务宣传费60万元；12月购进一台符合《安全生产专用设备企业所得税优惠目录》规定的安全生产专用设备，取得增值税专用发票上注明价款30万元、增值税5.1万元，当月投入使用，企业将该设备购买价款30万元一次性在销售费用中列支。

（2）管理费用中含业务招待费180万元，支付给其他居民企业租金30万元。

（3）财务费用中含支付给银行的借款利息70万元、逾期罚息10万元。

（4）营业外支出中含通过公益性社会团体向灾区捐款50万元，因违反合同约定支付给其他企业违约金25万元，因违反工商管理规定被工商局处以罚款5万元。

（5）投资收益中含国债利息收入10万元；从境外A国子公司分回投资收益25万元，A国政府规定的所得税税率为30%；从境外B国子公司分回投资收益15万元，B国政府规定的所得税税率为20%。

（6）年初企业向全体股东分配红利200万元。

根据上述资料，回答下列问题：
（1）计算该企业2017年度应纳税所得额时，销售费用的纳税调整金额；
（2）计算该企业2017年度应纳税所得额时，业务招待费的纳税调整金额；
（3）该企业2017年度企业所得税境内应纳税所得额；

(4) 该企业从境外取得的所得应在我国补缴企业所得税；
(5) 该企业2017年度应缴纳企业所得税。

项目二

位于我国境内某市的一家电子产品生产企业，为增值税一般纳税人，拥有自己的核心自主知识产权，2012年至2017年经相关机构认定为高新技术企业，2016年度有关经营情况如下：

(1) 全年取得销售电子产品的不含税收入7000万元，取得含税房屋租金收入420万元。

(2) 全年购进与生产电子产品相关的原材料取得增值税专用发票，注明价款3200万元、进项税额544万元，并通过主管税务机关认证；购进安全生产专用设备（符合《安全生产专用设备企业所得税优惠目录》规定），取得增值税专用发票，注明价款50万元、进项税额8.5万元，并通过主管税务机关认证。

(3) 全年的营业成本4150万元；全年发生销售费用1400万元，其中含广告费1100万元；全年发生管理费用600万元，其中含新技术研究开发费320万元、业务招待费75万元。

(4) 计入成本、费用中的实发工资400万元、发生的工会经费支出9万元、职工福利费支出70万元、教育经费支出13万元。

(5) 全年营业外支出300万元，其中支付合同违约金6万元。

（注：该企业适用增值税税率17%，出租不动产采用简易方式征收，征收率5%；城市维护建设税税率7%，教育费附加征收率3%，企业所得税税率15%，不考虑其他税费）

根据上述资料，回答下列问题：

(1) 计算2016年度该企业应缴纳的增值税、城市维护建设税、教育费附加；
(2) 计算2016年度该企业实现的会计利润；
(3) 计算2016年度应纳税所得额时，职工福利费、职工工会经费、职工教育经费应调整的金额；
(4) 计算2016年度应纳税所得额时，广告费、业务招待费和新技术研究开发费用应调整的金额；
(5) 计算2016年度该企业应纳税所得额；
(6) 计算2016年度该企业应纳所得税额；
(7) 假设该企业2016年度累计预缴企业所得税84万元，汇算清缴时应补缴多少，填制企业所得税纳税申报表

第八章 企业所得税会计核算与筹划

中华人民共和国企业所得税年度纳税申报表（A类）

税款所属期间： 年 月 日至 年 月 日

纳税人名称：

纳税人识别号：□□□□□□□□□□□□□□□ 金额单位：元（列至角分）

类别	行次	项目	金额
利润总额计算	1	一、营业收入（填附表一）	
	2	减：营业成本（填附表二）	
	3	营业税金及附加	
	4	销售费用（填附表二）	
	5	管理费用（填附表二）	
	6	财务费用（填附表二）	
	7	资产减值损失	
	8	加：公允价值变动收益	
	9	投资收益	
	10	二、营业利润	
	11	加：营业外收入（填附表一）	
	12	减：营业外支出（填附表二）	
	13	三、利润总额（10＋11－12）	
应纳税所得额计算	14	加：纳税调整增加额（填附表三）	
	15	减：纳税调整减少额（填附表三）	
	16	其中：不征税收入	
	17	免税收入	
	18	减计收入	
	19	减、免税项目所得	
	20	加计扣除	
	21	抵扣应纳税所得额	
	22	加：境外应税所得弥补境内亏损	
	23	纳税调整后所得（13＋14－15＋22）	
	24	减：弥补以前年度亏损（填附表四）	
	25	应纳税所得额（23－24）	
应纳税额计算	26	税率（25%）	
	27	应纳所得税额（25×26）	
	28	减：减免所得税额（填附表五）	
	29	减：抵免所得税额（填附表五）	
	30	应纳税额（27－28－29）	
	31	加：境外所得应纳所得税额（填附表六）	
	32	减：境外所得抵免所得税额（填附表六）	
	33	实际应纳所得税额（30＋31－32）	
	34	减：本年累计实际已预缴的所得税额	
	35	其中：汇总纳税的总机构分摊预缴的税额	
	36	汇总纳税的总机构财政调库预缴的税额	
	37	汇总纳税的总机构所属分支机构分摊的预缴税额	
	38	合并纳税（母子体制）成员企业就地预缴比例	
	39	合并纳税企业就地预缴的所得税额	
	40	本年应补（退）的所得税额（33－34）	

第九章

个人所得税会计核算与筹划

本章知识结构

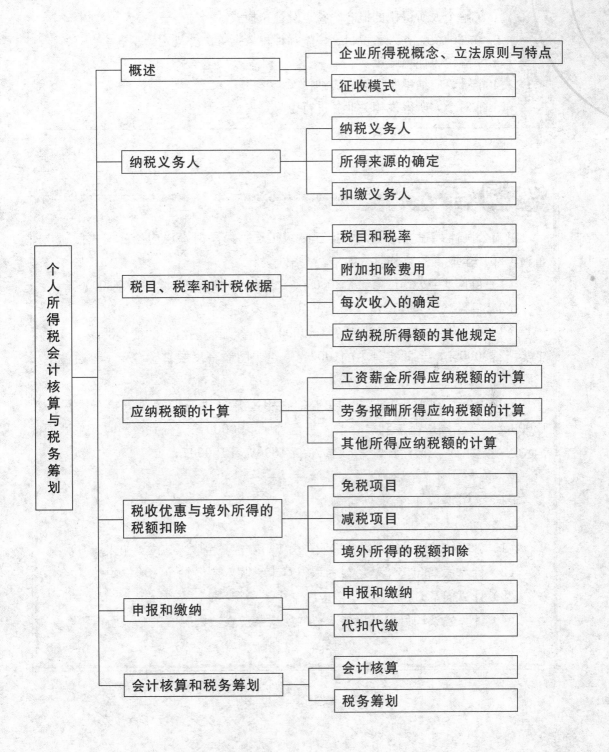

学习目标

1. 了解个人所得税的概念、特点及征税模式。
2. 掌握纳税义务人、税目、税率和计税依据等法律规定。
3. 掌握税收优惠政策。
4. 能计算应纳税所得额和应纳税额。
5. 能对个人所得税相关业务进行税收筹划。

案例导入

中国公民侯某在境内甲公司担任高级工程师，同时在境内乙公司兼任独立董事，2016年取得的部分收入如下。

（1）每月从甲公司取得工资8000元，12月份取得全年一次性奖金30000元。

（2）每月从乙公司取得董事费3000元。

（3）8月因在某商场累计消费满50000元而参加商场组织的抽奖活动，取得中奖所得3000元，当即将其中的1000元通过中国教育发展基金会用于公益性的捐赠。

（4）10月赴国外进行技术交流，在甲国开展讲座取得收入折合人民币12000元，在乙国取得专利转让收入折合人民币60000元，分别按照收入来源国的税法规定缴纳了个人所得税折合人民币1800元和12000元。

根据上述资料，回答下列问题：

要求：

（1）计算侯某12月份从甲公司取得全年一次性奖金收入应缴纳个人所得税；

（2）计算侯某2016年从乙公司取得董事费收入应缴纳个人所得税；

（3）计算侯某8月份中奖所得应缴纳个人所得税；

（4）计算侯某10月份从境外取得的所得共应在我国补缴的个人所得税。

第一节 个人所得税概述

一、个人所得税的概念

个人所得税是以自然人个人取得的各项应税所得为征税对象所征收的一种所得税,是政府利用税收对个人收入进行调节的一种手段。个人所得税的征税对象不仅包括个人还包括具有自然人性质的企业。

广义的个人所得,只指个人在一定期间内,通过各种来源或方式所获得的一切利益,不论这种利益是偶然的,还是临时的、还是货币、有价证券的,还是实物的。

而狭义的个人所得,仅限于每年经常、反复发生的所得。

我国个人所得税的征收以广义的个人所得为基础。

二、个人所得税的立法原则

（1）调节收入分配,体现社会公平。

（2）增强纳税意识,树立义务观念。

（3）扩大聚财渠道,增加财政收入：个人所得税在税收中的比重是不断在提高的,随着个人所得税征管力度的加强,有持续上升的趋势。

三、个人所得税的特点

我国现行的个人所得税主要有以下五个特点。

1.实行分类征收

世界各国的个人所得税制大体可分为三种类型：分类所得税制、综合所得税制和混合所得税制。这三种税制各有所长,各国可根据本国具体情况选择、运用。我国现行个人所得税采用的是分类所得税制,即将个人取得的各种所得划分为"类",分别适用不同的费用减除规定、不同的税率和不同的计税方法。

2.累进税率与比例税率并用

对工资、薪金所得,个体工商户的生产、经营所得,对企事业单位的承租、承包经营所得采用累进税率,实行量能负担。对劳务报酬、稿酬等其他所得,采用比例税率,实行等比负担。

3.费用扣除额较宽

个人所得税以个人的纯所得为计税依据。因此,计税时以纳税人的收入或报酬扣除有关费用以后的余额为计税依据。有关费用一方面是指与获取收入和报酬有关的经营费用,另一方面是指维持纳税人自身及家庭生活需要的费用。其具体分为三类：第一,与应税收入相配比的经营成本和费用；第二,与个人总体能力相匹配的免税扣除和家庭生计扣除；第三,为了体现特定社会目标而鼓励的支出,称为"特别费用扣除",如慈善捐赠等。

本着费用扣除从宽、从简的原则，实际操作中采用费用定额扣除和定率扣除两种方法。

4. 计算简便

各种所得项目实行分类计算，并且具有明确的费用扣除规定，费用扣除项目及方法易于掌握，计算比较简单，符合税制简便原则。

5. 采取源泉扣缴制和申报制两种征纳方法

我国《个人所得税法》规定，对纳税人的应纳税额分别采取由支付单位源泉扣缴和纳税人自行申报两种方法。

四、个人所得税的征收模式

一般来说，个人所得税的征收模式有三种：分类征收制、综合征收制与混合征收制。

分类征收制，就是将纳税人不同来源、性质的所得项目，分别规定不同的税率征税。

综合征收制，是对纳税人全年的各项所得加以汇总，就其总额进行征税。

混合征收制，是对纳税人不同来源、性质的所得先分别按照不同的税率征税，然后将全年的各项所得进行汇总征税。

我国目前个人所得税采用分类征收制。

第二节 纳税义务人

个人所得税以所得人为纳税义务人，支付所得的单位和个人为扣缴义务人。

一、纳税人

个人所得税的纳税人不仅包括中国公民，也涉及在华取得所得的外籍人员和中国的港、澳、台同胞，还涉及个体户、个人独资企业和合伙企业的投资者。

个人所得税的纳税人按照国际通常的做法，依据住所和居住时间两个标准，区分为居民和非居民，并分别承担不同的纳税义务。纳税人的具体划分见表9-1。

第九章 个人所得税会计核算与筹划

表9-1 居民纳税人与非居民纳税人区分

纳税人类别	承担的纳税义务	判定标准
居民纳税人	负有无限纳税义务。其所取得的应纳税所得，无论是来源于中国境内还是中国境外任何地方，都要在中国境内缴纳个人所得税	住所标准和居住时间标准只要具备一个就成为居民纳税人。 （1）住所标准："在中国境内有住所"是指因户籍、家庭、经济利益关系而在中国境内习惯性居住； （2）居住时间标准："在中国境内居住满1年"是指在一个纳税年度（即公历1月1日起至12月31日止）内，在中国境内居住满365日。在计算居住天数时，对临时离境应视同在华居住，不扣减其在华居住的天数。"临时离境"是指在一个纳税年度内，一次不超过30日或者多次累计不超过90日的离境
非居民纳税人	承担有限纳税义务，只就其来源于中国境内的所得，向中国缴纳个人所得税。	在我国境内无住所又不居住或者无住所而在境内居住不满1年的个人。所以，非居民纳税的判定条件是以下两条必须同时具备： （1）在我国无住所； （2）在我国不居住或居住不满1年
在境内居住无住所，但居住满1年，不满5年的个人	其来源于中国境内的所得应全部依法缴纳个人所得税。对于其来源于中国境外的各种所得，经主管税务机关批准，可以只就由中国境内公司、企业以及其他经济组织或者个人支付的部分缴纳个人所得税	
境内连续居住满5年的个人	在中国境内无住所的个人在境内居住满5年的，从第6年起，应当就其来源于中国境内、境外的全部所得缴纳个人所得税。个人在中国境内居住满5年，是指个人在中国境内连续居住满5年，即在连续5年中的每一个纳税年度内均居住满1年；个人从第6年起以后各年度中，凡在境内居住满1年的，就其境内、境外所得申报纳税。 如该个人在第6年起以后的某一纳税年度内在境内居住不足90天，可以按税法相关规定确定纳税义务，仅就其境内所得境内支付部分交税，并从再次居住满1年的年度起重新计算5年期限	

【例题9-1·分析题】麦克是在我国无住所的外籍人员，2013年5月3日来华工作，2014年9月30日结束工作离华，则该外籍人员是我国的非居民纳税人。这是因为该外籍人员在2013年和2014年两个纳税年度中都未在华居住满365日，则为我国非居民纳税人。

在中国境内无住所，但是居住一年以上五年以下的个人，其来源于中国境外的所得，经主管税务机关批准，可以只就由中国境内公司、企业以及其他经济组织或者个人支付的部分缴纳个人所得税；居住超过五年的个人，从第六年起，应当就其来源于中国境外的全部所得缴纳个人所得税。

在中国境内无住所，但是在一个纳税年度中在中国境内连续或者累计居住不超过90日的个人，其来源于中国境内的所得，由境外雇主支付并且不由该雇主在中国境内的机构、场所负担的部分，免予缴纳个人所得税。

二、所得来源的确定

（一）在中国境内任职、受雇而取得的工资、薪金所得

对工资、薪金这类非独立个人劳动所得的征税，在国际上一般有两种原则：一是劳务活动地原则；二是所得支付地原则。前者是以劳务活动所在地为工资、薪金所得的发生地，由劳务活动所在地政府对该项所得行使征税权。后者是以所得实际支付地为工资薪金所得发生地，由所得实际支付地政府对该项所得行使征税权。

当然，劳务活动地原则和所得支付地原则是矛盾的。当出现跨国非独立个人劳务行为时，就会出现在一国发生劳务活动，而在另一国支付工资薪金所得的情况，从而导致两国对同一跨国工薪所得的重复征税。

国家税务总局在《关于在中国境内无住所的个人取得工资薪金所得纳税义务问题的通知》（国税发【1994】148号）中明确规定：属于来源于中国境内的工资、薪金所得应为个人实际在中国境内工作期间取得的工资薪金，不论是由中国境内还是境外企业或个人雇主支付的，均属于来源于中国境内的所得；个人实际在中国境外工作期间取得的工资薪金，不论是由中国境内还是境外企业或个人雇主支付的，均属于来源于中国境外的所得，由此，外籍人员在判定取得工资、薪金所得来源地时应以此为判定标准。

（二）其他所得

《个人所得税法实施条例》明确规定：下列所得，不论支付地点是否在中国境内，均为来源于中国境内的所得：

（1）因任职、受雇、履约等而在中国境内提供劳务取得的所得；

（2）将财产出租给承租人在中国境内使用而取得的所得；

（3）转让中国境内的建筑物、土地使用权等财产或者在中国境内转让其他财产取得的所得；

（4）许可各种特许权在中国境内使用而取得的所得；

（5）从中国境内的公司、企业以及其他经济组织或者个人取得的利息、股息、红利所得。

三、扣缴义务人

个人所得税实行代扣代缴和个人申报纳税相结合的征收管理制度。税法规定，凡支付应纳税所得的单位或个人，都是个人所得税的扣缴义务人。

第三节 税目、税率和计税依据

一、税目和税率

个人所得税税目率见表9-2。

表9-2 个人所得税税目税率

应税项目	税率（累进、比例20%）	费用扣除标准
1.工资、薪金所得 【提示】不属于纳税人本人工资、薪金所得项目的收入，不予征税的项目如下： （1）独生子女补贴； （2）执行公务员工资制度未纳入基本工资总额的补贴、津贴差额和家属成员的副食品补贴； （3）托儿补助费； （4）差旅费津贴、误餐补助	七级超额累进税率	月扣除3500元（4800元）
2.个体工商户生产、经营所得 【提示】个人独资企业、合伙企业比照该税目征收个人所得税。	五级超额累进税率	每一纳税年度的收入总额减除成本、费用以及损失
3.对企事业单位承包经营、承租经营所得	五级超额累进税率	每一纳税年度的收入总额，减除必要费用（月扣除3500元）
4.劳务报酬所得	20%，但有加成征收规定，一次取得的劳务报酬应纳税所得额20000元以上加成征收，即20000元至50000元，税率30%；50000元以上，税率40%	每次收入≤4000元：定额扣800元 每次收入>4000元：定率扣20%
5.稿酬所得	20% 【特殊】按应纳税额减征30%	
6.特许权使用费所得	20%	
7.财产租赁所得	20% 【特殊】出租居民住用房适用10%的税率	
8.财产转让所得 【特殊】（1）目前，个人在上海证券交易所和深圳证券交易所转让上市公司股票所得暂不征收个人所得税。 （2）对个人转让自用5年以上并且是家庭唯一生活用房取得的所得，免征个人所得税	20%	收入额减除财产原值和合理费用
9.利息、股息、红利所得：对证券市场个人投资者取得对证券交易结算资金利息所得，暂免征收个人所得税	20%	无费用扣除，以每次收入为应纳税所得额
10.偶然所得	20%	
11.其他所得	20%	

【例题9-2·单选题】根据个人所得税法律制度的规定,下列各项中,属于工资、薪金所得项目的是（　　）。

A.年终加薪　　　　　　　　B.托儿补助费
C.独生子女补贴　　　　　　D.差旅费津贴

【答案】A

【例题9-3·单选题】某画家2016年8月将其精选的书画作品交由某出版社出版,从出版社取得报酬10万元,该笔报酬在缴纳个人所得税时适用的税目是（　　）。

A.工资薪金所得　　　　　　B.劳务报酬所得
C.稿酬所得　　　　　　　　D.特许权使用费所得

【答案】C

【例题9-4·单选题】依据《个人所得税法》规定,对个人转让有价证券取得的所得,应属（　　）征税项目。

A.偶然所得　　　　　　　　B.财产转让所得
C.股息红利所得　　　　　　D.特权使用费所得

【答案】B

【解析】本题考查个人所得税的征税项目。个人转让有价证券取得的所得属于财产转让所得。

【例题9-5·多选题】下列各项中,以取得的收入为应纳税所得额直接计征个人所得税的有（　　）。

A.稿酬所得　　　　　　　　B.偶然所得
C.股息所得　　　　　　　　D.特许权使用费所得

【答案】BC

【例题9-6·多选题】根据个人所得税法律制度的规定,下列各项在计算应纳税所得额时,按照定额与比例相结合的方法扣除费用的有（　　）。

A.劳务报酬所得
B.特许权使用费所得
C.企事业单位的承包、承租经营所得
D.财产转让所得

【答案】AB

【解析】本题考查个人所得税的计税方法。根据规定,劳务报酬所得、稿酬所得、特许权使用费所得和财产租赁所得按照定额与比例相结合的方法扣除费用。

【例题9-7·多选题】下列各项中,适用5%~35%的五级超额累进税率征收个人所得税的有（　　）。

A.个体工商户的生产经营所得
B.合伙企业的生产经营所得
C.个人独资企业的生产经营所得
D.对企事业单位的承包经营、承租经营所得

【答案】ABCD

不同情况下的个人所得税税率分别见表9-3、表9-4、表9-5。

表9-3 个人所得税税率表（工资、薪金所得适用）

级数	含税级距	税率（%）	速算扣除数
1	不超过1500元的	3	0
2	超过1500元至4500元的部分	10	105
3	超过4500元至9000元的部分	20	555
4	超过9,000元至35000元的部分	25	1005
5	超过35000元至55000元的部分	30	2755
6	超过55000元至80000元的部分	35	5505
7	超过80000元的部分	45	13505

表9-4 个人所得税税率表
（个体工商户的生产、经营所得和对企事业单位的承包经营、承租经营所得适用）

级数	含税级距	税率（%）	速算扣除数
1	不超过15000元的	5	0
2	超过15000元到30000元的部分	10	750
3	超过30000元至60000元的部分	20	3750
4	超过60000元至100000元的部分	30	9750
5	超过100000元的部分	35	14750

表9-5 个人所得税税率表（劳务报酬所得适用）

级数	每次应纳税所得额	税率（%）	速算扣除数（元）
1	不超过20000元的部分	20	0
2	超过20000元至50000元的部分	30	2000
3	超过50000元的部分	40	7000

二、附加扣除费用

（一）附加减除费用适用的范围

（1）在中国境内的外商投资企业和外国企业中工作取得工资、薪金所得的外籍人员。

（2）应聘在中国境内的企业、事业单位、社会团体、国家机关中工作取得工资、薪金所得的外籍专家。

（3）在中国境内有住所而在中国境外任职或者受雇取得工资、薪金所得的个人。

（4）财政部确定的取得工资、薪金所得的其他人员。

（二）附加减除费用标准

上述适用范围内的人员每月工资、薪金所得在减除3500元费用的基础上，再减除1300元。

（三）华侨和香港、澳门、台湾同胞参照上述附加减除费用标准执行

三、每次收入的确定

(1) 劳务报酬所得,根据不同劳务项目的特点确定收入。

①只有一次性收入的,以取得该项收入为一次。

②属于同一事项连续取得收入的,以1个月内取得的收入为一次。

(2) 稿酬所得,以每次出版、发表取得的收入为一次

以每次出版发表取得的收入为一次;同一作品再版取得的所得,应视作另一次稿酬所得计征个人所得税;同一作品在报刊上连载取得收入,以连载完成后取得的所有收入合并为一次。

【例题9-8·计算题】国内某作家创作的一部小说在报刊上连载三个月,第一个月支付稿酬3000元,第二个月支付稿酬4000元,第三个月支付稿酬5000元,计算该作家取得稿酬收入应缴纳的个人所得税。

【答案】作家取得稿酬收入应缴纳的个人所得税 = (3000 + 4000 + 5000) × (1 - 20%) × 20% × (1 - 30%) = 1344(元)

(3) 特许权使用费所得,以某项使用权的一次转让所取得的收入为一次。

(4) 财产租赁所得,以1个月内取得的收入为一次。

纳税人出租住房,收取一个季度的租金6000元,在计算应缴纳的个人所得税时,应先折算为月,再扣除标准费用,即应纳税额 = (2000 - 800) × 10% × 3。

(5) 利息、股息、红利所得,以支付利息、股息、红利时取得的收入为一次。

(6) 偶然所得,以每次收入为一次。

(7) 其他所得,以每次收入为一次。

四、应纳税所得额的其他规定

(1) 个人将其所得通过中国境内的社会团体、国家机关向教育和其他社会公益事业以及遭受严重自然灾害地区、贫困地区捐赠,捐赠额未超过纳税义务人申报的应纳税所得额30%的部分,可以从其应纳税所得额中扣除。

(2) 个人通过非营利性的社会团体和国家机关向以下公益性事业的捐赠,准予在税前的所得额中全额扣除。

①个人通过非营利的社会团体和国家机关向农村义务教育、红十字事业、公益性青少年活动场所(其中包括新建)、非营利性老年服务机构等四项事业的捐赠,在计算缴纳个人所得税时,准予在税前的所得额中全额扣除。

②个人通过中国教育发展基金会、宋庆龄基金会等用于公益救济性的捐赠,准予在当年个人所得税前全额扣除。

【例题9-9·计算题】王先生在参加商场的有奖销售过程中,中奖所得共计价值20000元。王先生领奖时告知商场,从中奖收入中拿出4000元通过民政部门向灾区捐赠。

(1) 计算商场代扣代缴个人所得税。

(2) 王先生实际可得中奖金额。

【答案与解析】(1) 捐赠扣除限额 = 20000 × 30% = 6000(元),大于实际捐赠额4000元,捐赠额可以全部从应纳税所得额中扣除。

应纳税所得额＝偶然所得－捐赠额＝20000－4000＝16000（元）
商场代扣个税税款＝应纳税所得额×适用税率＝16000×20%＝3200（元）
（2）王先生实际可得金额＝20000－4000－3200＝12800（元）
接上例，如果王先生获得稿酬20000元，用稿酬所得进行公益性捐赠，限额＝20000×（1－20%）×30%＝4800＞4000
应纳个人所得税税额＝（16000－4000）×14%

第四节 应纳税额的计算

一、工资薪金所得应纳税额的计算

（一）工资薪金所得的范围和特点

（1）工资、薪金所得的范围：个人因任职或者受雇而取得的工资、薪金、奖金、年终加薪、劳动分红、津贴、补贴以及与任职或者受雇有关的其他所得。

注意辨析奖金与劳动分红：奖金是指所有具有工资性质的奖金，免税奖金的范围在税法中另有规定。劳动分红与投资分红不属于一个范畴。

（2）关于工资薪金所得范围的其他规定。

①个人内退，在没达到法定退休年龄之前从原任职单位取得的一次性补偿收入和工资薪金收入都应按照规定征税，不能享受正式退休人员工资的免税待遇。

②单位对营销业绩突出的雇员以培训班、研讨会、工作考察等名义组织旅游活动，通过免收差旅费、旅游费对个人实行的营销业绩奖励（包括实物、有价证券等），应与当期的工资薪金合并，按照"工资、薪金所得"项目征收个人所得税。

③对企业为员工支付各项免税之外的保险金，应在企业向保险公司缴付时（即该保险落到被保险人的保险账户）并入员工当期的工资收入，按"工资、薪金所得"项目计征个人所得税，税款由企业负责代扣代缴。（法定的"五险一金"不作为职工的所得，其他的免税之外的保险金应作为员工所得）

④单位为职工个人购买商业性补充养老保险等，在办理投保手续时应作为个人所得税的"工资、薪金所得"项目，按税法有关规定缴纳个人所得税，因各种原因退保，个人未取得实际收入的，已缴纳的个人所得税应予以退回。

⑤退休人员再任职取得的收入，在减除按《个人所得税法》规定的费用扣除标准后，按"工资、薪金所得"应税项目缴纳个人所得税。

⑥住房制度改革期间，按照县以上人民政府规定的房改成本价向职工售房，免征个人所得税。除上述符合规定的情形外，单位按低于购置或建造成本价格出售住房给职工，职工因此实际支付购房款低于该房屋的购置或建造成本，此项少支出的差价部分，按"工资薪金所得"项目征税。

(二) 工资薪金所得的计税依据

应纳税所得额 = 月工资、薪金收入 − 3500（生计费）

外籍、港澳台在华人员及其他特殊人员附加减除费用1300元：

应纳税所得额 = 月工薪收入 −（3500 + 1300）元

(三) 适用税率

适用七级超额累进税率，税率为3%～45%。

(四) 应纳税额计算公式

按月计税：

应纳税额 = 应纳税所得额 × 适用税率 − 速算扣除数 =（每月收入额 − 3500元或4800元）× 适用税率 − 速算扣除数

【例题9-10·计算题】假定某纳税人月工资4200元，该纳税人不适用附加减除费用的规定。计算其当月应纳个人所得税税额。

（1）应纳税所得额 = 4200 − 3500 = 700（元）
（2）应纳税额 = 700 × 3% = 21（元）

若月工资9200元：

（1）应纳税所得额 = 9200 − 3500 = 5700（元）
（2）应纳税额 = 5700 × 20% − 555 = 585（元）

【例题9-11·计算题】假定某外商投资企业中工作的美国专家（假设为非居民纳税人），2014年5月份取得由该企业发放的工资收入14400元人民币。请计算其应纳个人所得税税额。

（1）应纳税所得额 = 14400 −（3500 + 1300）= 9600（元）
（2）应纳税额 = 9600 × 25% − 1005 = 1395（元）

(五) 工资薪金计税的几种特殊情况

1. 取得全年一次性奖金的征税问题

（1）全年一次性奖金内容。

年终一次性奖金、年终加薪、实行年薪制和绩效工资办法的单位根据考核情况兑现的年薪和绩效工资。

（2）基本计税规则。

①当月工资超过费用扣除标准：工资、奖金分别计算。

先将当月取得的全年一次性奖金除以12个月，按其商数确定适用税率和速算扣除数。具体方法可理解为不扣先摊，摊后定率，全额计税。

【例题9-12·单选题】中国公民郑某2016年1～12月份每月工资3600元，12月份除当月工资以外，还取得全年一次性奖金6000元。郑某2016年年终奖金应缴纳个人所得税（　　）元。

A. 180　　　　B. 375　　　　C. 400　　　　D. 575

【答案】A

【解析】全年一次性奖金的个人所得税计算：6000 ÷ 12 = 500（元），适用税率为3%，全年一次性奖金应纳税额 = 6000 × 3% = 180（元）。

②当月工资低于费用扣除标准：工资、奖金合并计算。

发放年终一次性奖金的当月，雇员当月工资、薪金所得低于税法规定的费用扣除额，应将全年一次性奖金减除"雇员当月工资、薪金所得与费用扣除额的差额"后的余额，按上述办法确定全年一次性奖金的适用税率和速算扣除数。

【例题9-13·计算题】王某为中国公民，2015年在我国境内1~12月每月的工资为2600元，12月31日又一次性领取年终奖22500元。计算王某取得该笔奖金应缴纳的个人所得税。

【答案及解析】该笔奖金适用的税率和速算扣除数如下：
每月奖金平均额＝［22500－（3500－2600）］÷12＝1800（元）
适用的税率为10%，速算扣除数为105。
该笔奖金应缴纳个人所得税如下：
应纳税额＝［22500－（3500－2600）］×10%－105＝2055（元）
一个纳税年度内，对每一个纳税人，上述计税办法只允许采用一次。

2.对"双薪制"的计税方法

年终双薪就是多发一个月的工资，就机关而言，相当于全年一次性奖金，应按全年一次性奖金政策规定计算个人所得税；就企业而言，如果当月既有年终双薪，又有全年一次性奖金，可合并按照全年一次性奖金政策规定计算个人所得税，否则，应并入当月的工资按规定计算个人所得税。

【例题9-14·计算题】李某为中国公民，2016年在我国境内1~12月每月的工资为3000元，12月得到双薪。计算李某12月份应缴纳的个人所得税。

【答案】缴纳个人所得税＝［（3000＋3000）－3500］×10%－105＝145（元）

3.按月分摊所得汇算全年税额的特殊情况

根据相关税法规定，对采掘业、远洋运输业、远洋捕捞业的职工取得的工资、薪金所得，可按月预缴，年度终了后30日内，合计其全年工资、薪金所得，再按12个月平均并计算实际应纳的税款，多退少补。其公式为：应纳所得税额＝［（全年工资、薪金收入/12－费用扣除后标准）×税率－速算扣除数］×12

具体的计算公式可以分解为以下步骤：
(1) 各月按实际收入计算税额缴纳税款（看作预缴）；
(2) 汇总全年收入，并将汇总全年收入除12个月，计算月平均收入；
(3) 按月平均收入计算月税额（月平均税额）；
(4) 将月平均税额乘12个月计算全年应纳税额合计数；
(5) 将全年应纳税额合计数与各月实际缴纳税额合计数比较，多退少补。

考虑到远洋运输具有跨国流动的特性，对远洋运输船员在统一扣除3500元费用的基础上，准予再扣除税法规定的附加减除费用标准1300元，即合计扣除4800元，且船员集体用餐的不发给个人的伙食费不计入应纳税工资薪金收入。

4.个人办理提前退休手续而取得的一次性补贴收入

个人因办理提前退休手续而取得的一次性补贴收入，应按照办理提前退休手续至法定退休年龄之间所属月份平均分摊计算个人所得税。

计税公式：应纳税额＝｛［（一次性补贴收入÷办理提前退休手续至法定退休年龄的实际月份数）－费用扣除标准］×适用税率－速算扣除数｝×提前办理退休手续至法定退休年龄的实际月份数

5.解除劳动关系一次性补偿收入

(1)企业依照国家有关法律规定宣告破产,企业职工从该破产企业取得的一次性安置费收入,免征个人所得税。

(2)个人因与用人单位解除劳动关系而取得的一次性补偿收入(包括用人单位发放的经济补偿金、生活补助费和其他补助费用),其收入在当地上年职工平均工资3倍数额以内的部分,免征个人所得税;超过3倍数额部分的一次性补偿收入,可视为一次取得数月的工资、薪金收入,允许在一定期限内平均计算。具体方法为,以超过3倍数额部分的一次性补偿收入,除以个人在本企业的工作年限数(超过12年的按12年计算),以其商数作为个人的月工资、薪金收入,按照税法规定计算缴纳个人所得税。个人在解除劳动合同后又再次任职、受雇的,已纳税的一次性补偿收入不再与再次任职、受雇的工资、薪金所得合并计算补缴个人所得税。

【例题9-15·计算题】2014年3月,某单位因增效减员与在单位工作了18年的王某解除劳动关系,并支付王某一次性补偿200000元,当地上年职工平均工资20000元,则王某取得该项收入应缴纳的个人所得税为多少元?

【答案】

①计算免征额 = 20000 × 3 = 60000(元)

②按其工作年限平摊其应税收入,即其工作多少年,就将应税收入看作多少个月的工资,但最多不能超过12个月,最后再计算全部应纳税额:视同月应纳税所得额 = (200000 - 60000) ÷ 12 - 3500 = 8166.67(元)

③应纳税额 = (8166.67 × 20% - 555) × 12 = 12940.01(元)

(3)个人领取一次性补偿收入时按照国家和地方政府规定的比例实际缴纳的住房公积金、医疗保险费、基本养老保险费、失业保险费,可以在计征其一次性补偿收入的个人所得税时予以扣除。

6.两处以上取得工资薪金收入的情况

纳税人两处以上取得工资薪金所得的,只能扣除一次生计费。由雇用单位扣除生计费,派遣单位不能对其重复扣除生计费;在各支付单位源泉扣税之后,个人还应按月将各处取得的工资薪金合计汇总计算税款,并选择固定税务机关汇算清缴,多退少补(补的情况居多)。具体申报期限由各省、自治区、直辖市税务机关确定。

【例题9-16·计算题】一位中国公民同时在两个单位任职,从派遣单位A每月取得工薪收入2500元,从合资企业B单位每月取得工薪收入7500元。该公民每月应申报补税315元。按规定:

A单位每月为其扣税2500 × 10% - 105 = 145(元)

B单位每月为其扣税(7500 - 3500)× 10% - 105 = 285(元)

该公民每月应纳税额 = (2500 + 7500 - 3500)× 20% - 555 = 745(元)

申报补税 = 745 - (145 + 285) = 315(元)

7.雇主为其雇员负担个人所得税额的计算

雇主为其雇员担个人所得税的计算具体分两种情况处理:全额、部分。

(1)雇主全额为雇员负担税款应将雇员取得的不含税收入换算成应纳税所得额后,计算单位或个人应当代扣代缴的税款。其计算公式如下:

①应纳税所得额 = (不含税收入额 - 费用扣除标准 - 速算扣除数)÷(1 - 税率)

②应纳税额＝应纳税所得额×适用税率－速算扣除数

【例题9－17·计算题】李某月工资6800元，税款由企业全额负担。求应纳税所得额于应纳税额。

【答案及解析】

应纳税所得额＝（6800－3500－105）÷（1－10%）＝3550（元），再查含税级距对应税率和扣除数。

应纳税额＝3550×10%－105＝250（元）

（2）雇主为其雇员负担部分税款。

雇主为其雇员负担部分税款的，应将雇员取得的工资、薪金所得换算成应纳税所得额后，计算单位应当代扣代缴的税款。

①应纳税所得额＝雇员所得的工资＋雇主代雇员负担的税款－费用扣除标准

②应纳税额＝应纳税所得额×适用税率－速算扣除数

8.名义工资与实际工资不一致的情况

对可提供有效合同或有关凭证，能够证明其工资、薪金所得的一部分按照有关规定上交派遣（介绍）单位的，按实际工资纳税。

二、劳务报酬所得的征税问题

（一）劳务报酬所得的内容

劳务报酬所得，是指个人独立从事非雇佣的设计、装潢、安装、制图、化验、测试、医疗、法律、会计、咨询、讲学、新闻、广播、翻译、审稿、书画、雕刻、影视、录音、录像、演出、表演、广告、展览、技术服务、介绍服务、经纪服务、代办服务以及其他劳务的报酬所得。

劳务报酬（独立、非雇佣）与工资薪金（非独立、雇佣）的差别。从任职受雇单位取得的所得是工资薪金所得（独生子女补贴、托儿补助费等特殊补助除外）；个人独立从事非雇用劳务活动取得的所得是劳务报酬所得。个人兼职取得的收入，按照劳务报酬所得缴纳个人所得税。

（二）应纳税所得额的计算

1.应纳税所得额的确定

①每次收入不足4000元的，应纳税所得额＝每次收入额－800元

②每次收入4000元以上的，应纳税所得额＝每次收入额×（1－20%）

2.关于"次"的规定

劳务报酬所得，根据不同劳务项目的特点，分别规定如下原则：

①只有一次性收入的，以取得该项收入为一次；

②属于同一事项连续取得收入的，以一个月内取得的收入为一次。

（三）适用税率

劳务报酬所得适用20%的比例税率，但是，对劳务报酬所得一次收入畸高的，可实行加成征收。实施超额累进加征的依据的超2万元或5万元，指的是应纳税所得额而不

是收入额。

● (四) 应纳税额计算公式

(1) 每次收入不足4000元的：应纳税额＝应纳税所得额×适用税率＝（每次收入额－800）×20%

(2) 每次收入额4000元以上的：应纳税额＝应纳税所得额×适用税率＝每次收入额×（1－20%）×20%

(3) 每次收入的应税所得额超过20000元的：应纳税额＝应纳税所得额×适用税率－速算扣除数＝每次收入额×（1－20%）×适用税率－速算扣除数

【例题9－18·判断题】王某为国内一大学的著名教授,他经常到全国各地进行演讲。7月,他在一大学就环保问题连续演讲两次,分别获演讲费3000元和5000元。因此,王某应缴个人所得税1240元。（   ）

【答案】错误

【解析】本题考查考生对劳务报酬所得"次"的理解。劳务报酬所得,属于同一事项连续取得的,应以一个月内取得的收入为一次。王某应纳税额＝（3000＋5000）×（1－20%）×20%＝1280元。

【例题9－19·计算】某演员一次获得表演收入60000元,其应适用于加征五成的情况。

应纳税所得额＝60000×（1－20%）＝48000（元）

应纳个人所得税税额＝48000×30%－2000＝12400（元）

三、稿酬所得的征税问题

● (一) 稿酬所得的内容

个人因其作品以图书、报刊形式出版、发表而取得的所得。

两人或两人以上合写一本书,按照每个人取得的稿酬,各自分别计算应纳税额。

不以图书、报刊形式出版、发表的翻译、审稿、书画所得属于劳务报酬所得；作品以图书、报刊形式出版、发表的所得为稿酬所得。因工作原因在本单位刊物出版发表作品取得的所得为工资薪金所得；在外单位刊物出版发表作品取得的所得为稿酬所得。

● (二) 应纳税所得额的计算

1.应纳税所得额的确定

①每次收入不足4000元的,应纳税所得额＝每次收入额－800元

②每次收入4000元以上的,应纳税所得额＝每次收入额×（1－20%）

2.关于"次"的规定

稿酬所得,以每次出版、发表取得的收入为一次,具体可分为以下几个方面：

(1) 同一作品再版取得的所得,应视为另一次稿酬所得计征个人所得税；

(2) 同一作品先在报刊上连载,然后再出版,或者先出版,再在报刊上连载的,应视为两次稿酬所得征税,即连载作为一次,出版作为另一次；

(3) 同一作品在报刊上连载取得收入的,以连载完成后取得的所有收入合并为一次,计征个人所得税；

（4）同一作品在出版和发表时，以预付稿酬或分次支付稿酬等形式取得的稿酬收入，应合并计算为一次。

（5）同一作品出版、发表后，因添加印数而追加稿酬的，应与以前出版、发表时取得的稿酬合并计算为一次，计征个人所得税。

（三）适用税率

稿酬所得适用20%的比例税率，并按应纳税额减征30%，故其实际适用税率为14%（20%－20%×30%）。

（四）应纳税额计算公式

（1）每次收入不足4000元的：应纳税额＝应纳税所得额×适用税率×（1－30%）＝（每次收入额－800）×20%×（1－30%）。

（2）每次收入额在4000元以上的：应纳税额＝应纳税所得额×适用税率×（1－30%）＝每次收入额×（1－20%）×20%×（1－30%）。

【例题9－20·单选题】作家马某6月初在杂志上发表一篇小说，取得稿酬3800元，自6月20日起又将该小说在晚报上连载10天，每天稿酬450元。马某当月需缴纳个人所得税（ ）。

A.420元　　　　B.924元　　　　C.929.6元　　　　D.1320元

【答案】B

【解析】杂志发表与晚报连载视为两次稿酬。

应纳个人所得税＝（3800－800）×20%×（1－30%）＋450×10×（1－20%）×20%×（1－30%）＝924（元）。

【例题9－21·单选题】国内某作家的一篇小说在一家日报上连载两个月，第一个月月末报社支付稿酬3000元；第二个月月末，报社支付稿酬15000元。该作家两个月所获稿酬应缴纳的个人所得税为（ ）。

A.1988元　　　　B.2016元　　　　C.2296元　　　　D.2408元

【答案】B

【解析】考点一是连载稿酬，以连载完所有收入合并为一次计税；考点二是注意减征计算。（3000＋15000）×（1－20%）×20%×（1－30%）＝2016（元）。

【例题9－22·单选题】王某的一篇论文被编入某论文集出版，取得稿酬5000元，当年因添加印数又取得追加笔稿酬2000元。上述王某所获稿酬应缴纳的个人所得税为（ ）。

A.728元　　　　B.784元　　　　C.812元　　　　D.868元

【答案】B

【解析】同一作品出版、发表后，因添加印数而追加稿酬的，应与以前出版、发表时取得的稿酬合并计算为一次，计征个人所得税。王某所获稿酬应缴纳的个人所得税＝（5000＋2000）×（1－20%）×20%×（1－30%）＝784（元）。

四、特许权使用费所得的征税问题

（一）特许权使用费所得的内容

特许权使用费所得是指个人提供专利权、商标权、著作权、非专利技术以及其他特许权的使用权取得的所得。

作者将自己的文字作品手稿原件或复印件拍卖取得的所得，按照"特许权使用费"所得项目的费用减除标准和20%税率缴纳个人所得税。个人拍卖除文字作品原稿及复印件外的其他财产，应以其转让收入额减除财产原值和合理费用后的余额为应纳税所得额，按照"财产转让所得"项目适用20%税率缴纳个人所得税。

"特许权使用费"所得与"财产转让所得"在费用扣除方面有较大差异，前者需要定额或定率扣除费用，后者需要核算扣除费用。

（二）应纳税所得额的计算

1. 应纳税所得额的确定

①每次收入不足4000元的，应纳税所得额＝每次收入额－800元

②每次收入4000元以上的，应纳税所得额＝每次收入额×（1－20%）

2. 关于"次"的规定

特许权使用费所得，以某项使用权的一次转让所取得的收入为一次。如果该次转让取得的收入是分笔支付的，则应将各笔收入相加为一次的收入，计征个人所得税。

（三）适用税率

特许权使用费所得适用20%的比例税率。

（四）应纳税额计算公式

（1）每次收入不足4000元的：应纳税额＝应纳税所得额×适用税率＝（每次收入额－800）×20%

（2）每次收入额在4000元以上的：应纳税额＝应纳税所得额×适用税率＝每次收入额×（1－20%）×20%

【特别提示】注意特许权使用费所得没有加征和减征规定。

【例题9-23·多选题】以下按照特许权使用费所得计征个人所得税的项目有（　　）。

A. 作家转让著作权
B. 作家拍卖文字作品手稿复印件
C. 作家拍卖写作用过的金笔
D. 作家取得作品稿酬

【答案】AB

【解析】作家转让著作权（版权）、作家拍卖文字作品手稿复印件都属于特许权使用费所得。C项属于财产转让所得，D项属于稿酬所得。

五、财产租赁所得的征税问题

（一）财产租赁所得的内容

财产租赁所得是指个人出租建筑物、土地使用权、机器设备、车船以及其他财产取得的所得。

（二）应纳税所得额的计算

1.应纳税所得额的确定

①每次收入不足4000元的，应纳税所得额＝每次收入额－800元

②每次收入4000元以上的，应纳税所得额＝每次收入额×（1－20%）

个人出租居住用房有特殊规则，财产租赁收入扣除费用内容如下：税费＋修缮费＋法定扣除标准，其中，在出租财产过程中缴纳的税金和教育费附加等税费要有完税（缴款）凭证；还准予扣除能够提供有效、准确凭证，证明由纳税人负担的该出租财产实际开支的修缮费用。允许扣除的修缮费每月以800元为限，一次扣除不完的，未扣完的余额可无限期向以后月份结转抵扣；法定扣除标准为800元（月收入不超过4000元）或20%（月收入4000元以上）。

2.关于"次"的规定

财产租赁所得以一个月内取得的收入为一次。

（三）适用税率

（1）财产租赁所得适用20%的比例税率。

（2）2001年1月1日起，对个人按市场价出租的住房，暂减按10%的税率征收所得税。

（四）应纳税额计算公式

（1）每次（月）收入额不足4000元的：应纳税额＝应纳税所得额×适用税率＝[每次（月）收入额－允许扣除的项目（税费）－修缮费用（800为限）－800]×20%

（2）每次收入额在4000元以上的：应纳税额＝应纳税所得额×适用税率＝[每次收入额－允许扣除的项目（税费）－修缮费用（800为限）]×（1－20%）×20%

【例题9－24·计算题】王某2017年1月份将市区内闲置的一处住房出租用于他人居住，租期1年，每月租金2000元，房产原值70万元，当地政府规定减免比例为30%，可提供实际缴纳营业税和房产税的完税凭证（假定其他税费忽略不计）。7月发生漏雨修缮费1000元。则其7、8两个月应纳个人所得税是多少？

【答案】出租住房应纳增值税2000÷（1＋5%）×1.5%＝25.87（元）

7月租金应纳税＝[（2000－25.87）×（1－4%）－800－800]×10%＝29.25（元）

8月租金应纳税＝[（2000－25.87）×（1－4%）－200－800]×10%＝89.52（元）

【解析】①个人以市场价出租的居民住房，增值税减按1.5%的征收率征收，房产税减按4%的税率，个人所得税减按10%的税率。②财产租赁收入扣除费用包括税费＋修缮费＋法定扣除标准；③允许扣除的修缮费用，以每次800元为限。一次扣除不完的，准予在下一次继续扣除，直到扣完为止。此题中的1000元修缮费7月扣了800元，8月扣了200元。

六、财产转让所得的征税问题

(一)财产转让所得的内容

财产转让所得指个人转让有价证券、股权、建筑物、土地使用权、机器设备、车船以及其他财产取得的所得。

(二)应纳税所得额的计算

财产转让所得,以转让财产的收入额减除财产原值和合理费用后的余额为应纳税所得额。"合理费用"是指卖出财产时按照规定支付的有关费用,经税务机关认定方可减除。

(三)适用税率

财产转让所得适用20%的比例税率。

(四)应纳税额计算公式

应纳税额=应纳税所得额×适用税率=(收入总额-财产原值-合理费用)×20%

(五)财产转让所得的征税的特殊规定

(1)个人住房转让所得应纳税额的计算。

个人出售自有住房取得的所得,应按照"财产转让所得"项目征收个人所得税。

对个人转让自用5年以上,并且是家庭唯一生活用房取得的所得,免征个人所得税。纳税人需持房地产管理部门提供的有关证明,到主管税务机关办理免征手续。

(2)个人购买和处置债权取得所得的计税方法。

个人通过招标、竞拍或其他方式购置债权以后,通过相关司法或行政程序主张债权而取得的所得,应按照"财产转让所得"项目缴纳个人所得税。

个人通过上述方式取得"打包"债权,只处置部分债权的,其应纳税所得额按以下方式确定:

①以每次处置部分债权的所得,作为一次财产转让所得征税;

②其应税收入按照个人取得的货币资产和非货币资产的评估价值或市场价值的合计数确定;

③所处置债权成本费用(即财产原值),按下列公式计算,当次处置债权成本费用=个人购置"打包"债权实际支出×当次处置债权账面价值(或拍卖机构公布价值)÷"打包"债权账面价值(或拍卖机构公布价值);

④个人购买和处置债权过程中发生的拍卖招标手续费、诉讼费、审计评估费以及缴纳的税金等合理税费,在计算个人所得税时允许扣除。

【例题9-25·单选题】吴某购买"打包"债权实际支出为40万元,2014年3月处置该债权的40%,处置收入25万元,在债权处置过程中发生评估费用2万元。吴某处置"打包"债权应缴纳个人所得税(   )万元。

A.1.20　　　B.1.40　　　C.1.56　　　D.1.80

【答案】B

【解析】吴某处置"打包"债权应缴纳个人所得税＝（25－40×40%－2）×20%＝1.40（万元）。

（3）个人拍卖除文字作品原稿及复印件外的其他财产，应以其转让收入额减除财产原值和合理费用后的余额为应纳税所得额，按照"财产转让所得"项目适用20%税率缴纳个人所得税。

纳税人如不能提供合法、完整、准确的财产原值凭证，不能正确计算财产原值的，按转让收入额的3%征收率计算缴纳个人所得税；拍卖品为经文物部门认定是海外回流文物的，按转让收入额的2%征收率计算缴纳个人所得税。

（4）个人在上海证券交易所和深圳证券交易所转让从上市公司公开发行和转让市场取得的上市公司股票所得，暂免征收个人所得税。

七、利息、股息、红利所得的计税规定

（一）利息、股息、红利所得的内容

1. 一般规定

一般情况下，利息、股息、红利所得包括个人拥有债权、股权而取得的利息、股息、红利所得。

2. 特殊规定

（1）除个人独资企业、合伙企业以外的其他企业的个人投资者，以企业资金为本人、家庭成员及其相关人员支付与企业经营无关的消费性支出及购买汽车、住房等财产性支出，视为企业对个人投资者的红利分配，依照"利息、股息、红利所得"项目计征个人所得税。

企业购买车辆并将车辆所有权办到股东个人名下，其实质为企业对股东进行了红利性质的实物分配，应按照"利息、股息、红利所得"项目征收个人所得税。考虑到该股东个人名下的车辆同时也为企业经营使用的实际情况，允许合理减除部分所得，减除的具体数额由主管税务机关根据车辆的实际使用情况合理确定。企业的上述支出不允许在企业所得税前扣除，也不得在企业所得税前扣除折旧。

（2）纳税年度内个人投资者从其投资企业（个人独资企业、合伙企业除外）借款，在该纳税年度终了后仍不归还，又未用于企业生产经营的，其未归还的借款可视为企业对个人投资者的红利分配，依照"利息、股息、红利所得"项目计征个人所得税。

（二）应纳税所得额的计算

1. 应纳税所得额的确定

（1）一般规定：利息、股息、红利所得的基本规定是按收入全额计税，不扣任何费用。

（2）特殊规定：个人取得国债利息、国家发行的金融债券利息、教育储蓄存款利息，均免征个人所得税。个人从公开发行和转让市场取得的上市公司股票，持股期限在1个月以内（含1个月）的，其股息红利所得全额计入应纳税所得额；持股期限在1个月以上至1年（含1年）的，暂减按50%计入应纳税所得额；持股期限超过1年的，暂减按25%计入应纳税所得额。上述所得统一适用20%的税率。

2.关于"次"的规定

以支付利息、股息、红利时取得的收入为一次。

●（三）适用税率

利息、股息、红利所得适用20%的比例税率。

储蓄存款在1999年10月31日前孳生的利息，不征收个人所得税；储蓄存款在1999年11月1日至2007年8月14日孳生的利息，按照20%的税率征收个人所得税；储蓄存款在2007年8月15日至2008年10月8日孳生的利息，按照5%的税率征收个人所得税；储蓄存款在2008年10月9日后（含10月9日）孳生的利息，暂免征收个人所得税。

●（四）应纳税额计算公式

应纳税额＝应纳税所得额×适用税率＝每次收入额×20%

【例题9-26·多选题】以下按照利息、股息、红利项目征收个人所得税的有（　　）。

A.个人对外借款取得的利息
B.合伙企业的个人投资者以企业资金为本人购买住房
C.股份有限公司的个人投资者以企业资金为本人购买汽车
D.国家发行的金融债券利息

【答案】AC

【例题9-27·单选题】王某2013年1月1日起持有某上市公司的股票10000股，该上市公司2013年度的利润分配方案为每10股送3股，并于2014年6月份实施，该股票的面值为每股1元。上市公司应扣缴王某的个人所得税（　　）。

A.300元　　　　B.600元　　　　C.1500元　　　　D.3000元

【答案】A

【解析】配股分红属于股息、红利所得，对个人投资者从上市公司取得的股息、红利所得，暂减按50%计入个人应纳税所得额。

王某股息、红利所得＝10000÷10×3×1＝3000（元）

应纳个人所得税＝3000×25%×20%＝150（元）

八、偶然所得的计税规定

●（一）偶然所得的主要范围

偶然所得包括个人偶然得奖、中奖取得的所得。

企业向个人支付的不竞争款项，按照"偶然所得"项目计算缴纳个人所得税，税款由资产购买方企业在向资产出售方企业自然人股东支付不竞争款项时代扣代缴。

个人取得单张有奖发票奖金不超过800元（含800元）的，暂免征收个人所得税；个人取得单张有奖发票所得超过800元的，应全额按照"偶然所得"征收个人所得税。

●（二）应纳税所得额的计算

偶然所得以每次收入额为应纳税所得额。

关于"次"的规定，以每次收入为一次。

（三）适用税率

偶然所得适用20%的比例税率。

（四）应纳税额计算公式

$$应纳税额 = 应纳税所得额 \times 适用税率 = 每次收入额 \times 20\%$$

【例题9-28·计算题】中国公民张某2016年12月取得以下收入：

(1) 全年一次性奖金21600元（张某当月工资薪金所得高于税法规定的费用扣除额，并且已由单位代扣代缴个人所得税）；

(2) 为某公司设计产品营销方案，取得一次性设计收入18000元；

(3) 购买福利彩票支出500元，取得一次性中奖收入15000元；

(4) 国债利息所得2000元；

(5) 转让自用住房一套，取得转让收入100万元，该套住房购买价为80万元，购买时间为2004年6月份并且是唯一的家庭生活用房。

请回答如下问题：

(1) 分别说明张某当月各项收入是否应缴纳个人所得税。

(2) 计算张某当月应缴纳的个人所得税税额。

【答案】

(1) 全年一次性奖金属于个人所得税的征税范围。

该笔奖金适用的税率和速算扣除数如下：

每月奖金平均额 = 21600 ÷ 12 = 1800（元）

根据工资、薪金七级超额累进税率的规定，适用的税率为10%，速算扣除数为105。

该笔奖金应缴纳的个人所得税如下：

应纳税额 = 21600 × 10% - 105 = 2055（元）

为某公司设计产品营销方案取得的设计收入，属于劳务报酬所得，属于个人所得税的征收范围。应缴纳的个人所得税如下：

应纳税额 = 18000 × （1 - 20%） × 20% = 2880（元）

根据规定，对个人购买福利彩票、赈灾彩票、体育彩票，一次中奖收入在1万元以下（含1万元）的暂免征收个人所得税，超过1万元的，全额征收个人所得税。本题中，中奖收入为15000元，超过了1万元，应全额计征个人所得税。

应纳税额 = 15000 × 20% = 3000（元）

国债利息所得免征个人所得税。

对个人出售自有住房取得的所得按照"财产转让所得"征收个人所得税，但对个人转让自用5年以上并且是家庭唯一生活用房取得的所得，免征个人所得税。该业务中，张某自用时间已经超过5年，并且是唯一的家庭生活住房，所以，免征个人所得税。

(2) 张某当月应缴纳的个人所得税税额 = 2055 + 2880 + 3000 = 7935（元）。

九、其他所得的计税规定

1.其他所得的范围

这是立法时留有余地的惯常做法，为不包含在工资薪金所得、个体户生产经营所得、对企事业单位承包承租经营所得、劳务报酬所得、稿酬所得、特许权使用费所得、财产租赁所得、财产转让所得、利息股息红利所得、偶然所得这十项列举应税所得之外的还需要征收个人所得税的所得，留下了列入征税范围的政策空间。

目前明确的具体项目如下：个人为单位或他人提供担保获得报酬，应按照《个人所得税法》规定的"其他所得"项目缴纳个人所得税，税款由支付所得的单位或个人代扣代缴。

2.应纳税所得额的计算

其他所得以每次收入额为应纳税所得额。

关于"次"的规定，以每次收入为一次。

3.适用税率

其他所得适用20%的比例税率。

4.应纳税额计算公式

$$应纳税额 = 应纳税所得额 \times 适用税率 = 每次收入额 \times 20\%$$

十、承包经营、承租经营所得的征税问题

（一）对承包、承租经营所得作出界定

（1）承包、承租人对企业经营成果不拥有所有权，仅是按合同（协议）规定取得一定所得的，其所得按工资、薪金所得项目适用九级超额累进税率征税；

（2）承包、承租人按合同（协议）的规定只向发包、出租方缴纳一定费用后，企业经营成果归其所有的，按五级超额累进税率征税。

（二）承包、承租经营的主要规则

对企事业单位的承包经营、承租经营所得，以每一纳税年度的收入总额减除必要费用后的余额，为应纳税所得额。

每一纳税年度的收入总额，是指纳税人按照承包经营、承租经营合同规定分得的经营利润和工资、薪金性质的所得之和；

必要费用的减除为每月3500元。

（三）适用税率

承包经营、承租经营所得按五级超额累进税率征税。

（四）应纳税额计算公式

$$应纳税额 = 应纳税所得额 \times 适用税率 - 速算扣除数$$
$$= (纳税年度收入总额 - 必要费用) \times 适用税率 - 速算扣除数$$

（五）计税方法

按年计算，分次交纳。一年内分次得到承包、承租收入要预交个人所得税，年度终了后3个月内汇算清缴，多退少补。

在一个纳税年度中，承包经营、承租经营的经营期不足1年的，以其实际经营期为纳税年度。

【例题9-29·计算题】 2015年4月1日起,李某承包一招待所,规定每月取得工资2500元,每季度取得奖金4500元,年终从企业所得税后利润中上交承包费50000元,其余经营成果归张某所有。2015年该招待所税后利润105000元,当年张某共缴纳多少个人所得税?

【答案及解析】

纳税年度收入总额 = 2500 × 9(9个月) + 4500 × 3(3个季度) + (105000 - 50000) = 81000(元)

年应纳税所得额 = 81000 - 3500 × 9(9个月) = 49500(元)

应纳个人所得税 = 49500 × 20% - 1250 = 8650(元)

十一、个体工商户、个人独资企业和合伙企业的生产、经营所得的计税方法

(一) 有关个体工商户的生产经营所得的征税规定

1. 应纳税所得额的计算

应纳税所得额 = 收入总额 - (成本 + 费用 + 损失 + 准予扣除的税金) - 规定的费用扣除个体工商户的生产经营所得,一定是按年征收。不足一年,要先换算再还原。

主要扣除项目规定如下:

(1) 个体工商户2011年9月1日(含)以后的生产经营所得,适应税法修改后的费用减除标准,即每月3500元。(业主工资不能扣除)。

(2) 公益性捐赠,捐赠额不超过其应纳税所得额30%的部分可以据实扣除,直接给受益人的捐赠不得扣除。

(3) 个体工商户研究开发新产品、新技术、新工艺所发生的开发费用,以及研究开发三新而购置的单台价值在5万元以下的测试仪器和试验性装置的购置费,准予扣除;超出标准的,按固定资产管理。

其他关于利息、三项经费、租赁费、汇兑损益、从业人员工资、广告及业务宣传费、业务招待费、亏损弥补等,均与企业所得税一致。

(4) 个体工商户发生的与生产经营有关的修理费用,可据实扣除。修理费用发生不均衡或数额较大的,应分期扣除。

(5) 个体工商户按规定缴纳的工商管理费、个体劳动者协会会费、摊位费,按实际发生数扣除。

(6) 个体工商户在生产经营过程中发生的与家庭生活混用的费用,由主管税务机关核定分摊比例,据此计算确定的属于生产经营过程中发生的费用,准予扣除。

(7) 个体工商户购入低值易耗品的支出,原则上一次摊销,但一次性购入价值较大的,应分期摊销。

其他关于租赁费、汇兑损益、从业人员工资、广告及业务宣传费、业务招待费、亏损弥补等规定,均与企业所得税一致。

2. 不得在所得税前列支的项目
(1) 资本性支出;
(2) 被没收的财物、支付的罚款;
(3) 缴纳的个人所得税、税收滞纳金、罚金和罚款;
(4) 各种赞助支出;
(5) 自然灾害或者意外事故损失有赔偿的部分;
(6) 分配给投资者的股利;
(7) 用于个人和家庭的支出;
(8) 个体工商户业主的工资支出;
(9) 与生产经营无关的其他支出;
(10) 国家税务总局规定不准扣除的其他支出。

应纳税所得额＝收入总额{含业主工资}－(成本＋费用＋损失＋准予扣除的税金)－规定的费用扣除

独资企业、合伙企业投资者参照处理。

(二) 个人独资企业和合伙企业投资者征收个人所得税

个人独资企业和合伙企业不缴纳企业所得税,只对投资者个人取得的生产经营所得征收个人所得税。

1. 个人独资企业、合伙企业及纳税人

个人独资企业以投资者为纳税义务人,合伙企业以每一个合伙人为纳税义务人(以下简称投资者)。

2. 税率

凡实行查账征税办法的,其税率比照"个体工商户的生产经营所得"应税项目,适用5%～35%的五级超额累进税率。

3. 查账征收应纳个人所得税的计算

个人独资和合伙企业(以下简称企业)的应纳税所得额,等于每一纳税年度的收入总额减除成本、费用以及损失后的余额。

收入总额:收入总额是指企业从事生产经营以及与生产经营有关的活动所取得的各项收入。

扣除项目:扣除项目比照《个体工商户个人所得税计税(试行)》的规定确定。但下列项目的扣除依照本规定执行。

(1) 投资者的生计费可以扣除,对个人独资企业和合伙企业投资者的生产经营所得依法计征个人所得税时,个人独资企业和合伙企业投资者本人的扣除标准统一确定为42000元/年(3500元/月)。但在利润前扣除的工资应调增利润额。

(2) 投资者及其家庭发生的生活费用不允许在税前扣除。

(3) 企业生产经营和投资者及其家庭生活共用的固定资产。

(4) 个人独资企业和合伙企业向其从业人员实际支付的合理的工资、薪金支出,允许在税前据实扣除。

(5) 个人独资企业和合伙企业拨缴的工会经费、发生的职工福利费、职工教育经费支出分别在工资薪金总额2%、14%、2.5%的标准内据实扣除。

（6）个人独资企业和合伙企业每一纳税年度发生的广告费和业务宣传费用不超过当年销售（营业）收入15%的部分，可据实扣除；超过部分，准予在以后纳税年度结转扣除。

（7）个人独资企业和合伙企业每一纳税年度发生的与其生产经营业务直接相关的业务招待费支出，按照发生额的60%扣除，但最高不得超过当年销售（营业）收入的5‰。

（8）计提的各种准备金不得扣除。

（9）企业与其关联企业之间的业务往来。

（10）投资者兴办两个或两个以上企业应纳税额的计算方法。

应纳税额的具体计算方法为，汇总其投资兴办的所有企业的经营所得作为应纳税所得额，以此确定适用税率，计算出全年经营所得的应纳税额，再根据每个企业的经营所得占所有企业经营所得的比例，分别计算出每个企业的应纳税额和应补缴税额。（先税后分）

亏损弥补：

（1）企业的年度亏损，允许用本企业下一年度的生产经营所得弥补，下一年度所得不足弥补的，允许逐年延续弥补，但最长不得超过5年；

（2）投资者兴办两个或两个以上企业的，企业的年度经营亏损不能跨企业弥补；

（3）实行查账征税方式的个人独资企业和合伙企业改为核定征税方式后，在查账征税方式下认定的年度经营亏损未弥补完的部分，不得再继续弥补；

（4）对外投资分回的利息或者股息、红利，按照"利息、股息、红利所得"缴纳个人所得税。

4.核定征收应纳税额的计算

核定征收方式：

应纳所得税额 = 应纳税所得额 × 适用税率

应纳税所得额 = 收入总额 × 应税所得率

或　　　　　= 成本费用支出额 ÷ （1 - 应税所得率）× 应税所得率

5.税收优惠

实行核定征税的投资者，不能享受个人所得税的优惠政策。

6.征收管理

投资者应纳的个人所得税税款，按年计算，分月或者分季预缴，由投资者在每月或每季度终了后15日内预缴，年度终了后3个月内汇算清缴，多退少补。

【例题9-30·计算题】张某在市区投资办了A、B两家个人独资企业，按照当地税务机关的要求，张某选择在A企业扣除投资人费用。2014年，其A、B两家企业经营情况如下。

A企业为装饰装修企业，年终决算前账面销售收入1000000元，利润-70000元，在其利润计算过程中的开支成本费用包括支出张某每月工资7700元、支付女儿奥数学费6000元、娱乐招待费10000元、计提存货跌价准备8000元。年终决算时发现漏计收入50000元进行了账务调整。

B企业为咨询服务企业，因核算不健全，税务机关对其采用核定征税的方法，确定其成本费用支出额为150000元，要求其按20%的应税所得率计算纳税。

计算A、B两企业应预缴纳税额及年终汇算清缴的所得税。

【答案及解析】

(1) 投资经营A企业应预缴税额计算如下：
①调整收入补缴营业税 = 50000 × 3% = 1500（元）；
②补缴城建税和教育费附加 = 1500 × （7% + 3%） = 150（元）；
③张某工资不得税前扣除，只能扣除生计费，则计税调增应税所得金额为 7700 × 12 − 3500 × 12 = 50400（元）；
④支付女儿奥数学费6000元属于生活费用，不能税前扣除；
⑤招待费超支调增应税所得金额为 10000 − （1000000 + 50000） × 5‰ = 10000 − 5250 = 4750（元）；
⑥存货跌价准备不得税前扣除；
⑦应纳税所得额 = − 70000 + 50000 − 1500 − 150 + 50400 + 6000 + 4750 + 8000 = 47500（元）；
投资经营A企业应预缴个人所得税 = 47500 × 20% − 3750 = 5750（元）
(2) 投资经营B企业应预缴税额的计算如下：
应纳税所得额 = 150000 ÷ （1 − 20%） × 20% = 37500（元）
投资经营B企业应预缴个人所得税 = 37500 × 20% − 3750 = 3750（元）。
(3) 年终汇算清缴的个人所得税的计算如下：
①汇总应纳税所得额 = 47500 + 37500 = 85000（元）
②汇总应纳税额 = 85000 × 30% − 9750 = 15750（元）
③A企业应纳税额 = 15750 × 47500/85000 = 8801.47（元）
　A企业应补税 = 8801.47 − 5750 = 3051.47（元）
④B企业应纳税额 = 15750 × 37500/85000 = 6948.53（元）
　B企业应补税 = 6948.53 − 3750 = 3198.53（元）

第五节 税收优惠与境外所得的税额扣除

一、免税项目

(1) 省级人民政府、国务院部委和中国人民解放军军以上单位，以及外国组织、国际组织颁发的科学、教育、技术、文化、卫生、体育、环境保护等方面奖金。

(2) 国债和国家发行的金融债券利息。

(3) 按照国家统一规定发给的补贴、津贴。这是指按照国务院规定发给的政府特殊津贴、院士津贴、资深院士津贴和国务院规定免纳个人所得税的补贴、津贴。（特殊津贴）

(4) 福利费、抚恤金、救济金。

(5) 保险赔款。

(6) 军人的转业安置费、复员费。

(7) 按照国家统一规定发给干部、职工的安家费、退职费、退休工资、离休工资、离休生活补助费。

(8) 依照我国有关法律规定应予免税的各国驻华使馆、领事馆的外交代表、领事官员和其他人员的所得。

(9) 中国政府参加的国际公约、签订的协议中规定免税的所得。

二、减税项目

(1) 残疾、孤老人员和烈属的所得；
(2) 因严重自然灾害造成重大损失的；
(3) 其他经国务院财政部门批准减税的。

减税项目的减征幅度和期限，由省、自治区和直辖市人民政府规定。

三、暂免征税项目

(1) 个人举报、协查各种违法、犯罪行为而获得的奖金。
(2) 个人办理代扣代缴手续，按规定取得的扣缴手续费。
(3) 个人转让自用达5年以上并且是唯一的家庭生活用房取得的所得。
(4) 对个人购买福利彩票、赈灾彩票、体育彩票，一次中奖收入在1万元以下的（含1万元）暂免征收个人所得税，超过1万元的，全额征收个人所得税。
(5) 生育妇女取得符合规定的生育津贴、生育医疗费或其他属于生育保险性质的津贴、补贴，免征个人所得税。
(6) 针对外籍人士的税收优惠：

①外籍个人以非现金形式或实报实销形式取得的住房补贴、伙食补贴、搬迁费、洗衣费。

②外籍个人按合理标准取得的境内、境外出差补贴。

③外籍个人取得的语言训练费、子女教育费等，经当地税务机关审核批准为合理的部分。

④外籍个人取得的探亲费，每年两次。

⑤外籍个人从外商投资企业取得的股息、红利所得。

四、境外所得的税额扣除

税法规定，纳税义务人从中国境外取得的所得，准予其在应纳税额中扣除已在境外缴纳的个人所得税税额。但扣除额不得超过该纳税义务人境外所得依照我国税法规定计算的应纳税额。

这里避免国际间重复征税的原理与企业所得税相同，但计算境外税款扣除限额的方法采用的是分国分项计算、分国加总的方法。

为了保证正确计算扣除限额及合理扣除境外已纳税额，税法要求：在中国境内有住所，或者无住所而在境内居住满1年的个人，从中国境内和境外取得的所得，应当分别计算应纳税额。

【例题9-31·计算题】某纳税人在2015纳税年度,从A、B两国取得应税收入。其中:在A国一公司任职,取得工资、薪金收入81600元(平均每月5800元),因提供一项专利技术使用权,一次取得特许权使用费收入30000元,该两项收入在A国缴纳个人所得税5200元;因在B国出版著作,获得稿酬收入(版税)15000元,并在B国缴纳该项收入的个人所得税1720元。

【答案】其抵扣计算方法如下:

1.A国所纳个人所得税的抵减

按照我国税法规定的费用减除标准和税率,计算该纳税义务人从A国取得的应税所得应纳税额,该应纳税额即为抵减限额。

(1) 工资、薪金所得。该纳税义务人从A国取得的工资、薪金收入,应每月减除费用4800元,其余额按九级超额累进税率表的适用税率计算应纳税额。

每月应纳税额为(6800-4800)×10%(税率)-105(速算扣除数)=95(元)

全年应纳税额为95×12(月份数)=1140(元)

(2) 特许权使用费所得。该纳税义务人从A国取得的特许权使用费收入,应减除20%的费用,其余额按20%的比例税率计算应纳税额。

应纳税额:30000×(1-20%)×20%(税率)=4800(元)

根据计算结果,该纳税义务人从A国取得应税所得在A国缴纳的个人所得税额的抵减限额为5940元(1140+4800)。其在A国实际缴纳个人所得税5200元,低于抵减限额,可以全额抵扣,并需在中国补缴差额部分的税款,计740元(5940-5200)。

2.B国所纳个人所得税的抵减

按照我国税法的规定,该纳税义务人从B国取得的稿酬收入,应减除20%的费用,就其余额按20%的税率计算应纳税额并减征30%。计算结果如下:

[15000×(1-20%)×20%(税率)]×(1-30%)=1680(元)

即其抵扣限额为1680元。该纳税义务人的稿酬所得在B国实际缴纳个人所得税1720元,超出抵减限额40元,不能在本年度扣除,但可以在以后5个纳税年度的该国减除限额的余额中补减。

综合上述计算结果,该纳税义务人在本纳税年度中的境外所得,应在中国补缴个人所得税740元。其在B国缴纳的个人所得税未抵减完的40元,可在我国税法规定的前提条件下补减。

【例题9-32·计算题】居住在市区的中国居民李某,为一中外合资企业的职员,2016年取得以下所得:

(1) 每月取得合资企业支付的工资薪金9800元;

(2) 3月份,从A国取得特许权使用费折合人民币15000元,已按A国税法规定缴纳个人所得税折合1500元人民币并取得完税凭证;

(3) 4月1日~6月30日,前往B国参加培训,利用业余时间为当地三所中文学校授课,取得课酬折合人民币各10000元,未扣缴税款;

(4) 7月份,与朋友杰克(外籍)合作出版了一本中外文化差异的书籍,共获得稿酬56000元,李某与杰克事先约定按6:4比例分配稿酬。

(6) 10月份,取得3年期国债利息收入3888元;

(7) 11月份,以每份218元的价格转让2006年的企业债券500份,发生相关税费870

元,债券申购价每份200元,申购时共支付相关税费350元;

(8) 1~12月份,与4个朋友合伙经营一个酒吧,年底酒吧将30万元经营所得在合伙人中进行平均分配。

根据上述资料,按下列序号回答问题,每问需计算出合计数。

(1) 李某全年工资薪金应缴纳的个人所得税;
(2) 李某从A国取得特许权使用费所得应补缴的个人所得税;
(3) 李某从B国取得课酬所得应缴纳的个人所得税;
(4) 李某稿酬所得应缴纳的个人所得税;
(5) 银行应扣缴李某国债利息所得的个人所得税;
(6) 李某转让有价证券所得应缴纳的个人所得税;
(7) 李某分得的生产经营所得应缴纳的个人所得税。

【答案】

(1) 全年工资薪金应缴纳的个人所得税 = [(9800 - 3500) × 20% - 555] × 12 = 8460 (元)

(2) 应补缴的个人所得税 = 15000 × (1 - 20%) × 20% - 1500 = 900 (元)

(3) 应缴纳的个人所得税 = 10000 × (1 - 20%) × 20% × 3 = 4800 (元)

(4) 稿酬所得应缴纳的个人所得税 = 56000 × 60% × (1 - 20%) × 20% × (1 - 30%) = 3763.2 (元)

(5) 银行应扣缴李某国债利息所得的个人所得税;0

(6) 有价证券所得应缴纳的个人所得税 = [(218 - 200) × 500 - 870 - 350] × 20% = 1556 (元)

(7) 李某分得利润:300000 ÷ 5 = 60000 (元)

应缴纳的个人所得税 = 60000 × 20% - 3750 = 8250 (元)

第六节 申报和缴纳

个人所得税实行代扣代缴和纳税人自行申报两种计征办法,其中以支付所得的单位或者个人为扣缴义务人。

一、自行申报纳税

(一) 自行申报纳税的纳税人

纳税人有下列情形之一的,应当按照规定到主管税务机关办理纳税申报:

(1) 自2006年1月1日起,年所得12万元以上的;
(2) 从中国境内两处或者两处以上取得工资、薪金所得的;
(3) 从中国境外取得所得的;

(4) 取得应税所得，没有扣缴义务人的；

(5) 国务院规定的其他情形。

●（二）自行申报纳税的申报期限

（1）年所得12万元以上的纳税人，在纳税年度终了后3个月内向主管税务机关办理纳税申报。

（2）个体工商户和个人独资、合伙企业投资者取得的生产、经营所得应纳的税款，分月预缴的，纳税人在每月终了后7日内办理纳税申报；分季预缴的，纳税人在每个季度终了后7日内办理纳税申报；纳税年度终了后，纳税人在3个月内进行汇算清缴。

●（三）自行申报纳税的申报地点

（1）在中国境内有任职、受雇单位的，向任职、受雇单位所在地主管税务机关申报。

（2）在中国境内有两处或者两处以上任职、受雇单位的，选择并固定向其中一处单位所在地主管税务机关申报。

（3）在中国境内无任职、受雇单位，年所得项目中有个体工商户的生产、经营所得或者对企事业单位的承包经营、承租经营所得（以下统称生产、经营所得）的，向其中一处实际经营所在地主管税务机关申报。

（4）在中国境内无任职、受雇单位，年所得项目中无生产、经营所得的，向户籍所在地主管税务机关申报。在中国境内有户籍，但户籍所在地与中国境内经常居住地不一致的，选择并固定向其中一地主管税务机关申报。在中国境内没有户籍的，向中国境内经常居住地主管税务机关申报。

（5）其他所得的纳税人，纳税申报地点如下。

个人独资、合伙企业投资者兴办两个或两个以上企业的，区分不同情形确定纳税申报地点：兴办的企业全部是个人独资性质的，分别向各企业的实际经营管理所在地主管税务机关申报；兴办的企业中含有合伙性质的，向经常居住地主管税务机关申报；兴办的企业中含有合伙性质，个人投资者经常居住地与其兴办企业的经营管理所在地不一致的，选择并固定向其参与兴办的某一合伙企业的经营管理所在地主管税务机关申报；除以上情形外，纳税人应当向取得所得所在地主管税务机关申报。

二、代扣代缴

个人所得税以取得应税所得的个人为纳税义务人，以支付所得的单位或者个人为扣缴义务人，包括企业、事业单位、财政部门、机关事务管理部门、驻华机构等。

扣缴义务人按月扣缴税款的，每月所扣的税款，应当在次月15日内缴入国库。

扣缴义务人对纳税人的应扣未扣的税款，其应纳税款仍然由纳税人缴纳，扣缴义务人应承担应扣未扣税款50%以上至3倍的罚款。

税务机关应根据代扣代缴税款的2%向扣缴义务人支付手续费。

第七节 个人所得税的会计核算和税务筹划

一、代扣代缴工资、薪金所得的个人所得税的会计处理

企业在月末发放职工薪酬时,从应付职工薪酬中代扣个人所得税时,借记"应付职工薪酬",贷记"应交税费—应交个人所得税"。解缴税款时,借记"应交税费—应交个人所得税",贷记"银行存款"。

【例题9-33•会计核算题】某企业结算本月应付职工薪酬331000元,代扣职工个人所得税20000元,实发工资311000元。企业账务处理如下。

(1) 月末,分配工资,其中:产品生产人员工资为250000元,车间管理人员工资为60000元,企业行政管理人员工资为21000元。

  借:生产成本   250000
    制造费用   60000
    管理费用   21000
   贷:应付职工薪酬   331000

(2) 发放工资。

  借:应付职工薪酬   331000
   贷:银行存款   331000

(3) 代扣款项。

  借:应付职工薪酬   20000
   贷:应交税费—应交个人所得税   20000

【例题9-34•会计核算题】某企业支付王先生设备维修费3000元,代扣个人所得税440元,实付2560元。企业账务处理如下:

  借:管理费用   3000
   贷:银行存款   2560
    应交税费——应交个人所得税 440

二、个人所得税税务筹划

个人所得税的税务筹划,包括个人所得税纳税人的税务筹划、个人所得税计税依据和税率的税务筹划及个人所得税优惠政策的税务筹划等内容。

(一) 个人所得税纳税人的税务筹划

个人所得税纳税人分为居民纳税人和非居民纳税人两种,两种纳税人负有不同的纳税义务,据此,通过纳税人身份的转变,可以进行税务筹划。

【例题9-35•计算题】一位德国技师受雇于本国一家公司。从2016年10月起,他到中国境内的分公司帮助设备维修。2017年度内,他曾离境(指离开中国,下同)55天回德国培训,又曾离境40天回德国探亲。2017年度,他共领取薪金101000欧元。由于这两次离境时间累计超过90天,因此,这名技师为非居民纳税义务人。又由于他从德国公司

收取的101000欧元的薪金不是来源于中国境内的所得,所以,不缴纳个人所得税。这位技师合法地利用"非居民纳税人"身份节约了在中国境内应缴纳的个人所得税。

当然,这位德国技师从总公司取得的所得要按德国税法缴纳个人所得税。如果在中国境内缴纳了税收,也可以在德国得到抵免。这时还应分析他在德国的纳税情况,进行综合考虑。

纳税人还可以通过人员流动减轻税收负担。比如,一个跨国自然人可以不停地从这个国家向那个国家流动,但在每一个国家停留的时间都不长,这个人就可以不作为任何国家居民,从而不作为任何国家的纳税人,进而达到免予缴税的目的。此外,人员的流动还有一种情况,就是在取得适当的收入之后,将财产或收入留在低税负地区,人则到高税负但费用比较低的地方去。

● **(二)个人所得税计税依据和税率的税务筹划**

这部分内容主要介绍不同收入项目转换的税务筹划、工薪所得的税务筹划、劳务报酬的税务筹划等内容。

1.不同收入项目转换的税务筹划

在我国,个人所得税实行分项计税,在不同税收项目之间转换,可以减轻税负。

【例题9-36·计算题】A公司从外部机构聘用技术专家,A公司与此专家商定每月发放报酬35000元,在签订合同时,有两种选择,即签署雇佣关系的劳动合同和不存在雇佣关系的劳动合同。

A公司现状:签订雇佣关系的劳动合同,A公司与此专家签订了劳动合同,就得按照工资、薪酬所得项目征税。

应纳税额 = (35000 - 3500) × 25% - 1005 = 6870 (元)

如果A公司与技术专家不存在雇佣关系的合同,则按一名临时的兼职人员,对其35000元按照劳务报酬征纳所得税。

即35000 × (1 - 20%) × 30% - 2000 = 6400 (元)

从以上可以看出按照劳务报酬交纳个税比按照工资、薪酬纳税少交纳个税470元。

2.工薪所得的税务筹划

企业的人才激励机制包括很多内容,工资薪金、职位升迁、股票期权、职业培训等都是员工激励机制的组成部分。目前,提高工资薪金还是吸引优秀人才的一种基本的办法。工资薪金所得按照七级超额累进税率计算缴纳3%~45%的个人所得税。工资薪金越高,要纳的税也就越多,这时,激励机制的作用就会因纳税而降低。

工薪所得的税务筹划就是在保证消费水平提高的前提下,降低所得额,达到减轻税负的目的。对于企业来讲,就是要在遵守国家财经纪律的前提下,合理地选择职工收入支付方式,以帮助职工提高消费水平。

【例题9-37·计算题】某公司员工张某预计2016年月工资6000元,年终奖金60000元。个人所得税费用扣除3500元。如果不做纳税筹划,则2016年张某工资部分应缴纳个人所得税 = [(6000 - 3500) × 10% - 105] × 12 = 1740元;年终奖部分应缴纳个人所得税 = 60000 × 20% - 555 = 11445元;各级应缴纳个人所得税 = 1740 + 11445 = 13185元。

根据张某全年工资、薪金所得,公司调整了薪酬发放方案,张某的月工资调整为6500元,则2016年张某工资部分应缴纳个人所得税 = [(6500 - 3500) × 10% -

105］× 12 = 2340（元）；年终奖调整为54000元，年终奖部分应缴纳个人所得税 = 54000 × 10% － 105 = 5295（元）；合计应缴纳个人所得税为7635（2340 + 5295）元；又如张某的月工资调整为8000元，年终奖36000元，合计应缴纳个人所得税也是7635元。

3. 非货币性支出可以有效抵减个人所得税

（1）公司为员工提供住房。随着经济全球化的深入，人才跨地区、跨国界流动越来越明显。对于流动的人才而言，到另一个城市工作，首先要解决的是住房问题。如果企业给予职工货币性的住房补贴，由员工自己来负担租房的相应费用，由于个人住房相应的支出不能在个人所得税前扣除，而货币性住房补贴则是要加入工资总额中计征个人所得税，则扣除个人所得税及房屋租赁费用后实际收入就降低了。如果公司不把货币性住房补贴发给职工个人，而是由企业统一购买或者租赁住房，然后提供给职工居住，则住房补贴收入就不必征收个人所得税。因此，在现行税收制度下，公司为员工提供住房能减少个人所得税支出。

（2）公司给职工提供培训机会。现代社会，知识更新的速度越来越快，为了能获取与本行业相关的新知识，参加各种学习培训已经成为个人获取知识的重要途径。如果公司每年给予员工一定费用额度的培训机会，职工在考虑个人的报酬总额时，也会把这些考虑进去。

因为我国对工资薪金所得征税时，按照固定的费用扣除标准扣除，不考虑个人的实际支出水平。这样，在同样的税后收入条件下，生活必需费用支出多的人与支出少的人相比，就会觉得自己的工资相对较低。在科学技术日新月异、人才跨国跨地区流动加剧等情况下，有些支出，例如住房支出、交通费支出、培训支出都日益成为现代人必不可少的支出项目，既然这些支出是必需的，个人用税后工资支付又不能抵减个人所得税，如果由企业替员工个人支付，则企业可以把这些支出作为费用，减少企业所得税的应纳税所得额，个人在实际工资水平没有下降的情况下，却减少了应由个人负担的税款，可谓一举两得。

非货币性支出可以有效抵减个人所得税，同样适用于劳务报酬所得。

4. 劳务报酬的税务筹划

劳务报酬适用20%的比例税率，并对一次性收入畸高的情况，实行加成征收，实际相当于适用三级超额累进税率。因此，一次收入数额越大，其适用的税率就越高。所以，劳务报酬所得筹划方法的一般思路是，通过增加费用开支，尽量减少应纳税所得额，或者通过延迟收入、平分收入等方法，将每一次的劳务报酬所得安排在较低税率的范围内。

【例题9－38·计算题】李某为某企业职工，业余自学获得了税务师资格，与事务所商定每年年终到该事务所兼职2个月，每月可能会获得45000元劳务报酬。如果李某和该事务所按实际情况签约，则李某应纳税额的计算如下：

月应纳税额 = 45000 ×（1 － 20%）× 30% － 2000 = 8800（元）

总共应纳税额 = 8800 × 2 = 17600（元）

如果李某和该会计师事务所商定，年终的劳务费在以后的一年中分12个月支付，具体形式不限，每月大约支付7500元，则

月应纳税额 = 7500 ×（1 － 20%）× 20% = 1200（元）

总共应纳税额 = 1200 × 12 = 14400（元）

通过筹划，少缴税款3200（17600－14400）（元）。

对于个人举办培训班取得的培训收入和董事费收入，均可采用此种方法进行税务筹划。

●（三）个人所得税优惠政策的税务筹划

个人所得税的免税项目很多，充分利用税收优惠项目，可以达到合理合法节税的目的。如在国家允许的范围内，尽量扩大职工住房公积金、医疗保险金、基本养老保险金、失业保险金的缴纳比例，利用免税项目达到节税的目的。

个人转让自用达5年以上并且是唯一的家庭居住用房取得的所得，可以免征个人所得税。所以，转让住房时要注意年限的问题。

国债利息免征个人所得税，且利率高、风险低，因此个人投资时可适当考虑购买国债。

练 习 题

一、单项选择题

1. 根据《个人所得税法》的有关规定，下列外籍个人属于居民纳税人的是（   ）。
   A. 外籍个人甲某2011年3月1日入境，2012年4月1日离境，其间一次离境20天
   B. 外籍个人乙某2011年3月1日入境，2012年4月1日离境，其间一次离境85天
   C. 外籍个人丙某2011年1月1日入境，2012年4月1日离境，其间一次离境20天
   D. 外籍个人丁某2011年1月1日入境，2012年4月1日离境，其间两次离境累计95天

2. 下列各项中，应当按照"劳务报酬所得"项目征收个人所得税的是（   ）。
   A. 退休人员再任职取得的收入　　　B. 个人兼职取得的收入
   C. 个人取得的财产转租收入　　　　D. 个人因从事彩票代销业务而取得的所得

3. 2016年10月王某通过拍卖行将一幅珍藏多年的字画拍卖，取得拍卖收入800000元，拍卖过程中缴纳相关税费20000元，经文物部门鉴定，该字画为海外回流文物，王某无法提供完整的财产原值凭证。王某10月份取得该项收入应缴纳个人所得税（   ）元。
   A. 3200　　　　B. 15600　　　　C. 16000　　　　D. 24000

4. 根据《个人所得税法》的有关规定，个体工商户的年度经营亏损，经申报主管税务机关审核后，允许用下一年度的经营所得弥补，下一年度所得不足弥补的，允许逐年延续弥补，但最长不得超过（   ）年。
   A. 3　　　　　B. 5　　　　　C. 2　　　　　D. 10

5. 纳税人在中国境内两处或两处以上取得工资、薪金所得的，自行申报个人所得税的纳税地点是（   ）。
   A. 经常居住地税务机关　　　　B. 户籍所在地税务机关
   C. 税务机关指定地点　　　　　D. 纳税人选择并固定在一地税务机关

6. 下列所得中，免缴个人所得税的是（　　）。
   A. 年终加薪
   B. 拍卖本人文字作品原稿的收入
   C. 个人保险所获赔款
   D. 从投资管理公司取得的派息分红

7. 以下属于工资薪金所得的项目是（　　）。
   A. 托儿补助费
   B. 劳动分红
   C. 投资分红
   D. 独生子女补贴

8. 根据《个人所得税法》相关规定，在中国境内无住所但居住满5年的个人，对其第6年来源于境内外的所得，下列税务处理中，正确的是（　　）。
   A. 应就其来源于中国境内、境外所得申报缴纳个人所得税
   B. 凡在境内居住满1年的，应当就其来源于境内、境外的所得申报缴纳个人所得税
   C. 个人在临时离境工作期间的工资、薪金所得，仅就由中国境内企业或个人雇主支付的部分申报缴纳个人所得税
   D. 在境内居住不超过90日，其来源于中国境内的所得，由境外雇主支付并且支付不由该雇主在中国境内的机构、场所负担的部分，应全额申报缴纳个人所得税

9. 中国公民王某为A公司进行室内装潢设计，工作结束后，A公司向王某支付了报酬65000元。王某应缴纳的个人所得税为（　　）元。
   A. 21000   B. 19000
   C. 13800   D. 25294.12

二、多项选择题

1. 根据《个人所得税法》的有关规定，下列各项所得中，免征或暂免征收个人所得税的有（　　）。
   A. 保险赔款
   B. 军人的转业安置费
   C. 残疾、孤老人员和烈属的所得
   D. 个人转让自用达5年以上的普通住房取得的所得
   E. 外籍个人从外商投资企业取得的股息、红利所得

2. 根据个人所得税法律制度的规定，下列各项中，按照"劳务报酬所得"项目征收个人所得税的有（　　）。
   A. 个人因从事彩票代销业务而取得的所得
   B. 个人在公司任职、受雇，同时兼任董事，取得的董事费所得
   C. 在校学生因参与勤工俭学活动取得的所得
   D. 个人兼职取得的收入
   E. 教师自行举办学习班取得的办班收入

3. 根据个人所得税法律制度的规定，下列各项中，说法正确的有（　　）。

　　A. 出版社的专业作者撰写、编写或翻译的作品，由本社以图书形式出版而取得的稿费收入，应按"稿酬所得"项目计算缴纳个人所得税

　　B. 作者将自己的文字作品手稿复印件公开拍卖取得的所得，应按"财产转让所得"项目征收个人所得税

　　C. 个人取得特许权的经济赔偿收入，应按"特许权使用费所得"项目缴纳个人所得税

　　D. 编剧从电视剧的制作单位取得的剧本使用费，应按照"稿酬所得"项目缴纳个人所得税

　　E. 对职工个人以股份形式取得的企业量化资产参与企业分配而获得的股息、红利，应按"利息、股息、红利所得"项目缴纳个人所得税

4. 根据个人所得税法律制度的规定，在计算个体工商户的应纳税所得额时，下列各项中，允许据实扣除的有（　　）。

　　A. 生产经营的借款利息支出　　B. 被没收的财物、支付的罚款

　　C. 与生产经营有关的修理费用

　　D. 实际支付给其从业人员的合理的工资、薪金支出

　　E. 通过国家机关向公益性青少年活动中心的捐赠支出

5. 根据《个人所得税法》的有关规定，下列情形中，按"利息、股息、红利所得"项目缴纳个人所得税的有（　　）。

　　A. 个人独资企业出资为个人投资者购买汽车，并将所有权登记到个人名下

　　B. 以合伙企业名义对外投资分回的利息、股息、红利

　　C. 股份有限公司出资为其个人投资者家庭成员购买住房

　　D. 个人从所投资的上市公司取得的股息、红利

　　E. 集体所有制企业在改制为股份合作制企业时，职工个人以股份形式取得的仅作为分红依据不拥有所有权的企业量化资产

6. 下列关于个人所得税的说法中，符合个人所得税相关规定的有（　　）。

　　A. 核定征收仅适用于应设置账簿但未设置账簿的个人独资企业

　　B. 实行核定征税的个人独资企业，不能享受个人所得税的优惠政策

　　C. 个人独资企业对外投资取得的股息收入，应按"利息、股息、红利所得"项目缴纳个人所得税

　　D. 无论账册是否健全，个体工商户的生产经营所得应在取得收入次月3日内申报预缴个人所得税

　　E. 扣缴义务人应扣未扣个人所得税税款的，应由扣缴义务人向纳税人追缴税款，并对扣缴义务人处以应扣未扣税款50%以上5倍以下的罚款

7. 根据个人所得税的规定，凡有下列（　　）情形之一的，纳税人必须自行向税务机关申报所得并缴纳个人所得税税款。

　　A. 年收入12万元以上的　　　　B. 在两处以上取得工资、薪金所得的

　　C. 从中国境外取得所得的　　　D. 在两处以上取得劳务报酬所得的

　　E. 个体工商户从事生产、经营所得，没有扣缴义务人的

三、实训项目

项目一：

中国公民张某在境内甲公司担任高级工程师，同时在境内乙公司兼任独立董事，2014年取得的部分收入如下：

（1）每月从甲公司取得工资8000元，12月份取得全年一次性奖金30000元。

（2）每月从乙公司取得董事费3000元。

（3）8月因在某商场累计消费满50000元而参加商场组织的抽奖活动，取得中奖所得3000元，当即将其中的1000元通过中国教育发展基金会用于公益救济性的捐赠。

（4）10月赴国外进行技术交流，在甲国演讲取得收入折合人民币12000元，在乙国取得专利转让收入折合人民币60000元，分别按照收入来源国的税法规定缴纳了个人所得税折合人民币1800元和12000元。

要求：根据上述资料，计算：

（1）张某12月份从甲公司取得全年一次性奖金收入应缴纳个人所得税

（2）张某2014年从乙公司取得董事费收入应缴纳个人所得税

（3）张某8月份中奖所得应缴纳个人所得税

（4）张某10月份从境外取得的所得共应在我国补缴的个人所得税

项目二：

中国公民于某2016年12月取得以下收入：

（1）全年一次性奖金30960元（于某当月工资薪金所得高于税法规定的费用扣除额，并且已由单位代扣代缴个人所得税）。

（2）为某公司设计产品营销方案，取得一次性设计收入24000元。

（3）购买福利彩票支出500元，取得一次性中奖收入15000元。

（4）国债利息所得2000元。

（5）转让自用住房一套，取得转让收入100万元，支付转让税费5万元，该套住房购买价为80万元，购买时间为2011年6月份并且是唯一的家庭生活用房。

要求：（1）分别说明于某当月各项收入是否应缴纳个人所得税。

（2）计算于某当月应缴纳的个人所得税税额。

参 考 文 献

[1] 全国税务师职业资格考试教材编写组.2017全国税务师职业资格考试教材——税法（Ⅰ）[M].北京：中国税务出版社，2017

[2] 全国税务师职业资格考试教材编写组.2017全国税务师职业资格考试教材——税法（Ⅱ）[M].北京：中国税务出版社，2017

[3] 全国税务师职业资格考试教材编写组.2017全国税务师职业资格考试教材——财务与会计[M].北京：中国税务出版社，2017

[4] 全国税务师职业资格考试教材编写组.2017全国税务师职业资格考试教材——涉税服务实务[M].北京：中国税务出版社，2017

[5] 全国税务师职业资格考试教材编写组.2017全国税务师职业资格考试教材——涉税服务相关法律[M].北京：中国税务出版社，2017

[6] 王素荣.税务会计与税务筹划[M].北京：机械工业出版社，2017

[7] 庄粉荣.纳税筹划实战精选百例[M].北京：机械工业出版社，2014